当代西方政治哲学读本

**应 奇 刘训练 主编**

# 当代国家理论

## 基础与前沿

郭忠华 郭台辉 编

Contemporary State Theory

Foundations and Frontiers

SPM 南方出版传媒 广东人民出版社

·广州·

**图书在版编目（CIP）数据**

当代国家理论：基础与前沿 / 郭忠华，郭台辉编. —广州：广东人民出版社，2017.3

（当代西方政治哲学读本）

ISBN 978-7-218-11218-3

Ⅰ. ①当… Ⅱ. ①郭… ②郭… Ⅲ. ①国家理论—研究 Ⅳ. ①D03

中国版本图书馆 CIP 数据核字（2016）第 224282 号

DANGDAI GUOJIA LILUN：JICHU YU QIANYAN

**当代国家理论：基础与前沿**

郭忠华　郭台辉　编



**出 版 人：**肖风华

**策　　划：**钟永宁　肖风华

**责任编辑：**陈泽航　梁　茵

**封面设计：**周伟伟

**责任技编：**周　杰　吴彦斌

**出版发行：**广东人民出版社

**地　　址：**广州市大沙头四马路 10 号（邮政编码：510102）

**电　　话：**（020）83798714（总编室）

**传　　真：**（020）83780199

**网　　址：**http://www.gdpph.com

**印　　刷：**广州家联印刷有限公司

**开　　本：**787 毫米 × 1092 毫米　1/16

**印　　张：**26.25　　**字　数：**360 千

**版　　次：**2017 年 3 月第 1 版　2017 年 3 月第 1 次印刷

**定　　价：**68.00 元

**如发现印装质量问题，影响阅读，请与出版社（020－83795749）联系调换。**

**售书热线：**（020）83795240

# 政治译介之再出发

## ——写在《当代西方政治哲学读本》第三辑出版之际

应　奇　刘训练

最好地实现了古代人自由观念的城邦也是最近似于现代人自由观念的城邦。

——Alain Boyer（阿兰·博耶）

作为可以追溯到十七世纪的“古代人与现代人之争”的产物，现代性从它肇端的那天起就注定了并不是一种单数的存在。正如启蒙运动是一种复数的存在，作为现代性之政治表述的自由主义也可以被区分为英国自由主义、法国自由主义、德国自由主义，如此等等。这种“道术为天下裂”的原因不但应当到诸如文化传统、地理环境等方面去寻找，而更应当用现代性规范论证的基本结构来说明。德国哲学家汉斯·布卢门贝格关于现代性的经典定义最好地阐明了这一点，按照他的洞见，现代性包含自我奠基和自我肯定两个维度。从表面上看，自我奠基是一种理论关切，自我肯定则是一种实践关切，但实际上它们只不过是作为“规范的唯一来源”的主体性原则在两个不同层面上的体现。更为重要的是，“向自身内部寻求规范”和“反思能力运用于自身”（哈贝马斯语）的结果是：笛卡尔的自明原则是一种自我奠基，孔德的实证精神同样是一种自我奠基；霍布斯和洛克的“自我所有”是一种自我肯定，叔本华和尼采的意志主义也同样是一种自我肯定。于是就有所谓现代早期和现代晚期之说，斯特劳斯则有著名的现代性三波之论，而现代性冲动中潜在的虚无主义倾向更是悖谬性地成了滋生后现代犬儒主义的沃土。

无论就西方政治哲学还是中文政治哲学的语境而论，以斯特劳斯为代表的新保守主义浪潮的最大贡献都在于使人们重新认识到，“古代人与现代人之争”并没有随着政治现代性的崛起而寿终正寝或偃旗息鼓，而是内化到了后者的基本结构之中，并成为现代性政治论辩的基本视域。但问题在于，并不是只有斯特劳斯主义者有见于此，毋宁说，这种认识应当是现代性的任何堪称健全的自我展开和自我认知的题中应有之义。现代政治哲学中洛克传统和卢梭传统的分野与争雄即其显例。而新保守主义者极力诟病乃至于轻薄讥诮的罗尔斯的正义论之所以能够拨动西方智识人的心弦，触动他们的神经，并不仅仅在于它在公共政策层面上为当时流行的福利国家模式提供了表面化的理论论证，而在敢于直面西方现代性内部自由价值与平等价值之间的内在冲突和紧张，并通过发展和提高康德式契约论的论证水平，调和与综合洛克和卢梭的政治遗产。而哈贝马斯更是在与形形色色的后现代主义奋争多年之后，最终把现代性规范内涵之锚泊定在它的政治维度上。具体来说，商议性政治观基于卢梭和康德关于公域自主和私域自主同宗同源、共为基原的直觉，试图通过阐明人民主权和人权之间、民主和法治之间、积极自由和消极自由之间的内在概念联系把自由民主的实践激进化，从而扬弃作为现代性之政治表述的自由主义和作为西方最古老的政治传统的共和主义这两种互竞的政治哲学范式之间的时代错乱的抽象对立，实现自由与归属的平衡与和解。

因此，如果说自由和民主是政治哲学的两个最基本概念，那么自由与民主的二元性和内在张力就既是政治现代性区别于古代政治的根本标志，也是政治现代性的动力机制。自由与民主之间的二元性又进一步体现为自由内部的二元性即积极自由与消极自由，以及民主内部的二元性，即直接民主与间接民主。但是，无论是政治现代性内部的洛克传统和卢梭传统的对峙，还是自由主义与社群主义或共和主义的论战，都没有越出以上诸种二元性的概念樊篱。二十世纪九十年代中期以来，当代西方政治哲学中出现了第三种自由概念和民主模式。这种同样以复数形式出现和存在的概念和模式试图突破传统自由主义公共领域与私人领域、正当与善、国家与社会甚至民族－国家与世界主义的二元区分，提出了使得政治哲学能够更为充分地应对文化多元和道德冲突的严峻事实的新思路。毫无疑问，无论从哪个角度和哪种立场看，中文政治哲学的成长和构建都不能自外于这一脉动中的大潮。我们必须立足于自身的传统，从中国社会转型的情境需要和问题意识出发，在重新审视自由和民主概念的基础上，把批判性的视野进一步伸展到平等观念、公民德性理想、分配正义模式以及国家的中立性和文化的理想等更为广阔的论域中去，如此才能为中文政治哲学的成熟形态乃至于中华民族的政治成熟提供丰富的滋养和坚实的根基。

要达成这一目标，不但需要清除理论认识上的重大误区，更需要脚踏实地的艰苦工作。我们一方面要避免闻新保守主义之风而动，轻率地无视和否定西方主流现代性政治哲学之与当代中国语境的相关性，这显然是因为，如果说在哈贝马斯所言说的语境中，现代性尚且是一个“未完成的谋划”，那么在“周虽旧邦，其命维新”的当代中国则更是如此。另一方面我们又必须看到，由于回避原子主义政治文化的本体论痼疾，“政治的而非形而上学的”自由主义不但无力解决自由多元社会的自我赓续问题，而且由于政治哲学目标的自动降格，更极大地遮蔽了一种扩展的反思平衡和视界融合在全球普遍交往时代的必要性和可欲性。在这个意义上，这种自由主义不但是不现实的，而且是种族中心的。正如消极自由并不是从天而降的、可坐而享之的或在形而上学上是清白的，而是长期政治斗争的结果并且从一开始就与近代机械论的形而上学自然观联系在一起；积极自由也并不总是灾难性地与唯理主义的一元论形而上学难分难解，而是可以通过创造性的转换，以回应价值和文化多元时代的挑战。

基于以上的考虑，我们与江苏人民出版社、浙江大学出版社先后出版了当代西方政治哲学读本系列两辑，现在与广东人民出版社合作出版第三辑。置身于当代的语境，本系列将不但重视政治哲学的“政治”方面，而且重视政治哲学的“哲学”方面。它的主旨则是围绕当代西方政治哲学重要和核心的观念、问题、流派乃至人物，请相关方面的研究人员自行编选专题文集。这样做一方面发挥了编选者的能动作用，体现了某种独特的认知效能，有益于提升翻译工作的品位；另一方面加大了单本书的信息量，也为相关领域的从业和爱好者提供了入门津梁，可以作为各专题研讨的基本读物，相信学术界和读书界都会欢迎这样的形式。我们期望并且相信，经过中文政治哲学同仁们卓有成效的努力，当代西方主流政治哲学的面貌必定能够以这种既不失客观公正，又富于个性特色的方式展现在参与塑造汉语学术自主形态的人们面前，并成为这一同样“未完成的谋划”的内在、重要和有机的组成部分。

2016 年 10 月

# 目录

## 下 篇 当代国家：前沿视角

# 编者导言

郭忠华

国家理论是政治学理论家族中的重要成员。国家研究至今已有两千余年，有关国家的文献堪有充栋之富。尽管如此，对于国家的研究却并非已经清楚，由于世界国家的多样性和变化性，对于国家的研究从来不可能完成。本书编辑的目标在于，于海量的国家理论文献中精选出一本反映当今国家理论最新态势的读本，使读者通过阅读本书而知二十世纪中后期以来国家理论的最新发展状况。这一目标成为本书的最初编辑思路。

要理解二十世纪中后期国家理论变化之概貌并非易事，待编者遍览有关国家研究之著作时，发现即使对于这一较短时期的国家现象也存在着诸多完全不同的解释。比如，即使在新制度主义学派这一较为特定的分析流派那里，对于国家都存在着迥异的看法：公共选择学派把国家看作是"理性经济人"追求利益的结果，历史制度主义把国家看作是对于历史的"路径依赖"的结果，社会学制度主义把它看作是特定"文化机制"的结果，话语制度主义把它看作是通过"话语沟通"而形成的结果。更不用说女性主义、生态主义、新马克思主义、多元文化主义等其他学术流派对于国家的诸种解释。同时，除众多新社会思潮给国家理论带来崭新的解释之外，有关国家的基础理论研究在二十世纪中后期也取得诸多突破。比如，对于权力研究的推进，对于暴力、革命的重视，对于国家起源的新解释，对于福利国家的类型化等。这意味着，要实现本书的编辑目标，不能从既有文献中没有目的地挑选，而是必须放眼民族－国家之变化本身，通过梳理这些变化来型构本书的框架。

二十世纪中后期是民族－国家发展的典型时代。这一时代既传承于历史，又开创着新的阶段。从前一方面而言，民族－国家并非一蹴而就之物，而是长期历史演化之结果。如果把民族－国家的特征刻画成“清晰的国家领土边界”“明确的国家成员身份”“鲜明的国家主权”“现代化的军事暴力”和“民主化的治理体系”等方面，那么，这些方面是长久历史演化的结果。纵观历史，民族－国家的发展可以划分为四个重要阶段：十九世纪前四分之三个世纪的初创阶段，二十世纪的前三十年，二战后的后三十年和冷战后的十年。民族－国家在观念上得益于启蒙运动成带来的成果。启蒙运动不仅开启了人与人关系的新时代，让自由、平等、权利、民主等深入人心，为民族－国家时代的到来奠定了观念基础，而且开启了人与自然关系的新纪元，那就是自然被彻底对象化，现代工业成为人类主宰自然的手段。启蒙运动奠定了民族－国家的政治观念。但当民族－国家已然出现在历史的地平线上，并展现其各种问题时，契约论开始退出历史的舞台，取而代之的是对国家的社会历史解释。在这一方面，以马克思、涂尔干、韦伯等为代表的思想家对于民族－国家进行了第一次系统分析，他们对民族－国家的起源、动力、问题和未来等提出了各自的解释，形成了对后世具有深刻影响的分析路径和理论体系。

但是，三大思想家仅代表了学术界对于民族－国家初生阶段的理解，此时的民族－国家还未展现其全貌，世界也还未进入典型的民族－国家时代。只有随着此后民族－国家三次飞跃式发展的到来，传统帝国才彻底退出历史的舞台，世界才真正进入民族－国家的时代。据相关数据统计，在当代近二百个民族－国家中，有 177 个产生于后三个时期。① 与初生阶段的产生方式不同，此后的民族－国家很大程度上不再表现为以思想理性化、劳动分工、经济危机、阶级斗争等传统、长期和内生的动力，民族－国家可能在一夜之间分崩离析，也可

① Philip G. Roeder, *Where Nation-States Come From: Institutional Change in the Age of Nationalism* (Princeton and Oxford: Princeton University Press, 2007), p. 10.

能在一夜之间赫然耸现。如果把第一次民族－国家的产生看作是基于经济、阶级等基础上的内生动力的结果，那么，“去殖民化”在第二、三次民族－国家产生浪潮中扮演着重要的角色，许多原来为帝国所瓜分的殖民地在两次世界大战后获得独立的国家资格。但与第二、三次民族－国家产生的浪潮不同，最后一次民族－国家的产生则更多体现为既有国家的“分裂或分离”，去殖民化不再出现在此次浪潮中。

伴随着民族－国家产生方式的变化，对于国家的研究也迈入新的阶段。在第二、三次国家产生浪潮之后，最耀眼的国家理论流派莫过于形成于上世纪中后期的“回归国家”学派。这一众星云集的学派将眼光投向了暴力、革命和战争。这种情况的出现不难理解，因为刚刚过去的两次世界大战就是催生民族－国家的最重要动力，现在的问题是要问，革命发生的社会结构是什么和革命如何使民族－国家走上不同的发展道路（斯考切波）？围绕战争问题，建国者如何与诸社会力量讨价还价并最终建立起民族－国家（梯利）？战争如何催生民族主义、公民权利、国家主权和民族－国家体系（吉登斯）？等等。而面对冷战结束后民族－国家兴起的新浪潮，给研究者们提出的问题则是，何种类型的国家会最容易被瓦解、何种因素是瓦解民族－国家的最持久力量（罗伊德）？新国家的制度设计如何才能长久（埃尔斯特等）？这意味着，既有国家的制度结构成为探讨最后一波民族－国家产生的新视角。一言以蔽之，国家处于不断演化之中，与之相伴的国家理论也不断更新升级，每一次国家巨变的浪潮都带来了国家理论的新突破。

如果我们把视角从民族－国家的演变转向对民族－国家本身的研究，可以发现，二十世纪五六十年代以来国家研究也表现出诸多新的转型。在笔者看来，以下几个方面表现得最为重要：第一，从对国家的逻辑推演转向对国家的社会历史研究。从历史最深处一直到启蒙运动前后，对于国家的研究曾长期体现为以某种先定观念（如神话、伦理、哲学等）为基础的逻辑推演，研究者以逻辑推演的方式探讨国家如何起源、国家应该为何等，社会契约论是这种研究方式的最后高峰。随着民族－国家越来越取代传统国家而成为主导的形式，对于国家的历史社会学研究也越来越成为主流，对于国家的“实然”研究越来越取代传统的“应然”想象。第二，从对国家的宏观描述转向对国家的微观和中观研究。宏观政治制度、政治思想研究在传统国家研究中扮演着重要的角色，“政体”一直是传统国家理论的核心主题。研究者常常从气候、种族、文化、经济等角度出发探讨不同政体形成的原因和优劣，试图从中找到最佳的政体。但二十世纪中后期以来，传统的国家研究主题不断趋于隐退，取而代之的是对于政治行为、政治态度、利益集团、政治社会化、政治发展等主题的微观研究。行为主义在这方面扮演了最重要的角色。但是，行为主义并没有成为研究方法的终结者，在上世纪六十年代临近结束之时，行为主义已日益受到挑战，因为它过于关注科学和微观的问题而使政治学越来越远离了“价值”和国家问题。① 在这种情况下，“回归国家”学派应运而生。怀着坚定的“将国家带回来”的信念，以埃文斯、斯考切波等为代表的一大批学者开始从战争、革命、组织、制度等角度重新聚焦国家，但此时的国家研究并非复归往昔的路径，而是在继承了行为主义诸多遗产的基础上“带回国家”，国家研究体现得更趋中观的色彩。

第三，除上述之外，二十世纪后半期国家研究的转型还体现在，从国内政治研究转向比较国家研究。在马克思时代和以前，国家研究主要体现在对国内政治的研究上，比较国家研究即使存在，也没有成为主流。但二次世界大战之后，伴随着大量陌生民族－国家的出现，如何从各种迥异的民族－国家中总结出普遍性规律，已成为以美国等为代表的发达国家进行国家研究的基本任务。以阿尔蒙德等人为代表的比较政治文化研究代表了比较政治研究的兴起，而以亨廷顿为代表的有关政治稳定、政治民主化研究则代表了比较国家研究的成熟时期。比较国家研究不仅追求对民族－国家进行类型化，而且追求对民族－国家诸要素的比较和总结。二十世纪后半期国家研究的最后一种转型或许体现在跨学科研究的发展上。在二十世纪之前，国家研究尽管也

---

① 德怀特·沃尔多：《政治学：传统、学科、专业、科学、事业》，载格林斯坦、波尔斯比：《政治学手册精选》，竺乾威等译，商务印书馆，1996 年，第 130 页。

存在学科交叉的性质，如国家同时是哲学、政治学、伦理学等学科领域的主题，但这种交叉主要体现在伦理和哲学层面，交叉的范围并不广。这主要是由于实证科学在当时仍处于起步阶段所致。但第二次世界大战之后，对于国家的跨学科研究取得了重大的发展。这方面首先体现在经济学向政治学进军而带来的新制度主义视角上。诺斯、科斯等人本来是经济学家，但他们将经济学的解释路径应用于政治学主题。在这种思维范式下，国家成为理性经济人理性选择的结果，国家的产生、国家的更替等被解释成掌权者出于利益最大化目的而带来的结果。当然，制度主义是一个大家族，社会学与政治学的交叉，带来了社会学制度主义的发展。它秉承结构主义的解释进路，将国家解释成历史文化的结果。二十世纪后半期见证了国家研究的复杂化，不仅传统的国家研究范式凤凰涅槃，形成诸多新的解释思路——这方面最有代表者莫过于马克思主义的国家学说，实现了从马克思主义到结构主义的马克思主义、工具主义的马克思主义和后马克思主义的过渡，而且由各种新社会运动所催生的思潮也侵入国家研究领域，形成以女性主义、环保主义、多元文化主义、后结构主义等为代表的国家解释。可以说，在二十世纪后半期这一短暂的历史时期，国家学说出现了前所未有的转型，也取得了前所未有的发展。

本书的编辑秉承民族－国家在二十世纪的历史演化和国家研究的历史转型这两条思路，一方面考察二十世纪后半期国家基础研究所取得的新进展，另一方面考察国家理论的跨学科发展。这两条思路形成了本书的上下两篇。上篇以国家起源问题作为起点，分别考察国家权力、国家与社会关系、国家成员身份、福利国家、军事暴力等方面。下篇则选编了新马克思主义、新制度主义、公共选择、后结构主义、女性主义、全球化等各种思潮对于国家的阐释。由于各章已经有详细的内容阐述，这里将不再简介各章的内容。全书尽管存在着上述逻辑关联，但章与章之间完全是独立的，读者完全可以选择自己感兴趣或者有需要的章节进行阅读。

必须特别说明的是，前文有关民族－国家的历史演化和国家研究的范式转型主要局限于西方的语境，并不表示中国与之同步。相反，在笔者看来，民族－国家尽管也是中国近代知识分子梦寐以求的目标，但中国民族－国家的到来却姗姗来迟，同时，它也不属于内生型民族－国家，而是在第三次民族－国家建立的浪潮中通过非殖民化方式建立起来的。如斯考切波所言，由于社会结构、国际环境等诸社会因素的影响，中国的民族－国家建设也走上了与其他国家完全不同的道路。在国家研究上，中国的国家研究从思辨走向历史、从宏观走向微观和中观、从单一国家研究走向比较国家研究以及国家研究的跨学科发展等转型也要比西方更晚，有些甚至目前还处于起步当中——比如比较国家研究、跨学科研究等。

本书尽管只是一本选编之作，但却历时长久，融汇了诸位友人的心血。我首先感谢天津师范大学刘训练教授，本书的编选多蒙他的邀请和信任。我也感谢参与本书翻译的诸位译者，没有他们的努力，本书便不可能问世。郭台辉教授组织了本书近一半篇幅的初稿翻译，他的加入大大加快了本书的进度。笔者在形成选编框架和选定文献之后，还对所有译稿进行了逐篇校对。我还要特别感谢广东人民出版社的陈泽航编辑，他对全部稿件进行了逐字逐句的校对，发现和改正了其中不少问题，他的细致和认真使本书的质量得到进一步提高。在这个电子设备和电子信息汹涌澎湃的年代，凭借纸质书籍所带来的改变已然有限，一本选编之作能够带来的影响则可能更加有限。诚知情况将会如此，但仍以认真的态度把它做到最佳，实此间之思想光华，不容人掩瑜也。

2016 年 2 月 24 日于祈乐苑

# 作者简介

（按本书文章出现的顺序）

**菲力浦·罗伊德**（Philip G. Roeder），美国加利福尼亚大学（San Diego）政治学教授，主要研究兴趣为苏联后共产主义国家，出版的著作包括《红太阳的陨落：苏联政治的瓦解》《民族－国家从何而来》《后共产主义与民主理论》等。

**迈克尔·曼**（Michael Mann），美国社会学家，加利福尼亚大学洛杉矶分校社会学教授，主要研究兴趣为社会理论，出版著作主要包括《社会权力的来源》（四卷）、《不连贯的帝国》、《民主的阴暗面》等。

**安东尼·吉登斯**（Anthony Giddens），英国社会学家和政治思想家，剑桥大学社会学教授，伦敦经济政治学院前校长，英国上议院议员，主要学术兴趣为社会学理论和政治理论，出版《资本主义与现代社会理论》《社会的构成》《民族－国家与暴力》等著作四十余部。

**乔尔·米格达尔**（Joel Migdal），华盛顿大学亨利·杰克逊国际研究学院罗伯特·菲力浦国际关系研究教授，主要研究兴趣为政治理论、中东政治等，出版著作包括《巴基斯坦的社会与政治》《农民、政治与革命》《强社会与弱国家》《以色列的棱镜》等。

**威廉姆·罗格斯·布鲁巴克**（Willian Rogers Brubaker），美国加利福尼亚大学洛杉矶分校社会学教授，主要研究社会理论、公民身份、民族性等，出版的著作主要包括《法德的公民身份与民族性》《重构民族主义：新欧洲的民族性与国家问题》等。

**苟斯塔·恩斯平－安德森**（Gøsta Esping－Andersen），丹麦社

会学家，主要研究福利国家和后工业社会，出版的著作主要包括《福利资本主义的三个世界》《后工业经济的社会基础》《政治反对市场》等。

**卡伦·巴基**（Karen Barkey），哥伦比亚大学社会学系教授，主要研究领域包括：历史与政治社会学、帝国与帝国组织研究、政治与宗教、宗教与族群宽容、民族主义、国家控制与反抗、比较视野下的奥斯曼帝国。出版的著作包括《差异的帝国》《强盗与官僚》《帝国之后：多族群社会与民族构建》等。

**苏尼塔·帕里克**（Sunita Parikh），现为华盛顿大学政治学副教授，主要研究领域为比较政治学、种族与族群、制度、比较方法，出版著作包括《偏好的政治：美国和印度的民主制度与亲和行为》等。

**柯林·海伊**（Colin Hay），英国谢菲尔德大学政治学教授，主要研究领域为国家理论、后马克思主义、英国政治等，出版著作包括《我们为什么憎恨政治》《战后英国政治》《新工党的政治》等。

**薇文·施密特**（Viven Schmidt），美国波士顿大学政治学教授，主要研究领域为欧洲整合和国际关系、欧洲政治经济制度和公共政策，出版著作包括《欧洲的政策变迁与话语》《开放经济的福利与工作》等。

**安德鲁 ·辛默**（Andrew Hindmoor），澳大利亚昆士兰大学国际关系与政治科学教授，主要研究领域为英国政治、公共政策以及理性选择研究，出版著作包括《处于核心的新工党：建构政治空间》（编）、《政治分析》等。

**阿兰·芬利森**（Alan Finlayson），英国威尔士斯旺西大学国际关系与政治科学教授，主要研究政治理论，出版著作包括《理解新工党》、《当代政治思想》（编）、《政治与后结构主义》等。

**詹姆斯·马丁**（James Martin），英国伦敦大学戈德史密斯学院政治学系高级讲师，主要研究后马克思主义、意大利政治理论等，出版著作包括《葛兰西政治分析》《安东尼·葛兰西：批判性评估》等。

**约翰娜·坎图拉**（Johanna Kantola），英国布里斯托大学讲师，主要研究兴趣为女性主义，在《女性主义政治学国际期刊》等期刊上发表多篇学术论文。

**大卫·马什（David March）**，英国伯明翰大学社会学系主任，主要研究兴趣为政治学理论、比较政治等，出版著作包括《政治科学的理论与方法》《比较视野下的政策网络》《马克思主义与政治科学》等。

**尼克拉 J. 史密斯（Nicola J. Smith）**，英国伯明翰大学国际关系与政治科学系研究员，主要研究兴趣为全球化、公共政策等，出版著作包括《展示全球化?》《爱尔兰共和国的政治经济》等。

**尼克拉·弘特（Nicola Hothi）**，英国公共政策执行顾问，主要研究兴趣为英国的公共政策，出版著作包括《处于核心的新工党：政治空间的构建》以及其他学术论文。

# 上篇
# 当代国家：基础理论

# 民族－国家的创建方式*

菲力浦·G. 罗伊德/文　练睿民/译

现代意义上的民族（nation）是一个据称有权拥有属于它自己的国家政权（state）的群体。[①] 在过去被我们称为民族主义时代的两个世纪中，哲学家、政治家和雄辩家们构造了数以百计（如果不是数以千计的话）关于民族－国家的想象。的确，这些被学者和政策咨询专家们不断重复的民间传言认为，当今世界上可能大约有600到800个民族－国家的积极方案，另外还有700到800个潜在的方案。[②] 而今天，仅有190多个民族－国家获得了主权地位，也即是国际社会的独立成员。[③] 这就引出了一个问题：为什么一些民族－国家的方案成功实现而获得独立主权，而其他大部分的方案都失败了呢？

当今世界的国家边界分布赋予了这些大约190个民族－国家方案相比于其他方案的优势，为何如此这仍然是一个谜。很少人会认为当前的边界分布是政治、经济或者文化上的最优状态。实际上，各个大洲都有一些竞争的方案：把一些国家整合到更大的国家，比如欧盟或者非洲国家的区域联盟；或者让一些亚国家实体如巴斯克地区或索马里独立而使国家变小；或者通过更理性、更有效的方式取消部分民族

---

* 本文译自 Philip G. Roeder, "Who Gets a State of Their Own?" in *Where Nation－States Come From: Institutional Change in the Age of Nationalism* (Princeton and Oxford: Princeton University Press, 2007), pp. 3－41.

① "民族"（nation）概念来自马克斯·韦伯在"1912年柏林第二届德意志社会学家大会时的讨论发言"所做的定义："民族是一个能在自己的国家（state）中充分展现自己情感的共同体，因此，民族是一个通常会建立自己国家的共同体。"见 Gerth and Mills, *From Max Webber: Essays in Sociology* (New York: Oxford University Press, 1958), p. 176.

② Ernest Gellner, *Nations and Nationalism* (Ithaca: Cornell University Press, 1983), p. 45.

③ 2006年联合国包含了192个民族－国家，同时承认另一个主权国家梵蒂冈作为观察员国。

-国家或重新划分国家边界。这些方案的倡议者都认为他们所宣扬的方案将比当前的民族-国家要更好得多。

哪些民族拥有属于自己的国家政权这一问题，显然等于问为什么一些民族-国家的方案能够战胜帝国、多民族的国家或者原来的民族-国家。然而，情况远比这复杂得多。当危机导致新的民族-国家诞生的时刻，通常的情况是，多种相互竞争的民族-国家方案摆在桌面上。例如，在苏联解体为15个后继国家（successor states）的过程中，出现了数十个替代性的民族-国家方案以不同的方式统一或分裂这15个国家，如复兴苏联计划、斯拉夫联盟方案、统一中亚各“斯坦”国的突厥斯坦方案、统一高加索地区的人民共和国方案。因此，哪个民族能建立自己的国家政权这一问题也是另一个问题，即为什么一些方案在众多可选择的方案中脱颖而出，通过统一或分裂的方式来获得独立主权。

人文主义者和社会科学家相当关注新民族-国家建立过程中产生的各种现象，包括民族主义、国家分裂和国家失败。这样的关注是很有必要的。现代政治中某些最为光荣和悲惨的时刻一直以来启发着人们尝试创立新的民族-国家。一些构建新的民族-国家方案的成功，如爱尔兰、以色列和立陶宛，代表着自治的渴望，而这种渴望定义了整个民族主义时代。然而，成功的民族-国家方案经常伴随着暴力破坏，比如南斯拉夫解体所显示的。失败的民族-国家方案常常伴随着同样高昂的代价，车臣和巴基斯坦发生的暴力冲突就是很好的佐证。

这种关注的确很有必要，因为民族-国家是我们政治生活中最为重要的政治组织，成为国际和国内政治的基础要素。比如，在过去一个世纪里，民族-国家格局（configuration）的变化创造出新的国际势力，如随着欧洲帝国解体而崛起的第三世界国家，这改变了两极的国际格局，又如苏联的崩溃导致美苏两极化格局的瓦解。民族-国家格局的变化为外交家在面对跨国势力——如恐怖主义——必须寻求和平安全时提供帮助。由民族-国家创建的边界也界定了各国内政的轮廓。

边界制约了有些政体成功走向民主化的可能，为行动者及其偏好划定边界，使之必须在国内政治中加以平衡，因此塑造政策的方向。① 举例来说，我们不需要太多的想象力就可以看出，如果19世纪美国联盟国（1861—1865年美国内战期间南部诸州建立的分裂政权）的主权国家建设方案获得成功，北美的内部政治以及州与州之间关系将会显著不同。

当我们在考虑未来涉及各国政府和国际社会的政策问题时，解释什么民族可能拥有它自己的国家政权这个问题，有着现实意义。这是因为，对于必须预测危机的政策制定者来说，这一解释可以帮助他们辨别出当前民族-国家潜在的不稳定。它可以辨别出哪种争取独立主权的民族-国家方案最有可能危害和平。这样的民族-国家危机是非常不稳定的。比如说，最近几十年来，创建新的民族-国家方案成了恐怖主义最常见的唯一议题。罗伯特·佩普（Robert Pape）记录了从1980年到2001年188个自杀式炸弹袭击，其中有82%的袭击与巴勒斯坦、库尔德、泰米尔、车臣或喀什米尔从印度争取独立联系在一起。（另外，其他的大部分袭击是与民族主义者试图终结国外政府对其国家的占领有关。）正如，佩普总结所言："恐怖主义自杀式袭击的战略逻辑是刻意迫使现代民主国家对于民族自决原则做重大退让。"② 类似的，在过去半个世纪里，民族-国家危机成为了内战最常见的唯一原因。格立蒂奇（Nils Petter Gleditsch）记录了从1946至2001年主权国家管辖权内的184场战争，其中，21场发生在外部附属国，而163场

---

① Philip G. Roeder, "Peoples and States After 1989: The Political Costs of Incomplete National Revolutions," *Slavic Review* 58 (Winter), 1999, pp. 854 – 882; Philip G. Roeder, "National Self – Determination and Postcommunist Popular Sovereignty," in *Nationalism After Communism*, eds. Alina Mungiu – Pippidi and Ivan Krastev (Budapest: Central European University Press, 2004); Alberto Alesina, Reza Baqir, and William Easterly, "Public Goods and Ethnic Divisions," *Quarterly Journal of Economics* 114 (November), 1999, pp. 1027 – 1056; Lustick Ian, "Becoming Problematic: Breakdown of a Hegemonic Conception of Ireland in Nineteenth Century Britain," *Politics and Society* 18 (March), 1990, pp. 39 – 73.

② Pape Robert, "The Strategic Logic of Suicide Terrorism," *American Political Review* 97 (August), 2003, p. 344.

是发生在宗主国内。超过半数的战争（51.6%）是与民族－国家的危机紧密相关。在这些国家里，派别挑战现存的国家，要求要么让他们建国，要么与其他国家合并。①

此外，对于转型的设计者来说，从内战过渡到和平、独裁过渡到民主、依附过渡到独立，回答民族－国家从何而来的问题可以为他们提供在多元文化社会里建构稳定政治秩序的指南。的确，我在本文中想证明，新民族－国家的“国家地位”（stateness）的危机，来自对人为或自然的国界的质疑，而且，部分国民更会想方设法建立一个新的独立国家政权。通常来说，这种危机产生于他们的制度设计。这个发现表明，各国政府和国际社会在未来应该谨慎行动，尽量避免发生这样的危机，但这可能也难以做到。②

## 一、1816—2000 年民族－国家的创建模式

美国《独立宣言》与法国《人权宣言》开启了一个民族主义的时代，创建民族－国家的意识由此觉醒。在 1815 年法国最终战败后的 185 年里，大部分国家都以民族－国家的新逻辑来重新定义其自身，那就是他们的国家性质是人民主权的表达。更惊人的是，一共有 191 个新建立或重建的国家政权加入或重返国际体系当中，它们大多都宣

① 根据格莱迪奇（Gleditsch）在 http：//www. prio. no/cwp/armedconflict 中公布的数据。这些图表包括除了那些列为国家间冲突以外的所有案例。

② Philip Roeder and Donald Rothchild, eds. , *Sustainable Peace*: *Power and Institutions after Civil Wars* (Ithaca: Cornell University Press, 2005).

称拥有来源于人民自治权的独立主权。①

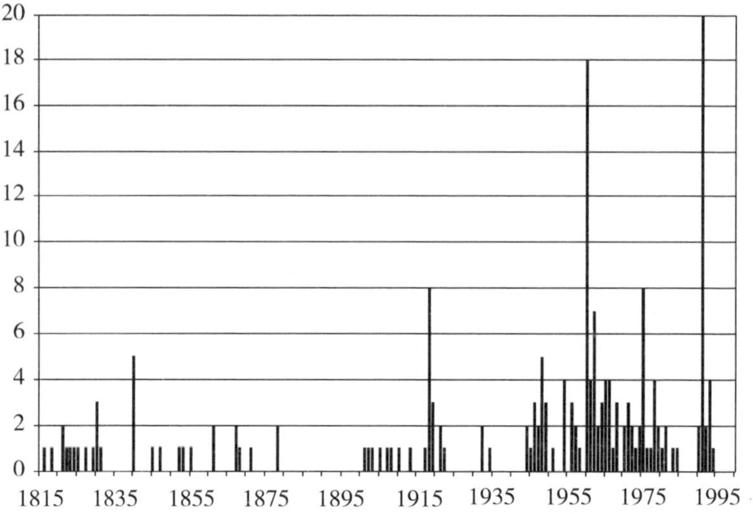


**图表 2.1　民族 - 国家创建数量**

① 为了编制新建立的国家和重组国家清单，我的工作是从格立蒂奇和沃尔德（Kristian Gleditsch and Michael D. Ward, "A Revised List of Independent States Since the Congress of Vienna," *International Interactions* 25, 1999, pp. 393 - 413.）所列出的独立政治体的清单开始：这些政治体在一定领土有相对的自治权，得到地方政权或他们所依附的国家的认可，并且在2000年以前的某一刻人口达到二十五万以上。我增加了一些人口少于二十五万的政治体。但我并不打算把目录中国际体系中的国家都归类，而仅限于新创建的民族 - 国家，所以需要做一些调整。源于领土去殖民化而产生的新国家政权如贝专纳（Bechuanaland），在之前并没有融入宗主国的核心，这没有改变宗主国核心的国家特性，如大不列颠联合王国。我仅在清单中增加了新创建的民族 - 国家。或者，从宗主国分离会改变残存国家（rump state）的国家特性——例如，俄罗斯联邦就是一个不同于苏联的国家政权。把残存国家归类为新民族 - 国家时，只有那些残存国家的人口少于原来国家的四分之三时才算作重组国家。当失去了四分之一或者更多的人口——通常失去的这部分是独特的族群——残存的民族 - 国家的基础通常要重新考虑。类似的，把独立国家并入现存国家也可能改变联合国家的国家性质。这个联合国家要算作新的民族 - 国家，除非原来独立的那部分人口超过了新联合国家人口的75%。

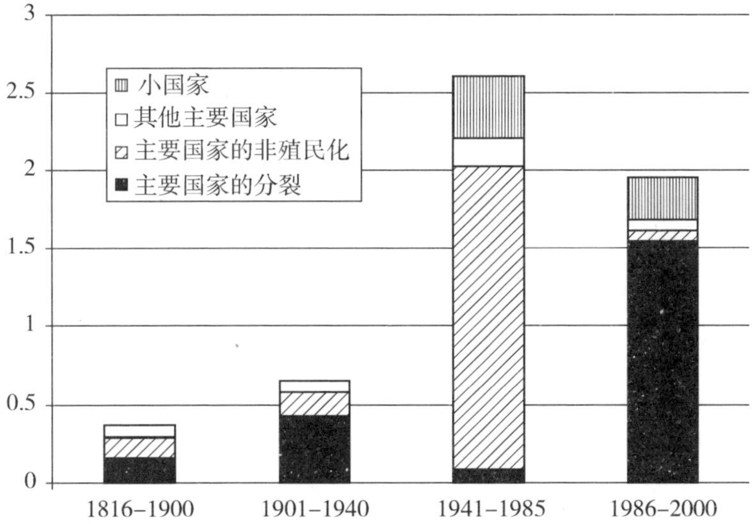


**图表 2.2　民族 – 国家创建率**

| 国家起源 | 例子 | 主要国家 | 小国 | 总数 |
|---|---|---|---|---|
| 国家分裂 | | | | |
| 后殖民国家 | 阿根廷 1916 | 97 | 21 | 118 |
| (Postcolonial states) | 扎伊尔 1960 | | | |
| 后独立国家 | 爱莎尼亚 1918，1991 | 50 | — | 50 |
| (Postsecession states) | 罗马尼亚 1978 | | | |
| 残存国家 | 奥地利 1918 | 6 | — | 6 |
| (Rump states) | 俄罗斯 1991 | | | |
| 后占领国家 | 朝鲜 1948 | 6 | — | 6 |
| (Postoccupation states) | 韩国 1948 | | | |
| 既有国家的联合 | 德国 1871，1990 | 5 | — | 5 |
| (Unification of existing states) | 越南 1975 | | | |
| 新兼并的领土 | 利比里亚 1847 | 6 | — | 6 |
| (Newly incorporated territories) | 德兰士瓦 1852 | | | |
| 总数 | | 170 | 21 | 191 |

**图表 2.3　1816—2000 年全世界新建和重建的国家数目**

资料来源：见第 53 页注释①。

说明：表中年份为这些国家作为主权国家加入或重新加入国际体系的年份。

正如图表 2 所表示的那样，在世界范围内的国家建立和重建从 1816 年一直持续至 2000 年，但是这一进程在 20 世纪后半叶明显加速。在过去两个世纪中，民族 – 国家的新创建间歇性爆发。自 1815 年以来，民族 – 国家的创建有四个明显的爆炸阶段：从维也纳会议到柏林会议的古典时期、20 世纪的前二十五年、二战后的三十年、冷战之后的十年。对未来的发展趋势做大胆预测，尤其是预测未来的民族 – 国家创建呈下降趋势，那是相当不谨慎的做法。与早些年相比，20 世纪 90 年代这十年是自 60 年代以来国家体系转型和新民族 – 国家创建的第二个最密集阶段。

去殖民化是产生新民族 – 国家的最主要来源——自 1815 年以来，新建立的国家接近 62% 与之相关。这 118 个新国家在以前并没有整合进统治国的宗主国核心，而是作为殖民地或受保护国而享有独立的司法管辖权。在民族 – 国家创建的第一和第三个时期，即 1816—1900 年和 1941—1985 年，去殖民化是创建民族 – 国家的最主要来源。新民族 – 国家的第二个主要来源是从宗主国核心中分裂（或脱离）出来，这占到总数的 32% 。特别是奥斯曼帝国、奥匈帝国、俄罗斯帝国、苏联和南斯拉夫的分裂成为新国家的主要来源。在这 62 个由宗主国核心分裂而成的国家中，有的是通过分裂领土的方式（例如 1918 和 1991 年的爱沙尼亚），有的是通过重建残存的民族 – 国家的方式（例如 1991 年的俄罗斯联邦和 1993 年的捷克共和国），有的是通过占领国强加政权的方式（例如 1948 年的朝鲜）。在创造新民族 – 国家的第二、第四个阶段中，即 1901—1940 年和 1986—2000 年，分裂和脱离是新国家的主要来源。剩下的 11 个新国家，有 5 个国家是通过合并现有的国家（如 1900 年的德国和 1975 年的越南）。另外 6 个国家则通过殖民方式从边缘区域融入到国际体系中来（如 1847 年的利比亚和 1853 年的奥兰治自由邦），或者通过承认原住民的主权（indigenous sovereignties）建立国家（如 1919 年的阿富汗和 1932 年的沙特阿拉伯），这些地区以前并不被认为处于任何主权下。

事实上，通过去殖民化、分离和合并的方式改变国家边界，使得这个世界更符合民族主义者朱塞佩·马志尼的理想——一个民族－国家的世界体系。几乎所有新的国家政权都宣称代表了人民的主权意志建立了自己的国家。比如，新国家采取行动宣布独立通常会声称其独立是基于特定的人民有权利建立自己的国家。① 今天，大部分的国家的宪法是以这样的宣言为基础：人民（比方说“布隆迪人”或“乍得人”）拥有自治的权利，并可以选择他们自己政府的形式。在2000年的143个主要国家的宪法中，有72%是以此宣言作为序言。②

这种民族－国家创建模式设定了我在本文要讨论的问题：为什么这些民族－国家方案会成功取得主权独立，而成百上千的其他方案却失败了？

## 二、区隔制度理论

解释民族－国家方案的成功常常是以认同、不满和动员作为开始。关于某个民族－国家起源的民族主义叙事，一般会支持民族认同的政治化以及民族认同的觉醒或重新觉醒。这种叙事之所以成为不朽篇章，是因为阐释了那些反抗统治者压迫的大胆宣言和通向独立之路上民族主义反抗的英雄般动员。在学术界，这些故事成为社会学理论的一个重要部分的基础，把认同、不满和动员当作主要原因。最近，一些经济学和国际关系的理论挑战了这些传统解释：经济学认为是经济的欲望而不是文化的不满催生民族主义的反抗；国际关系学认为，实际上是由国际承认的选择机制来决定哪个民族－国家获得国际社会的主权地位。

在本文我认为，所有这些因素，包括认同、不满、动员或者国际承认机制，对于实现民族－国家方案是必需的。对于那些为了获得主

① Based on Albert Blaustein, Jay Sigler and Beede Benjamin, eds., *Independence Documents of the World*, vol. 2 (Dobbs Ferry, NY: Oceana Publications, 1977).

② Based on Albert Blaustein, and Gisbert H. Flanz, eds., *Constitutions of the Countries of the World*, vol. 20 (Dobbs Ferry, NY: Oceana Publications, 2006).

权独立的民族－国家方案倡导者而言，这些因素都必须结合起来，从而使之能彼此增强。对任何一个因素的错误结合，都可能为走向成功制造难以逾越的障碍。错误结合是如此少的方案能够成功的原因。这种思路会使我们关注这样的问题：什么使得所有这些因素能很好地结合起来？最优组合也许是运气或巧合的结果，但这不太可能。相反，我认为可能存在一个重要的共同体约束会增加这种结合的可能：几乎所有成功的民族－国家方案都与一个现存的制度有关，我称之为“区隔政权”（segment state）。独立意味着对现有管辖权的行政改良。比如，在苏联解体之后，那些成功的方案是那些有一级管辖权的加盟共和国有关的方案，正如哈萨克斯坦和乌克兰的情况那样。那些没有关联到区隔政权的民族－国家方案基本上是失败的，如 20 世纪 90 年代的突厥斯坦、依德尔·乌拉尔国方案（Idel－Ural）、山地共和国方案、诺卧罗萨国方案（Novorossiia）。我把这个观点叫做区隔制度理论（segmental institutions thesis）。[①]

这种模式优先考虑与区隔政权联系在一起的民族－国家方案，适用于全世界和整个二十世纪。从 1901 年到 2000 年间，人们建立了 177 个新的民族－国家，其中 153 个这些新的民族－国家在独立以前都迅速成为区隔政权。也就是说，在二十世纪新建立的民族－国家中，有 86% 与苏联垮台之后而建立的主权国家有着类似的历史背景。[②] 的确，在过去一个世纪里，根据经验法则（the rule of thumb）提出“没有区隔的国家政权，就没有民族－国家”这条原则和假设是没有问题的，也没有其他原则比这个原则更能带来分析价值。比如，把一个族群提升到有国家意识然后建立国家是很难的；二十世纪不足 12 个族群在没有区隔政权的情况下就获得主权独立。仅依靠联盟的部分并不可行，

① Mark R. Beissinger and Crawford Young, “Convergence to Crisis: Pre－Independence State Legacies and Post－Independence State Breakdown in Africa and Eurasia,” in *Beyond State Crisis? Post－Colonial Africa and Post－Soviet Eurasia in Comparative Perspective*, eds. Mark R. Beissinger and Crawford Young (Baltimore: Johns Hopkins University Press, 2002), pp. 30－35.

② Michael Mann, “A Political Theory of Nationalism and Its Excesses,” in *Notions of Nationalism*, ed. Sukumar Periwal (Budapest: Central European University Press, 1995), p. 49.

因为那些不是区隔政权的其中只有一个成为民族－国家。与其说单独考虑族群或者领土因素，不如说是在区隔政权中对民众和领土的管辖权独一无二的组合铺就了独立之路。因此，这一简单的命题可以解释的是，为什么从 1815 年来大部分民族－国家的方案寻求主权独立都失败了。大部分想象中的民族－国家创造者，比如库尔德人、突厥斯坦人、泰米尔伊拉姆人和阿兹特兰人，都没有能力吸收区隔政权的各种资源。

本文所展示的研究也强调一个观察，没有区隔政权，民族－国家方案在一开始就导致危机。也就是说，区隔制度理论不仅可以解释哪些民族－国家方案有可能成功获得主权独立，还可以解释在民族－国家危机中主权独立的议题已经摆在谈判桌上，哪种方案能成为议题。例如，人们都会对非洲发生的现象感到困惑，那就是皮埃尔·恩格尔伯特（Pierre Englebert）所说的非洲“分裂赤字”（secession deficit）：尽管非洲为软弱的政府、众多的族群和严重的政治暴力倾向所困扰，但是非洲比其他大陆更少出现分裂主义的企图。[①] 然而，从区隔制度理论角度来看，这并没有什么可困惑的。因为独立的非洲比其他大陆的区隔政权少得多。在 20 世纪，亚洲和欧洲的独立主权国家都有三倍于非洲的内部区隔政权。非洲各国在不同时期出现 20 个内部区隔政权，而且这其中有 10 个是南非的班图斯坦区（Bantustans），亚洲和欧洲保持的数量分别是 56 个和 67 个。正是这个原因，非洲国家少受分离尝试之苦。唯一成功的尝试是 1993 年厄立特里亚的分裂，这是由非洲大陆上少有的区隔政权发起的。区隔制度理论预测，如果脆弱的共同国家政权不存在区隔政权的话，就不会面临严重的分裂威胁。在非洲，区隔政权的缺失解释了为什么其他民族－国家方案不能获得超越

---

① Pierre Englebert, “Let's Stick Together: Understanding Africa's Secessionist Deficit,” Paper presented at the annual meeting of the African Studies Association, Boston, 30 October – 2 November 2003; Mark R. Beissinger and Crawford Young, “Convergence to Crisis: Pre – Independence State Legacies and Post – Independence State Breakdown in Africa and Eurasia,” in *Beyond State Crisis? Post – Colonial Africa and Post – Soviet Eurasia in Comparative Perspective*, eds. Mark R. Beissinger and Crawford Young, (Baltimore: Johns Hopkins University Press, 2002).

小群体而凝聚追随者，同时也解释了为什么民族主义对现存独立主权国家的依附几乎是独占的和不受挑战。

区隔制度理论也暗示了反事实（counterfactual）的观点：如果区隔政权界定的领土和人口边界是以不同方式划分的，那么，一系列不同的民族诉求就可能破坏了共同国家，或者甚至根本不会有任何民族诉求。例如，如果苏联可以保留布哈拉（Bukhara）、希瓦（Khiva）、突厥斯坦（Turkestan）共和国，而不是将其分裂为五个加盟共和国，那么，我们今天就可能庆祝布哈拉、希瓦、突厥斯坦的独立，而不是哈萨克斯坦、吉尔吉斯斯坦、塔吉克斯坦、土库曼斯坦和乌兹别克斯坦的独立了。此外，如果苏联能够遵循其早期经济规划者们的建议，依据经济效率原则创设经济地区（州），而不是根据谣传的民族原则来建立联盟共和国，那么几乎不会有任何的民族－国家方案能够挑战苏联。

总的来说，新的民族－国家绝大部分是产生于区隔政权的行政升级。在解释民族－国家起源时，区隔制度理论关注焦点不再是民族认同形成、物质欲望和不满、民族主义的动员或者国际选择机制而是关注政治制度。新民族－国家获得独立，是某一组国家制度没能把人民和领土约束在其管辖权范围内的结果。创造新的民族－国家是一种制度变革的行为，也就是说，为了解释哪个民族－国家方案能够成功取得独立主权，就有必要审视产生这些国家的制度。特别地，我们需要审视被我称之为被区隔化的国家以及由组成它们的区隔政权。区隔制度理论解释了在过去两个世纪为什么几乎所有民族－国家的建立都出现于国家身份（stateness）危机中，而这种危机又产生于这种独特的制度框架以内。新民族－国家的建立是一种制度变迁，为了回应区隔制度的失败。

## 三、一些专门用语

在上文对区隔制度理论的概述过程中已经引出了一些术语，在继续论述之前，我们需要精确界定其含义。民族－国家方案是一份宣言（claim），主张特定的群体（据称是一个民族）应该在它自己的主权国家之内实行自我统治，即使这种主权国家还没存在。① 那些对现状不满并高举民族－国家方案的人，他们属于宪政诉求的类型，要求分享更大的现存国家的权力和自决权利的。不像其他宪政诉求者可能是民主的改革者、民权自由主义者、法团主义的团体，民族主义方案诉求者的最终目的，并不在于简单变革现存国家的政府或政体，而是在于改变国家本身的人口和地理边界。正如许多学者所认为的，不像其他的自治宣言那样要求领土或群体自治，民族－国家方案同时要求领土和群体的自治权。② 民族－国家方案宣称一个人民共同体应该拥有在其特定领土范围（声称是属于那些人民，作为他们的家乡）内拥有建立自己国家的权利。

民族－国家同时界定了领土范围的管辖权（国家）和政治共同体（民族）。区隔化国家（segmented state）（它可能声称自己是一个民族－国家）将自己的领土和人口进一步划分到不同的管辖权之内，并给予每一个据称是原住民群体以管辖权及其显著的政治地位。我认为这些制度开创了一个共同国家（common－state），它是整个区域和人口所共有的，同时它将区隔政权（segment－state）分割为不同的领土和

① 比较 John Breuilly, *Nationalism and the State*, 2nd ed.（Chicago: University of Chicago Press, 1994）, p. 1, 9; Michael Hechter and Margaret Levi, "The Comparative Analysis of Ethno－regional Movements," *Ethnic and Racial Studies* 2（July）, 1979, p. 262. 其他不同的定义，参见 Walker Connor, *Ethnonationalism: The Quest for Understanding*（Princeton: Princeton Press, 1994）; Ernst Haas, "What is Nationalism and Why Should We Study It?" *International Organization* 40（Summer）, 1986, pp. 707－744; John Hutchinson, *The Dynamic of Cultural nationalism*（London: Allen and Unwin, 1987）.

② Anthony Smith, "Towards a Theory of Ethnic Separatism," *Ethnic and Racial Studies* 2（January）, 1979, pp. 21－22; O'Leary Beandon, "The Elements of Right－Sizing and Right－Peopling the State," in *Right－Sizing the Stating: The Politics of Moving Borders*, eds. Brendan O'Leary, Ian S. Lustick and Thomas Callaghy（London: Oxford University, 2001）, pp. 15－73.

人口。[1] 因此，区隔政权不仅仅是在一个联邦国家内划分不同的领土范围，它们还保留了在管辖权上独立的民族共同体，这些民族据称对那种管辖权拥有像它们家园一样的特殊要求。例如，苏联是一个表达属于苏联人民自治主权的共同国家，也就是一个民族－国家。然而，那15个加盟共和国，如乌兹别克苏维埃社会主义共和国属于区隔政权，同样宣称拥有代表民族独立地位的自治权。

在一个近乎所有国家都宣称代表人民主权的时代，区隔政权都极力与民族－国家的简单逻辑相妥协：一个民族，一个国家。那些由于现代民主体制把选举权扩展到宗主国（如联合王国）的所有居民，但拒绝扩展到其海外殖民地或受保护国的相同社会阶层的臣民，所以，被区隔化的政权就开始产生了。由此出现一个复杂的形成过程：一个民族（不列颠人）和该民族之外的许多臣民，都处于一个共同国家（联合王国）的统治之下，它们共同组成了由一些人（不列颠人）统治的民族－国家。许多殖民地或受保护国的臣民有他们自己的政权都被允许发展自己的统治机构，这个形成过程更为复杂：许多民族（不列颠人、尼日利亚人或其他）和区隔政权（尼日利亚或其他）都臣服于那个共同国家（联合王国）之下，但那种共同国家只是由仅仅一些人（不列颠人）所支配的民族－国家。大量进一步扩展为政府的区隔政权开始把宗主国内的一部分人视为独立的民族。然后，这个进程进一步变得更为复杂：许多民族（北爱尔兰人、苏格兰人、威尔士人甚至英格兰人）和许多区隔政权（北爱尔兰、苏格兰和威尔士）都合并成为一个共同的民族（不列颠人），并纳入一个共同的国家（联合王国）之内。所有这一切制度重新组合否定了人民主权的简单逻辑，而且，世界上大部分地方的制度都被证明比简单的民族－国家（架构）

---

① segmented state，segment－state，common state 为本文使用到的三个核心词汇。其中，segmented state 指的是由类似于拥有诸多独立权的联邦单位（如州、邦、加盟共和国等）所组成的国家，本文将其翻译成“区隔化国家”，segment－state 指区隔化国家的组成单位（如州、邦、加盟共和国等），本文将其翻译为“区隔政权”，common state 相对于 segment－state 而言，指由各独立地方单位共同组成的国家，本文将其翻译为“共同国家”。——译注

更难持久。

从区隔制度理论推导出这样一个观点：通常只有国家政权才能产生一个新的民族－国家，在这里并不会有什么自发产生可言。当国家政权开始将它的人民转变为公民，共同国家的一部分将被清理出来，特别是那些有独特文化人群居住的地方。在民族主义时代，这些地方和人民经常成为区隔政权的根基。当共同国家不再希望接纳那些与他们联系在一起但又彼此分离的管辖权之时，它就开始要么让这些区隔政权融为宗主国的一部分，要么将它们清除掉，让它们成为新的民族－国家。这种制度主义的视角转移了我们的关注，所以新的民族－国家首先不是社会愿望的表达，而是使现存的国家制度适应政治环境——由那些制度所催生——的结果。

## 四、区隔制度的后果

区隔制度以独特的方式塑造着政治（图表3）。首先，他们在边缘地带塑造政治，在边缘地带各种民族－国家方案的倡导者为了在目标族群和目标领土内获得政治认同的霸权地位而展开互相竞争。其次，区隔制度在政治中心与边缘之间塑造了政治，在那里，不同方案的倡导者都寻求共同国家的领袖对其规划的支持，其中包括那些独立的规划。在这两个舞台上，一些民族－国家方案的倡导者得到区隔政权的授权而令其他民族－国家方案的倡导者羡慕不已。

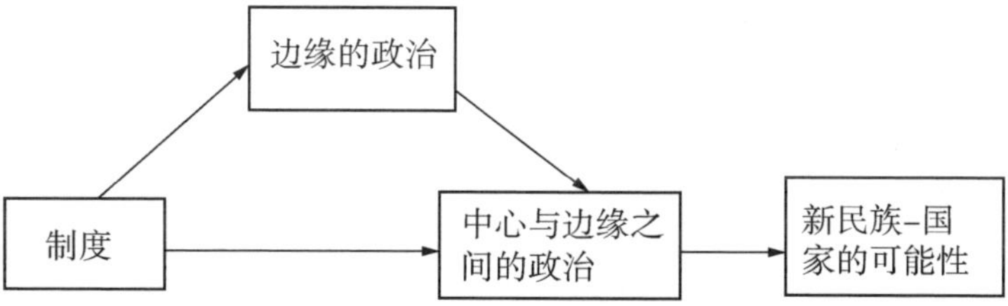


**图表3　区域制度理论**

然而，并非所有区隔政权都能变成民族－国家，我们需要审视区隔政权的不同发展方式，这样就能够辨析出走向独立国家主权的特征。区隔制度理论认为，不同区隔政权有着不同的制度设计，将导致不同的结果：是否会出现民族－国家危机和创建新的民族－国家。具体地说，被区隔国家（segmented state）瓦解的可能性很大程度上取决于以下因素的组合：（1）区隔政权与共同国家领导人之间的力量平衡（也就是说，每方领导人对另一方所能使用的强制）。（2）区隔政权的人们在区隔政权与共同国家政治中的不同授权（也就是说，区隔政权的人们是否自我管理并参与共同国家的管理）。当区隔的政治制度创造出以下条件时，将出现一种非常不稳定情况：被区隔的国家更可能失败，并且更可能创建出一个新的民族－国家。那些条件是：（1）区隔政权的领导人加强对政治的控制，并强化民族认同在区隔政权内的表达；（2）区隔政权的领导人对共同国家的领导人来说是自主的，他们掌握了区隔政权内部大部分决定权、收入来源和文化组织控制权；（3）共同国家的决策将区隔政权的民众排除在外；（4）共同国家的领导人分化和弱化。这一点很重要，需要在后面做进一步解释。但是，核心洞见是这四个条件作为区隔制度设计的结果，导致某个被区隔的国家越来越走向失败，而使区隔政权则更迈向独立。

区隔制度理论是制度主义最基本观点的一种延伸，即政治制度使政治生活结构化。诚然，我们在这里讨论的制度并不是学生们在课堂上讨论的立法制度、选举制度或官僚制。① 然而，像制度主义这样生气勃勃的分析路径，它可以运用于从简单事件分析扩展到前沿领域。

制度主义者有许多主张都直接与民族－国家的起源有关。第一，

① Kenneth Shepsle, "Studying Institutions: Some Lessons from the Rational Choice Approach," *Journal of Theoretical Polities* 1 (April), 1989, pp. 131 – 147; Kenneth Shepsle and Barry R. Weingast, "Structure – induced equilibrium and legislative choice," *Public Choice* 37 (January), 1981, pp. 503 – 519; Gary W. Cox, *Making Votes Count: Strategic Coordination in the World's Electoral Systems* (Cambridge: Cambridge University Press, 1997); Peter A. Hall and Rosemary C. R. Taylor, "Political Science and Three New Institutionalisms," *Political Studies* 44 (December), 1996, pp. 936 – 957.

政治制度影响到现存国家政治生活中作为改革诉求者的重要政治家，影响他们是否会代表群体的利益而不是代表某些“想象”的社会群体，如阶级。在所有的政治体制中，一些政治家需要改变决策制定权的分配，但仅仅在特定的制度约束下，最为卓越的改革诉求者才有可能代表那些据称有权利拥有自己国家的族群提出要求。第二，在政治上，当各种民族主义方案同时摆在谈判桌上时，制度结构就赋予某些特定的民族－国家方案优先于另一些方案的特权。约瑟夫·罗斯柴尔德（Joseph Rothschild）强调：“沿着最有利于接近并且有潜在裂痕的断层线，政治化的族群突现和加强。”而且，政治制度在族群形态、族群冲突的前沿地带以及族群自身属性等方面有重要影响。① 第三，国家制度在推行民族－国家方案时喜欢某些特定的组织化策略。比如，某种选举制度体系可能有利于利益集团的形成，而不利于政党提出的某种方案。作为提出这类要求的最为有效手段，区隔制度的存在更有利于区隔政权的政府，而不利于政党或利益集团。② 第四，通过把决定权赋予一部分人而不是其他人，政治制度影响群体内部的结构，民族－国家方案是代表这些群体提出来的。政治制度影响了不同类型的政治家——他们作为各种民族－国家方案的主要代言人——出现的可能性。比如，奥斯曼帝国米勒特体制（millet system）中的非领土性族群合作主义（nonterritorial ethnocorporatism），这一制度给予各种忏悔团体（confessionol groups）以群体自治权——必须在其宗教领袖的领导之下。这导致帝国中出现不同类型的国家领导者，这也不同于苏联以共产党书记为领导的和以领土为基础的族群联邦主义（ethnofederalism）。第五，通过对不同要求的预期净收益造成影响，政治制度在谈判桌上塑造了各种议题。比如，由于给分裂主义者提供了现存的治理

---

① Joseph Roshtchild, *Ethnopolitics: A Conceptual Framework* (New York: Columbia University Press, 1981), p. 96, 99.

② 比较以下文章中支持不同组织战略的制度安排：Stein Rokkan and Derek W. Urwin, *Economy, Territory, Identity: Politics of West European Peripheries* (Beverly Hills, CA: Sage, 1983), p. 140; Edward Banfield and Daniel Patrick Moynihan, *Ethnicity: Theory and Experience* (Cambridge, MA: Harvard University Press, 1975).

结构，区隔政权降低了分裂的成本。没有区隔政权，重新创建一个国家和在既存国家中提出其他要求如公民自由会有巨大成本，这会阻止很多潜在的民族主义者提出民族－国家方案。

总而言之，政治制度决定了政治游戏的参考者和行动机会的分配，促进了某种而非其他类型的政治联盟、组织形式、行动策略，塑造了政治的议程。① 在一个没有政治制度的真空（tabula rasa）世界里，政治可能直接表达了民众的“客观”（objective）属性和公众的偏好模式。但是，在民族主义的政治中，提出诉求的主要团体可能是以所谓群体成员之间的原始亲密（primordial affinity）为基础而建立起来的。然而，一旦政治制度介入这一图景，这些制度便有助于决定特定民族－国家方案是否有效。在各种相互竞争的立国方案中，政治制度将选择那些有可能挑战现存国家和最可能成功的方案。

## 五、边缘政治

在边缘区域的政治中，区隔政权使得一种民族－国家方案的倡导者有可能建立政治认同的霸权（political－identity hegemony）。这一术语指以下两个方面：在“人民”内部处于相对支配地位的民族认同，和在“祖国”（the homeland）内一群与该方案有关的政治家的相对授权。在政治认同霸权下，知识分子和公众一般不会因竞争的民族认同而分裂。在祖国的疆界以内，与区隔政权方案联系在一起的诸多政治

① Elinor Ostrom, *Crafting Institutions for Self－Governing Irrigation Systems* (San Francisco: ICS Press, 1992), p. 24; David Lalman, Joe Oppenheimer and Piotr Swistak, "Formal Rational Choice Theory: A Cumulative Science of Politics," in *Political Science: The State of Discipline－Ⅱ*, ed., Ada. W. Finifter. (Washington, DC: American Political Science Association, 1993), p. 81; Kenneth Shepsle, "Studying Institutions: Some Lessons from the Rational Choice Approach," *Journal of Theoretical Polities* 1 (April), 1989, pp. 135－136; Sidney Tarrow, "National Politics and Collective Action: Recent Theory and Research in Western Europe and the United State," *Annual Review of Sociology* 14, 1988, pp. 429－430; Peter Eisinger, "The Conditions of Protest Behavior in American Cities," *American Political Science Review* 67 (March), 1973, pp. 11－28; Herbert P. Kitschelt, "Political Opportunity Structures and Political Protest: Anti－Nuclear Movements in Four Democracies," *British Journal of Political Science* 16 (January), 1986, pp. 57－85.

家决定替代的民族认同在什么时候表达以及是否需要表达。

如果不存在区隔政权，那么就不可能产生政治认同的霸权。处于政治边缘的知识分子往往提出数量更多的民族-国家替代方案。民众则鲜有理由为这些方案付出高昂的代价。比如，在俄罗斯帝国晚期，中亚地区的知识分子宣传很多民族-国家方案，包括泛伊斯兰国家的方案、泛土耳其国家方案、突厥斯坦方案、布哈拉和希瓦国方案、大乌兹别克斯坦和大吉尔吉斯斯坦方案、独立的塔吉克和哈萨克国方案；还有一些更小的国家方案，如哈萨克大部落国、各种独立部落和城市的联盟方案；也还包括一个经过改革但统一的俄罗斯方案。在中亚，由于没有区隔政权宣扬他们自己的民族-国家方案，导致了许多不同方案的激增，知识分子的奇思妙想一个接一个，而大众在总体上对于这些方案知之甚少。因此，在近几十年，许多民族-国家方案的倡导者仅创设那些空谈的国家方案——或者仅在校园内传播的方案。这些方案，包括19世纪90年代的土耳其斯坦方案、依德尔·乌拉尔国方案、诺卧罗萨国方案，仍是知识分子小圈子内的知识摆设，却无法在学术沙龙、讲堂之外激发起公众诸多想象和热情。

显然，由于区隔政权的存在，与民族-国家方案相联系的政治家更有可能会建立起政治认同霸权。区隔政权的领导人得到特别的授权，鼓吹一种能够挑战共同国家的民族-国家方案。区隔政权的领导人能专门吸引知识分子使之放弃他们自己钟情的民族-国家方案，并接受一种在区隔政权中能实现的次优方案。区隔政权的领导人在很大程度上能够引导公众为民族-国家方案而承担代价很高的承诺。区隔政权的领导人能使其他民族-国家方案的倡导者很难获得支持。因此，那些由其首领来控制区隔政权的那些民族-国家方案更能成功地扩展其想象共同体的成员身份而超出会客厅或讲坛。当民族-国家替代方案的不同倡导者相互竞争时，区隔政权的领导人有一种独特的地位来扩展其成员身份，迫使共同国家承认其主权权利。

突然引入区隔制度可以转变边缘区域的政治安排，通过简单对比一下1878年前后的保加利亚民族主义就可以明白这一点。那一年《圣斯特法诺条约》（*the Treaty of San Stenfano*）使保加利亚在奥斯曼帝国内获得政治自主权。从那一刻起，一直到保加利亚在 1908 年 10 月 5 日获得独立，保加利亚民族主义改变了。在获得国家地位之前，保加利亚的民族运动是分裂的，在 19 世纪六七十年代，民族运动的领导人大部分时间生活在塞尔维亚和罗马尼亚。保加利亚东正教的教会领导人因在奥斯曼帝国米勒特体制内得到授权，通过创立一种自治的保加利亚总督职务（1872 年），成功增强他们宗教地位，但他们对建立一个独立的保加利亚国家政权却远没有兴趣。唯有到了俄罗斯帝国在 1878 年的和约中迫使奥斯曼帝国承认领土自主权时，保加利亚才得以建立起区隔政权。然而，就在保加利亚的自主王国建立之后，保加利亚的民族主义才在其领土范围内得以成型。俄罗斯“通过军队的持续驻守确保保加利亚的独立，帮助建立和巩固新的国家政权，希望以此换得保加利亚的感激。但是，没想到保加利亚人首先是民族主义者”。[①] 确实，保加利亚王国经过七年（1885）的一致努力，才成功迫使奥斯曼帝国和欧洲列强承认保加利亚吞并东鲁米尼亚（Eastern Rumelia），并在 30 年的时间里赢得了自己的独立。

## 六、边缘与中心之间的政治

除了塑造边缘政治之外，区隔制度也塑造了中心与边缘之间的政治。[②] 被区隔化的国家往往不够稳定，不断遭受民族 - 国家危机的折磨，最终不得不以共同国家的集权或者解体的方式来放弃区隔制度安

① Stanford J. Shaw and Ezel Kural Shaw, *History of the Ottoman Empire and Modern Turkey*, *Vol.* Ⅱ, *The Rise of Modern Turkey*, 1808 - 1975 (Cambridge: Cambridge University Press, 1977), pp. 160 - 162, 187 - 189, 196 - 199; Charles Jelavich and Barbara Jelavich, *The Establishment of the Balkan National States*, 1804 - 1920 (Seattle: University of Washington Press, 1977), pp. 128 - 140; Michael Mann, “A Political Theory of Nationalism and Its Excesses,” in *Notions of Nationalism*, ed. Sukumar Periwal (Budapest: Central European University Press, 1995), p. 49.

② 开创性的研究见 Donald Rothchild, “Ethnicity and Conflict Resolution,” *World Politics* 22 (July), 1970, pp. 597 - 616.

排。例如，随着 1922 年苏维埃社会主义共和国联盟的建立带来了苏联早期的民族 – 国家危机，进而产生了集权的后果而各联邦共和国的权力最终高度集中在约瑟夫 · 斯大林手中。同样，在后苏联经验中，集权也是俄罗斯民族 – 国家危机的结果，集权化开始于 1993 年，并在 1999 年后加快了步伐。然而，被区隔化的国家也同样可能由于分裂并产生新的民族 – 国家而失败。1917 年俄罗斯帝国的解体导致芬兰的独立。在 1988 到 1991 年苏联改革时期（perestroika）的民族 – 国家危机导致苏联的解体，产生了 15 个后继国家。

之所以区隔制度产生这种不稳定，是因为分配能力的方式会塑造被赋予这些能力的人们的动机。区隔制度产生了六个方面的后果，增加了共同国家解体和新民族 – 国家独立的可能性。

第一，在区隔制度下，共同国家与区隔政权的领导人之间的讨价还价在中心与边缘区域相对抗的政治生活中逐渐起支配作用。区隔制度塑造中心 – 边缘的政治格局，让区隔政权的领导人有机会通向权力中心，并且排挤其他利益和其他民族 – 国家方案寻求共同国家领导人的关注和支持的可能。交叉的利益可能可以把共同国家维系在一起，但却很难在区隔政权的谈判桌上获得一席之地。这可以通过苏联解体之前的最后两年来证明，因为政策和改革谈判的参与者圈子不断缩小：1991 年中期，加盟共和国的领导人（如俄罗斯的鲍里斯 · 叶利钦）和苏联领导人（米哈伊尔 · 戈尔巴乔夫）直接进行谈判，并将所有代表其他利益的领导人都排除在外。

第二，在区隔制度下，中心 – 边缘的政治议程越来越集中于共同国家和区隔政权之间决策权的零和冲突。在这样的背景下，妥协变得越来越困难，因为一方的获益意味着另一方的利益受损。在苏联解体前的最后十八个月里，更多议题如环境保护和经济改革，最后甚至几乎所有议题都被纳入苏联政府和单个加盟共和国政府之间关于分配决策权的首要谈判中。

第三，区隔制度激励区隔政权的领导人代表他们民族 – 国家方案提出更为激进的要求，即要求更多分享共同国家的决策权，并最终提出要求独立的主张。一些区隔政权的领导权的改变，导致区隔政权领导层的激进化（至少在民族 - 国家的议题上如此），而有些领导人面临共同国家与区隔政权之间相互竞争的要求，承受双重压力，经常退回到政治的边缘。更强烈反对留在共同国家内的政治家可能会支配政治生活。然而，即使是仍活跃在政治中的温和领导人也可能会提出更激进的民族主义主张，因为这样做可以将成本转嫁到外部，提高区隔政权内部每个个体的收益——这是以损失共同国家的利益为代价。不同区隔政权之间的竞争导致区隔政权主张的进一步激进化。一旦其中一个区隔政权可以攫取共同国家的更多权力，其他区隔国家的领导人也必然争夺权力。没有领导人愿意继续傻傻地满足共同国家的需求，而让其他区隔政权不断榨取共同利益。当区隔政权的领导人受挫于谈判桌上数量众多的诉求，他们会为寻求唯一的利益而提出国家独立的主张，这时区隔政权诉求的最终激进化就产生了。为了清理众多竞争诉求带来的嘈杂，为了马上让谈判室安静和赋予区隔政权诉求以特权，声称这些诉求代表了人民主权是最好的办法。

第四，区隔制度增加了分裂的可能，因为这种制度促进了区隔政权往不同方向发展。不同的发展路径使得寻找共同的政策和制度来处理所有区隔政权的诉求变得更困难。在苏联的后期，当加盟共和国往不同的方向发展时，寻找一套共同国家制度来把民主的爱沙尼亚、寡头统治的土库曼斯坦和其他加盟国维系在一起变得越来越困难。而且，对于正在启动民主化进程的亚美尼亚来说，那种试图在白俄罗斯重新确立共产党领导权的共同国家往往被视为一种威胁，反之亦然。由于加盟共和国以不同的路径发展，以前一度被认可的、维系共同国家整体的妥协在讨价还价过程中也消失殆尽。

第五，区隔制度增加了分裂的可能，因为这种制度赋予了区隔政权领导人权力，使得共同国家领导人要留住区隔政权的代价增大。区隔政权的决策权成为他们的领导人对抗共同国家领导权的制度化武器。苏联后期，区隔政权拒绝提供联邦预算资金，禁止出口食品到共同国家的其他地区，调动志愿军成了增加戈尔巴乔夫的统治成本的手段，希望迫使他承认邦国的独立。

第六，在极端情况下，区隔制度可以导致共同国家政府本身的衰弱。那些在共同国家政府内不断扩充权力的区隔政权，他们能够运用这些权力，迫使共同国家的议程陷入僵局，并且使共同国家的政府瘫痪。区隔政权的领导人要求共同国家的领导人让渡给他们的政府更多的权力，中央政府因为区隔政权的存在而无法发挥作用，或者，像在苏联发生的情况那样，中央政府可能容易走向崩溃。

## 七、一些共同答案的启示

正如上文所述，区隔制度理论将民族－国家方案之所以获得成功的最为常见解释看作是中间或内生的因素，这些因素受区隔制度的存在和塑造的影响。社会运动、集体行动和暴力的研究——以及每一种研究所涉及到的民族主义的变体——强调认同、不满和贪婪、动员的资源、政治机会和国际承认的重要性。① 区隔制度理论并非不考虑这些因素，而是认为，通常只有在区隔制度的前提之下才会有助于民族－国家方案的成功。也就是说，区隔制度，比如说自治领地或者自治殖民地的政府，在这个命题的因果链条中占首要地位，并且以此来联合其他因素。错误的结合，哪怕是其中一个因素都会给民族－国家方案造成不可克服的障碍。在这个意义上，对于新民族－国家的创立而

① 格尔将所有这些因素整合在一个模型当中，参见 Ted Robert Gurr, *Peoples Versus States: Minorities at Risk in the New Century* (Washington, DC: United States Institute of Peace, 2000), pp. 65 – 96; Doug McAdam, Sidney Tarrow, and Charles Tilly, *Dynamics of Contention* (Cambridge: Cambridge University Press, 2001), pp. 243 – 246, 252 – 255; M. Hechter and D. Okamoto, "Political Consequences of Minority Group Formation," *Annual Review of Political Science* 4, 2001, pp. 189 – 215.

言，所有这些因素都是必须的，仅仅强调其中一个因素都是不够的。① 在现代世界中，区隔制度对于新民族－国家的构建来说几乎是必要的条件，因为这些制度安排本身通常是足以在某种配置中结合所有其他因素，有助于民族－国家方案走向成功。②

政治制度对调节认同、表达和调节不满、引导意愿、分配集体行动的资源、创造有效行动的机会和赢得国际承认产生重要的影响。就认同而言，区隔制度理论的假设确认了在边缘区域的一种认同可以协调和成功形成政治认同的优势的条件。③ 在这一认同的支配下，政治领导权与区隔政权及其民族－国家方案紧密相关，虽可能没法动员广

---

① 因此，采取这些进路的研究者想优先考虑这些因素中的一个或者另一个就必须假定其他因素总是有解释力的。参见 John McCarthy and Mayer N. Zald，"Recourse Mobilization and Social Movements：A Partial Theory，" in *Social Movements in an Organizational Society*，eds. Mayer N. Zald and John D. McCarthy（New Brunswick，NJ：Transaction Books Oberschall，1987），pp. 15－42；Anthony Oherschall，*Social Conflict and Social Movements*（Englewood Cliffs：Printice－Hall，1973）.

② 除了这些主流的解释之外，政治地理学家强调地理因素：Richard Hartshorne，"Suggestions on Terminology of Political Boundaries，" *Annuals of Association of American Geographers* 26（March），1936，pp. 56－57；Malcolm Anderson，*Frontiers：Territory and State Formation in the Modern World*（Cambridge：Polity Press，1996）；Roy E. H. Mellor，*Nation，State，and Territory：A Political Geography*（New York：Routhledge，1989），pp. 74－103；Geoffrey Parker and Ramesh Dutta Dikshit，"Boundary Studied in Political Geography：Focus on the Changing Boundaries in Europe，" in *Developments in Political Geography：A Century of Progress*（New Delhi：Sage，1997），pp. 170－201；社会生物学家强调遗传因素：Pierre L. Van den Berghe，"Race and Ethnicity：A Sociobiological Perspective，" *Ethnic and Racial Studies* 1（October），1978，pp. 401－411.

③ 强调认同的出色著作有：Walker Connor，*Ethnonationalism：The Quest for Understanding*（Princeton：Princeton University Press，1994）；Clifford Geertz，*Old Societies and New States*（New York：Free Press，1963）；Ernst B. Haas，"Nationalism：An Instrumental Social Construction，" *Millennium* 22（winter），1993，pp. 505－545；Anthony Smith，*The Ethnic Revival in the Modern World*（Cambridge：Cambridge University Press，1981）；Joanne Nagel，"Constructing Ethnicity：Creating and Recreating Ethnic Identity and Culture，" *Social Problems* 41（February），1994，pp. 152－176.

泛的民族主义支持，但可以压制其他替代方案的表达。① 就不满和贪婪而言，区隔制度理论确认了在哪种条件下不满（如相对剥夺理论所界定的不满）可能主要把独立视为一种解决方案，而野心被引向创造一种独立的政治体制，而不是在既定的政治体制范围内寻求改善。② 区隔制度的理论假设与研究社会运动的资源动员路径的洞见也是一致的。具体地说，区隔政权优越的组织资源及其等级结构，而不是原子化或微粒的结构，使之与竞争对手相比有很多优势，在谈判桌上提出各种诉求，以及从中央政府争取更多让步。③ 依据区隔制度理论的假设，区隔制度对于创造政治机会的结构是必须的，这使分裂更有可能

---

① 在研究民族－国家起源中语言和宗教的相关重要性，可参见 Anthony Smith, *The Ethnic Origins of Nations* (London: Blackwell, 1986); John Armstrong, *Nations Before Nationalism* (Chapel Hill: University of North Carolina Press, 1982); Williams Safran, "Language, Ideology, and State - Building: A Comparison of Policies in France, Israel, and the Soviet Union," *International Political Science Review* 13 (October), 1992, pp. 397 - 414.

② 关于不满的研究可参见 Ted Robert Gurr, *Why Men Rebel* (Princeton: Princeton University Press, 1971). 关于贪婪和不满的研究可参见 Paul Collier, and Anke Hoeffler, "Greed and Grievance in Civil War," *Social Science Electronic Publishing*, vol. 56 (4), 2000; Joanne Nagel and Susan Olzak, "Ethnic Competition in New and Old States: An Extension of the Competition Model," *Social Problems* 30 (December), 1982, pp. 127 - 143; Charles C. Ragin, "Ethnic Political Mobilization: The Welsh Case," *American Sociological Review* 44 (August), 1979, pp. 619 - 635; Joseph R. Rudolph JR. and Robert Thompson, "Ethnoterritorial Movements and the Policy Process: Accommodating Nationalist Demands in the Developing World," Comparative Politics 17 (April), 1985, pp. 291 - 311.

③ John D. McCarthy and Mayer N. Zald, "Resourse Mobilization and Social Movements: A Partial Theory," in *Social Movements in an Organizational Society*, eds. Mayer N. Zald and John D. McCarthy (New Brunswick, NJ: Transaction Books, 1987), pp. 15 - 42; Anthony Oberschall, *Social Conflict and Social Movements* (Englewood Cliffs: Printice - Hall, 1973); Doug McAdam, *Political Process and the Development of Black Insurgency* 1930 - 1970 (Chicago: University of Chicago Press, 1982); Aldon Morris, *The Origin of the Civil Rights Movement* (New York: Oxford University Press, 1984); Doug McAdam, Sidney McCarthy and Mayer N. Zald, "Social Movements," in *Handbook of Sociology*, ed. Neil J. Smelser (Newbury Park, CA: Sage, 1988), pp. 695 - 737; Russell Hardin, *One for All: The Logic of Group Conflict* (Princeton: Princeton Press, 1955); M. Hechter and D. Okamoto, "Political Consequences of Minority Group Formation," *Annual Review of Political Science* 4, 2001, pp. 202 - 203.

成功。①举例来说，区隔制度给予某些倡导者获得共同国家领导地位的优先权。自治领地或者自治殖民地的领导人往往可以在共同国家的政府之前，代表处于政治边缘的利益群体，成为经官方批准的代言人。区隔制度同样可能增加区隔政权的强势政府对抗共同国家的弱势政府的可能。最后，区隔制度理论认为，比起没有区隔政权的方案，区隔政权更有可能作为主权国家而获得国际承认。国际认同能够决定一个民族－国家的方案是否获得法律上的独立地位，并且能够制止共同国家政府重新整合已分裂的国家的任何尝试。然而，区隔制度理论认为，最后这些步骤不过是对以下漫长过程的确认：政治认同霸权的孕育，因贪婪和不满而关注由民族－国家方案提供的解决方法，对这种方案支持者的授权，对既存共同国家的削弱。

## 八、民族主义

区隔制度理论最深远的意义可能涉及到我们对民族主义与民族－国家之间关系的理解。一个关于民族－国家创建的通常故事会关注：在政治上唤醒一个民族，或者让一个族群政治化并使之成为一个民族，为民族主义动员提供一个平台，并且最终授权让它建立一个属于自己的国家政权。这个共同的议题是把处在争论中的原生主义和建构主义两派的学者统一起来。对于像沃克·康纳（Walker Connor）这样的原生主义者来说，建立民族－国家以及分裂主义的诉求产生于族群自我

① Sidney Tarrow, *Between Center and Periphery: Grassroots Politicians in Italy and France* (New Haven: Yale University Press, 1977), p. 142; Sidney Tarrow, *Sruggle, Politics, and Reform: Collective Action, Social Movements, and Cycles of Protest*, Western Societies Program, Occasional Paper No. 21 (Ithaca, NY: Cornell University, Center for International Studies, 1989), pp. 32－38; Charles Tilly, *From Mobilization to Revolution* (MA: Addison－Wesley Publishing Co. 1978); Charles Tilly, "Social Movements and National Politics," in *Statemaking and Social Movements: Essays in History and Theory*, eds. Charles Bright and Susan Harding (Ann Arbor: University of Michigan Press, 1984), pp. 297－317; Anthony Oberschall, *Social Conflict and Social Movements* (Englewood Cliffs: Printice－Hall, 1973); Joseph Roshtchild, *Ethnopolitics: A Conceptual Framework* (New York: Columbia University Press, 1981), p. 96, 99.

意识的唤醒。[1] 对于像保罗·布拉斯（Paul Brass）这样的建构主义者来说，民族形成的过程是“族群间的客体差异不断获得主体的和象征的意义，这被转化成为一种对群体团结的欲望与意识，并且成功构筑政治诉求的基础”。[2] 在阐释创建民族－国家的第四个阶段（1986－2000年）过程中，这是最突出的主题。[3] 第四个阶段很多新的民族－国家叙事，甚至还有很多失败的民族方案，都被广泛看作是民族意识的唤醒或者失败。[4] 例如伊恩·布雷默（Ian Bremmer）将加盟共和国在1991年的退出归结为：苏联没有创建一个苏联民族（a Soviet nation）将各民族整合起来，以对抗“大众民族感情的延续”。[5] 盖尔·拉皮德斯（Gail Lapidus）提供了一个关于下面问题令人信服的解释：被称作“公开化”（glasnost）的政治自由化究竟如何为认知自由化提供条件，文化和知识精英开始在“民族共和国（national republics）的范围内重塑和改变集体意识”。对这些共同体随后的动员——特别是由人民战线（popular fronts）发起的——和在1990年加盟共和国选举中的民族主义政治成功，都表明“大众民族主义是作为一种主要的政

---

① Walker Connor, “Nation－Building or Nation－Destroying?” *World Politics* 24（April）, 1972, pp. 319－355; Anthony Smith, *The Ethnic Origins of Nations*（London: Blackwell, 1986）; H. Seton－Watson, *Nations and States: An Enquiry into the Origins of Nations and the Politics of Nationalism*（London: Methuen, 1977）, pp. 1－5.

② Paul R. Brass, *Ethnicity and Nationalism: Theory and Comparison*（New Delhi: Sage, 1911）, p. 22.

③ John A. Armstrong, *Nations Before Nationalism*（Chapel Hill: University of North Carolina Press, 1982）; John Breuilly, *Nationalism and the State*, 2nd ed.（Chicago: University of Chicago Press, 1994）; Earnest Gellner, *Nations and Nationalism*（Ithaca: Cornell University Press, 1983）.

④ Williams Crowther, “The Politics of Ethno－National Mobilization nationalism and Reform in Soviet Moldavia,” *Russian Review* 50（April）, 1991, pp. 183－202; Peter Rutland, “Democracy and Nationalism in Armenia,” *Europe－Asia Studies* 46, 1994, pp. 839－861; Jan Zaprudnik, *Belarus as a Crossroads in History*（Boulder, CO: Westview Press, 1993）.

⑤ Ian Bremmer, “Post－Soviet Nationalities Theory: Past, Present and Future,” in *New States, New Politics: Building the Post－Soviet Nations*, eds. Ian Bremmer and Ray Taras（Cambridge: Cambridge University Press, 1997）, pp. 9－10.

治力量出现的”。①

米罗斯拉夫·赫洛奇（Miroslav Hroch）试图以同样的方式解释在欧洲的“小民族”中有哪些民族主义运动成功。② 他将“小民族”界定为那些没有他们自己的政权但仍试图挑战欧洲现存国家政权的民族。在赫洛奇看来，成功的原因可以归结为民族运动的发展。赫洛奇假定一个民族运动可以分为下列几个基本阶段：知识分子对民族独特性的不断增长的文化意识，政治独立纲领的发展，实现这个纲领的群众动员。因此，赫洛奇把问题限定在：不把国家的作用看作是国家独立的一个原因（而不是结果），并且强调民族主义动员是建立国家的重要一步。然而，在他的八个案例中，有两个很明确的成功案例是在区隔政权的帮助下实现民族复兴；因此，挪威和芬兰的运动能够在很大程度上是依靠他们自己的努力来实现主权独立。赫洛奇分析的其他运动，要么是没有成功实现独立，如比利时的佛兰芒人（Flemish）和丹麦的石勒苏益格人（Schleswig），要么是虽然成功实现独立，但只是作为另一个民族－国家方案的一部分（捷克人和斯洛伐克人），要么就是并非通过自己的努力，而是强权的战时干预或和平协议的结果（爱沙尼亚人、立陶宛人和捷克斯洛伐克人）。

区隔制度理论提出一个替代的观点：很少民族－国家的产生事实上是来源于这一个过程。不管是民族唤醒的叙事还是民族动员的叙事，都不能总结出一种能精确辨别哪些民族－国家方案可获成功的假设。只有在少量成功的民族－国家方案中，民族主义在国家建立或独立前

① Gail W. Lapidus, “From Democratization to Disintegration: The Impact of Perestroika on the National Question,” in *From Union to Commonwealth: Nationalism and Separatism in the Soviet Republics*, eds. Gail W. Lapidus, Victor Zaslavsky and Philp Goldman (Cambridge: Cambridge University Press, 1992), pp. 45－70; Mark R. Beissinger, *Nationalist Mobilization and the Collapse of the Soviet State* (Cambridge: Cambridge University Press, 2002).

② Miroslav Hroch, *The Social Preconditions of National Revival in Europe: A Comparative Analysis of the Social Composition of Patriotic Groups among the Smaller European Nations* (New York: Columbia University Press, 2000), p. xiii, pp. 22－24, 177－191; Karl W. Deutsch, *Nationalism and Social Communication: An Inquiry into the Foundations of Nationality* (Cambridge: MIT Press, 1966), pp. 86－106.

是强大的大众力量。丹克沃特·罗斯托（Dankwart Rustow）注意到，在民族－国家的建立过程中，民族统一早于国家政权创立的情况几乎不存在；一个鲜有的例外是日本。更典型的情况是先建立起国家政权，就像西欧的大部分情况那样。① 卢帕特·埃默森（Rupert Emerson）认为，典型的情况是，国家政权是民族的缔造者（nation－maker）而不是民族创造国家政权；他认为这种情况实际上存在于世界各地——欧洲、美洲、非洲和亚洲的绝大部分国家。② 的确，通过去殖民化而产生的新国家政权的叙事中，通常的情况是紧随国家独立之后就有民族认同危机。③

这就是东欧在十九世纪晚期和二十世纪早期创建所谓“新”民族－国家的真实情况。汉斯·科恩（Hans Kohn）在二战期间所撰写的著作中，坚称民族－国家创建的进程在东欧是不同的，因为民族主义先于国家建立而兴起，所以，民族是在“与既定国家模式相冲突与反抗中成长起来”。④ 但是，该地区的绝大多数新国家，民族认同在独立之前并没有很大发展，甚至在建国前没有太多认同。正如前面所说的，在1878年柏林会议关于保加利亚实现自主权和建国之前（欧洲列强强加给奥斯曼土耳其帝国的解决方案），保加利亚精英们在是否寻求政治自主权（political autonomy）问题上是存在分歧；很少有大众支持这个目标。⑤ 阿尔巴尼亚在独立的前夜（1912年）没有建国也没有自治权，本土的领导人就如查尔斯（Charles）和杰拉维奇（Barbara Jelavich）所描述的那样，他们“并不希望拆散奥斯曼土耳其帝国，也不想

① Dankwart A. Rustow, *A World of Nations: Problems of Political Modernization* (Washington, DC: Brookings Institution, 1967), pp. 127－128.

② Rupet Emerson, *From Empire to Nation: The Rise to Self－Assertion of Asian and African Peoples* (Boston: Bacon Press, 1960), pp. 114－119.

③ Lucian W. Pye, *Politics, Personality and Nation Building: Burma's Search for Identity* (New Haven: Yale University Press, 1962).

④ Hans Kohn, *The Idea of Nationalism: A Study in Its Origins and Background* (New York: Macmillan, 1944), p. 329.

⑤ Charles Jelavich and Barbara Jelavich, *The Establishment of the Balkan National States, 1804－1920* (Seattle: University of Washington Press, 1977), pp. 134－147.

寻求一个独立的国家”。[①] 在俄罗斯帝国的西部边境，就像罗纳德·桑尼（Ronald Suny）所说的，独立“并不是长期渴望建立民族的有广泛基础和统一的民族主义运动的结果”。[②]

甚至在民族-国家创建的第四个阶段，民族主义在国家独立时的这种含混在东欧和欧亚大陆也是很常见的。甚至通过区隔政权的形式而获得自主权和国家身份都不必然会在独立之前激发出单一的分裂主义的民族主义。例如在1991年12月，白俄罗斯、俄罗斯和乌克兰三国的贝洛韦日协议（Belovezhskaia settlement）给予苏联致命一击，这时大众情绪对于分裂行动仍是持反对态度或者摇摆不定的。甚至在苏联解体的两年后，约翰·邓洛普（John Dunlop）还把俄国人描述为“一个寻求认同的民族”，因为很多俄国人仍然固守着这样的观点：苏联是他们的民族-国家。[③] 同样，马克·贝辛格（Mark Beissinger）将俄国身份认同不断减弱的原因归结为，俄国人对于俄罗斯民族和俄罗斯帝国之间的区分含混不清。[④] 甚至到了2000年，一次对1600名俄国公民的调查发现，其中55%的人“相信俄国的历史使命是把各个民族合并进一个国家政权，将其作为1917年之前的俄罗斯帝国或苏联的继承者”。[⑤] 在乌克兰，民众在民族认同上分歧很大——认同苏联还是认同乌克兰。还有，正如亚历山大·莫拓尔（Alexander Motyl）研究的结论认为，走向独立“不是因为（乌克兰）民族主义的努力，也不

---

① Charles Jelavich and Barbara Jelavich, *The Establishment of the Balkan National States, 1804–1920* (Seattle: University of Washington Press, 1977), p. 222.

② Ronald Grigo Suny, *The Revenge of the Past: Nationalism, Revolution, and the Collapse of the Soviet Union* (Stanford: Stanford University Press, 1993), p. 37, 81.

③ John Dunlop, "Russia: Confronting a Loss of Empire, 1987–1991," *Political Science Quarterly* 108 (Winter), 1993–1994, p. 603; Simon Dixon, "The Russians and the Russian Question," in *Soviet–Romanian Territorial Dispute* (Boulder, CO: East European Monographs, 1996); Roman Solchanyk, "Ukraine, The (Former) Center, Russia and 'Russia'," *Studies in Comparative Communism* 25 (March), 1992, pp. 31–45; Timothy Colton, *Transitional Citizens: Voters and What Influences Them in the New Russia* (Cambridge: Harvard University Press, 2000), p. 158.

④ Mark Beissinger, "The Persisting Ambiguity of Empire," *Post–Soviet Affairs* 11 (April–June), 1995, pp. 149–184.

⑤ *Interfax* December 26, 2000.

是因为他们的强大，而是因为有利的外部环境”。① 白俄罗斯的大众民族主义可能是最软弱的，即使在解体后，白俄罗斯人对苏联的支持仍然很高。② 在 1995 年 5 月 14 日举行的全民公投中，有 65% 的公民参与，其中有 83. 3% 的人支持恢复俄罗斯语作为国家的官方语言，并与俄罗斯保持经济一体化，还有 75. 1% 支持恢复白俄罗斯苏维埃社会主义共和国在苏联时代的象征。③

从东欧建立的一些后共产主义民族 - 国家中，关于大众民族主义这种矛盾心理的观察也可以得出类似的结论。的确，捷克和斯洛伐克民族 - 国家实现了主权独立，虽然多数人明显支持一个统一的捷克斯洛伐克。④ 根据卜土拉（Martin Butora）和卜涂若娃（Zora Butorova）的估算，斯洛伐克支持独立的人不足总人口的三分之一，而在捷克共和国，这个支持率还要更低。甚至在分离之后，1993 年的调查表明，在捷克和斯洛伐克的总人口中，少于三分之一的人会在公决中投票支

① Alexander J. Motyl, *Dilemmas of Independence: Ukraine After Totalitarianism* (New York: Council on Foreign Relations, 1993), p. 23; Roma Solchanyk, “The Politics of State Building: Centre - Periphery Relations in Post - Soviet Ukraine,” *Europe - Asia Studies* 46, 1994, pp. 47 - 68; Paul S. Pirie, “National Identity and Politics in Southern and Eastern Ukraine,” *Europe - Asia Studies* 48 (November), 1996, pp. 1079 - 1104; Lowell Barrington, “Kazakhstan: How Long Can Ethnic Harmony Last?” in *Managing Conflict in the Former Soviet Union: Russian and American Perspectives*, eds. Alexei Arbatov, Abram Chayes, Antonia Handler Chayes and Lara Olson (Cambridge, MA: MIT Press, 1997), pp. 273 - 331; Taras Kuzio, “The National Factor in Ukraine's Quadruple Transition,” *Comtemporary Politics* 6, 2000, pp. 143 - 164; Andrew Wilson, *The Ukrainians: Unexpected Nation*, (New Haven: Yale University Press, 2000), pp. 160 - 161.

② Ed. Jocelyn, “Nationalism, Identity and the Belarusian State,” in *National Identities and Ethnic Minorities in Eastern Europe*, ed. Ray Taras (New York: St. Martin's Press, 1998), pp. 73 - 83; David Marples, *Belarus: From Soviet Rule to Nuclear Catastrophe*, (New York: St. Martin's Press, 1996), p. 124.

③ Martha Brill Olcott, *Kazakhstan: Unfulfilled Promise* (Washington, DC: Carnegie Endowment for International Peace, 2002), pp. 24 - 50; Shirin Akiner, *The Formation of Kazakb Identity: From Tribe to Nation - State* (London: Royal Institute of International Affairs, 1995), p. 60; Charles van der Leeuw, *Azerbaijan: A Quest for Identity* (New York: St. Martin's Press, 2000), p. 169; Oliver Roy, *The New Central Asia: The Creation of Nations* (New York: New York University Press, 2000).

④ Sharon L. Wolchik, “The Politics of Ethnicity in Post - Communist Czechoslovakia,” *East European Politics and Societies* 8 (Winter), 1994, p. 177.

持独立，而投票支持维持捷克斯洛伐克的人数则是它的两倍。①

区隔制度理论所支持的观点是，在群众中广泛散播的民族主义很少先于国家身份而存在，而且通常不会先于获得独立主权而存在，因此，民族主义的解释进路不会为哪个民族－国家方案获得成功提供让人满意的答案。在少数案例（以色列和巴勒斯坦为最清楚）中民族主义是在国家身份建构和国家独立之前。更多的民族－国家建构的成功诉求，并不是因为广泛或强烈的大众民族主义的支持，因为大众大多是狭隘的或承受交叉压力（cross－pressured）。也有像美国那样的少数案例，民族的产生与国家身份、国家独立的获取几乎是同时发生。更经常的情况是，国家政权创造了民族和大众民族主义，而且是国家政权在独立之后才创造了这一切。②

大众与精英民族主义之间缺乏连贯一致对于民族－国家方案来说并不是关键，缺乏区隔政权才是关键。但区隔制度理论认为，一个成功的民族－国家方案，或许有时候需要类似于民族主义的东西，即支配性政治认同。这里描述的一种情形是，其他族群的政治家不能通过替代的诉求来动员大众而压倒支持区隔政权独立的民族－国家方案。因此，在苏联解体的时候，戈尔巴乔夫政府通过动员名义上的民族成员间的苏联认同而试图压制加盟共和国领导人的分离主义诉求，这些努力基本都失败了。③ 根据区隔制度理论，区隔政权为其领导人提供了独一无二的机会来建立这样的支配性政治认同。拥有支配性政治认同支撑的区隔政权的领导人起着一个关键的“扳道工”（switchman）

① Martin Butora and Zora Butorova, “Slovakia: The Identity Challenges of the Newly Born State,” *Social Research* 60 (Winter), 1993, pp. 721－722; Paal Sigurd Hilde, “Slovak Nationalism and the Break－up of Czechoslovakia,” *Europe－Asia Studies* 15 (June), 1999, pp. 647－665.

② Hans Kohn, *American Nationalism: An Interpretative Essay* (New York: Macmillan, 1957); Edmund S. Morgan, *The Meaning of Independence: John Adams, George Washington and Thomas Jefferson* (Charlottesville: University of Virginia Press, 1976).

③ 要不然，莫斯科可以通过俄罗斯多数力量压制那些省级和次级地域领导者的民族诉求。例如，参见 Nils R. Muiznieks, “The Pro－Soviet Movement in Latvia,” *Report on the USSR* 2 (24 August), 1990, pp. 19－24; Peter Kirkow, “Regional Warlordism in Russia: The Case of Primorskii Krai,” *Europe－Asia Studies* 47 (September), 1995, pp. 932－933.

的作用，决定什么时候把民族认同动员到政治行为之中。①

## 九、政权对国家认同的协调

在缺乏政权（不论是民族－国家政权还是区隔政权）的情况下，宣传特定民族－国家方案，就很难与诸多国家认同中就替代现存的共同国家单一方案相协调。政权通过作为一个独特的聚焦点调节着各种认同，但是它也通过下列方式加强这种自然的心理趋向：给支持者以回报，压制民族－国家其他替代方案的倡导者，以及通过公共教育、公共仪式和其他自我美化的工具来普及官方的方案。②

区隔制度理论认为：强大的民族主义在国家独立之前是很罕见的，民族主义通常是区隔政权的产物。这为调节想象力与政治资源提供聚焦点，并通过雇用语言学家、历史学家和辩论家来修饰和普及一种方案，使该方案优先于其他方案。简单说来，在很大程度上，区隔制度理论把民族主义在民族－国家创建中的作用看作是从区隔政权到民族－国家过程中的内生要素，而不是前提或原因。在民族主义缔造的过程中，那些英雄通常并不是浪漫的诗人，而是政治家、卑微的官僚、糟糕乏味教科书的作者，他们有助于塑造着每一代人关于自我世界的知识。③ 例如，很多苏联官僚在各自加盟共和国民族化的官僚系统内流动和升迁。约翰·阿姆斯特朗（John Armstrong）写到那些政府行政机构的成员或者政客（apparatchik），他们“几乎都能产生一些对该地区的其他官员的手足之情，甚至可能会产生‘地方爱国主义’情感，

---

① Sidney Tarrow, *Between Center and Periphery: Grassroots Politicians in Italy and France* (New Haven: Yale University Press, 1977), p. 4.

② Tomas C. Schelling, *The Strategy of Conflict* (Cambridge, Ma: Harvard University Press, 1960).

③ 比较 Anthony D. Smith, *The Ethnic Origins of Nations* (London: Blackwell, 1986); Walker Connor, *Ethnonationalism: The Quest for Understanding* (Princeton: Princeton Press, 1994), pp. 145－164.

这会使党的官员们努力隐瞒上层官僚的错误和自私”。[1] 在加盟共和国的层次上，这种爱国主义变成了正式的民族主义。因此，正如罗曼·施波尔卢克（Roman Szporluk）写的，“民族唤醒者”从“已确立的权力结构、权力关系以及拥护他们的价值观念”中产生。[2]

在过去大致两个世纪里，政治领袖和官僚已经成为成功实现民族－国家方案的核心力量。本尼迪克特·安德森（Benedict Anderson）在拉丁美洲的殖民地差不多两百年前的他称之为克里奥尔民族主义（Creole nationalism）现象中发现了类似的模式。这种情况的出现是因为“行政单位”中的官僚将现存国家中的区隔单位想象成自己“祖国”。这些“绝对主义的官僚”在地方民族主义的作用下，将这种政治统一的意识传播到更大规模人口数量的大众中。[3]

令人惊讶的是，在全球范围内以这种方式走向成功的民族主义有着千篇一律的历史。研究民族主义的学者们往往区别对待如今在后共产主义世界占主导地位的那种民族主义类型，认为有点不同于曾经在西欧出现过的原生民族主义。区隔制度理论认为两者之间并不存在本质差别。汉斯·科恩（Hans Kohn）首先认为，在英国、法国、荷兰、瑞士和美国出现的那种民族主义只是在民族－国家形成之后才被唤醒的。在中欧、东欧和亚洲所形成东方民族主义，是先于民族－国家统一前的族群中形成的。[4] 在这种现在很流行的观点看来，东欧和欧亚的民族主义频繁挑战现存的国家政权，并且试图“按照民族志（ethnogra-

---

① John A. Armstrong, *The Soviet Bureaucratic Elite: A Case Study of the Ukrainian Apparatus* (New York: Praeger, 1959), p. 84.

② Roman Szporluk, *Russia, Ukraine and the Breakup of the Soviet Union* (Stanford: Hoover Institution Press, 2000), pp. 366 – 367.

③ Benedict Anderson, *Imagined Communities: Reflections on the Origins and Spread of Nationalism*, 1991, p. 53; Jeffery Herbst, *States and Power in Africa: Comparative Lessons in Authority and Control* (Princeton: Princeton University Press, 2000), pp. 58 – 109.

④ Hans Kohn, *The Idea of Nationalism: A Study in Its Origins and Background* (New York: Macmillan, 1944).

phic）的要求重新划定政治边界”。[①] 与科恩曾经要我们相信的观点相比，区域制度理论使我们看到了东方民族主义更加类似于西方民族主义。不管是在主权国家还是区隔政权之中，两者的民族主义都是首先在政治领导人和官僚阶层中产生的，然后才向更广泛的大众传播。[②]

以法国为例，人们的法国观念首先是在宫廷内产生的，即使晚至20世纪初，国家仍然在把农民转变成法国人。在不到一代人的时间里，在1789年法国大革命以及之前的短暂时光，很多在政府之外的法国精英开始像民族主义者那样思考。这就是在法国革命之前的一个世纪里由国王的官员采用公共教育的措施以培养法国人对国王的忠诚所导致的令人惊讶和无法预料的结果。它为国民大会设置了一个舞台，跟随着美国人的步伐，宣布“主权本质上来源于民族”。[③] 法国的国家政权至少用了另一个世纪的努力来对之前思想狭隘的人民灌输新的民族主义。欧根·韦伯（Eugen Weber）追溯了在一战之前的半个世纪中法国思想是如何变化的：“很多法国人直到19世纪末漫长的普及运动，他们才意识到彼此是联系在一起的，他们体验的这种改变告诉他们这是有意义的。”正如森桂勒迪（Alexandre Sanguinetti）总结的那样：“法兰西是一种审慎的政治构建，为了构建法兰西，中央政府从来没有停止过战争。”[④]

---

① Andre Liebich, “Nations, States, Minorities: Why Is Eastern Europe Different?” *Dissent* 42 (Summer), 1995, pp. 313 – 317.

② Ed. Jocelyn, “Nationalism, Identity and the Belarusian State,” in *National Identities and Ethnic Minorities in Eastern Europe*, ed. Ray Taras (New York: St. Martin’s Press, 1998), pp. 78 – 79; Oliver Roy, *The New Central Asia: The Creation of Nations* (New York: New York University Press, 2000), p. x, p. 107; Otto Pflanze, “Nationalism in Europe, 1848 – 1871,” *Review of Politics* 28 (April), 1996, pp. 129 – 143; Taras Kuzio, “ ‘Nationalising states’ or nation – building? A critical review of the theoretical literature and empirical evidence,” *Nations and Nationalism* 7, 2001, pp. 135 – 154.

③ David A. Bell, *The Cult of the Nation in France: Inventing Nationalism*, 1680 – 1800 (Cambridge, MA: Harvard University Press, 2001), pp. 13 – 14.

④ Eugen Weber, *Peasants into Frenchmen: The Modernization of Rural France*, 1870 – 1914 (Stanford: Stanford University Press, 1976), p. 113; Peter Sahlins, *Boundaries: The Making of France and Spain in the Pyrenees* (Berkeley and Los Angeles: University of California Press, 1989), p. 286.

在英国也同样如此，一种新的国家政权形式是在 1707 年形成的，通过王室和文职人员的一致努力，锻造出一种新的民族认同。这种迟来的不列颠民族主义却在那些更古老的、更狭隘的英格兰和苏格兰民族主义失败的地方获得胜利。正如琳达·克里（Linda Colley）所记载的那样，不列颠的认同是国家在报纸的帮助下，通过仔细筹划的王室巡游而发明和蓄意宣传的结果。不列颠的官员们是第一批发展出跨越对英格兰、苏格兰和威尔士等诸多地方的狭隘认同的人。像其他地方一样，民族主义的发展和政治的普及有关："成为一个爱国者是取得参与英国公共生活权利的方式，而且最终意味着获得更广泛的公民权。"① 英国性（Britishness）不是要替代诸如英格兰性（Englandness）等特定认同，它不是通过文化的整合和同质化（homogenization）而产生的。"相反，英国性掩盖了大量的内部差异"，从给在不同国家政权中带来参与政治生活的权利这个角度来看，它在 19 世纪并没有成为民族认同。② 直到 1900 年，英国的民族认同在英伦诸岛得到普及。③

甚至在 19 世纪中叶的大统一方案里，民族主义都是国家政权的方案。正如复兴运动（Risorgimento）领袖阿泽格立瓯（Massimo d'Azeglio）宣称的："我们创造了意大利，现在我们必须创造意大利人。"④ 相似的情况也出现在德国，正如艾比盖尔·格林（Abigail Green）强调的，在德国统一之前，民族主义很弱小且对大众的吸引力也很有限。甚至到了 1871 年之后，"德意志人自己对于民族统一都表现得异常无动于衷"。⑤ 这种重新构建起来的认同是支持小德意志（kleindeutsch）民族－国家，排除了奥地利，这是在普鲁士人所领导

① Linda Colley, *Britons: Forging the Nation* 1707 – 1837 (New Haven: Yale University Press, 1992), p. 5, 370.

② Ibid., p. 6.

③ Norman Davies, *The Isles: A History* (New York: Oxford University Press, 1999), p. 815.

④ David A. Bell, *The Cult of the Nation in France: Inventing Nationalism*, 1680 – 1800 (Cambridge, MA: Harvard University Press, 2001), p. 198.

⑤ Abigail Green, *Fatherlands: State – Building and Nationhood in Nineteenth – Century Germany* (Cambridge: Cambridge University Press, 2001), p. 6, 298 – 299; also see pp. 97 – 147, 268, 271, 312 – 337.

的帝国所宣扬的。但是德意志帝国也暴露出一种复杂情况，在被区隔化的国家中难以普及一种主导性的民族主义。直到第一次世界大战，随着德国保留像乌腾堡和巴伐利亚这种区隔政权，大众才接受关于他们祖国相互冲突的信息，德意志民族主义才在公众中慢慢获得优势。

法国、英国、意大利和德国这些国家在宣传民族主义上的重要性因奥地利民族主义的后期发展的鲜明对比而被加强。正如彼得·卡森斯坦（Peter Katzenstein）在1976写到的那样："在过去150年里，奥地利这个概念一直是令人不安的含糊不清。"① 只是在1960年之后以及成为一个独立国家政权之后的数十年之后，奥地利人才以压倒性的多数支持奥地利的民族－国家方案而不是其他的方案（例如与德国合并的方案）。② 在一战奥匈帝国解体之前，说德语的人们至少被5个不同的民族－国家方案所分割——大奥地利—中欧方案（把整个奥匈帝国和德意志帝国统一起来）、大德意志方案（抛弃奥匈帝国非德语地区，而与德意志帝国的德语地区统一起来）、奥匈帝国方案（保持帝国独立和完整，但将帝国日耳曼化）、德意志—奥地利方案（在一个独立国家中把帝国讲德语的部分分开）、省份独立方案（像泰罗尔这样的省份）。任何试图寻求霸权的单一方案都失败了，这是不同的国家精英和机构竞争压力的结果。这些国家精英和机构有奥匈帝国的领袖，在国会中有代表王国与领土的领袖（就像帝国排除匈牙利形成国家的那种类型），还有一些省份（例如泰罗尔、福拉尔贝格州、上奥地利州和下奥地利州）的议会领袖。对于奥地利而言，缺乏已经独立的区隔政权把优势地位赋予其民族－国家方案。

这种关于创建民族－国家传统叙事的挑战让我们产生疑惑：为什么这些叙事会这样普遍？创建民族－国家的传统观点支持从民族唤醒到民族独立这样的常规顺序。这个观点之所以非常流行，是因为对已

---

① Peter J. Katzenstein, *Disjoined Partners: Austria and Germany since* 1815 (Berkeley and Los Angeles: University of California Press, 1976), p. 12.

② Peter J. Katzenstein, "The Last Old Nations: Austrian National Consciousness since 1945," *Comparative Politics* 9 (January), 1977, pp. 147－171.

经实现主权独立的民族－国家方案的诠释有强烈兴趣。政府对宣传他们的权威来自人民的主权意志有很强烈的兴趣。建国的官方叙事与社会流传的神话是如出一辙。两者都是老一辈人传播的，掩盖很多令人尴尬的事实不让下一代知道。（但是，国家建构的神话比社会流传的神话更有力，因为通过连续不断的复述，他们确实能够创造民族觉醒。）这种常规的顺序在学术界产生共鸣，这是因为人文学者的研究方法，甚至当学者而不是特定民族－国家方案支持者的情况下，都会对已经取得成功的民族－国家方案的叙事赋予优先权。大多数研究都试图挑选因变量并且尝试解释独立的成功秘诀。[1] 已经出版的著作几乎没有研究民族－国家方案的失败，当然可能的例外是那些关于南北战争中的南方联邦的著作。在结果已知的前提下，研究者们容易为成功寻找解释。学者们通过结果来解读模糊不清的证据。通常阐述历史最容易的方法是把民族认同的虚无缥缈的联系具体化，声称已经注入到独立之前的空气中，但除了独立的结果是明确的，就没有能留下确实的痕迹。证明这种官方解释的证据都收集和保存在恒温的国家图书馆和档案馆中，而其他能证明会有不同结果的证据，在一次对不同的民族－国家方案的号召之后作为微不足道的垃圾或被视为危险的煽动而被烧掉了。

## 十、赋予某个民族特权的“种族化”

区隔制度理论也对一个普遍观点提出挑战，这个观点认为民族主义代表了族群的政治化。正如欧亚经验往往强调族群是民族－国家方案的产物，而不是相反。国家政权缔造一个民族神话，其目的在于赋予其民族以特权地位，并击退其诸多挑战者。欧尼斯特·雷南（Ernst

① “挑选因变量”（selecting on the dependent variable）指的是在下列情形中出现的方法论问题：当一个学者试图在一些结果中解释变量，例如在民族－国家方案的成功与失败的例子中，却只挑选出了成功的案例。学者并没有证据确定是否所说的成功原因在失败的案例中真的不存在。

Renan）曾经把民族的存在描述为一种“日常生活中的全民表决”（everyday plebiscite）。然而，没有任何一个民族－国家的稳定是基于日常表决中形成的易变的多数。在极端的情况下，基于不同文化划分和共享不同的历史记忆的临时多数在太阳下逐一享受他们的时刻，这将导致民族－国家的无限循环。因此，政府不仅难以举行这样的全民公投，而且还需花费巨大的精力去赋予这种民族－国家方案以优先权，并维持民族－国家现状。在诸多最重要的方式中，赋予该方案以重要性意味着让民族“种族化”（ethnify），也就是，鼓吹一个关于共同起源的神话。①（神话这一术语，根据涂尔干的传统，指的是共享民族起源的共同信念，这种信念是建立在事实、文学虚构或者两者的结合之上。）

总之，民族－国家的公投性质需要民族的种族化。这是试图通过关于过去的神话来限定现在和未来。民族－国家方案主张一个民族从现在开始应该有一个属于他们自己的国家政权，由此关注当下并展望未来。种族神话希望通过种族遥远年代的重大事件来揭示其起源，并且牢记从那个重大事件开始很多代人的共同生活。② 为了赋予未来某种稳定性，民族主义者经常创造出种族神话，声称民族不仅仅是为了回应公投而创造纪念性合作的结果，而且还是不能通过一次投票就能决定的几个世纪以来的成果。

一些最重要的种族起源论是与建构主义者的观点一致，他们指出，种族是人们构造的产物③，但它强调，长期以来只有民族－国家才能给予种族以稳定性。也就是说，在一个没有民族－国家制度的世界里，

---

① 关于族群的不同观点，参见 M. Elaine Burgess，“The Resurgence of Ethnicity：Myth or Reality?” *Ethnic and Racial Studies* 1（July），1978，pp. 265－285.

② 例如参见 Richards A. Schermerhom，*Comparative Ethnic Relations：A Framework for Theory and Research*（New York：Random House，1970）. 有一种倾向，就是把这两种截然不同的概念混为一谈，例如参见 John Dunn，“Introduction：Crisis of the Nation State?” in *Contemporary Crisis of the Nation－State?* Ed. John Dunn（Oxford：Blackwell，1995），pp. 3－15.

③ Thomas Hylland Eriksen，“Ethnicity versus Nationalism，” *Journal of Peace Research* 28（August），1991，pp. 263－264；Crawford Young，*The Politics of Cultural Pluralism*（Madison：University of Wisconsin Press，1976）.

种族身份本身将会不断变化，因为它们建立在多样性的基础上，经常是间歇、流动易变的。① 另外，它们可以被有策略的政治家们操纵。② 为了民族－国家的稳定，政治领导人必须创造种族，反过来，民族－国家的独特地位同样为种族提供了稳定基础。

民族的种族化这种刻意行动和种族、民族主义与国家政权相互增强的稳定性，这方面没有任何一个地方比当代欧亚大陆表现得更加明显。在苏联的后继国家里，塔吉克人和摩尔多瓦人的共存、哈萨克人和吉尔吉斯之间的分裂、土耳其斯坦和斯塔特人（Starts）的消失等等，都是区隔政权创造或者重建种族的结果。苏联的区隔政权和现在后苏联的民族－国家为种族认同提供新的稳定性。政府创造官方的历史来强化这一点，解释领土范围内名义上的民族的历史来源和作为族群代际的统一。③ 因此，哈萨克斯坦的 1995 年宪法及其新的教科书都声称，共和国是立足于哈萨克民族的原始祖居地上："在 15 世纪产生的哈萨克汗国现在被推崇为哈萨克国家的诞生，在 1995 年庆祝了这个大事件的 540 周年（事实上，不能归结到一个精确的日期）。"④ 同样，乌兹别克斯坦的政府已经把乌兹别克民族的神话具体化了，把族群延续追溯到中世纪。⑤ 这些政府大力回报学者们美化和传播这些民族的神话。

然而，民族－国家的种族化要古老得多。事实上，美国人可能是最早创造种族神话——共同起源的移民神话故事，以此支持民族－国

---

① Nelson Kasfir, "Explaining Ethnic Political Participation," *World Politics* 31 (April), 1979, pp. 365 – 388; Joseph Roshtchild, *Ethnopolitics: A Conceptual Framework* (New York: Columbia University Press, 1981), p. 96, 99.

② Brian Weinstein, "Language Strategists: Redefining Political Frontiers on the Basis of Linguistic Choices," *World Politics* (April), 1979, p. 360.

③ Oliver Roy, *The New Central Asia: The Creation of Nations* (New York: New York University Press, 2000), pp. 15 – 18.

④ Shirin Akiner, *The Formation of Kazakh Identity: From Tribe to Nation – State* (London: Royal Institute of International Affairs, 1995), p. 62, 69.

⑤ Resul Yalcin, *The Rebirth of Uzbekistan: Politics, Economy and Society in the Post – Soviet Era. Reading* (UK: Ithaca Press, 2002), pp. 61 – 66, 92 – 96.

家的独立方案。在其独立的时候，美国人口被分割在不同的殖民地区隔政权里，个体则分割为多种民族认同，比如英国人、美国人和殖民地人。据塞缪尔·艾略特·莫里森（Samuel Eliot Morison）的说法，只有40%的人是积极支持独立的，而有10%的人继续支持其共同国家（英国）。[①] 在这40%支持独立的人中，被多种竞争的民族－国家方案进一步切割，比如建立统一的国家或者是各自独立的国家。[②] 可能更多的北美区隔政权的居民因为他们多重民族认同的竞争要求带来的交叉压力而无法在方案中做出选择只能简单保持中立。莫里森估计，在殖民地中有一半的人面对竞争的民族－国家方案漠不关心或保持中立。

然而，一旦民族－国家方案获得成功，美国人开始进行自我种族化。就像其他民族的神话起源一样，美国人讲述他们自己的故事，其重点是从别的地方来到他们的祖国。美国的传说和标志歌颂他们与过去经验的决裂，强调从那之后的世代共同经历。因此，那些率先突破旧世界而安顿在新世界的清教徒移民成为整个美国的象征。许多圣地是为了给民族庆祝清教徒的共同经历，不管这种与过去的决裂是开始于普利茅斯岩（Plymouth Rock）还是埃利斯岛（Ellis Island）。不管他们在移民前各自的生活如何——并且大部分的民族起源神话都是在一个特定时期创造的，尤其是当族群团体被划分或纳入其他种族的时刻——移民和随后的共同生活使他们成为一个民族。许多美国人都在这种神话故事中长大（我以前也是一样）；这些族群神话比民族认同更能解释美国家庭史中完全不同的部分，并将我们和只是在美国之外的外国人之间建立起联系。[③] 有质疑认为我们的神话简化了一个更为复杂的历史，甚至扭曲了历史事实，当然这种质疑部分是对的，但也是琐碎和无关紧要的。

---

① Samuel Eliot Morison, *the Oxford History of the American People* (New York: Oxford University Press, 1965), p. 236.

② 美洲殖民地的竞争民族－国家方案可以参见 Gordon Wood, *The Creation of the American Republic*, 1776－1787 (Chapel Hill: University of North Carolina Press, 1969), p. 356, 371.

③ Russell Hardin, *One for All: The Logic of Group Conflict* (Princeton: Princeton Press, 1995), p. xi.

这种民族的种族化在整个欧洲大陆的民族－国家旧时代也是常见的。[①] 在19世纪缔造的民族神话编制了一段漫长而统一的历史，这不可能被一次简单的全民公决所打断。因此，帕特里克·基尔（Patrick Geary）指出，欧洲的民族主义者“回溯最初到达的时刻，‘他们的民族先辈’第一个到达罗马帝国的废墟，建立自己的神圣领土和自己的民族认同”。[②] 然而，在古代后期和中世纪早期的欧洲各民族，被后来的民族主义者视为祖先，但并不是有着共同社会模式、语言乃至认同的紧密结合的文化共同体。例如，法国人在据称最初到达的时刻，实际上是高卢人、罗马人、法兰克人的不同群体。（再者来说，他们只是法兰克人的一个分支而已，也统治了南德意志王国。）移民浪潮给这个所谓的祖居地带来更多样化的社会形态、语言甚至认同。因此，“‘始于受洗的克洛维斯国王’的法兰克人，与查理曼大帝或者让·勒庞（Jean Le Pen）寄以希望并团结那些进行政治运动的法兰克人是不一样的”。[③] 它宁可采取一个纯粹虚构的行为，忽略这种反常识的事实，并赞颂作为一个法国人的查理曼大帝，而不是另一个德国人寻求将法国合并进一个更大的中世纪欧洲国家。

在奥地利，大部分人都赞同奥地利人构成一个族群（Volk），不同于德国人，但这种主张只有在大多数奥地利人认为他们应该有自己的国家政权的十年后才出现。也就是说，民族认同紧随政治认同之后。到20世纪60年代中期为止，大多数奥地利人支持独立；只有到了20世纪70年代，大多数人才赞同他们构成一个独特文化共同体的主张。[④] 同样，在拉丁美洲，大部分最大的族群都是民族－国家的产物，

---

① Eric Hobsbawm and Terence Ranger, *The Invention of Tradition* (Cambridge: Cambridge University Press, 1992); Hagen Schulze, *Germany: A New History* (Cambridge, MA: Harvard University Press, 1998), p. 15.

② Patrick J. Geary, *The Myth of Nations: The Medieval Origins of Europe* (Princeton: Princeton University Press, 2002), p. 156.

③ Ibid., p. 157.

④ Peter J. Katzenstein, "The Last Old Nations: Austrian National Consciousness since 1945," *Comparative Politics* 9 (January), 1977, pp. 147–171.

而不是相反。事实上，我们经常区分萨尔瓦多人、阿根廷人、古巴人，并且被华盛顿的政客们不断误导，他们把所有这些地区的人合在一起，叫做西班牙裔人（Hispanics），目的是对这些国家宣扬并制造一种种族观念。

## 十一、国际承认

世界列强试图通过选择给予或者拒绝承认的方式来影响哪个民族能建立国家。不过，区隔制度理论强调，导致区隔政权和共同国家之间的民族－国家危机的发展初期，国际上拒绝承认的威胁声音很微小、遥远，对参与者的影响不大。一旦民族－国家的危机充分发展，拒绝承认的威胁很少能扭转危机。区隔制度理论强调区隔制度在外国势力面前对选择的约束，而不是首先强调国际对国内政治的约束。国内制度对国际选择的约束在过去一个世纪里反映为五种模式。首先，尽管国际社会阻止事实上独立的国家获得法定的独立地位——就像发生在阿布哈兹、纳戈尔诺卡拉巴赫、南奥塞梯和德涅斯特河东岸地区的情况那样——在大多数情况下，不承认的威胁很少能够阻止或逆转事实上的独立。第二，强权拒绝承认某个民族－国家的合法地位，对于逆转被区隔化国家发生的民族－国家危机显得无能为力。例如，冷战后期的 1990 年 3 月，西方欧洲国家仍然拒绝承认立陶宛。1991 年 8 月 1 日，乔治·布什总统访问基辅期间敦促乌克兰弃绝“自杀的民族主义”，并敦促其与莫斯科就苏联改革问题进行谈判。[①] 这两个案例都说明强权不认可阻止不了区隔政权的立国决心，最终强权会承认由区隔政权的分裂所建立的新民族－国家。第三，承认在大多数情况下并不能促使国家独立，除非预先就存在由区隔制度所创立的国内政治过程。美国承认四十年来波罗的海诸国的政权，甚至虚构了外交关系，这些都不能使它们的独立成为一个事实，直到在苏联区隔政权使独立成为

① Alexander J. Motyl, *Dilemmas of Independence*: *Ukraine After Totalitarianism* (New York: Council on Foreign Relations, 1993), p. 181.

现实。同样，在1920年，外交承认哪怕最后一分钟都在试图保全阿塞拜疆和格鲁吉亚，然而这都不能保住它们的独立。第四，事实上，典型的情况是，区隔政权已经形成了新的主权结构，国际承认才会随后到来。在1919年和1991年的欧亚大陆，国际社会非常谨慎地拒绝承认芬兰、乌克兰和其他国家的合法性，直到其国内政治过程使他们的分裂和独立合法化。第五，通过阻止共同国家的政府吞并前区隔化地方政权，国际承认可以防止成功分离的逆转。然而，如果没有特别的国际支持或者甚至直接干预（比如对建立朝鲜和德国民主共和国的干预），单独的国际承认常常只能限于认可区隔制度造成的结果。

区隔制度理论挑战由一些国际关系学者提出的观点，这种观点认为国际承认的规范解释了为什么自从第二次世界大战以来新的民族－国家主要来源于去殖民化，而不是宗主国的分裂。国际关系学者指出，在1941年至2000年间，大约70%的新民族－国家原来都是外部而不是内部区隔政权导致的结果。自二战以来，根据认为挑选民族－国家方案应以国际规范优先的观点，列强和国际社会把民族自决权限定在外部区隔政权的民族－国家方案以避免破坏现存国家。举例来说，只有这样，联合国才能拿到正式的“去殖民地化”标签。① 区隔制度理论认为，规范和实际结果之间的关系是假的：在本世纪初（1901），至少有85%的国家是区隔政权；二战结束后的第二年（1946年），至少有77%是区隔政权；直到1971年，大部分区隔政权事实上是外部区隔政权（external segment－states），即通常所谓的殖民地或者受保护国。毫不奇怪，大部分新兴国家都是通过去殖民地化而建立的。此外，任何假设的规范并没有结束内部区隔政权造成的分裂；事实上，如图表2所示，在民族－国家创造的第四个阶段，内部区隔政权再一次成

① James Mayall, *Nationalism and International Society* (Cambridge: Cambridge University Press, 1999), pp. 50－69. 自苏联解体之后，为了将自决权扩大到原住民的压力造成了一种矛盾的观点，根据1993年的《原住民权利宣言草案》第三条：“原住民有自决的权利。凭此权利，他们可以自由地决定他们的政治地位和自由地寻求经济、社会和文化的发展。”参见UN, Doe. E/CN. 4/Sub. 2/1993/3/26 (1993).

为新兴民族－国家的首要来源。

区隔制度理论同样挑战国际关系学者的另一个观点，那就是，事实上他们把区隔政权更容易获得独立的特征视为国际规范的显示，这种规范禁止使用暴力来改变国际边界。区隔政权和成功的民族－国家方案之间的独特关系事实上比这样一种声称的国际规范更早出现。此外，国际社会一直拒绝明确地阐明任何一种规范会赋予追求独立的区隔政权优先权。① 因此，在联合国《关于国家间友好关系和合作的国际法原则的宣言》（*Declaration of Principles of International Law Concerning Friendly Relations and Cooperation Among States*）中有拒绝暴力改变国界以及附加条款规定，宣言的原则不能证明有利于分离或分裂的任何行动的合法性。② 事实上，各国政府和国际社会出于担心而避免明确地表达这样一种规范，因为这将引发分离主义者通过宣称区隔政权的独立而来的分裂国家的一系列诉求。如果通过拒绝暴力改变国界而有利于区隔政权，那是因为两个相当间接的后果。首先，在20世纪早期强权干预而重新划分国界替代了区隔政权作为建立新民族－国家的来源，这个唯一的实践被这种规范限制了。当这种选择不存在后，几乎所有争取承认的候选人都是区隔政权，国际社会选择承认哪个事实上已经独立的区隔政权的作用很有限。其次，一旦国际社会承认了区隔政权，那么这种规范就会阻止前共同国家尝试收回“失去的”区隔政权。

## 十二、结论

为了显示经验观察的意义，我提出了区隔制度理论。这一理论将

① Martha Finnemore and Kathryn Sikkink, “International Norm Dynamics and Political Change,” *International Organization* 52 (Fall), 1998, p. 892.

② 比较 Mark W. Zacher, “The Territorial Integrity Norm: International Boundaries and the Use of Force,” *International Organization* (Spring), 2001, pp. 213 - 250; UN General Assembly Resolution 2625 (1970); Allen Buchanan, “Secession and State - Breakdown,” Paper presented at a meeting sponsored by Carnegie Corporation of New York, “The Conflicting Norms of Self - Determination and the Sanctity of Borders,” Washington, DC, 30 September, 1999.

制度与区隔政权内部以及区隔政权与共同国家领导人之间的交易（bargaining）联系在一起。然后，这个理论把交易与共同国家的失败和新民族-国家的独立的可能联系起来。这个因果关系的逻辑深受由经济学开创的关于交易的正式理论的启发，而因果关系背后的关联，不仅通过追溯相关的叙事证据来支撑，而且通过理论的严密推演为基础。①

本章大部分的叙事证据来自苏联及其后继国家的经验。我的项目开始于对加盟共和国和苏联之间的政治分析，随后分析新的共同国家（如俄罗斯）和它们内部的区隔政权（如车臣或鞑靼斯坦共和国）之间的政治。在鞑靼斯坦共和国逗留的六个月期间，我在伏尔加河中部地区开始访谈活动。这些访谈引起我很多疑惑，我直觉区隔政权内的谈判会构成区隔制度理论的核心。然后我转向官方文件和报纸记载，以确定伏尔加河中部地区的政治状况是否可以复制到俄罗斯其他地区和其他后继国家中。如果情况许可，我会在叙事证据中加上苏联及其后继国家的统计数据，以更严格地检验我的解释模型。像许多民族-国家起源的研究一样，如果我的研究不能再进一步，就有可能陷入刻意选择因变量的陷阱中：回溯成功案例的先决条件，而不问没有成功创建民族-国家的例子中这些条件是否存在。出于这个原因，我已经小心翼翼地比较了成功实现主权独立的民族-国家计划（如苏联的后继国家）和那些失败的方案（如鞑靼斯坦共和国或土耳其斯坦）。

而且，我的研究仅检验了苏联及其后继国家，这可能因为从世界上很小（但很重要）的区域和很短的时间中得出结论而出错。因此，为了测试这些源自于苏联晚期和后苏联经验的结论是否能够超越二十世纪最后二十年，我将这一时期的经验和俄罗斯帝国晚期以及七十年前苏联的建立相比。被我称之为欧亚大陆的案例包括四个案例的比较，这些案例是：1917 年俄国革命随后的俄罗斯帝国的解体；斯大林在 20 世纪 20 年代巩固权力时的苏联区隔政权的再集权；1988 -1991 年苏

① Robert H. Bates, et al., *Analytic Narratives* (Princeton: Princeton University Press, 1998), particularly pp. 3 -22.

联解体和垮台；15 个后继国家的解体和再集权。这种时间跨度超过 70 年的比较在方法论上有其优势：它可以做引入区隔政权前后的准实验比较。在有限的时间范围内进行比较，虽然范围触及全球，但因为区隔政权变化很少，只能进行有限的关联分析。通过仔细比较长时段的欧亚大陆族群和民族－国家方案，我们可以观察到引入区隔政权对族群和民族－国家方案的影响，而通过其他方式是不可能观察到的。

我仍需要检验来自欧亚地区的这些概括是否适用于全球的民族主义时代。对于这一点，我转而使用统计证据，使用了三组全球数据。第一组数据是对 1955 年至 1999 年这 45 年间 153 个独立国家的 658 个不同族群的观察。这组数据可以检验与区隔政权有关的民族－国家方案是否比其他民族－国家方案更有可能演变为民族－国家危机。第二组数据是对 1815 年后新建的 191 个主权国家的观察，还包括它们独立前的法律地位。第三组数据是对 20 世纪 336 个外部和内部区隔政权的观察。第二和第三组数据可以检验区隔政权是成功的民族－国家方案的共同特征的观点，并且以数据改进这个理论关于区隔政权实际上可以达到主权独立的条件。

我的核心观点是，后苏联国家的创建进程帮助我们洞悉为什么一些民族－国家方案而不是其他能够成功获得主权独立。这不是说苏联晚期和后苏联经验与之前的民族－国家的每一个细节都完全相同，而是说共同的结果的确有其共同的原因，然而，许多区域研究专家常常认为这些原因是他们研究的那个区域的独特弊病。例如，本研究显示常令非洲研究专家惋惜的非洲国家的缺陷，以及后共产主义研究专家经常认为多元民族联邦的共产主义转型的独特弊病，事实上在几乎所有新建立的民族－国家都会存在。也就是说，本研究把焦点分析放在来自苏联解体的新民族－国家和苏联后继国家的政治之上，这样的处理非常有用，因为这些案例强调了分离的过程——无论是通过去殖民化而独立还是宗主国核心的解体——都与一个共同模式相吻合。学者们将苏联解体视为一个帝国解体的案例来研究（类似奥匈帝国和奥斯曼帝国的结束或者殖民地人民的解放），也作为国家分裂的案例来研究（类似巴基斯坦或埃塞俄比亚的划分和潜在的加拿大）。[1]

苏联的转型还促发南斯拉夫和捷克斯洛伐克等共产主义国家的转型。15 年前有 9 个共产主义国家的地方在 2000 年时有 28 个民族－国家。这种后共产主义转型占了民族－国家创建的第四个阶段的大部分，也是自 1815 年新国家进入国际体系的第二个密集时期。现在，有 15 个独立的国家替代原来的苏联。共产主义的终结不仅扫清了基于无产阶级跨国诉求和社会主义的国际主义的工人国家，而且也终结了那些试图创造一个超越单独区隔政权边界的新民族－国家。苏联宣称在法律上代表苏联人民，是“苏联人民的国家统一体”。[2] 所有的苏联后继国家抛弃了苏联人民的这个神话或者与种族无关的工人阶级观念；在他们的主权宣言、独立宣言和大部分宪法中，都认为自己的国家实现了他们各自民族建国的意志。爱沙尼亚在 1992 年宪法的序言中宣布其国家是“建立在爱沙尼亚人无法消灭的民族自决权之上的…（和）应保证保存爱沙尼亚民族及其文化永远完整”。[3] 这 15 个后继国家作为替代的民族－国家方案，它们的胜利是以不同方式重划该地区的国际边界为代价的。

---

① 将苏联看做一个帝国或殖民关系来研究的例子，参见 Karen Barkey and Mark von Hagen, *After Empire*: *Multiethnic Societies and Nation – Building*: *The Soviet Union and the Russian*, *Ottoman and Habsburg Empires* (Boulder, CO: Westview Press, 1997); Mark R. Beissinger and Crawford Young, "Convergence to Crisis: Pre – Independence State Legacies and Post – Independence State Breakdown in Africa and Eurasia," in *Beyond State Crisis? Post – Colonial Africa and Post – Soviet Eurasia in Comparative Perspective*, eds. Mark R. Beissinger and Crawford Young (Baltimore: Johns Hopkins University Press, 2002), pp. 19 – 50; Carrfère d'Encausse, *Decline of an Empire*: *The Soviet Socialist Republics in Revolt* (New York: Newsweek Books, 1980); Gregory Gleason, *The Central Asian States*: *Discovering Independence* (Boulder, CO: Westview Press, 1997); Hendrik Spruyt, *Ending Empire*: *Contested Sovereignty and Territorial Partition* (Ithaca: Cornell University Press, 2005); Ronald Grigo Suny, *The Revenge of the Past*: *Nationalism*, *Revolution and the Collapse of the Soviet Union* (Stanford: Stanford University Press, 1993), pp. 128 – 131; Rein Taagapera, "Should Russia Break Up," Paper presented at the annual meeting of the American Political Association, Washington, DC, 31 August – 3 September, 2000.

② 苏联宪法（1977），序言和第 70 条。

③ 爱沙尼亚宪法（于 1992 年 6 月 28 日公投通过）。

# 国家的自主权：起源、机制与结果*

迈克尔·曼/文　王永香/译

本章试图具体阐述国家所拥有的独立于市民社会中的主要权力集团的自主权（autonomous power）问题，包括这种自主权的起源、机制和结果。我这里所提出的是一种概括性的结论，然而，这些结论却基于一个庞大的、正在进行的关于人类社会中权力发展的实证研究项目。① 现在，我对农业社会的概括更为大胆一些，对工业社会的概括则会谨慎一些。我定义了国家，并探寻这一概念的内涵。我讨论了国家定义当中的两个主要部分，即集权性（centrality）和领土性（territoriality）。这两个部分对应于两种类型的国家权力，即专制权力（despotic power）与基础权力（infrastructural power）。在我看来，由专制权力和基础权力所形成的国家自主性，主要体现在国家能够提供一种以领土性集权形式的组织（territorially centralized form of organization）的独特能力上。

如今已没有必要再去批评这样一种观点，即大多数一般的国家理论由于都是还原论的，因此都是错误的。这些理论都把国家还原为市民社会的既定结构。这种批评对马克思主义、自由主义和功能主义传

---

* Michael Mann, "The Autonomous Power of the State: Its Origins, Mechanisms and Results." 本文首次发表于 *Archives européénnes de sociologie*, vol. 25, 1984, pp. 185 – 213. 本文稿件来自作者的个人网站，见 http://www.sscnet.ucla.edu/soc/faculty/mann/publications.htm.

① 将会以三卷本的著作发表：*The Sources of Social Power*, *vol. I*: *A History of Power from the Beginning to AD* 1760（Cambridge: Cambridge University Press, 1986）; *vol. II*: *A History of Power in Industrial Societies*（Cambridge: Cambridge University Press, 1987）; *vol. III*: *A History of Power* 将随后出版，包括一系列类似于本文所涉及的范围和风格的论文。但是，曼后来改变了写作计划，《社会权力的来源》共分四卷出版。除前述两卷外，第三、四卷为：*vol. III*: *Global Empires and Revolution*, 1890 – 1945（Cambridge: Cambridge University Press, 2012）; *vol. IV*: *Globalizations*, 1945 – 2011（Cambridge: Cambridge University Press, 2013）. ——译注

统的国家理论而言显然是正确的。所有这些理论都把国家主要看作是一个阶级斗争、利益集团和个人表达制度化的场所或者领域，在功能主义理论中则是在其中表达和实现公共意志（a General Will，或用更现代的术语来说，核心价值或规范共识）。这些理论尽管彼此存在着诸多分歧，但共同之处在于它们都否认国家拥有非同小可的自主权。尽管已经有对还原论的有力批评，① 加上晚近马克思主义者所经常使用的“相对自主性”（relative autonomy）的术语也隐含了对自身的批评，② 令人惊奇的是，有关国家自主性的分析依然很缺乏。

主要障碍之一在于有关国家自主性问题的分析本身具有政治性。赞同国家自主性的主要替代理论似乎都与某种令人厌恶的政治之间存在着关联。我所说的是军国主义的国家理论传统，这一传统主要体现在20世纪初德国理论家的著作中，如巩普洛维奇（Gumplowicz）、③ 拉岑霍费尔（Ratzenhofer）和施密特（Schmitt）等。他们把国家看作是一种物质力量和社会前进的动力。因此，军国主义理论认为国家的地位高于那些由还原主义理论所区分的经济和意识形态结构。但是，军国主义国家理论的科学价值很快就被其政治同盟——社会达尔文主义、种族主义、国家权力崇拜以及后来的法西斯主义——所淹没。作为（极具讽刺意味的）结果，军国主义理论最后在战场上被（马克思主义的）俄国和（自由民主的和功能主义的）西方盟国的联合力量所打败。后来我们尽管很少能够直接听到军国主义的国家理论，但却仍然能够感受到其间接的影响，尤其是最近韦伯、欣茨（Hintze）、罗斯托（Rüstow）和无政府主义者奥本海默（Oppenheimer）等“善良德国人”的著作的影响。他们在某种程度上都受德国军国主义传统的影

---

① S. Wolin, *Politics and Vision* (Berkeley: University of California Press, 1961).

② N. Poulantzas, *Pouvoir politique et classes sociales* (Paris: Maspero, 1972); G. Therborn, *What Does the Ruling Class Do When It Rules*? (London: New Left Books, 1978).

③ L. Gumplowicz, *The Outlines of Sociology* (Philadelphia: American Academy of Political and Social science, 1899).

响，并且其所有重要著作现在已经被翻译成英语。①

我并不主张回到这种军国主义的国家理论传统是一种可取的选择，哪怕是考虑到它科学的一面。因为如果我们进行更详细的考察，这种军国主义国家理论本质上也是还原主义的。在这种理论中，国家仍然什么也不是，它仅仅是社会中某种物质力量的具体体现。国家不是一个解决国内经济/意识形态问题的场所，而是一个在国内进行动员而在国内和国外——主要是国外——加以使用的军事力量。

这两种类型的国家理论各有其价值，但同时也有局限。但是，如果我们把它们加以整合，那将会形成一种什么样的理论呢？这种新的理论在本质上将会是一种存在着两个维度的二元国家理论：国内经济/意识形态之维和国际军事之维。在当前由马克思化的韦伯主义（Marxified Weberianism）所主导的比较社会学思潮中，对国内的分析可能会集中在阶级关系。由于国家将对两种类型的压力和利益集团做出反应，所以将形成某种“空间”。在这一空间中，国家精英能够操控社会中的阶级来对抗主战派（war factions）以及其他国家。因此，国家精英将会圈定一个属于他们的领域，并由此而获得某种程度的自主权。把这两个方面结合在一起，将会得到一个关于国家自主权的基本解释。

这正是现在最完善的国家理论研究所获得的最新进展。西达·斯考切波（Theda Skocpol）的杰出著作《国家与社会革命》就是其中的代表。她对马克思、韦伯的思想兼收并蓄，同时对奥托·欣茨有关国家组织决定性因素的二维观兴趣有加，这种二维观体现在：“第一，社会阶级结构，第二，国家的外部秩序——即各个国家彼此的相对地位以及它们在世界中的总体位置。”她还从军事关系的角度对后者进行了拓展。这两组“基本任务”主要由行政、警察和军事组织构成的一整套系统来承担，以行政当局——它从社会中汲取资源——为首或

---

① O. Hintze, *The Historical Essays of Otto Hintze*, edited by F. Gilbert (New York: Oxford University Press, 1975); F. Oppenheimer, *The State* (New York: Free Life Editions, 1975); A. Rustow, *Freedom and Domination: An Historical Critique of Civilisation* (Princeton: Princeton University Press, 1975).

多或少地履行协调的功能。这些资源支持型（resource - supported）的行政和强制组织是“国家权力的基础本身”。由此，这种权力有一定的自主权可以抵制统治阶级、国内主战派或者和平派以及其他国家。[①]查尔斯·蒂利的晚近著作隐含了类似的研究思路，[②] 安东尼·吉登斯也从类似的脉络提出其论点。[③]

我现在不打算完全放弃国家的“二维”模型——因为我也以这种模型为基础对英国1130 - 1815年间的财政进行过详细分析。[④] 上面提到的所有研究都超越了还原主义。我们可以进一步拓展他们的理论洞见，并且进入到国家自主性的核心部分——它的性质、程度和结果。但是，要达到这一目的，我们必须与还原论彻底地决裂，这种决裂在某种意义上看似乎独特和自相矛盾。我在本章中将提出，国家基本上仅仅是一个领域、一个场所，而这正是国家自主性的来源。

## 一、界定国家

国家无疑是一个混乱的概念。主要的问题是大多数定义都从两个层面进行分析：制度和功能。换言之，国家可以从制度层面看起来像什么而加以定义，或者从它能够做什么，即功能层面来加以定义。主流的国家定义是由韦伯首先提出来的，是两个层面的混合体，但主要关注的是制度层面。在这个定义中，国家主要包括四个因素，即：

（1）国家是一套分化（differentiated）的制度和人事；体现在

（2）集权性，即政治关系由中心向外辐射，其控制范围涉及

---

① T. Skocpol, *States and Social Revolutions* (Cambridge: Cambridge University Press, 1979), pp. 29 - 31.

② C. Tilly, *As Sociology Meets History* (New York: Academic Press, 1981), chapters 5 and 8.

③ A. Giddens, *A Contemporary Critique of Historical Materialism* (London: Macmillan, 1981).

④ M. Mann, "State and society, 1130 - 1815: an analysis of English state finances," in *Political Power and Social Theory*, vol. I, ed. M. Zeitlin (Connecticut: J. A. I. Press, 1980).

（3）领土上明确划界的区域。国家在这个区域内可以

（4）通过垄断有形的暴力手段，来垄断制定具有强制约束力的规则。①

除了最后一项容易把国家等同于军事力量（见下文）外，我将使用这个定义。它仍然是一个混合定义。它包括一个处于支配地位的制度性因素：国家可以被看作是由其各分支机构所形成的集中场所。然而它也包括一个“功能性”因素：国家的功能本质上是垄断制定具有约束力的政策。不过，我的兴趣主要在于那些通常被称作“国家”的集权化机构和机构当中那些处于较高层的通常被称作“国家精英”的权力。于是，我们关注的核心问题是：国家和国家精英掌握的权力的性质是什么？在回答这一问题时，我将把国家精英与位于国家之外的“市民社会”的权力集团进行对比。为了与我的研究中所主张的权力模型相一致，我将这些权力集团分为三类：意识形态的、经济的和军事的集团。由此形成的问题是，与意识形态运动、经济领域中的阶级和军事精英权力相区别的国家精英的权力究竟是什么？

## 二、国家权力的双重含义

当我们说“国家权力”时究竟指什么？当我们开始思考国家权力这个众所周知的概念时会发现，当我们在说国家及其精英拥有很大的权力时，其实包含两种完全不同的含义，必须加以区分：第一种含义涉及我们可以称之为国家精英的专制权力，即这些精英被授权无需遵守例行程序，无需与市民社会中的各个集团进行制度化协商谈判就可采取行动。这种权力的历史差异是如此巨大，以致于我们可以不用费心去思考应当如何来衡量它们。在历史上许多国家的专制权力几乎都

---

① See for examples the definitions of S. Eisenstadt, *The Political Systems of Empires* (New York: The Free Press, 1969), p. 5; R. N. MacIver, *The Modern State* (Oxford: Clarendon, 1926), p. 22; C. Tilly, “Reflections on the History of European State-making,” in *The Formation of National States in Western Europe* (Princeton: Princeton University Press, 1975), p. 27; and Max Weber, *Economy and Society*, vol. I (New York: Bedminster Press, 1968), p. 64.

是没有限制的。中国皇帝作为天子“拥有”整个中国，可以在他的统治区域内对个人或群体为所欲为。罗马帝国皇帝作为一个地位稍低一级的神，对在名义上由元老院控制的事务之外的领域也同样掌握着不受限制的权力。现代早期欧洲的一些君主也声称他们的绝对权力来自神授（虽然他们自身并不神圣）。现代苏联国家/政党精英作为人民群众利益的“受托人”，也拥有相当大的专制权力（虽然有时严格地说是违背宪法的）。当这些“红色女王”（Red Queens）突发奇想地叫喊着“砍掉他的脑袋”并能够立即毫无障碍地付诸实施的时候——只要这个人能够被抓住，我们就能够真切地感受到这种专制权力所包含的巨大力量。专制权力在学术文献中的意思常常等同于“权力的自主性”。

但是，人们谈论的国家权力还有第二种含义，尤其是在今天的资本主义民主社会尤为重要。我们可以把它称作“基础权力”，即国家实际上渗透到市民社会，逻辑上在整个统治领域内有效实施政治决策的能力。这种权力在刚才提到的传统社会相对要弱一些——当你在红色女王看不到的地方，她就没有办法对付你。但在工业社会中，这种渗透能力得到了极大的发展。当今天西方国家的人们在抱怨国家权力在不断增长时，他们并不是指国家精英的专制权力，因为这种权力即使存在，也已经在走向衰落。尽管普选权在一些发达资本主义国家完全确立仅仅只有40年的时间，同时，少数族裔、妇女等的基本政治权利也仍在增长。这些抱怨更多是针对国家基础权力的侵犯。这种基础权力目前是巨大的：国家能够不经我们或者我们的邻居、亲属的同意就对我们的收入和财富进行评估和课税（1850年以前的国家从未拥有这样巨大的权力）；它能够储存并可以立即调取所有关于我们的大量信息；它可以在其统治区域的任何地方在一天时间之内执行其意志；它对整体经济的影响是巨大的；它甚至直接为我们大多数人提供生活资助（通过政府雇佣、养老金、家庭补贴等）。现在的国家比历史上任何一个国家都更多地渗透到我们的日常生活中。它的基础权力得到极大增长。如果现在出现了红色女王，我们都将对她的话感到恐惧——从阿拉斯加到佛罗里达，从设得兰（Shetlands）到康沃尔（Cornwall），任何地方都无法回避现代国家的基础权力。

但是谁控制这些国家？完全不带任何偏见来看，在资本主义民主社会，这个问题的答案不太可能像大多数传统社会那样是“一个自主的国家精英”。在这些国家里，大多数的正式政治领导人都是选举出来并且可以被罢免的。不论我们认为现代民主是真民主还是假民主，很少有人会质疑，政治家很大程度上是由政治外的市民社会集团（要么是金融家，要么是选民）以及法律控制的。尼克松总统或沙邦·戴尔马（M. Chaban－Delmas）可能没有交过税；政治领导人可能偷偷地积蓄财富，侵犯其政治对手的公民自由权，并且通过狡猾的非民主的手段紧紧抓住权力。但是他们没有明目张胆地剥夺或杀害他们的敌人或敢于推翻神圣的宪政、私有财产或个人自由的法定传统。一旦发生这些极少出现的事件时，我们认为这些事件构成了一场政变或者革命，即对规范的颠覆。如果我们将关注点从选举出来的政治家转向长期雇佣的政府官僚，我们仍没有发现他们拥有凌驾于市民社会之上的自主权。或许我应该说明一下，政治家和官僚的秘密决策经常以一种惹人发怒的方式干涉我们的日常生活，决定我们是否有资格获得某些利益，包括决定某些人是否获得公民资格。但是他们改变这些基本规则和推翻市民社会内部权力分配的权力是微乎其微的——假如他们背后没有强大的社会运动的支持的话。

因此，资本主义民主国家在某种意义上是弱小的，在另一种意义上又是强大的。它们拥有“弱小的专制权力”但却拥有“强大的基础权力”。让我们来清晰地区分国家权力的这两种类型。第一种意义的权力代表的是国家精英自身超越于市民社会之上的权力，第二种意义的权力代表的是国家通过自身的基本结构渗透并集中协调市民社会活动的权力。第二种类型的权力仍然有一种可能，即国家自身仅仅是市民社会内部力量的一种工具，也就是说它没有任何专制权力。这两类权力在分析时可以视为相互独立。当然，在实际中，它们之间可能相互关联，比如，国家的基础权力越大，制定有约束力政策的能力就越大，因此凌驾于个人或者边缘少数族裔之上的专制权力可能也越大。包括资本主义民主国家在内，所有基础权力强大的国家都与市民社会中的个体和弱势群体存在着显著的关联，但是资本主义民主国家在面对强势集团时却是弱小的——至少较之于历史上的大多数国家而言是这样。

从国家权力的这两个独立的维度出发，我们能够得出四种理想类型，如图表 1：

| | | 基础性协调(infrastructural co-ordination) | |
|---|---|---|---|
| | | 低 | 高 |
| 专制权力 | 低 | 封建制的 | 官僚制的 |
| | 高 | 帝国制的(imperial) | 威权制的 |

**图表 1　国家权力的两个维度**

封建国家是最弱的，因为其专制权力和基础权力都很低。中世纪欧洲国家接近于这种理想类型。这种国家的统治大多是通过基础权力形成一种间接统治，其基础权力是由一些重要而独立的权贵、神职人员和市镇以一种自由和契约的方式提供的。帝国国家拥有自己的统治代理人，但是，由于缺乏其他权力集团的支持，所以只拥有有限的能力渗透和协调市民社会。这与韦伯和本迪克斯（Bendix）使用的“世袭国家”（patrimonial state）概念相符，[①] 阿卡得、埃及、亚述、波斯和罗马等古代国家接近于这种类型。因为“官僚国家”这个概念的负面含义，我使用这个概念时就曾犹豫过。虽然官僚国家有非常高的组织能力，但是它不能设定自己的目标；官僚国家由其他人或市民社会中的集团所控制，但是他们的决定一旦被采纳就会通过国家的基础权力强制实施。当代资本主义民主国家接近于这种类型，多数激进分子和社会主义者所希望的未来国家也是这类国家。威权国家旨在形成一

① M. Weber, *Economy and Society*; K. Bendix, *Kings or People* (Berkeley: University of California Press, 1978).

种更加制度化的专制形式，其中相互竞争的权力集团无法逃脱国家的基础权力的控制范围，也不能在结构上与国家相分离（如同官僚国家那样）。所有重要的社会权力都要处于国家权威的控制之下。因此，它在两个维度上都很高，拥有很高的凌驾于市民社会集团之上的专制权力，并且能够渗透性地实现这种专制权力。纳粹德国和苏联以各自不同的方式接近这种情况。但是较高的专制权力也可能导致一些基础渗透的丧失（因此两者在二战中都没有能像“低专制”但却高参与的英国那样，获得很高程度的社会动员）。同时，这也不是要否定这些国家的竞争利益集团在“市民社会”中拥有不同的群众基础。在威权国家，权力是通过权威的指令来传输的，权威集团为了直接控制国家而相互竞争。在资本主义民主国家有所不同。比如，资产阶级的权力渗透于整个社会，国家基本上接受了围绕资本主义经济而形成的规则和理性。

以上所述都是理想类型，然而我选择的比较接近这些理性类型的真实的历史例子揭示了两大非常明显但仍值得解释的趋势。第一，国家的基础权力历史上经历了长期的增长，特别工业社会对此有巨大的促进，但是在前工业社会和工业社会都能分别观察到。然而，第二，在每一个历史时期，专制权力都发生了很大的变化，专制权力并没有总体的发展趋势——非专制国家存在于公元前四千年晚期的美索不达米亚（早期城邦国家的“原始民主”），公元前一千年的腓尼基、希腊和罗马，中世纪的共和国和城邦国家，以及现代世界。专制主义的历史左右摇摆，而不是线性发展的过程。为什么一个维度的权力变化如此之大，而另外一个维度的权力却是一种向前发展的趋势？

## 三、国家基础权力的发展

国家基础权力的增长表现在国家对后勤（logistics）的政治控制上，我这里将不列举其主要的历史阶段。相反，我将列举一些帮助国家有效地渗透社会生活的后勤技术，其中每一项技术都有长时期的历史发展。

（1）在国家集中协调的主要活动之间进行劳动分工，其缩影可以见之于历史战场上。在战场上，国家通常对步兵、骑兵和炮兵进行管理分工，通常能打败那些将这些兵种混杂在一起的国家——至少在“高强度”的战争中是如此。

（2）文字，能够让代理人在国土内传送稳定的信息，并且能将法律责任编纂成册和储存起来。吉登斯强调了国家权力的这种“存储”维度。①

（3）货币和度量衡，能够使商品的价值在交换过程中最大限度地得到国家的保证。

（4）通过改进道路、运输和电报等，使信息交流和人力物力资源的运输得到快速发展。

能够使用一些发展程度相对较高的技术的国家，将拥有更强的渗透能力，这一点显而易见。同样显而易见的是，历史上基础权力的不断改进是一个世俗化的过程。

然而，上面这些技术不能全部归功于国家。它们当中的一部分来源于人类社会的普遍发展，一部分则是人类集体动员社会资源的能力增长的结果。是社会总体上提升了社会权力，而不仅仅体现在国家上。因此这些技术并不必然改变国家与市民社会之间的关系，技术的首创者并不必然是国家或者市民社会。

因此国家权力（无论是上述两种权力中的哪一种）并非源自于其所特有的技术或权力方式。权力的各种技术主要表现为三种类型：军事权力、经济权力和意识形态权力。它们是所有社会关系的典型特征。国家使用所有三种权力，并不存在第四种特有的权力。这使还原主义的国家理论似乎更有道理，因为国家所依赖的资源似乎在市民社会更普遍。如果它们是错误的，并不是因为国家操控了其他集团所没有的权力类型。在这一意义而言，国家确实不是自主的。

---

① A. Giddens, *Contemporary Critique of Historical Materialism*.

实际上，国家所使用的手段在所有的社会关系中也同样得到使用，这使得国家很难与市民社会脱离得太远。让我们来看看当一个国家率先增加了后勤权力之后会发生什么。一个虽然发展缓慢却很典型的例子是文字技术。在美索不达米亚，文字的第一个阶段主要发生在国家内部，在世界其他主要文明中也可能如此。在这一方面，国家主要是想法典化和稳定两种刚刚形成的规范："私人"财产权利和共同体的权责。最早期的象形文字（pictograms）和意音文字（logograms）使抄写员能够改进城邦国家的寺庙仓库的会计系统，使他们能够更加长期地标出谁拥有什么和谁欠了共同体什么。它加强了与周边领土的关系，并且把权力更集中于自身。然后，书写被简化成由音节组成的楔形文字的过程基本上也是发生在官僚机构内，它们同样发挥了上面所说的两种功能。书写是第一批帝国国家发展的重要组成部分，比如阿卡德和随后公元前两三千年左右的帝国。文字仅限于官僚使用，目的在于维持其司法系统和信息系统，从而为国家专制提供基础支持，虽然也明显与拥有财产的经济强势阶级存在某种程度的关联。

然而，现在公认文字的普及是由市民社会团体来完成的。在文字的下一个简化时期，即字母文字和羊皮纸普及的时候，由国家垄断文字的现象已经结束了。文字主要的开拓者已不是专制国家，而是分散的农民、乡村牧师、商人——他们组成类似于由阿拉姆（Arameans）、腓尼基和希腊等小城市国家或部落国家组成的松散联盟。从那时起，这些群体的权力经常与非专制国家的权力联合在一起，与专制帝国的权力展开竞争。当技术传播超越国家界限的时候，支撑专制统治的因素开始削弱它的基础。国家无法再继续控制其后勤的发明了。这一点适用于所有这类发明，无论考察哪一段历史，在我们这个时代也同样适用：比如"统计方法"（statistics）最初属于国家，后来成为一种对任何权力组织都有用的系统的信息收集方法，尤其是大型的资本主义公司。

然而，相反的例子也不难发现，即国家采用由市民社会最先发明的基础技术。在工业化过程中可以找到好几个这样的例子，最近的例子是苏联，他们的国家通信、监控和会计系统采纳了类似于由西方资本主义企业（这些企业所在的国家只是次要的合作者）所首先发明的技术。在这个例子中，由市民社会首创的技术扩散到了专制主义国家。基础技术从发明它们的特定权力组织向外扩散。

现在可以得出两个结论：第一，在基础权力发展的整个历史过程中，没有哪种技术必然属于国家，也没有一种技术必然属于市民社会；第二，在社会发展过程中，国家与市民社会这两个角色出现了一些转换。我在下文中将指出，这不仅仅是一种转换，更是一种辩证关系。

很明显的问题是：如果基础权力是社会的基本特征，那么在什么情况下它们被国家所获取？国家是如何在某些特定的情况而非其他情况下获得专制权力的？国家自主权力的来源是什么？我的答案将由三个阶段组成，这三个阶段涉及国家的必然性、国家功能的多样性和国家领土性集权。前面两个阶段在近期的理论中经常出现，第三个阶段我认为还是新颖的。

## 四、国家权力的起源

### 1. 国家的必然性

唯一没有国家的社会是原始社会。没有复杂的、文明化的社会，也就没有任何可以制定有约束力政策的权威中心，无论这个中心管辖的范围有多大。我们考察一下比较弱的封建社会就会发现，它们往往产生于一个更加以国家为中心的社会。这个社会的规范延续下来并强化了新产生的弱国家。封建国家的产生要么是为了阻止一个曾经统一的大国的进一步瓦解（如中国和日本），要么源于获得胜利并且显然是相互团结的征服者之间对于战利品的一种划分。① 西欧封建主义体现了这两种历史进程，虽然在不同地区混合程度不同。欧洲封建国家

① O. Lattimore, "Feudalism in history: a review essay," *Past and Present*, no. 12, 1957.

的法律由罗马法（尤其是财产法）、基督教的行为规范、日耳曼的忠诚和荣誉观念影响的规则所强化。这个进程我后面还会谈到：国家与市民社会之间运动的永恒辩证法。

因此，拥有国家的社会比没有国家的社会具有更高的生存机会。我们找不到无国家的社会能经历长期原始阶段的发展的例子，相反倒是有很多有国家的社会吸纳或者消灭无国家社会的例子。如果出现无国家社会战胜有国家社会的情况，那么无国家社会要么自己发展出一个国家，要么导致被征服社会的倒退。社会学对这种现象给出了很好的解释。维系秩序的方式只存在三种可行的选择，即武力、交易和风俗习惯。但从长期来看，单独某一种方式都是不足够的。当某个时刻出现新的紧急情况时，风俗习惯就可能不够用了；有时候，在交易关系中对每个事情都讨价还价是无效率的和分裂性质的；如果只是使用武力，其结果只能是如帕森斯所强调的那样很快就将“受挫”。长期来看，将陌生人和半陌生人联系起来的规则通常必须是让人感到接受起来是理所当然而又具有强制。所有这些规则都由单一的垄断国家来确立是没有必要的。实际上，封建时期是一个极端的例子，这个时期的绝大多数国家都是存在于一个由众多国家构成的文明社会当中，也提供一定的行为规则。然而，大多数社会似乎需要垄断一些规则，尤其是那些有关保护生命和财产的规则，而这一直是国家的职责。

从这种必要性出发，自主的国家权力最终产生了。国家官僚的活动对社会整体，对受益于既有规则结构——通过国家而强制实施——的不同群体来说是必要的。正是国家的这一功能导致了剥削的可能，是国家获取自身利益的杠杆。是否使用这一杠杆还取决于其他条件，因为毕竟还没有建立起可能形成自身利益的常设国家干部（state cardre）。但是，国家权力源于这种必要性。

### 2. 国家功能的多样性

大多数国家在实践中并不是追求某种单一的功能，尽管还原主义者对此表示不同的意见。“制定有约束力的规则”仅仅是一个宽泛的表述，因为存在着多种多样的规则和功能。在两维模型的框架下，我们可以区分出国内功能和国际功能，或者经济的、意识形态的和军事的功能。但这里有很多行动类型，每一种行动类型的功能倾向于分别对应着社会中的不同“选区”（constituencies）。我将根据四种可能最持久的国家行动类型来阐明这一点。

（1）内部秩序的维持。这将有益于所有守法的国民，它可以保护大多数人免受那些没有与国家联盟的社会和经济强势群体的任意剥夺。但可能最主要的好处是防范大多数无财产的大众侵犯既定的财产关系，这一功能最有可能服务于占支配地位的经济强势阶级。

（2）军事防卫/侵略，直接针对外敌。“主战派”很少与整个社会或社会中的某一个特殊阶级结盟。国防是真正有利于全体的，而侵略的背后通常有着更特殊的利益。这些利益在所有缺乏继承权的“小子们”（younger son）或那些视野开阔的人们之间分享；也许这些分享侵略利益的仅仅包括一部分贵族、商人或资产阶级；在多元的国家体制中，战争经常涉及与其他国家的联盟，如国内的支持者一样，其中一些国家拥有同样的宗教、种族或政治哲学。上述这些集团很难还原为经济意义上的阶级，因为主战派与和平派的支持者通常都有点独特。

（3）交通基础设施的维持：道路、河流、信息系统、货币、度量衡、市场安排。虽然几乎没有哪个国家垄断了所有这些，但所有国家都提供了其中一部分，因为国家拥有领土基础可以有效集中组织管理。支持主要来自“公共利益”和以贸易为主的特殊集团。

（4）经济再分配：在不同生态区域、年龄群体、性别、地区、阶级等之间对稀缺物质资源进行权威分配。这一功能所体现的整体利益表现得比在其他情况下更加明显。然而，许多再分配涉及比较特殊的群体，尤其是经济方面处于劣势的、由国家维持生存的群体。同时，经济再分配同样涉及国际的层面，因为国家通常需要协调跨国贸易与货币兑换，有时是单方面行动，有时与其他国家联合。在这方面给予国家特殊支持的主要是商人和其他国际代理人——尽管他们之间很少达成各方都满意的贸易政策。

无论对社会整体还是对社会中的利益集团来说，这四项任务都是必需的。它们由中央政府的官员有效执行，因而变得不可或缺。国家在履行这些职能时与很多不同的、有时候会交叉的集团发生联系，这其中有很大操纵空间，可以被利用。国家身处这种多重关系中可以挑动这些集团的内斗。

值得注意的是，“分而治之”策略已经成为社会学分析中的范本。这可见于“转型国家”，经历从一种生产方式到另一种深远的经济转型。在这个过程中，不存在单一的占支配地位的经济阶级，国家可以挑起传统权力集团与新出现的集团之间的竞争。有两类经典的阶级分析理论家分析过此类情形。马克思的分析讽刺了路易·波拿巴试图在工业和金融资产阶级、小资产阶级、农民和无产阶级派系之间引起内讧而提高它自身的自主权。这就是普兰查斯所强调的“波拿巴平衡术”（Bonaparist balancing act）[1] ——虽然马克思（和普兰查斯）都低估了波拿巴获得成功的能力。[2] 韦伯对普鲁士国家利用经济实力正处衰退的阶级——容克农业地主——在正在上升但政治上比较软弱的资产阶级与无产阶级所创造的权力空间中牢牢掌握自主权而印象深刻。[3] 在这两个例子中，各种类型的集团都需要国家，但没有任何一个可以俘获它。另外一个例子是现代早期欧洲绝对主义的发展。君主在封建主与资产阶级、农村与城市集团之间挑拨离间（或者不能与其中一方联盟）。尤其特殊的是，军事功能与那些应对经济上占统治地位阶级的功能是相当不同的。国家把战争当作一种降低对各个阶级的依赖手段。[4]

上述都是一些我们所熟知的国家平衡主要阶级和阶级派系的例子。但是，假如国家与集团之间涉及多重关系，这些集团在某些问题上比

---

① Poulantzas, *Pouvoir politique et classes socialies*.

② V. Perez - Diaz, *State, Bureaucracy and Civil Society: A Critical Discussion of the Political Theory* (London: Macmillan, 1979).

③ L. Lachman, *The Legacy of Max Weber* (London: Heinemann Educational Books, 1970).

④ Skocpol, *States and Social Revolutions*; E. Trimberger, *Revolution from Above: Military Bureaucrats and Development* (New Brunswick: Transaction Books, 1978).

阶级更狭隘、而在另一些问题上则比阶级更广泛，那么，国家平衡术得以施展的机会就非常大了。因为，大多数国家都追求功能的多样，从而能够实施各种控制。“波拿巴平衡术”仍然是大多数国家所采用的手段。这个可以灵活操纵的空间就是国家权力的诞生地。

以上就是对包含在当前流行的二维理论中的真知灼见所作的扩展解释。这是一种进步，但还不够。它还没有真正抓住作为一种社会组织的国家的特殊性质。毕竟，功能的必要和多样平衡术，同样是任何无情的委员会主席的权力来源和惯用伎俩。国家难道仅仅是一个放大了的职位吗？不——我们在下文会给出解释。

### 3. 国家的领土集权性

国家定义集中在其制度、领土、中央集权性质上，其中第三种性质最为重要，它是国家权力的前提。如前所述，国家并不拥有一个独立于或者是类似于经济、军事和意识形态权力的特殊权力手段。国家的权力只是这些权力的组合，所有的社会关系都会使用这些权力手段。然而，国家权力在不同的社会空间和组织中是不可还原的。只有国家才拥有集中在某个确定领土内的权威性权力。不像市民社会里的经济、意识形态或军事集团，国家精英的资源由里向外权威地传播和辐射，但被限定在领土界限内。实际上，国家是一个场所——既是一个集权的地方也是一个统一的领土范围。由于国家自主权的主要形式产生于国家的独特属性，我有必要首先证明国家与市民社会的主要权力集团在社会空间和组织方面的差异。

经济权力集团——阶级、企业、商业机构、庄园、种植园、家庭（oikos）等通常存在于非集权的、竞争的和相互冲突的关系之中。事实上，某些集团（如现代企业、大封建贵族的家庭和庄园）的内部安排可能相对集权。但是，第一，它们往外寻找扩大经济利益的机会而不会受制于领土范围，也不会服从于制约其扩张的权威规则（国家除外）。经济权力的扩张并不具有权威和强制性——它们是“分散的”、非正式的。第二，某些传统和现代经济机构所涉及的范围并非领土性质的，它们并不对特定领土实施一般控制。它们主宰着某种特殊的功能，并且只要有需要使用这一功能，它们常常会跨越国界。通用汽车并不统治底特律周围的领土，它统治的是汽车组装及其员工、股东和消费者的经济生活机会的某些方面。第三，在某些情况下，经济机构会拥有集权性质和领土性质的权力（比如在传统贵族的封建家庭和庄园中），他们要么受制于（帝国的）国家的领土集权的更高层次的控制，要么他们从较弱的（封建）国家取得了某些政治功能（司法行政、提高军事征税等），从而自身变为“小型国家”。因此，国家不可能仅仅是阶级的工具，因为它们有特定的领土范围。

关于比如宗教等意识形态的权力运动，也可以进行类似的分析。意识形态（国家主导的除外）通常比经济关系更加分散。它们在国家的领土范围内见缝插针地广泛地扩散，通过交通信息网络在某类人群（比如阶级、同龄人、性别、城市/乡村居民等）中大量传播；它们也经常会穿越国境跨国传播。意识形态有可能会发展出集权的、有权威的、教会式的机构，但它们更多是依据其功能而不是领土来建立其组织：比如它们处理的是神圣事务而非世俗事务。意识形态运动的超越性不但表现在社会空间方面，也表现在精神方面。这与国家的领土界限是完全对立的。

然而，军事权力很大程度上是与国家权力相重叠的，这是事实。对于垄断了组织化暴力手段的现代国家而言更是如此。不过，我们仍有必要把这两个看作是不同的权力来源。因篇幅所限我不能充分说明这一点。[①] 不过，我要简单指出两点：第一，并非所有最有效组织起来的战争都是领土集权性质的——游击队、军事封建主义和武士帮等相对分散的组织在许多历史时期也是非常有效的。第二，军事权力的有效范围并不对应一个单一的、统一的领土范围。事实上，军事权力有两个相当不同的有效控制的领土范围。

在对日常行为进行控制时，军事权力需要一个高水平的组织强制

---

① 更为充分的阐述，请参见 Mann, *Sources of Social Power*, vol. I chapter 1.

力、后勤支援和可供提取的财富盈余，只能在可供提取的高盈余地区和与军队保持密切联系的情况下才是可行的。它并不均匀覆盖整个国土，只集中在小范围区域和通讯路线沿线。例如，在渗透到农业区域方面，它的效率比较低。

第二个控制范围针对的不是日常行为控制，而是在一个更大地区建立起形式上服从的基本规则。在这种情况下，如果控制对象没有遵守一般的约束规则，比如上交朝贡品、展现出表示服从的仪式、偶尔的军事支持（或至少不参与叛乱），军事权力就可能对其实施惩罚性的远征。如果规则得到遵守，则无需进行惩罚。正如欧文·拉铁摩尔（Owen Lattimore）所精辟地指出的那样，军事打击权力的半径通常比政治控制的半径要大得多。[①] 这一点对于现代世界而言更是如此，因为现代武器装备能力大大提高了，从某种更加微妙的意义而言，这种情况对于超级大国更是如此：它们能够通过委托军事精英和它们自己的秘密准军事组织而强加一个“友好的”政权，能搞垮一个不友好的政权，但它们不能使这些政权密切地遵守它们的政治指令。一个比较传统的例子就是：英国对于福克兰群岛的军事远征能够击败阿根廷政权，使其丧失合法性，还能够对其实施重复惩罚，但完全不能为这个岛屿提供政治前途。强制性后勤保障——军事权力所拥有的——与领土集权性质的国家的后勤保障不同。因此我们应该区分这两种权力组织。军国主义的国家理论是错误的，其中一个原因就是国家组织与军事组织不一致。

国家的组织自主性仅仅是局部的。的确，在许多特定的情况下，这种自主性可能相当小。一般而言，通用汽车和一般的资产阶级，或者天主教、封建领主和骑士、美国军队等，都是或曾经是有能力监控他们所支持的国家。但它们自己不能承担起国家的职责，除非他们改变其社会空间和组织结构。国家的自主权产生于这种差异。即使某个特定国家的建立或巩固仅仅是为了使既定社会集团之间的关系制度化，

① O. Lattimore, *Studies in Frontier History* (London: Oxford University Press, 1982).

也需要将资源和基础设施集中在一个拥有不同社会空间和组织轮廓的机构手中。灵活性和反应速度要求决策制定权必须集中，并倾向于建立起常设的机构。因此，非领土性、非集权性的利益集团在建立起国家政权之后，就很可能无法控制它。领土集权性为国家权力的动员提供了潜在的独立基础，领土集权性对于社会发展来说是非常必要的，也是国家自身独有的。

如果我们把国家的必要性、多样性和领土性集权放在一起，我们就可以大体上解释它的自主权。国家精英就是通过这些方式独立于市民社会，这种独立虽然不是绝对的，但在独立的程度上基本不弱于其他主要集团的权力。国家精英的权力不能直接地、"最终地"或"在最后一刻"（in the last instance）还原为市民社会利益集团的权力。国家不仅仅是阶级斗争的场所、阶级统治的工具、社会凝聚力的因素、核心价值观的表达、社会分配过程的中心、军事力量的制度化（如同在各种还原理论所展示的），它是一个不同的社会空间组织。因此，我们可以把国家看作是一个具有行使权力意志的行动者，国家精英是这个行动者的具体外化物。我们可以建立一种莱维（Levi）所倡导的国家利益取向的"理性行动"理论。①

### 4. 获得国家自主权的机制

当然，上面分析的原则本身并不赋予国家精英很大的实际权力，因为市民社会集团即使组织方面略有不同，仍然能够很大程度上控制国家。但是这些原则确实为我们提供了两个解释权力类型的假设：（1）国家基础权力来源于处于特定时空中的领土集权化所产生的社会效益（social utility），这是市民社会所无法提供的；（2）国家专制权力的大小程度来源于市民社会力量对一经建立后的领土集权形式的无力控制。因此，专制权力的发展经历了两个阶段：领土性集权的增长；以及丧失对这种集权的控制。第一阶段是功能的形成，第二个阶段则

---

① M. Levi, "The Predatory theory of rule," *Politics and Society*, vol. 10, 1981.

是对这种功能的使用。让我们依次进行分析。

因为国家已经承担的社会活动是如此之多，以致国家可以在不同的时间通过各种不同的方式获得社会的大部分基础协调能力。让我以三个比较没有争议的例子为例：经济再分配所产生的效益、协调指挥军事征服或防御所产生的效益、“后发”国家以集权协调方式回应先发国家的竞争。这些都是常见的有利于社会资源领土性集中的情况。

正如人类学家和考古学家所言，再分配国家（redistributive state）似乎特别适合于人类形成商品交换之前的早期社会。不同生态区域的人们把他们的劳动剩余转送到中央贮藏库，这个贮藏库后来成为永久性国家。这种观点已经有太多争论，[1] 但对考古学来讲很有用。[2] 在强调军事作用的代表人物中，最有名者当属 19 和 20 世纪初的理论家，如斯宾塞、巩普洛维奇和奥本海默等。[3] 他们尽管过于夸大了军事的作用，但毫无疑问大多数著名的古代帝国所拥有的基础权力，都是通过其出于防御和对外征服目的而建立起来的集权的、高度有组织的、有纪律的、装备精良的军队而得到提升，罗马是其中最有名的例子。[4] 第三，后发工业化国家在 19 和 20 世纪对先发工业化竞争对手的干预所做出的反应也众所周知：在法国、普鲁士、日本、俄国等一些国家，对经济资源的领土性动员和集中越来越多得到累进性发展，与之携手的还有关税壁垒保护下的国家财政和国有企业的发展。[5] 这种情况也曾出现于历史的早期——例如，历史上的亚述或早期罗马共和国，它们模仿更早期的文明，只不过更加集权而已。

请注意，在上述所有例子中，经济和军事上的必要性本身并没有

---

① E. Service, *Origins of the State and Civilization* (New York: W. W. Norton, 1975).

② C. Renfrew, *The Emergence of Civilisation: the cyclades and the Aegean in the Third Millennium B. C.* (London: Methuen, 1972).

③ H. Spencer, *Principles of Sociology* (London: Macmillan, 1969); Gumplowicz, *Outlines of Sociology*; Oppenheimer, *The State*.

④ K. Hopkins, *Conquerors and Slaves* (Cambridge: Cambridge University Press, 1978).

⑤ 有关这一战略的经典描述，可参见 A. Gerschenkron, *Economic Backwardness in Historical Perspective* (Cambridge, Massachusetts: Belknap Press, 1962).

提升国家的权力。因为这可能仅仅是把权力置于市民社会的阶级或军事集团手中而已。国家权力的提升是特定情况下经济或军事领土性集权所带来的特殊功效。其他类型的经济（例如市场交易）组织和军事组织（比如封建骑兵或二轮战车、城堡防御）容易导致地方分权和削弱国家权力。在上述所有这些例子中，市民社会的重要权力集团自愿将基础权力授予他们的国家。因此，我的解释是从功能主义的立场入手的。但是之后国家利用其发挥的功能来获取权力，结果就产生了专制主义。现在的假设是，市民社会自愿地把资源交给国家，然后又失去了对国家的控制，并且受国家的压制。这是怎么发生的?

让我们首先来考虑一个老问题：国家的起源。在一些关于国家起源的理论中，"市民"对国家失去控制事实上是自发的。例如，根据军国主义理论传统的观点，领头的军人自动把战争时期临时的合法权威转换成和平时期永久的强制权力。然而正如克拉斯特（Clastres）所指出的那样，原始社会采取了大量的预防措施来确保他们的军事领袖不会变成永久的压迫者。① 与此类似，人类学家描绘的再分配国家似乎已设置许多手段来使首领篡权无法进一步发展。事实上，永久性的、强制性的国家在史前史的后期似乎总体上并没有形成。只有在一些特殊的情况下（与冲积平原农业的地区影响相关），"原生型"（pristine）国家得以内源性地演化成型，并且影响了其他所有的情形。② 这里的问题似乎是，集权的功能倘若要转化为剥削，那么就必须具备相应的组织资源，但这种组织资源实际上只是文明的、阶层分化的、已具备国家的社会的产物——这里陷入了循环论证。

然而，在那些已经成型的、层级化的、文明的并且拥有国家的社会，国家权力的集中化过程在某种程度上将更加清晰。对于专事军事征服的国家来说，这一过程最为清晰。我们已经对早期罗马和其他一些国家的例子有足够的了解，它们扩展了斯宾塞所谓"强制合作"

① P. Clastres, *Society against the State* (Oxford: Blackwell, 1977).

② 我在《社会权力的来源》第一卷第2－4章对这一点有更详细的分析。

（compulsory co-operation）的概念。[1] 斯宾塞注意到，战争能够使新的资源集中于集权化的征服首领手中，使之在某种程度上获得相对于其他集团——它们使征服行为得以开展——的自主权。但斯宾塞的观点同样也可以扩展到农业生产领域。在前工业生产条件下，提高劳动生产通常需要提高劳动强度，这最容易通过强制来实现。军事化的经济体系可以提高产量，大体上增进市民社会的利益，或至少对统治集团来说是有利的。很显然，在大多数农业生产条件下，强制不能经常使用。但是在集中劳动的地方——例如，在灌溉农业、种植园、矿山和建筑工程中——它能够行得通。但是这需要维持集权化的军事主义，因为一个集权化的政权将更有效地使用最低的军事资源来发挥最大的功效。

这确实值得详细阐述。由于军事力量产生的倍增效应（multiplier effects），因此我在著作中将其称作“军事凯恩斯主义”（military Keynesianism）。[2] 这些倍增效应提升了国家相对于市民社会的专制权力，因为它们使维持集权下的强制合作有益于社会，这是市民社会自身在开始时不能提供的。这是一个集权化如何增加一般社会资源的例子——因此，任何一个强大的市民社会集团都不希望抛弃国家——然而这也同样增加了国家精英自身的权力资源。现在，这些资源能够被专制权力用来反对市民社会。

一旦国家活动产生出了额外的资源，它就具有了特殊的后勤优势。领土性集权提供了有效的动员能力，能够把这些资源集中起来反对任何市民社会集团，即使国家在资源总量上不占优势。市民社会集团可能会真正认可国家权力。如果国家支持既有的生产关系，那么占主导地位的经济阶级将会对高效的国家集权产生兴趣。如果国家保卫社会免遭外部入侵，或者抑制犯罪，那么它的集权性就会受到很广泛的社会支持。当然，有利于市民社会利益的集权程度将会因为所涉及生产

① 我在“States, ancient and modern,” *Archives europeennes de sociologie*, vol. 18, 1977 中概况了这一过程。

② *Sources of Social Power*, vol. I, chapter 9.

体系或者战争方式而不同。正如埃森斯塔德（Eisenstadt）所指出的那样，在意识形态领域也可以看到集权性。① 国家与其所服务的利益总是通过宣称其领土之上的某种“普遍性”来支持其权威，从而与亲属、地域、阶级、教会等所有特殊和狭隘的利益关系区别开来。当然，在实践中，国家可能会代表特定的具有亲属关系的集团、聚居地、阶级等利益，但如果它只做到这一点，那它将失去其所宣称的独特性和合法性。因此，艾森斯塔德恰当地将国家称作“自由浮动的资源”，意思是它不依赖于任何特定的利益集团，能够漂浮在领土明确的社会之上。

这种类型的国家权力似乎是令人感到畏惧的。然而，在20世纪之前，国家自主权的成就普遍有限和不稳定。大规模农业社会对集权政体的后勤和基础权力有根本限制。让我们回过头来考察一下，惩罚性军事行为比有效政治统治的范围更大。无需深入到具体的后勤计算，仅仅通过恩格尔（Engel）和冯·克里菲尔德（van Creveld）的原创著作就可以估计，在直到亚历山大大帝时代的近东帝国社会，对军队来说，缺乏后勤供应的最大限度的行军距离可能大约是65－70英里。② 亚历山大和罗马人可能已把之扩大到近100英里，这仍然是直到18世纪时欧洲的最高纪录。18世纪以后，欧洲农业生产的大幅度提升为更大的活动范围提供了后勤基础。在此之前，更远的行军距离需要进行一次以上的战役，或者需要与当地盟友就物资供应进行精心的谈判——这是寻求某种程度的政治控制时普遍采取的做法。如果在缺乏军队支持的情况下追求常规性政治统治，那么，上述措施就需要进一步得到提升。因此，即使是最自命不凡的专制统治者，实际上也是通过地方权贵进行统治的。所有大规模的社会在现实中其实就是“领土性联邦”（territorially federal）。在此类社会，帝国的实际统治总是比

---

① Eisenstadt, *Political Systems of Empires*.

② D. W. Engel, *Alexander the Great and the Logistics of the Macedonian Army* (Berkeley: University of California Press, 1977).

外表上的传统形象要微弱得多。①

于是，我们从这个例子当中可以看到两种相反的趋势——先是军事方面的集权化，之后产生的是碎片化的联邦主义。把它们结合起来，我们得到了一个辩证的产物。如果强制性合作是成功的，它将同时增加国家的基础权力和专制权力，但它通常也增加了社会的基础资源。后勤方面的限制意味着新的基础设施无法完全被限定在国家政治体当中。国家代理人会带着国家的资源不停地“消失”于民间社会。这种情况在此类政体中会一直持续发生。征服行动获取的战利品、政府赠给军官的土地、官职的设置、税收、文字、货币所有都会经这过两个周期，首先成为国家财产，然后变成私人（从“隐含”意义而言）的财产。虽然存在碎片化阶段导致社会崩溃的情况，但仍然存在这样一些情况，即市民社会不需要一个强大的国家就能够使用专制国家已经制度化的资源。比如，亚述人、腓尼基人和希腊人使用和进一步发展了由近东专制国家所首创的技术，基督教欧洲也延用了罗马的遗产。

我的例子相对而言只限于军事方面，这仅仅是因为军事过程是最容易描述的。这种过程在农业社会通常是辩证性的。换言之，帝国政体与封建政体之间并不只是（如韦伯、考茨基和许多其他学者所认为的那样）此消彼长地波动，它们通过一个辩证的过程而彼此交织在一起。专制国家首先开发出一系列基础技术，此后为市民社会所采用（反之亦然），然后出现更进一步的集中协调。这种过程不断重复出现。这种情况在早期现代社会和我所举例的古代社会中都一样。

上述观点拒绝了国家与市民社会、共有财产与私有财产之间的简单对立，这种对立在我们时代的意识形态中很常见。这种观点把国家与市民社会、公有财产与私有财产看作是连续或者偶然交织在一起的关系。更具体地说，这种观点认为，私有财产——以及统治阶级权

① 这一点现在已经为很多学者承认，例如 J. H. Kautsky, *the Politics of Aristocratic Empires* (Chapel Hill: University of North Carolina Press, 1982); E. Gellner, *Nations and Nationalism* (Oxford: Basil Blackwell, 1983); and A. Giddens, *Contemporary Critique of Historical Materialism*, pp. 103 – 104.

力——的大规模集中得益于成功而专制国家的分裂（fragmentation），而不单独是市民社会力量的产物。因此，国家和阶级两者的权力自主性本质上是波动的和辩证性的。就国家自主权（专制权力）而言，根本不存在某些通行而"恒定"（timeless）的模式。

但当代的情况相对而言并不那么清楚。权力基础随着工业革命而快速跃进，工业资本主义摧毁了"领土性联邦"社会，民族－国家取而代之，并且可以渗透性地实现对领土的统一控制和监督。[①] 在过去一个半世纪的时间里，领土的后勤渗透（logistical penetration）已经极大增长。

如果某个国家获得了历史上分散在国家、资本主义企业、教会、慈善协会等机构之间的控制权，那将会发生什么？这种情况是否意味着，由于国家能够保持其所获得的所有控制权，前面所说的辩证关系的终结？显然，从宏观的历史角度来看，苏联可以用一种以前任何国家都绝对做不到的方式来控制其地方代理人，进而控制其所辖的行政区域。此外，虽然其独裁的有效程度很容易被夸大（比如在"极权主义"理论中），但是它的集权趋势在程度和形式上都是新式的。它的集团斗争没有导致像资本主义民主国家那样的去中央集权化（decentralized），也没有导致像农业社会那样的分裂。斗争本身是集权性质的：这里存在某种因素将主要竞争力量——"自由派"、"技术专家"、"军事/重工业联合体"等——集中于常务委员会（Praesidium），它们无法像农业社会中持不同政见者那样回避国家，也无法像资本家和工人那样在国家之外展开斗争。这个独裁的国家是不是极为专制地"凌驾于"社会之上，利用自己的自主权力资源来强制社会？抑或它是一种更加温和的独裁专制主义，首先是作为一个最强大社会力量进行斗争和妥协的场所，其次是作为一套把妥协结果强加于每个人的强制机制？苏联的理论专家对此争论不休，我并不认为我知道答案。

西方的官僚国家同样出现了问题。在后勤权力开始高速增长之前，

---

① 吉登斯最近在 *A Contemporary Critique of Historical Materialism* 中也论证过这一点。

它们基本处于一种相对的权力关系之中。它们的基础能力不管得到怎样的增长，都没有抑制其主要的权力竞争者，即去集权化的资产阶级。今天的跨国公司和跨国金融机构等行动者仍然像其一个世纪前的前辈那样利用了类似的资本主义理性要素。国家精英并没有获得更大的自主权，尽管它们的基础能力更大了。然而，这里同样触及到一些当代社会没有得到解决的核心理论问题，并且同样没有解决的方案。事实上，解决这些问题可能需要比我们这一代人更长的历史视野，以决定工业革命是否终结了我所描述的存在于农业社会中的辩证关系。

因此，国家自主性对于专制权力的影响并不确定。传统理论的结论似乎令人失望：国家从未始终拥有巨大的权力——或任何固定的权力水平。但我已经讨论了另一种不同而有趣的权力进程。在农业社会，国家能够利用它们的领土性集权，但通常是不稳定的和临时的，因为专制权力在市民社会也产生了自己的对立面。在工业社会，集权国家的出现更有可能导致专制主义，但这仍然有争议和不确定。在资本主义民主国家，自主的国家权力——专制主义类型的自主权——几乎凤毛麟角。

但是，也许如大多数传统理论一样，我们迄今是在一个错误的地方寻找国家权力。通过进一步研究基础权力，我们可以发现情况确实如此。

### 5. 结果：基础权力

任何一个想要获取或利用社会资源的国家，都必须以基础权力作为支撑。基础权力使国家能够依赖于规范和武力的手段来管制既有的社会和领土关系，巩固抵御外敌的边界。由以前社会互动而临时形成的边界需要通过国家的普适性和垄断性规则才能得到稳固、规范和加强。在这一意义而言，国家为活动范围会超出自身的社会互动关系划定了一个领土边界。国家是其领土范围内各种社会关系的浓缩、结晶、加总的场所——这是普兰查斯经常论述的观点。然而，尽管表面看起来如此，但这却并不支持其国家还原论的观点，因为国家在这里发挥着积极的作用。国家通过巩固领土可以促成巨大的社会变迁，没有国家这一切不会发生。这一作用的重要性与国家的基础权力成正比：国家的基础权力越大或变得越大，社会生活的领土化程度也就越高。因此，即使国家迈向专制主义的每一个行动都被市民社会成功抵制，由国家主导的大规模基础权力的重组仍会出现。国家精英与市民社会成员之间的每一个争端，以及通过国家机构日常调节的市民社会成员之间的每一个争端，都会把市民社会的关系和斗争集中于国家的领土层面，巩固领土上的社会交往，创造领土化的机制去镇压各种抗争或实行妥协，打破小范围的地区社会关系和较大范围的跨国社会关系。

让我举一个例子。① 从13世纪起，欧洲两个主要的社会进程有利于更大程度的领土性集权。首先，战争改变了军队的命令结构，使之能够对专业化的步兵、骑兵和炮兵进行常规和复杂的协调，由骑士、家臣和少量外国雇佣兵组成的松散的封建军队逐渐被淘汰。这反过来又要求建立起一种常规化的“强制汲取的循环”（extraction-coercion cycle），为军队提供成年男子、金钱和物资。② 最终，只有以领土为中心的国家能够提供这样的资源。于是，大公国、大主教和市镇联盟的权力流向刚刚形成的“全国性”国家手中。第二，欧洲扩张，尤其是经济扩张越来越多地采取资本主义的形式，这要求增加国外军事保护，提供更加复杂的有关财产和市场交易的法律条例，以及采取国家财产的形式（比如对公共土地的权利）。资本主义财产所有者在这些事情上向领土国家寻求帮助。因此，欧洲国家逐渐获得更大的基础权力：定期征税、垄断军事动员、常设性官僚行政、垄断法律制定和执行。从长远来看，尽管国家存在专制主义的尝试，但并没有因此而获得专制权力，因为它也同样增加了市民社会的基础能力，特别是资本主义财产所有者的能力。这一点在西欧表现得最为明显。当地缘政治力量的平衡向西倾斜时——尤其是向英国倾斜——专制权力虚弱的国家成

① 这一点在我的论文“State and Society, 1130 - 1815”中有更详细的阐述。

② 有关这一点的出色分析，请参见S. Finer, “State and nation building in Europe: the role of the military,” in Tilly, *Formation of National States*.

为现代社会普遍的国家模式，国家与资产阶级共享统治权并且通常代表资产阶级的利益。

但是，这一过程和联盟却推动了完全不同类型的、本质上是基础权力的崛起。当资本主义占据统治地位时，它采取了一系列的领土分割形式——即大部分产品和交易系统虽然不是全部但很大程度上被限制在国家的边界内（包括国家能够影响的海外范围）。我们自己时代的民族－国家体系并不是作为纯粹生产模式的资本主义的产物（同时，也不是封建主义的产物）。它在这种意义上是“自主的”。这种自主性来源于扩张性的和自然发生的资本主义关系，资本主义关系赋予既有的国家——它们最初是一些在专制权力和基础权力上都非常弱小的欧洲封建国家——以管制的边界。在12世纪，即使是最强大国家的汲取量也不到国民生产总值的2%（假如我们能够测量它的话），有时，仅仅为了进行一场为时30天的战役，它们便必须出动高度分散的军队来向一两万人征税。因为它们不能以任何常规的方式征税，它们只解决整个社会争端中的一小部分——实际上，它们对于大多数欧洲人的社会生活来说处于边缘地位。然而，这些弱小的国家对于构建我们今天生活的世界却具有决定作用。对领土性集权的需求导致了欧洲的首次重构，然后是整个国际社会的重构。核恐怖（nuclear terror）平衡就是在这些弱小欧洲国家的后继者之间展开的。

民族－国家在当今的国际经济体系中似乎是集体的经济行动者。今天，遍布于大多数政治经济学著作中的昂首挺胸的主体是像“美国”“日本”“英国”这样的民族－国家。这并不必然意味着存在某种共同的“国家利益”，这只是说，在国际社会当中存在一系列集体组织权力的行动者——民族－国家。民族－国家的经济作用不容质疑：维持一个与国际市场一定程度相隔离的国内市场、国家的货币价值、国家关税水平和进口配额、支持本土资本和劳工等。实际上，民族－国家的整个政治经济都渗透着这样一个理念：市民社会是民族－国家的统治领域。国家领土催生了具有自身生命的社会力量。

在这个例子中，领土性的提升并没有增加专制权力。在专制权力方面，12 世纪的西方国家是弱小的，如今它们也仍然弱小。然而，基础权力渗透的提升极大地增强了领土的约束性。这似乎是社会发展的一般特征：国家基础权力的增加同样也增加了社会交往的领土性约束。我们也可以假定专制权力会产生同样的趋势，虽然比基础权力弱得多。一个没有强大基础设施支持的专制国家只会追求占有领土。就像罗马和古代中国，它可以建筑城墙以保护自己的国民和驱逐“野蛮人”，但它的成功是有限的和不稳定的。所以，我们在这里又可以构建出一种历史辩证关系：国家基础权力的增加将使社会关系领土化。如果国家对其资源失去控制，这些资源将流失到市民社会和分散开来，并将失去领土性。事实上，当今政治经济中争论最激烈的问题在于：在跨国公司兴起的同时，两个相继的霸权国家（英国和美国）的地位却在不断衰落，这一过程是否开始发生在当代整个资本主义世界？我这里把它留作开放问题。

### 6. 结论

我在这一章想表明，国家本质上是一个舞台、一个场所——就像还原论所认为的那样——而这正是国家自主权的起源和运作机制。不像市民社会的主要权力主体，国家是有领土界限和集权性的。市民社会中的某些活动需要限制在一个集权的领土界限之内，这一点对于占支配地位的经济强势阶级、教会和其他意识形态权力运动和军事精英来说皆如此。因此，它们将权力资源委托给国家精英之后便不能完全收回来，这一点正是因为它们自己的社会空间组织的基础是非集权性和非领土性的。以这种方式形成的国家权力资源及其自主性可能刚开始不起眼。但是，如果国家使用这些被授予的资源产生了更多的权力资源——事实上，市民社会集团本身也期待如此——这些权力通常会流向国家的手中，由此导致权力自主性达到相当高的程度。因此，一般说来，国家的自主性权力来源于领土性集权对社会生活所带来的好处。这种好处在社会历史进程中会产生相当大的变化，国家权力也随之发生变化。

我区分了两种类型的国家权力：专制权力和基础权力。前者即国家精英凌驾于市民社会中各个阶级和精英之上的权力，这就是文献中国家权力一词的通常含义。我给出了一些经济的、意识形态的和军事资源的领土集权性如何加强国家专制权力的例子，但国家却很少能够长期保持这种权力。在历史上，专制权力的获取通常是不稳定的，因为它们缺乏有效的渗透和协调社会生活的后勤基础设施。因此，当国家增加“自身”资源时，这些资源通常会被代理人带入市民社会。马克斯·韦伯首先分析了由此造成的帝国/世袭制政体和封建政体之间的转化。

然而，通过关注基础权力，我们可以发现上述两类政体的相互转化事实上是社会发展的一种辩证关系。各种基础权力首先是由专制国家建立起来的。当它们“消失”在市民社会的时候，一般的社会权力增加了。在我所著的《社会权力的来源》第一卷中，我表明农业社会发展的一个核心部分就是，集权的、权威的权力结构（“军事帝国”是最好的例子）与分权的、发散的权力结构（“多元权力主体的文明”是最好的例子）之间的辩证关系。因此，强国在发展中的作用基本是变动的——有时候促进，有时候阻碍。

但我也强调了国家基础权力的第二种结果。当基础权力增加时，社会生活自身的领土性也得到了提升。由于作为最重要概念的“社会”在社会学中具有不受挑战的地位，所以第二种结果通常在社会学中被忽视了。大多数社会学家——事实上在任何地方使用这一术语的大多数人——认为“社会”的意思是领土国家，因此，有“美国社会”“英国社会”“罗马社会”等。“社会构成”（social formation）和（较小程度上）“社会体系”这些近义词的情况也一样。然而，国家边界与我们所说的社会的内涵之间的关联始终是局部的和差异巨大的。中世纪学者通常不把他们那个时期的“社会”限定在国家范围之内，而更可能是指一个更广泛的、跨国的名称，比如“基督教世界”或“欧洲社会”。然而，这个贯通于中世纪和现代之间的变化正是伟大现代转型最具决定性的方面，正如现在的民族-国家与“世界体系”之间的关系对于我们理解 20 世纪后期的社会所具有的重要性一样。社会是怎样获得领土性和集权性的？我们发现最重要的理论问题存在于此，那就是，是国家对社会生活行使了巨大的权力，而不是那些传统的争议领域，即国家精英凌驾于阶级或其他精英之上的专制权力。国家对于我们理解何谓社会至关重要。当国家强大之时，社会就会被相对地领土化和集权化。这是我所作的关于国家自主权最概括的观点。

# 民族－国家与暴力*

安东尼・吉登斯/文　何俊河/译

社会理论的传统资源并没有使我们准备好面对我们的世界，尤其是那些与自由主义或者社会主义相关联的社会理论形式。这个世界在核灾难的边缘徘徊，几乎脱离掌控。马克思所说的“市场无政府状态”作为一种国际现象出现在我们这个时代。我们生活在沃勒斯坦所说的“世界资本主义经济”中，这种资本主义的经济关系存在于整个世界范围。① 更为重要的是，我们生活在史无前例的世界民族－国家体系中。两个超级大国军事力量之间脆弱的平衡是国际秩序免于政治无政府状态的唯一制动器。

我认为，当今世界与19世纪欧洲大多数社会思想家们所期望的世界完全不同。然而，统领当今社会科学的那些思想传统绝大部分来源于19世纪思想家。事实上，当代每个同情马克思主义学说的人都赞同，马克思只是发展了一种现代国家理论的基本原理，除此之外并无更多建树。近来有大量的马克思主义著作试图纠正这种遗漏。这些著作大部分都很有意义。但事实上它们都只是关注国家在经济生活中所扮演的角色或者把国家视为“对内”压迫的代理人。奈尔恩（Nairn）、普兰查斯（Poulantzas）（特别是其最后一本书《国家、权力与社会主义》）以及其他人都公开承认，当代马克思主义思想缺乏有关民族－

* Anthony Giddens, "Nation-states and violence," in *Social Theory and Modern Sociology* (Cambridge: Polity Press, 1987), pp. 166－182. 本文最初为作者于1983年9月在罗马大学所作的演讲，随后编入Walter W. Powell and Richard Robbins, *Conflict and Consensus: a Festschrift in Honour of Lewis A. Coser* (New York: Free Press, 1984).

① Immanuel Wallerstein, *The Modern World System* (New York: Academic Press, 1974).

国家和民族主义的理论。①

然而，这些情况也反映在自由主义的政治理论中。尽管从某些方面来说，他们比大多数马克思主义学说都更多地谈论了这些问题。自由主义思想家，比如马歇尔和本迪克斯，都在其著作中谈到了民族主义，但他们认为民族主义应严格从属于他们所说的“公民身份”或“公民权利”。根据他们的分析，公民身份是随着民族－国家的形成而兴起的。然而从马歇尔写于20世纪50年代的经典著作《公民身份与社会阶级》和本迪克斯晚近的重要著作《国王还是人民》（*Kings or People*）中，我们可以看出，他们主要关注的是公民身份及其所蕴含的权利和规则模式。② 民族－国家的出现是作为可以实现公民权利的“政治共同体”，而不是作为全球民族－国家体系中的一部分。

如何解释两大社会思想传统的这一基本理论缺失呢？这至少部分原因在于圣西门政治理论遗产以及古典政治经济学的影响。马克思受圣西门学说的不少影响，例如，在未来社会，人对人的管理将被人对物的管理所取代。涂尔干——像后来福利国家的自由主义理论家一样——不太关注圣西门的其他观念，除了认为实现了工业化秩序的国家在与社会共同体联系时将会扮演某种道德的角色。也就是说，与马克思相比，涂尔干受圣西门后期作品的影响大于前期作品。但是，他们都没有将工业化社会与在确定领土范围内的军事暴力或行政控制紧密联系在一起来理解国家，并将这一联系作为国家的一个重要特征。简言之，工业国家并非民族－国家；它并不存在民族主义的驱动力量；工业秩序也与在它之前的绝对主义统治规则完全不同。马克思主义和自由主义有关国家的构想均深受各自对政治经济学批判的极大影响。不论他们之间的差异如何——某些方面的差异非常明显——这些思想流派都设想工业主义基本上是一种“和平的”的力量，是超越国际边

① Tom Nairn, *The Break-up of Britain* (London: New Left Books, 1977); Nicos Poulantzas, *State, Power and Socialism* (New York: Schocken, 1980).

② T. H. Marshall, *Citizenship and Social Class* (Cambridge: Cambridge University Press, 1950); Reinhard Bendix, *Kings or People* (Berkeley: University of California Press, 1980).

界的。马克思认为国家本质上是一种恶意的机构，这一观点的来源与涂尔干认为国家本质上是一种进步和善意的机构的思想来源十分相似。两种观点都把国家主要看作是一种协调框架，经济关系在这一框架内运行——前一种观点认为它表达的是阶级统治的机制，后一种观点则认为它为职业秩序注入了道德和公平的观念。

为了将国家与暴力和领土性（territoriality）联系起来，我们还需寻找其他的理论来源。最早是右翼自由主义或保守派思想家创立有关国家的理论。有人认为在更早一代人如海因兹和马克斯·韦伯或当代法国“新哲学家”（new philosophers）著作也有建构国家理论。还有什么比 1968 年“事件”的后果更富戏剧性地表明左翼势力遭遇国家权力而毫无成效呢？新哲学家们已经从马克思转向尼采。在远离马克思主义并发现马克思主义不仅缺少充分的国家理论建构，而且还缺少一个一般的权力理论（区别于阶级权力）后，他们已经将国家和权力看作社会生活的基本组成部分。

我认为，以上意见并不是对社会理论中的马克思主义和自由主义传统的一种超越。即使在韦伯所提出的国家理论中——在某种程度他试图合并马克思和尼采这两种不兼容的观点——我们并未发现他对民族-国家和民族主义进行了令人满意的阐述。部分原因在于韦伯界定国家的方式难以发现民族-国家特别重要。在我看来，韦伯在整体上赋予国家的那些特征仅仅是现代国家的特征。而且，无论怎么说，韦伯未能解释当今世界的国家体系是如何兴起的，尽管他所谈论的欧洲绝对主义国家及其与各种帝国的差异的内容大部分都很有价值。

在此，我想提出一系列可以弥补上述社会理论缺失的观点。为保证行文相对简洁，我将以分条的方式解释部分现象。我这里论证的论点已经在别处进行了更加详细的阐述，若有不够具体的地方，还请读者见谅。我的分析主题如下：

（1）15 和 16 世纪的欧洲绝对主义体系对西方资本主义的出现及其在世界范围内的扩散至关重要。

（2）必须明确地将绝对主义国家（absolutist state）与现代民族-

国家区分开来，不管两者之间存在着多么重要的历史联系。

（3）国家的内部和平（internal pacification）——与警察力量的发展和福柯所说的“权力的新型规训机制”存在着特别重要的联系——与国家巩固对暴力手段的控制存在着内在关联。① 但我这里想要表明的是，这一进程与马克思主义理论之间的联系比之前想象的更加紧密。

（4）虽然“民族-国家”和“民族主义”在各种文献中经常交替使用，但还是必须小心地将两者区分开来。

## 一、欧洲绝对主义与民族-国家体系

人们必定怀疑孟德斯鸠和他同时代人在欧洲与“专制”（despotic）东方之间所做的各种比较的性质。但是，更加晚近的历史和考古研究已经表明，欧洲作为一套复杂的社会和政治结构，长久以来便不同于远东和近东的帝国社会以及中美洲社会。在罗马帝国解体之后的大约1600年里，欧洲并未经历另一个帝国社会，尽管它经常遭受来自外部的威胁。在此时期，欧洲整体上是一种国家体系，这一时期可以粗略地划分为两个阶段。第一阶段欧洲深受神圣罗马帝国教皇制度的影响，同时受到地方军阀、自治或者半自治的城市共和国等地方化权力的制衡。不论在哪一个时期，没有任何一个单一的国家力量能够在西方重建罗马帝国或建立能够统治整个大陆的新帝国。

今天我们如此熟悉欧洲资本主义在改变世界过程中的支配作用，以致难以意识到数百年来欧洲在面对来自外部力量的威胁时经常只能脆弱地（tenuously）保持独立。尽管中世纪欧洲建立在军事主义的文化基础上，面对外部侵略时军事力量却依然显得软弱（在陆上尤其如此）。正如奇波拉（Cipolla）指出欧洲人在数量上并不占优（也许人口从未超过1亿），并且长期内斗。② 1241年蒙古人入侵带来的灾难后

① Michel Foucault, *Discipline and Punish* (Harmondswordth: Penguin, 1979).

② Caro M. Cipolla, *Guns, Sails and Empires: Technological Innovation and the Early Phases of European Expansion* 1400 - 1700 (London: Collins, 1965).

果表明，欧洲在军事上不能阻止蒙古人的前进。如果汤因比是对的，欧洲取得超过世界其他地方的优势是在1683年以后，此时正是奥斯曼帝国第二次围攻维也纳失败和西方开始反击的时期。

这些广泛的历史综览形成了欧洲国家体系发展的背景。在分析欧洲国家体系时，我们必须初步澄清几个基本概念之间的差异。必须将“绝对主义国家”与“民族－国家”区分开来，前者仅仅与欧洲资本主义的早期发展同步，后者则部分起源于绝对主义但又是后来发展的产物；并且，如我前面阐述的那样，我们也应该将“民族－国家”与“民族主义”区分开来。正如韦伯所重点强调的，绝对主义国家部分是建立在罗马帝国挥之不去的影响的遗产基础上，尤其是罗马法的持续影响。绝对主义国家并非民族－国家，尽管有些历史学家持不同的意见，但我还是认为，人们普遍同意民族主义的情感在其中几乎没有得到发展。我认为“绝对主义国家”“民族－国家”和“民族主义”从起源来看每一个都是欧洲的现象。绝对主义国家在欧洲仅存在两个世纪左右，我将这个概念看作是一种最高统治者、君主或国王统治下的政治秩序，他们被赋予完全的政治权威和惩戒权力，包括对暴力手段的垄断。

欧洲绝对主义时期形成的国家结构确实是欧洲民族－国家体系最直接的来源，因此，许多观察家似乎认为绝对主义与民族－国家之间并无区别。绝对君主发动的战争对欧洲版图的形成具有持久的影响。我们不应忘记英国、法国、意大利等欧洲强权久经残酷战争而幸存，其他大部分战争参与者都未能生存下来。1500年欧洲大概拥有500个左右自治的政治单位，至1900年这一数目已经减至25个。从绝对主义国家向资产阶级统治的转变最有代表的看法是把之视为激烈的政治变革，但关注革命冲突这一直接过程，实际妨碍了全面理解资产阶级支配权力与绝对主义国家逐渐转变为民族－国家之间的紧密联系，这也是为什么欧洲民族－国家与资本主义在18和19世纪存在内在结构性联系的原因。我们应该记住，资本主义“社会”或“国家”的形成并不仅仅是商品生产扩大化的产物。现代资本主义与民族－国家之间确实存在着密切的联系，但在一些历史学家看来这一联系仅仅是偶然的，一些早期资本主义企业——如汉萨同盟（Hanse）——和国家形成并无关系。另一方面，早期建立的强国，如西班牙或法国，并非资本主义发展的主要中心。在绝对主义国家期间确实如此，但在向民族-国家转变的时期就不是这样。在这一转变时期，建立资本主义-工业主义的基础成为强国能够在国家体系中生存和扩张的必要条件。

在下一节我还会就这一点做一些思考。首先让我为“民族-国家”和“民族主义”提供一个一般的定义。“民族-国家”是一套制度化的管理（governance）形式，它存在于由其他民族-国家组成的复合体中，在具有明确边界的领土上保持行政垄断，其统治通过法律和对内以及对外的暴力手段的直接控制而得到维持。这个定义有两点需要注意，否则它会与准韦伯式的普遍性国家概念相混淆。第一，所有国家都与“领土性”（territoriality）相联系，但帝国和大部分绝对主义国家的边界是模糊的（diffuse）。显然，欧洲很晚才划定了明确的国界，以此标示了国家进行有效管理的范围。第二，只有在民族-国家内部和平的基础上，对暴力手段的控制——垄断或几乎垄断在国家的手中——才有可能实现。19世纪中期以来，警察与常备军或武装部队之间的分化在大部分欧洲国家变得较为明显——尽管从未完全明晰。可以说，这种分化表明了国家在对待暴力及其控制的“对内”和“对外”立场。

在这一定义中，使“民族”成为民族-国家不可或缺部分的不是民族主义的情感，而是在精确划定的领土边界之上行政机构的统一（在与其他民族-国家构成的复合体中）。这种统一极大地依赖于多伊奇（Deutsch）和其他人所说的运输和通讯手段的发展。① 通讯只有在电报发明后才与运输分离。当摩尔斯（Morse）1844年在巴尔的摩与华盛顿之间发送“上帝创造了什么”这一信息时，他奠定了统治秩序的新基础（就像几千年前文字发明所起的作用那样）。

---

① K. W. Deutsch, *Nationalism and its Alternatives* (New York: Knopf, 1969).

我将“民族主义”定义为象征和信仰的体现，它们或被各种精英群体所宣传，或者由分属不同地区、族群和讲不同语言的各种群体成员所拥有，这表明了它们之间的共同性。拥有民族主义情感并不必然拥有某一特定民族－国家的公民身份，尽管通常情况下确实如此。民族主义的定义必须具有概括性，因为对于这一现象的各种研究表明，它们之间缺乏可以形成共同聚焦的单一标准。例如，从 19 和 20 世纪欧洲的基本经验来看，人们也许认为共同语言是民族主义的主要特征，但从世界范围来看，共同语言与其说是规律，不如说是例外。

## 二、民族－国家、资本主义、暴力

我已经表明资本主义的发展与“民族－国家”之间并不像许多分析者（如蒂利）所认为的那样是一种偶然的联系。[①] 明白这一观点对于填补我先前提到的马克思主义和自由主义国家理论的空白具有重要的意义。我认为，通过关注资本主义劳动合同的一些显著特征，可以发现资本主义与民族－国家的联系。正如马克思所强调的那样，资本主义劳动合同与前资本主义社会剥削剩余生产的模式存在着根本的不同。对于后者，剥削者在某种形式上是——不同系统之间各有不同——国家的代理人，能拥有暴力手段或者暴力威胁以确保附属阶级的服从。另一方面，资本主义劳动合同并未涉及对剩余生产或者劳动的剥削，它榨取剩余价值这种剥削关系是隐藏在生产和分配的整个体系中。资本主义劳动合同在雇主与工人之间直接建立起互相依赖的单纯经济联系。资产阶级努力扩大资本主义生产关系并使之最终成为主导的经济秩序，并非通过军事力量或对暴力手段直接实行阶级垄断来取得的。

在我看来，这些思考对于理解资本主义经济企业的运作（马克思的特别关注点）·，和资本主义发展与民族－国家之间的协调具有至关

① Charles Tilly, “Reflections on the history of European state－making,” in *The Formation of National States in Europe* (Princeton: Princeton University Press, 1975).

重要的意义。两者之间具有决定意义的历史汇合点是：在资产阶级不断上升的阶级联盟的背景下，国家权力越来越集中在绝对君主的手中。当然，马克思也指出了这点，但他没有追寻暴力手段互相协调的含义。在资本主义兴起的过程中，国家对暴力工具的垄断是通过在阶级关系中实现对暴力制裁的控制而提炼形成的。至于它在历史上是如何随着不同的时间和地点而产生的，这不在本讨论的范围之内，但线索比较清晰。追求契约自由，是资产阶级争取人类自由权利这些意识形态要求的一部分，同时也是他们在经济组织中试图改进的现实的一部分，这意味着使暴力制裁与不断扩大的新兴劳动力市场相分离。在资本与劳动力的“私人”自由范围内，排除对劳动产品和原材料的强力掠夺，这从制度上区别于通过垄断暴力手段来支撑“公共”权威。

要进一步分析，我们还需要一个概念，它在马克思主义或自由主义对国家的解释中并不突出，那就是福柯所说的监控（surveillance）。[①] 从两种意义而言，监控这一概念有助于理解资本主义劳动合同的扩展是如何与国家对暴力的垄断相联系的这一过程的性质：

（1）工作场所中的监控，以及

（2）18 和 19 世纪国家监控活动的大规模扩展，它与新兴民族－国家的内部和平存在着紧密的关联。

我把“监控”看作是两种关系紧密的现象：一个是信息的收集和组织，这些信息可以被机构或集体贮存并用于“监视”被管理人群的活动；第二个是特定机构或社会背景里，上级直接监视或控制下级的活动。

在前资本主义社会，甚至是在欧洲绝对主义国家时期，国家和统治阶级的监控程度必然不高，在国家管理机构和劳动过程中对工人的控制也是如此。“绝对主义”（absolutism）和“专制统治”（despotism）这些术语容易误导我们对前资本主义社会中统治者对臣民的统治权力的理解。从某种意义而言，一个专制君主对他的臣民拥有绝对的

① Michel Foucault, *Discipline and Punish* (Harmondswordth: Penguin, 1979).

权力——掌握生杀大权——但他不可能直接控制臣民的日常生活，而日常生活很大程度依循当地的传统习俗。顺带说一句，专制主义与现代极权主义（totalitarianism）之间有很大不同，后者建立在国家监控活动大规模扩展的基础上，而且这仅仅是过去两个世纪的现象。这种情况大部分也适用于劳动和生产过程中。在前资本主义的农业生产中，剥削阶级对劳动过程和工作节奏等的全面监控普遍较少。即使进入工业资本主义时期，这种情况也依然如此。例如在19世纪中期的英国，很大一部分制造业劳动力仍然主要集中在家庭手工业中。波拉德（Pollard）以及其他学者有关英国的例子表明，与家庭相分离的工厂的扩大或者说“资本主义工场”的扩大，更多是由于雇主意识到规范劳动纪律的必要性，而不完全是为了提高工厂的效率。①

监控在资本主义企业中是管理的关键，因为雇用劳动者“在形式上是自由的”，并且直接与复杂的生产过程相融合。雇主拥有的否决权主要体现在经济方面——一无所有的工人需要谋生。至少在英国，分析现代劳动纪律起源的一个最重要历史文献是波拉德的《现代管理的起源》（*The Genesis of Modern Management*）。让我大篇幅引用此书的内容，因为它总结了某些主要的问题：

> 古埃及人不是建造了巨大的金字塔吗？中国人不是建立起了万里长城吗？更近一点，路易十六不是在法国建立规模宏大的主干道系统吗？如果控制大量人力是一个问题，那么历史上的将军们多年以来所控制的人力不是比最大的工业国家中的经理们控制得更多吗？……必须承认，所有这些成就通常都是在工业革命之前的几千年取得的，工业革命的企业家和经理们确实从中学到不少。创新和困难在于：从18世纪中期以来，英国经济中管理大型工业企业的人必须将不同的目标和方法整合在一起。他们像古代将军一样必须控制大量的人力，但却缺乏强制的权力：实际上，

① S. Pollard, *The Genesis of Modern Management* (London: Arnold, 1965).

> 对不自由的工作缺少合法的强迫手段，不仅是新兴资本主义的主要特征，而且也是其具有开创的观念之一。①

但是，作为一个阶级，无论他们如何宣扬个人自由的思想，雇主总是很不情愿放弃直接使用暴力来制裁他们的工人。1794 年英国出现主要由绅士、店主和“马背上的雇主”组成的志愿武装，其行动的部分目的是要管束敢于反抗的工人。宪章运动之后的一段时间内，正规军队的行动仍然是对内的，他们在工厂里对工人进行“管制”（imprisonment）。

随着一系列新型监控技术的运用，规训化劳动（disciplined labour）的出现因而与工业管理模式的持续创新紧密联系在一起，这是内部和平的一个重要维度，并且与公民权利（citizenship rights）或如马克思更刻薄的称呼“资产阶级自由”紧密关联。但是，自由劳动管理方法的诞生也发生在国家制度中规训权力扩大这一广泛的背景下。正如福柯所出色地阐述的那样，规训权力（disciplined power）与暴力的惩戒权力（exemplary power）形成鲜明的对比，后者标示了此前各个时代的特色。暴力不再通过其展示来形成制裁权力，当控制主要通过监控的规训权力来维持时，由国家权威所掌握的暴力变成了一种潜在的制裁——一种隐藏但是随时可用的威胁。

既然前面我刚引用了波拉德的文章，下面请允许我提及福柯的一小段论述：

> 如果西方经济起飞源于使资本积累成为可能的技术，那么我们可以说，相对于传统那种仪式化的、昂贵的和充满暴力的权力——这种形式不久即遭废弃，并被一种细致的、计算性的支配技术所取代——而言，对人的管理方法的积累将使政治起飞成为

① S. Pollard, *The Genesis of Modern Management* (London: Arnold, 1965), p. 7.

可能。①

福柯没有说明的问题对我的论点十分重要。对“形式化、昂贵的和充满暴力的权力”形式的替代对于国家的内部建构至关重要，这些权力形式的维持和巩固成为民族 - 国家体系的内在特征。此前我所指出的欧洲国家体系的特征开始在全世界扩散。诚如沃勒斯坦所言，在前资本主义军事帝国中，军事制裁的范围基本上决定了这些社会内部以及之间经济联系的边界。然而，随着资本主义的发展，这一局面在某种程度上发生逆转。资本主义国家在其国家内部保持政治和军事力量垄断，但其催生的世界体系从根本上受在世界范围内运作的资本主义进程的影响。

## 三、民族主义

在总体勾画本讨论的某些线索之前，我想就民族 - 国家与民族主义之间的关系稍作评论。与所谓现代化理论联系在一起的自由主义国家理论，特别倾向于同化民族 - 国家和民族主义这两个概念。“民族构建”（nation - building）方面的文献与公民身份概念紧密联系在一起，它倾向于忽视民族主义的有害部分——即它与法西斯主义和发动战争之间的联系。民族主义尤其被当作一种有益的力量，与第三世界公民权利的成就紧密相关（社会主义的民族主义很大程度上也遭到忽视）。民族主义与民族 - 国家相似，都是一种源于欧洲的现象。我认为强调以下观点是正确的：如果没有引入现代欧洲自由主义有关人民主权这一资产阶级理念，民族主义也不会出现。

贬低被多伊奇称作由民族主义催生的“野蛮的梦幻和想象”连同“自治、启蒙、社会正义”的想象都是愚蠢的。② 许多民族主义评论者

① Michel Foucault, *Discipline and Punish* (Harmondsworth: Penguin, 1979), pp. 220 - 221.

② K. W. Deutsch, *Nationalism and its Alternatives* (New York: Knopf, 1969), p. 53.

已承认其两面特征。正如许多属于“民族建构”阵营的作者倾向看重民族主义的积极一面一样，其他作家则倾向于关注其相反的一面。卡杜里（Kedourie）作为后者最出色的一员，认为民族主义是“无关紧要的古董，是一些误入歧途的德国哲学家的邪恶发明”。[①]

如果解释民族主义的两面特征？如何解释民族主义在现代世界历史中的重要意义？为了哪怕是给这些问题提供一个临时的答案，我们都必须认识到，无论民族主义情感是如何频繁地被统治精英所强化和激发，民族主义都不仅仅是一套被强制灌输给不情愿或冷漠大众的象征和信仰组合。而且，如果不能将民族主义与民族－国家区分开来，一系列根植于国家利益的现实政治（Realpolitik）现象就会轻而易举被误读为是民族精神的直接结果。我们也许可以把法西斯主义国家定义为侵略的和排外的民族主义与对国家的普遍忠诚的完美结合，后者充当了共同体利益的最终仲裁者的角色。

较之于民族－国家这一制度现象，民族主义本质上是一种心理现象，它涉及需求和情感。为了理解它的重要性，我们必须认识与它对应的需求。在现代世界，民族主义的意义与传统的衰落和日常生活——各种消失的传统在其中部分得到重建——的碎片化特征紧密关联。这对于现代化社会和那些文化经受张力或者冲突的社会来说都同样适用。这些情况使莱恩（Laing）所说的“本体安全”（ontological security）变得十分脆弱，日常生活建立在这种“本体安全”的基础之上。[②]“本体安全”指各种理所当然的例行常规（routines）所带来的安全感，它给人予持续存在的感觉。在传统文化中，本体安全的维持框架通过在地方共同体中的持续实践而得到维系。但在传统很大程度上被例行公事所取代的大型社会，道德意义和自我认同已经撤退到私人和公共领域的边缘地带，对于语言共同性的感受和对于民族共同体的归属感成为维持本体安全的一个来源。在群体内部以及群体之间，民族主义情感与文化比较相像，甚至或许直接表达了这种文化相似，

---

① E. Kedourie, *Nationalism* (London: Hutchinson, 1961), p. 21.

② R. D. Laing, *The Divided Self* (London: Pelican, 1964).

而语言则是这些相似的主要承载者。这也是为什么在民族主义形成的起源地——欧洲——语言似乎成为民族主义主要媒介的原因。主要的民族－国家已经——尽管存在某些重要的例外——形成非常稳定的语言共同体。民族主义在欧洲以后的扩展明显与其在欧洲的早期发展不同，但并不是因为共同语言的标准不能与新兴民族－国家的边界相吻合。

如果解释民族主义情感的形成并不太困难，那么，我们又应当如何来解释它的双面性呢？要理解这一点，我认为我们需要关注领袖现象。领袖对民族主义情感浪潮和民族主义运动的影响非常突出，但是令人惊奇的是，大部分这方面的研究都少有关注这一点。领袖理论，或至少有关领袖影响的心理学根源，已经在勒庞（Le Bon）和弗洛伊德（Freud）的经典著作中得到了阐释。① 根据他们的观点——尤其适用于本体安全遭到威胁或压力的情形——对领袖人物的情感依附本质上是一种倒退的现象（regressive phenomenon）。对领袖人物的倒退认同以及领袖人物及其学说所代表的象征，承载了民族主义的本质特征，不论这种民族主义是良性的抑或好斗的，都表现出一种"群体内"的强烈心理依附和对"群体外"人们的区别对待。

如果勒庞和弗洛伊德的领袖理论是有效的，那么，对领袖人物的倒退认同便与心理上容易接受暗示和情感的易变联系在一起。情感认同产生出某种依赖，这种依赖可以被引导到完全相反的方向。这或许可以解释民族主义的两面性，因为个体变得难以在代表"平民主义"或者"民主"价值的领袖与代表一系列"英雄"价值——既可以激发高尚的行为，也可以激发野蛮的行为——的领袖之间做出区分。此类理论似乎刚好可以补充韦伯有关魅力型领袖的论述，但后者没有解释清楚由领袖所激发的情感认同的来源。

我将不打算讨论民族主义运动的各种类型，它们出现在有关这一主题的各种文献中。与当今欧洲国家存在的各种地区性民族主义一样，

① Gustav Le Bon, *The Crowd* (Dunwoody: Berg, 1900); Sigmund Freud, *Group Psychology and the Analysis of the Ego* (London: Hogarth, 1972).

欧洲民族主义明显也不是铁板一块。当然，欧洲民族主义的历史与随后其他地方民族主义的发展也差异迥然。

## 四、世界体系

民主 - 国家体系今天已成为一种世界体系。作为一个历史问题，资本主义世界经济的扩张与早期社会普遍向民族 - 国家转变之间的联系依然有待详细阐述。世界体系理论的大部分拥护者，尤其是受我在开篇时提到那两类国家理论——即马克思主义传统和自由主义传统——影响的那些人依然把经济发展置于最重要的地位。因此，沃勒斯坦将世界资本主义经济划分为三个主要区域：资本主义的“核心区域”（欧洲、美国和后来的日本）；既是剥削者也是被剥削的“半边缘”区域；受沃勒斯坦所说的由“强制生产经济作物的劳动”（coerced cash - crop labour）支配的“边缘”区域。

然而，沃勒斯坦没有恰当地将资本主义的兴起与欧洲国家体系联系起来，因而他低估了军事力量和国家间战争在塑造当今世界所起的作用。在这一方面，沃勒斯坦尽管打破了社会科学中长期存在的将社会或国家看作是一种独立的统一体的倾向，他也延续了将政治 - 军事从属于经济的讨论，这一点在我看来已深深地影响了社会理论。我们不仅生活在世界资本主义经济中，而且生活在民族 - 国家以无政府方式组织的世界政治 - 军事秩序中。

对于某些支持但对马克思主义和社会主义的自由主义抱负（libertarian aspirations of socialism）持批评态度的人来说，应该明白我的讨论对规范政治思想所具有的重要意义。马克思在其有生之年希望实现社会主义总体上超越资本主义，他设想，资本主义的核心世界将经历成功的社会主义革命，由信奉马克思主义的集团所统治的社会将不会与资本主义同时存在。在我看来，马克思确实相信“工人没有祖国”，今天我们离这一理念是多么的遥远啊，同时，也离19世纪巴枯宁等人的观点非常遥远：

> 除了最后一次最为重要的战争，那次解放所有人民的革命战争之外，不再有征服之战。同时也远离了专制君主的议会以及所谓历史、地理、经济策略需要而强加给我们的狭隘国境。除了那些按照民主的精神同时回应自然和正义的要求而形成的国境——根据人民的主权意志建立在他们天生的同情心的基础上——之外，不再有其他的国境。①

马克思期望在其设想的未来社会能超越国家。然而这种国家，不论是资本主义国家还是社会主义国家，已经成为一种比包括马克思在内的许多19世纪思想家所想象的更加可怕的现象。超越国家或许并未失去它作为社会主义政治理论主题的重要性或者旨趣，但我在本文中所集中关注的那些现象对于重塑我们时代的政治理论具有根本意义。

在当今世界，我们在两种意义上处在资本主义与社会主义之间，任何规范政治理论讨论都必须同时关注这两者。一方面，在实际存在的社会主义社会，社会主义是一种现实，是控制世界民族－国家无政府状态的权力集团体系的一部分。如果认为它们根本不是真正的社会主义，或者认为它们的缺陷与马克思主义思想的总体缺陷无关，这种说法已不再有效——即使曾经有效。另一方面，如果社会主义理想还有任何价值，那么，我们仍然处在资本主义与社会主义之间的意思是说，社会主义理想可以取得比任何现存社会可取得的都更为深远的发展。

我所分析的三个方面尤其与当今社会主义政治理论的讨论存在着关联，这三个方面依次是：

1）作为国家规训权力和其他方面压制媒介的监控应该得到理论化。缺少这种理论化，极权主义的政治控制将难以得到分析——就像它在正统马克思主义理论那里所表明的那样。

2）我们不能够忽视这一事实：至少在当今社会，如同在资本主

---

① M. Bakunin, "Appeal to the Slavs," in S. Dolgoff, *Bakunin on Anarchy* (London: Allen and Unwin, 1973), p. 278.

义社会中那样，民族－国家在社会主义社会也很重要。社会主义国家也是民族－国家，与其他国家一样，垂涎于他国的领土，表现出勃勃的侵略性。这是古拉格（gulag）的时代，好战的社会主义国家爆发冲突；这是一个波尔布特（Pol Pot）的时代，类似于柬埔寨发生的种族大屠杀。无论是更加一般的社会主义，还是具体的马克思主义，都不能在这个世界上清白前行。

3）今天我们面临的最根本问题是难以改变控制在民族－国家手中的暴力手段的扩张。没有什么东西会比国际暴力的现实和核战争的威胁更成为当今世界的重压了。然而，左派政治理论缺乏将权力集团和民族－国家体系的暴力进行理论化的传统。实际政治纲领表明，与其他人一样，社会主义思想家的首选也是把民族－国家看作是暴力的播种机。面对民族－国家体系的无政府状态，我们很难不感到灰暗。马克思认为，他所发现的真正变革运动（劳工运动）将给资本市场的无政府状态和工作的退化提供历史解决方案。但是，超越政治无政府状态的辩证过程又在哪里？这种无政府状态行将给我们所有人都带来毁灭的威胁。就目前来看，我们仍然束手无策。此时此刻，面对民族－国家的暴力垄断，所有现存的世界组织似乎都无能为力。拒绝承认我们今天已站在历史悬崖的边缘已毫无意义，我们正以某种可怕的方式而生存着。在经历了50万年的人类历史之后，我们第一次面临个体寿命与人类整体寿命同时终结的可能。此时此刻，狡黠的理性（the cunning of reason）是否已抛弃了我们？

# 社会中的国家：一种为支配而斗争的分析途径*

乔尔·S. 米格代尔/文　杨涛/译

自托马斯·霍布斯在资本主义全盛期150年前的17世纪创作《利维坦》以来，思想家们就一直试图理解日渐强大的国家及其在社会中扮演的角色。随着工业革命的出现，卡尔·马克思、马克斯·韦伯、埃米尔·涂尔干以及许多思想家都致力于研究后来卡尔·波兰尼（Karl Polanyi）所谓的大转型（the great transformation）①。在过去他们与霍布斯一样太过于关注国家，而现在则关注国家与欧洲社会重大的社会和经济变迁的关系。

一些学者如黑格尔主义者，将国家——和国家观念——置于横扫欧洲社会的潮流的中心进行考察。其他一些学者包括马克思，则从别处寻找历史变革的根源，其中典型是把变革归因于生产组织的变化。但即使是那些将变化的原动力归结为正式政治领域之外的思想家（如马克思），也觉得有必要重视转型国家（the transformative state）这一概念。新兴国家无疑是现代社会生活中的重要组成因素，而且被许多人看作是现代诸多巨变后的主要驱动力。

这种说法在19世纪最后几十年和20世纪将要结束时仍然正确。因此，毫不奇怪，本章要处理的根本问题是要回应有关社会转型及其与国家关系的经典讨论。国家是在什么时候和何种条件下建立其全面的政治权威？它们是在什么时候成功地确立普遍的道德秩序或者日常

---

* Joel S. Migdal, "The State in Society: an Approach to Struggle for Domination," In *State Power and Social Forces: Domination and Transformation in the Third World*, eds. Joel S. Migdal, Atul Kohli and Vivienne Shue (Cambridge: Cambridge University Press, 2001), pp. 7 – 34. 本章为此文集的导论。

① Karl Polanyi, *The Great Transformation: The Political and Economic Origins of Our Time* (Boston: Beacon Press, 1944).

社会关系的分配——无论是保存既有模式还是建立新的模式？国家是在什么时候和何种条件下为社会建立起经济议程——分配资源和塑造投资、生产、分配和消费模式的？其他社会力量——无论它们是所有的社会阶级还是小型派系、是大型族群还是资源丰富的宗族——又是在什么时候阻挠或拉拢国家，并按其自己的方式来设计有效的符号系统（symbolic systems）以塑造日常社会行为和经济生活方式的？

二战以来，学术界对于这些问题之答案的经典讨论主要摇摆在社会中心论和国家中心论之间。最近十年左右，理论家主要倾向于国家中心论的进路，明确承认国家在塑造支配（domination）模式过程中的核心制度功能。① 尽管许多国家中心论者对于全球不同地区的国家联盟和权威的论述存在细微的差别，但在更理论导向的研究中很轻易把国家看做无差别的。一些学者在把国家作为整体加以论述时给人一种误导的印象，即国家在历史转型的重大关头总是被拉向某个单一的方向。到目前为止，一些研究者为了使国家具体化和人格化，将国家视为一个能够战略性地评估自己的处境，然后根据自己利益最大化原则采取行动的单一行动者。不幸的是，这些学者将国家视为一个有机的整体并赋予其本体论地位，这些学者模糊了国家的形成及其在社会中为争取支配地位而斗争的动态。

本书的作者从一系列不同的理论视角和从不同地区的经验出发，主张必须抛弃极端国家中心论的观点。但我们能够超越简单地在国家与社会之间建立起一种学术研究上的平衡。我们需要打破那种毫无区分的国家概念——当然，也包括社会概念，以此来理解为何不同的元

---

① 我使用的“支配”（domination）是指通过命令的权力来赢得服从的能力。韦伯在《经济与社会》中使用过“支配”这一名称。参见 Max Rheinstein, ed. , *Max Weber on Law in Economy and Society*（Cambridge, Mass. : Harvard University Press, 1954）, pp. 322 – 337. 服从的动机可以是强制或自愿的顺从，后者来自一个人把规则制定者视为合法权威。（韦伯讲到在稍微不同情况下的支配来源，将支配视为一种利益安排，尤其是根据支配者的垄断地位，或者，因为权威可以命令他人和使其有义务服从，见该书第 324 页。）这里使用的“支配”是一个更加包容的术语，不仅仅是强制和有合法权威。支配可以是小范围的，也可广泛运用于整个社会。另外，“领导权”（hegemony）概念也具有强制和合法权威的要素，但其只包括广泛运用于全社会的支配。

素被分别拉向不同的方向所导致的无法预料的支配和转型的模式。一旦我们从更加分解（disaggregated）的角度进行思考，我们就能够用与既有理论发现完全不同的方式来想象社会和国家之间的关系（engagement）。

通过援用分解国家的视角，我们确实会丧失权力普遍性理论的某些优雅，例如那些以现实主义或者理性选择为视角的理论。这些理论将国家或特定社会团体获得支配的过程看作是有连贯一致的逻辑，例如国家一心一意征集更多的税收，即使是在完全不同的环境和时期也是如此。[①] 这种逻辑很诱人，这种包罗一切的理论将为支配而斗争的过程简单化到模糊了不同社会的实际结果的程度。它轻视历史偶然事件和其中固有的斗争而轻视了国家的形成这一问题。

本章接下来的部分将指出从理论上理解权力的必要性，尤其必须从更加特定的历史来加以理解。实际上，随后的篇幅将确认人类学家曼宁·纳什（Manning Nash）所谓的“密切观察关键案例”（closely viewed crucial instances）的必要性——案例研究能够反映学者的社会根源——以便得出令人信服的比较通则（comparative generalizations）。[②] 同时，对权力进行近距离和特定的历史研究还给予我们空间来辨别国家和社会的关键组成，以及导致不同支配模式的各种社会力量之间的互动种类——即使不同结合在不同的情况下的确将导致不同的结果。[③] 我的核心论点是，各种支配模式是由关键斗争决定的，这些斗争散布于我所说的围绕支配与反抗而形成的多元社会领域中。不同级别的国家官员是这些斗争的主要人物，他们在不同领域与社会力量的整个集群相互影响，有时候相互冲突。国家的任一部分在特定领域所面临的独特压力，都可能做出相同等级（或者更多）的反应，就

---

① 最近一个很好的例子，参见 Margaret Levi, *Of Rule and Revenue* (Berkeley: University of California Press, 1988).

② Manning Nash, *The Cauldron of Ethnicity in the Modern World*, (Chicago: University of Chicago Press, 1989).

③ Ibid., p. 5. 国家“设立阻碍……被唤起去构建一个类别和制造边界，使这一类别远离其他人，这是一种特别的历史状况”。

如它面临其余国家组织所做的反映一样。

国家内部的不同反应意味着，我们不能简单地假设国家总体上以理性一致的风格行事，或者有策略地追求一系列已确定的利益。学者和新闻记者都过于关注谁控制国家顶级领导职位，仿佛那些身处国家顶层者的言行都是为了整个国家组织。同样，他们过于强调那些运行在某些主要层级上的大型社会力量（整个国家、社会阶级、公民社会等类似力量）之间的重大斗争。在许多社会，关注多种领域的斗争也许比将国家和社会阶级简单假定为统一的主体更具有解释力。例如，印度奥里萨邦（Orissa）的国家官员执行控制生育政策时顾及地主、宗教领袖和商人可能会与顾及遥远的监督者和国会一样多，顾及到这些人物可能会导致与最初新德里所设想的完全不同的项目资源分配。问题的关键在于，为了探明支配模式，我们必须关注斗争在各种社会领域中的积累和调适。

这种关注首先只有在概念上打破国家和社会以及两者之间的关联才能实现。在有些情况下，各种各样的斗争可能使社会走向整合的支配（integrated domination），国家在这种支配中作为一个整体（甚至可能是其他社会力量）建立起广泛的权力，同时以连贯的方式行动。但在其他一些情况下，多元社会领域中的冲突和共谋也可能导致分散的支配（dispersed domination），国家（或者其他社会力量）在其中不仅无法建立起全国性支配，而且其各个组成部分甚至可能会被拉向各个不同的方向。

有些领域的斗争可能仅局限于萧条的城市贫民窟或者被人忘却的偏僻村庄，另一些领域的斗争则可能是全国性的，并且延伸到国家权力自身的位置。这种不同的场景形成了国家与社会之间的循环关系（recursive relationship），国家各组成部分与其他社会力量之间相互影响的互动——这是本文的核心主题。冲突在特定的你来我往中突然爆发：国家尝试增加税收、地方精英竭力控制特定政府机构和资源、国家机构主动规范某类行为、地方铁腕人物试图扩大自己的支配范围，还有更多。这些不同场所中的斗争最后同样塑造了社会和国家。

通常由国家或社会推动的改革由与大转型有关的根本变化所引发——城市的增长、化石燃料使用的增加、其他技术创新以及农业在国内生产总值中所占比重降低等。这些变化越过欧洲而横扫全球所有的角落和缝隙。资本主义和强大的欧洲国家模式在每一块大陆都引起了回响，留下了大混乱，引入了新思想和方法，由此引起了反动，以及对当地环境的调整，这些都混杂在一起。这些过程冲击了现有的对关键资源（土地和其他财富资源、人际关系、富有意义的符号呈现等）的分配，这在整个社会中引发新的、重建性的和调整性的战斗。这些斗争有时会由于国家所发挥的主导作用而导致整合的支配，但在其他一些情况下这种集权难以实现而导致分散的支配。

无论革新的动力是资本主义的世界传播还是其他什么因素，我们要关注的首先是这些新情形（circumstance）所引发的冲突和调整。我们寻求提出一种能够阐明社会支配模式性质的方法，通过这一方法人们可以富有成效地研究持续和变化。我们也提出一些有根有据的假设，例如，在何种时候和地方我们有望发现某种既有的支配模式。

第三世界已完全陷入为争取社会支配而斗争的情形中。[①] 在非洲、亚洲和拉丁美洲，已经建立起来的社会关系和制度承受了巨大的压力。在上世纪，欧洲之外的大部分地方都变成了埃里克·沃尔夫（Eric Wolf）所谓的单一资本主义世界中的“支持依赖区域”（dependent zones of support）。[②] 尤其是二战以来，国家结构成为严重纷争的中心，围绕着社会应当如何整合到更大的世界经济之中。斗争并不仅仅关系到对外经济政策，更为重要的是，关系到社会如何和应当如何建构的问题——社会的规范和规则、章程和法律以及符号和价值等。不能简单假定国家机构支配这些国内斗争。人们不会自动认同国家是解决这

① 这里使用的“第三世界”（Third World）这个概念并不特别准确或分析很严谨。尽管如此，有关此概念的局限和作用的一个很好案例可见于 Christopher Clapham, *Third World Politics: An Introduction* (Madison: University of Wisconsin Press, 1985), ch. 1.

② Eric R. Wolf, *Europe and the People Without History* (Berkeley: University of California Press, 1982), p. 296.

些重要问题的恰当权威，或者甚至是各种社会团体争取未来社会进程的恰当论坛，国家角色本身就是斗争的对象。

我们可以将英国和法国进行类比，将它们看作是西欧封建主义走向没落的余光。玫瑰战争和投石党运动①比所有其他斗争都更加表明了国家试图将其意志强加于社会之上以及各种社会团体的抵制所引发的斗争。马克思·贝洛夫（Max Beloff）对此进行了很好的说明："在16和17世纪，政治主权的现代理念，即每一个人和每一寸土地都必须拥有单一的最高权威的观点仍有争议和有待争取，主权并没有成为所有政治行动的基本假设。"② 在当前的第三世界，国家自主性（state autonomy）和国家能力（state capacity）的重要性——它们已被某些理论家如此轻易和甚至有点带有目的论地假定和期待——也许根本不存在确定的结果。

社会科学研究需要有一种使研究者能够研究处于20世纪社会、政治变革中心的为支配而斗争的方法。详细阐述这一研究方法是本文的目的。在接下来的部分，我将讨论国家、社会以及在各种支配和反对领域中的国家—社会的互动。在这些领域中，包括国家组成部分在内的各种社会组织彼此纠葛，都试图在日常生活、日常社会关系以及人们理解周遭世界的方式等方面烙上自己的印记。简而言之，我的目标是要将那些与国家—社会相关的问题引为分析的重点。这种分析既强调分解国家和社会的方法，又强调国家—社会在互动过程中相互影响的性质。由于这种斗争在第三世界实际上比在高度工业化国家更常见，就像17世纪的英国和法国那样，我希望本文能有助于理解或隐或显地存在着类似斗争的国家和社会：欧洲，也包括前共产主义国家以及北美。

---

① 玫瑰战争，是指十五世纪中后期，兰开斯特家族（House of Lancaster）和约克家族（House of York）为争夺英格兰王位而发生的内战，红玫瑰和白玫瑰分别是两个家族的标志。投石党运动，是指十七世纪中期，法国爆发的反对专制王权的"福隆德"运动，"福隆德"是一种投石器的音译，所以该运动又被称为投石党运动。——译注

② Max Beloff, *The Age of Absolutism*, 1660 - 1815 (New York: Harper Torchbooks, Harper&Row, 1962), p. 20.

## 国 家

许多学者已经给国家下了各种正式的定义，其中大多数都深受马克斯·韦伯概念的影响。① 这些定义彼此之间并不存在明显的差异。他们都倾向于强调国家的制度特征（如作为一种组织或一系列组织）、功能（尤其制定规则）和强制资源（“对合法使用武力的垄断”）。② 这些定义的核心都在于在国家宣称的领土范围内的支配或者权威问题，以及国家制度预期能够获得人们自愿服从（合法性）或者需要诉诸强制的程度。

例如，有一部著作提出：“国家是一组被授予了权威的机构，以便在特定领土内合法地做出对人们和组织具有约束力的决定，如果有必要，可以使用武力。”③ 另一部著作则把国家看作是一种权力组织，这种组织旨在“对社会关系的各个方面进行集权化的、制度化的、领土化的管理”。④ 就现代国家“权力”而言，作者们通常指的是迈克尔·曼（Michael Mann）所谓的基础权力（infrastructural power），即“国家能够真正渗透进市民社会，并在领土范围内有效贯彻其政治决定的能力”。⑤

---

① Max Weber, *Economy and Society*, vol. 1 (New York: Bedminster Press, 1968), p. 64; Max Rheinstein ed., *Max Weber on Law in Economy and Society* (Cambridge, Mass.: Harvard University Press, 1954), p. 342.

② Max Weber, "Politics as a Vocation," in H. H. Gerth and C. Wright Mills. *From Max Weber: Essays in Sociology* (New York: Oxford University Press, 1946), p. 78.

③ Dietrich Reuschmeyer and Peter B. Evans, "The State and Economic Transformation: Toward an Analysis of the Conditions Underlying Effective Intervention," in Peter B. Evans, Dietrich Reuschmeyer and Theda Skocpol, *Bringing the State Back In* (Cambridge: Cambridge University Press, 1985), pp. 46 – 47.

④ Michael Mann, *The Sources of Social Power*, Vol. 1. *A History of Power from the Beginning to AD* 1760 (Cambridge: Cambridge University Press, 1986), p. 26.

⑤ Michael Mann, "The Autonomous Power of the State: Its Origins, Mechanisms and Results," in J. A. Hall, ed., *States in History* (Oxford: Basil Blackwell, 1986), P. 113; John A. Hall and G. John Ikenberry, *The state* (Minneapolis: University of Minnesota Press. 1989), pp. 1 – 14.

学者们将国家看作是超越社会中古老地方组织过程的顶点，后者在国家出现之前制定规则。国家是“在领土范围内的社会中建立起来的一种更加非个人和具有公共特征的统治体系，它通过实施一系列复杂的制度安排和政府机关来实现统治，它们与此前很大程度上以地方化和特殊主义（particularistic）为特征的权力形式存在明显的差别”。① 16 世纪以来的政治理论提出，随着具有庞大的常备军、强大的官僚机构和成文法的新型公共权力的出现，旧统治形式已经过时。国家在民众（people）之中建立起结合紧密的民族（close - knit nations），而之前的民众是那些只具有松散联系的地方群体。因此他们便简单地假定，对国家是规则制定的权威性框架这一点不再有任何争议。“在现代社会，只有一种形式的政治单元被认可和接受，我们将这种形式称之为‘民族 - 国家’。”②

尽管这些定义存在着诸多值得褒扬的地方，它们也引发了某些问题。其中之一是它们只刻画了国家的一个维度，即其官僚制（或者强制统治）的特征。对于这一维度的强调突出了国家的能力，突出了国家在实现某些既定目标和执行正式政策方面的娴熟。但是，许多这些定义都没有能够很好地捕捉到国家的另一维度，即国家目标的形成和转变。随着国家机构与各种社会团体发生联系，前者便开始与不同的道德秩序发生冲突和不断调适。这些发生在众多交界面的接触既改变了社会基础和国家的目标。国家不是一个具有固定意识形态的统一体。恰恰相反，当它与其他社会团体发生接触时，它在行进中展现出一组动态的、不断变化的目标。这种接触既可以是通过正式代表（通常是立法者）的直接接触，但更常见的是通过与国家紧密结盟的政党。

其他社会力量对于国家设计以及被纳入国家组织的抵抗，改变了国家的社会和意识形态基础。国家政策的制定很大程度上是这一动力

---

① Roger King, *The State in Modern Society: New Directions in Political Sociology* (Chatham, N. J.: Chatham House, 1986), p. 30.

② Anthony D. Smith, “State - Making and Nation - Building,” in J. A. Hall, ed., *States in History* (Oxford: Basil Blackwell, 1986), p. 228.

的产物，因为它是国家高层领导的目标或者直接立法过程的结果。与其他社会力量接触（和不接触）的结果可能会从本质上改变国家的议程，甚至可能从根本上改变国家的性质。[①] 即使像后革命时代的中国作为自觉的意识形态国家——许慧文（Vivienne Shue）指出，这是一个打算完全重塑社会的国家——发现自身也在和其他社会力量的接触中被改变。可以肯定，在毛泽东时代的中国，国家政策制定过程中使用的语言是阶级斗争、捍卫社会主义和提高革命意识。但按照许慧文的说法，国家的目标和行动被社会网络所扭曲，后者巧妙地渗透到经济、社会和政治关系的各个方面，同时从地方和国家层面影响国家的特征。在上海这一具体的例子中，伊丽莎白·裴宜理（Elizabeth Perry）注意到，由于城市工人阶级中最熟练工人的加入，中国共产党（以及后来的国家）的特征发生了变化。与此类似，如雷沙特·卡沙巴（Resat Kasaba）也表明，19 世纪奥斯曼国家主要和非穆斯林商人交往从根本上改变了国家的目标和特征，使国家多了很多新的职责和程序。

既有国家概念的问题远不止因为对国家目标的变动基础缺乏关注，问题甚至还出现在作为这些定义的核心和灵魂的国家能力的问题上。有一个麻烦的问题是，那些作者太过于关注国家做出对人民具有约束力的决定的实际能力。这一夸大国家能力的倾向来自支配与反抗领域中国家普遍进行着争夺和调适，同时也来自对国家官员自身的自以为是。

20 世纪的地球上已极少有这样的地方，国家机构还没有成为争夺支配的关键角色，无论在国家最遥远的角落还是在首都的中心地带。国家创议（state's initiatives）有时会引发剧烈的社会斗争，但在其他

---

① 阿尔弗雷德·斯蒂潘所使用的"政治社会"概念（political society）改编自葛兰西，开创了思考国家象征体系及其行为的变动基础的方法。斯蒂潘认为，政治抗争（political contestation）在"政治社会"的框架之内要"控制公共权力和国家机器"。Alfred Stepan, *Rethinking Military Politics: Brazil and the Southern Cone* (Princeton: Princeton University Press, 1988), p. 4.

一些情况下国家则只会对其他社会力量的攻击做出简单的回应。国家有时会支持经济的发展和再分配，但在其他一些情况下国家议程却习惯于维持既有的经济支配模式。但在最近几十年间，在应当由谁来对各个社会领域行使权力的冲突中，国家极少缺席（只是在非洲存在一些这样的情况）。① 随着科技变革和工业化的发展，转型国家的观念无疑已成为现代世界的一个典型特征。的确，使现代国家与历史上其他大规模政治组织（如帝国）区分开来的是对国民核心认同的曲意逢迎（因此强调民族－国家）。在日常生活中，在其他主要社会角色（例如父亲或农民）中，人们开始把自己想象成法国人、巴基斯坦人或者巴西人。确实，转型国家不仅仅旨在建立人们的个人认同，还想塑造人们的整个道德秩序——象征和符号的内容决定着对大多数人来说最为重要的东西。它渗入到人们日常生活之中意味着转型国家完全不可能对其正式边界内争夺支配的斗争不闻不问，② 国家领导人想国家变得最为重要，值得竭尽全力追求这一目标。

除了个别例外，政治领袖都试图领导一个转型国家。他们视国家为一种能够（或者至少应当）控制社会每一个角落的组织。它应当决定日常行为规则，或者在最低程度上，应当授权和保护其他社会组织去承担那些任务。例如，即使是在最近的市场私有化和自由化案例中，一种常见的基本假定是国家不应当放任市场的经济问题。国家应该发现市场自主性的局限，同时授权、调节和保护市场运行。③

总之，在他们声称要统治的领土上，多数政治领袖坚持认为国家应该处于首要位置。在某些情况下，这意味着赋予和国家领袖结盟的

---

① Azarya Victor and Naomi Chazan, "Disengagement from the State in Africa: Reflections on the Experience of Ghana and Guinea," *Comparative Studies in Society and History* 29 (January), 1987.

② 转型（transformative）并不一定就意味着进步。即使一个国家要维持现有秩序，如果用自己的方式应对国际变化席卷其边界的情况，通常也必须转型。

③ 埃文斯和斯蒂芬斯指出："国家处于经济发展的中心，就像它是政治活动的中心一样。" Peter Evans and John D. Stephens, "Studying Development Since the Sixties: The Emergence of a New Comparative Political Economy," *Theory and Society* 17, 1988, p. 723.

有势力的社会团体以特权，也包括这些社会团体控制的组织，例如市场或教会。但是，他们寻求的通常是国家的直接控制——即将自己的意义系统和可接受的行为边界强加给它的国民，范围遍及从性联盟（sexual union）到劳资关系等各个方面。

国家领导人试图为国家创造一个不可战胜的光环。国家越看起来全能，国民就越有可能在其日常生活中接受它，并且在这过程中减轻国家执行其所有命令的负担。事实上，那些有意或无意地夸大国家能力的社会科学家已经成为国家把自己设计成为不可战胜方案的一部分。国家主权，即在自己声称的领土上拥有实际强制力的最高国家权威，经常被认为是理所当然的。①

尽管国家领导人已经尽力而为和经历过无数挫折，但仍缺乏一种明确的方法将其支配——他们的意义系统、社会行为规则和经济计划——强加于社会。与其他任何组织一样，国家权力有真正的限制：它们能做什么和不能做什么，它们何时能收税和何时不能，它们能制定哪些具有约束力的规则和不能制定哪些。雄心勃勃的国家目标——真正渗透进整个社会、规范社会关系的细枝末节、抽取税收、独占决定经济生活性质的资源和控制最具价值的符号等目标——很少能够实现，当然在大多数新兴的或者重建的第三世界国家组织中当然也没有能够实现。

晚近的文献均高估了国家权力及其自主性。它们都太过于关心最高领导人，好像他们独自构成了国家，好像能在国家分支机构和官僚部门的迷宫中忠诚地重建集体意志。曼写道：“我的兴趣主要在于那些一般被人们称作‘国家’的中央机构和供职于它们的职员的权力

① 金写道：“宪政国家的特征是有统一的主权，这体现在单一货币、统一法律体系和在一个不断扩张的国家教育体系中使用单一的‘国家’语言。这种‘国家’语言的文学传统会消解特殊文化，并且国家兵役制取代了古代军事集团的地方募兵制，这都容易克服‘边缘的’或地方主义的认同。”参见 King, *The State in Modern Society*, p. 51.

上，这些职员的高层一般被称作‘国家精英’。”①

然而，国家的组成当然远不止这些。在意识形态、政策制定和政策执行等方面同样体现出国家与其他社会力量的交往。要研究这些方面，必须通过一种新的“国家人类学”（anthropology of the state）来观察国家的多重层次。一些作者已经详细论述过一种真实跨学科的政治人类学看起来会是什么样子。② 尽管国家作为一种机构很少被这些著作集中关注，他们的洞察力有利于对国家形成新的思维。国家人类学的优势至少有以下三个方面：

首先，研究重点会从人类学家劳拉·纳德（Laura Nader）所说的“研究上层”（studying up，关注机构和制度的顶层）③ 转移到调查国家不同层级，包括在组织等级中与社会直接接触的最底层以及不同层级的互动。总之，这一研究方法能够帮助我们分解国家和研究国家与社会之间的交往。

第二，国家人类学方法将开辟研究国家制度的新方法，尤其是参与式观察的方法。目前通常用于研究政府官员和其他人的技术“当这些人没有参与社会政治行为时，处理反省式的清晰回答非常有效”。④ 参与式观察的方法强调国家官员与国家机构内外的其他人员在权力竞争中的接触过程。

---

① Michael Mann, “The Autonomous Power of the State: Its Origins, Mechanisms and Results,” in John A. Hall, ed., *States in History* (Oxford: Basil Blackwell, 1986), p. 112. 国家的特点是高级精英或领导人有着独特的利益和视角，不受其他特定社会经济利益支配，这并不意味着这些作者不认同金所说的国家是一种“多元聚焦”（plurality of foci）。但是，这些焦点在很大程度上被视为非常独特意志的分化（differentiated）的制度表达。参见 King, *The State in Modern Society*, p. 53.

② 例如可以参见 Abner Cohen, “Political Anthropology: The Analysis of the Symbolism of Power Relations,” *Man* 4, 1969, pp. 215 – 235; Clifford Geertz, “Ideology as a Cultural System,” in David Apter, ed., *Ideology and Discontent* (New York: Free Press, 1964), pp. 55 – 72; Max Gluckman, *Politics, Law and Ritual in Tribal Society* (Oxford: Basil Blackwell, 1965); Marc Swarz, Victor Turner and Arthur Tuden, eds., *Political Anthropology* (Chicago: Aldine, 1966).

③ Laura Nader, “Up the Anthropologist: Perspectives Gained from Studying up,” in Dell Hymes, ed., *Reinventing Anthropology* (New York: Vintage Books, 1974), pp. 284 – 311.

④ David C. Schwartz, “Toward a More Relevant and Rigorous Political Science,” *Journal of Politics* 36, 1974, p. 130.

最后，这种研究方法能够超越对权力关系的一般理论研究而转向对国家—社会关系中权力与符号之间相互作用的关注。没有一个国家能够监控其所有的规则；各个国家都需要彼得·伯格（Peter Berger）和托马斯·拉克曼（Thomas Luckman）所说的“普遍合法化”（legitimating universes）①，一个论证国家统治合法化的符号集群。这就是国家尝试塑造民众道德或象征秩序背后的需求。如阿布纳·科恩（Abner Cohen）所言，政治人类学“专事于揭示符号构成和活动的政治含意，这种现代社会的巫术（mumbo - jumbo）明显是非政治的”。② 国家人类学能够阐明以下两个看起来“非政治”的过程：人们接纳国家符号发生的改变以及国家从社会中吸纳符号而发生的国家转型。

就像艾图·克里（Atul Kohli）在印度例子中表明的那样，各个层级的国家组织都运转在明显不同的结构环境中。国家人类学使我们关注这些独特的环境以及不同层级之间的相互作用。想理解印度全国政府看上去很矛盾的不断增长的无能统治，即使在集权时也是如此，这需要印度研究者能够超越在新德里观察到的困难，而着眼于地区和邦层面的政治。因此这种研究方法不会期待国家将对自身不断增长的统治无能危机做出单一和战略性的理性回应。实际上，政治结果可能一点都不会与整个国家的“利益”相一致，这种结果可能源于国家不同层级之间的复杂互动和每一层级面临的特殊压力。

因此，国家人类学使我们可以分析性地拆散国家，以辨别其不同部分所处的独特结构环境和它们之间的互动。一种分解国家的可行方法是将其分解为四个层级，它们面临着来自其他国家组成部分和非国家行动者的明显不同的压力类型。由下而上，它们分别是：

（1）基层阵地（The trenches）。这一层级的官员必须面对可能存在的强大社会抵抗而直接执行国家命令。他们是收税员、警察、教师、步兵以及其他被授权直接执行国家法律法规的官僚。他们接触的对象

① Peter Berger and Thomas Luckman, *The Social Construction of Reality* (Garden City, N. Y.: Doubleday, 1966), p. 171.

② Abner Cohen, *Two - Dimensional Man* (London: Routledge & Kegan Paul, 1974), p. 17.

是国家政策的预期客户、目标和受益者。他们的上级监督者通常在较遥远的地区或者在首都。

（2）分散的地方机关（The dispersed field offices）。区域和地方机关是较高的等级，它们能根据地方情况而修订和组织各种国家政策或者指令，甚至制定和实施全部地方政策。这些机关包括官僚机构、立法机构、法院、军队和警察部门等，并在国家宣称的整个领土范围内的一个确定区域排他地工作，对由国家部委划拨或本地获得的地方资源拥有重要的决策权。比如，国立学校将建在哪里？地方邮政应当如何分布？哪些村庄将从新挖的竖井或灌溉渠中获益？谁将在基层阵地获得雇佣？与基层阵地相比，他们更能够面对大规模、组织性较强的地区社会力量，也更容易受到来自首都的直接干预。

（3）中央办公机构（The agency's central offices）。首都是国家的神经中枢，规划、制定全国政策和安排政策实施的资源。这些机构在技术上主要对最高政治领导人负责，但彼此之间通常也有着密集的讨价还价。它们是国家层级的、组织良好的大型利益集团旨在影响的目标。

（4）指挥高层（The commanding heights）。国家层级的顶峰是最高执行领导。最高领导尽管从征税到维持秩序等各种事务都依赖于较低层级的部门，他们也可能与国家的任何其他组成部分不完全一致。这些组成部分因此成为众多国内外大规模寻求影响最高领导的力量中的一个压力点。

让我们暂时把国内外的非国家力量问题搁置一边，它们对国家的各个组成部分也产生影响。来自国家组织内部的三种压力直接对国家每一层级都产生影响。这三种压力分别是：第一，来自上级监督者的压力（至少会对那些非选举产生的或不位于最高层级的官员产生压力）；第二，来自下属的压力，他们是直接或间接的监督者；第三，来自同事的压力，他们是其他机构的职员或处于大致相同等级的政治家。考虑到这些力量在每个层次上都有着不同的集群，更不用说官员所面对的非国家力量，所以一点都不奇怪，国家很少能对一个问题或危机形成一致的反应，或形成多样化但却彼此协调的一系列必要反应。国家的各组成部分面对着不同力量的集群，这意味着各个组成部分都有着不同的历史，从而导致不同程度的集体精神（esprit de corps）、坚定和褊狭。政治结果——制定和执行国家政策——是一系列不同行动的聚合，这些行动以国家每一层级机构面临压力的特别计算为基础。

当然，很难保证这些结果代表的是和谐的网络（mesh），它们更像是由于国家内部和更大环境内的不同压力而使不同的国家组成部分做出的不一致反应的总和。例如许慧文写到，在毛泽东时代的中国，“一线政府官员的身份尽管是国家代理人，但是他们发现把自己的命运融入到地方百姓和部门联合中，来对抗来自上级国家官僚部门的非人性化要求，更加可取、容易和自然，或者这样做更与自己的信念相符合”。

处于国家机构的不同位置，国家官员对压力的计算明显不同，这取决于其所在领域承受的各种力量的特定排列和他们的相对权重。说起国家的整体自主性问题，就像最近一些理论所表明的那样，也许根本不是研究政治和社会的最好出发点。研究者必须首先探讨国家各部分的自主性，因为各部分对压力的计算明显不同。何种社会压力在国家层级的不同点上占据优势，为什么如此？这种压力计算是否给国家官员和代表以自由裁量的空间？监督者是否影响到国家机关的决策，或者他们的重要性是否超过了其他社会力量？

总结本节内容，社会科学界目前存在着一种不幸的倾向，它将国家看作是一个有机的、一致的行动者。学者们赋予国家本体论的地位，将国家提升到远离社会的高度。因此模糊了社会中支配权争夺的动态性，国家各组成部分在这种动态过程和不同的场所中扮演着不同的角色。这些斗争不仅涉及谁在社会中取得了政治命令的高地，它们还涉及联盟、联合以及多重场所内的冲突，包括国家各组成部分与其他社会力量之间的冲突。来自完全不同的场所——国家各组成部分与社会力量在其中互动——的不和谐声音，经常导致国家行动与国家领导人和特定的国家机构原来设想的计划或政策一点都不像。

国家各组成部分在各自不同层级上所遭遇的压力组合越是多样和异质，尤其是当多种国内外社会力量施加巨大压力的时候，国家的多个部分的行为就越难互补，也越难成功传递“普遍合法性”的连贯系统。尽管国家拥有国际地位，并在社会中拥有绝对的体积（sheer bulk），但在谋求支配的时候可能只是个跛脚的巨人。它的体积能保证它在争夺支配的冲突中不被忽视，但更有意义的创议和更加一致的行动却可能来自其他社会力量——如果真的发生的话。

## 社　会

我们可以里亚·格林菲尔德（Liah Greenfeld）和米歇尔·马丁（Michel Martin）有关社会的描绘作为开始：社会“唯一确定的特征是，它是某一群体的最外层社会结构，无论对它的态度如何，群体都视自己为它的成员，并且群体所体验到的身份由它所决定。”① 这是一个相当松散的特征描述，避免了假设必然存在着一种引导着社会不同部分的核心力量。实际上，分析国家—社会关系的许多困难来自理论家容易援用一些总体的分析框架来帮助识别所有（或大多数）社会不同部分的模式。马克思主义社会科学家把统治阶级或统治阶级与国家的联合而形成的霸权（hegemony）视为对社会的支配，并赋予其独特的形象。当社会被视为拉向不同的方向时，斗争被看作发生在统治阶级与其他被建构起来的社会阶级之间。

像马克思主义者一样，自由主义社会科学家通常也会不言自明地接受这样一种假设：社会的存在以行使某种霸权或者全社会支配作为前提。对他们而言，整合性框架是一种规范共识，部分表现在多少受到约束的国家的权威性结构内部，个人和团体在其中就谁得到什么的

① Liah Greenfeld and Michel Martin, *Center: Ideas and Institutions* (Chicago: University of Chicago Press, 1988), p. viii.

问题展开竞争。[①] 社会斗争通过一系列多元利益竞争而影响公共政策，它们都遵守已经建立起来的游戏规则。最近的国家中心论或含蓄或明确地接受全社会支配或者霸权观念，更加重要的限制是，他们比马克思主义者或自由主义者更倾向于关注由社会的国家组织（the society's state organization）所创造的框架和权威。[②]

这里提出的社会分析方法接受国家理论者的某些假设，即在现代世界，我们所知道的社会——它们的轮廓和边界、对共享经验的感受——也是国家架构的产物。但是，我们必须质疑这些理论家在解释第三世界社会的整体支配和分配模式时的单一框架的假设（无论是统治阶级、关于竞争的规范共识，或者国家）。我们首先要问的是：多重领域中的斗争的结果积聚在一起，事实上是否会形成有凝聚计划的广泛阶级？它们能否塑造一个社会？或者形成广泛同意的规范框架？或者形成能够包容各种竞争的国家组织？而且，如果我们发现真的存在着这样的阶级、框架或者国家，我们必须假设它们能够超越中短期的界限而长期维持下去？

在马克思主义者那里，统一的社会阶级和为支配而进行的广泛社会斗争——阶级斗争——通常更容易见之于富有想象力的理论而不是现实社会中。汤普森（E. P. Thompson）指出，阶级已经变成了一个广泛的启发式装置（a broad heuristic device），事实上它是特定地方和时期等历史条件下的特定产物。“阶级产生于19世纪工业资本主义社会中，随后留下具有启发式类别的印记，它实际上并没有宣称具有这种

---

① 文森特指出，自由主义理论家假设的共识是有一种集体善（a collective good）。但是，他抱怨道：“似乎有时，多元主义者所想象的这种集体善是无中生有。”不是所有的团体都可能接受这种基本框架。“团体像任何一个国家一样，可以是压迫的、自私的和摧毁自由的。”Andrew Vincent, *Theories of the state*（Oxford: Basil Blackwell, 1987）, p. 216.

② 参见 Evans et al., eds., *Bringing the State Back In.* 文森特指出，自由主义的多元主义者“试图为国家最大程度地吸纳团体生活的多样性和某种中央权威进行理论说明”。他还指出，一些学者认为“国家是通过后门偷偷进来的”。Andrew Vincent, *Theories of the state*（Oxford: Basil Blackwell, 1987）, p. 210.

普遍性。”① 对于19世纪英国资本家与大规模农场主的联合，汤普森说道：“与所有真实的历史情形一样，产生于特定的力量平衡；它只是无数社会变动中的一种——这些变动与其他产生自类似结合的变动很接近——实际历史大量催生了这种变动。”② 在欧洲其他国家和在世界其他地方，能够领导社会或者使社会中的重要斗争围绕它而进行的凝聚阶级（cohesive classes）既可能存在，也可能根本就不存在。如果的确存在，它既可能成功达成某些广泛的阶级目标，也可能根本达不成目标。然而，无论“阶级理论”的一般用途是什么，我们的案例似乎都表明要警惕这种以偏概全的趋势。

例如，如罗伯特·维塔利斯（Robert Vitalis）所言，埃及20世纪30年代的商业精英只是在非常有限的情况下才能参与各种形式的集体行动。商业精英尽管享有各种特权，但在国家扶植的市场等关键问题上，他们并没有形成统一的阶级支配。相反，商人与竞争对手结盟、与不同的国家部分结盟，每一次结盟都旨在得到国家的投资资源。结果是不仅商业精英之间产生了严重的冲突，而且也削弱了国家和国家政策。拥有强大武装力量的领袖伊斯梅尔·西德基（Ismail Sidqi）1930年接管政府，他对商人的需求就像商人对他的需求一样，但最后双方的目标都没有能够实现：西德基于1933年被迫辞职，商人们则继续在多重领域中追求他们彼此冲突的利益，丝毫没有将社会拉向单一方向的样子。维塔利斯指出，一个统一的社会阶级致力于实现重塑社会的宏大阶级目标这样的想法也许只是一种优雅的比喻策略，但是，

① E. P. Thompson, “Eighteenth - Century English Society: Class Struggle without Class?” *Social History* 3 (May), 1978, p. 150. 斯德曼·琼斯最终采取了与汤普森不同的立场，但他对启发式装置与历史发现之间的细微关系更加固执：“人们不应该继续坚持以下假设：‘阶级’是官方社会描述的基本对立面，‘阶级’是生产或分配关系的理论话语的一种效果，‘阶级’是一系列文化象征实践的总结，或者‘阶级’是一种政治或意识形态的自我界定，所有这些都分享了先前的社会现实中的一个参考点。” Gareth Stedman Jones, *Languages of Class: Studies in English Working Class History*, 1832 - 1982 (New York: Cambridge University Press, 1983), pp. 7 - 8.

② E. P. Thompson, *The Poverty of Theory and Other Essays* (New York: Monthly Review Press, 1978), p. 255.

这些比喻“能够掩盖它们所表露的制度属性、策略和资本家的力量”。

同样对于自由主义理论家来说，有关权威分配的斗争并不总会控制具体的规则。社会中的斗争经常是围绕由谁来建立程序，而不是在整个社会的合法性框架范围内围绕公共政策过程进行竞争。就像统一的阶级统治一样，在一个内部存在着多元竞争的广袤领土上建立合法性权威，这在20世纪的历史上只是个例外，而且受限于特定的历史条件。[①] 如克里（Kohli）认为的那样，即使在像印度这样已经建立起民主制度的国家，整合的权威框架今天也难觅踪影。实际上，民主动员提供的机会为新团体实质性地扩大自身的政治参与开辟了道路，尤其是社会中低阶层。结果难料，与其说为控制冲突提供了一个长期的“解决方案”，毋宁说民主日益导致的是支离破碎的政治（fragmented politics），很少有哪种制度性或规范性框架能够包容不断增长和日益尖锐的竞争。

当假设国家组织足够强大和具有足够的凝聚力去驾驭社会时，国家中心论也遭遇到类似的困难。重申一下，这种观点不仅有待经验证明，还容易剥离社会其他部分的意志和能动性，把它们描绘成在社会最有力量的部分（即国家）手中可以随意拿捏的玩物。[②] 在解释像塞内加尔这样的例子时，这样一种视角使我们困惑不解。凯瑟琳·布恩（Catherine Boone）注意到，在后殖民时代没有发现一个能力逐渐增强的国家，政治实践似乎是在削弱塞内加尔国家的行政能力和资源基础。

---

① 用葛兰西的话来说，这些历史意外事件是“异常的”。见 Gramsci Antonio, *Selections from the Prison Notebooks of Antonio Gramsci*, edited and translated by Quintin Hoare and Geoffrey Nowell Smith (New York: International Publishers, 1971). 自由主义理论家倾向于否认，一个真实的社会不会在有着清晰游戏规则的综合框架中存在。例如，希尔斯（Shils）把这些例子视为“原型社会”（proto - societies）。它仅接受社会有边界的现实以及与联合行动和共同记忆的联系，但否认在行动框架上仍存在行为冲突这样的社会状况。参见 Edward Shils, *The Constitution of Society* (Chicago: University of Chicago Press, 1972), p. 68.

② “一国的居民拥有如语言、文化遗产和共同历史这样的社会属性……不像国家的政治结构，社会的共同属性没有任何代表机构整体上为它们说话。” Reinhard Bendix, John Bendix and Norman Furniss, “Reflections on Modern Western States and Civil Societies,” *Research in Political Sociology* 3, 1987, p. 2.

国家自身建立在一套恩庇系统的基础上，首领和其他地方权威在地方上行使着宽泛的自由裁量权。这些地方支配模式成为国家组织的基础，削弱或者使国家无法处理衰败的国家生产的紧迫问题，这使国家税基急剧缩小。社会中的权威和自主力量对于国家的塑造，相当于甚至多于国家对它们的塑造。

在社会中，社会力量代表着联合行为的强有力机制。这些力量包括非正式组织（例如塞内加尔的恩庇侍从网络，或者其他社会中的友谊团体和老同学关系网）和正式组织（例如公司和教会）。它们也能够形成社会运动，包括那些由共同的、具有强力信念（即使是缺乏明显的社会组织纽带）而团结起来的运动。[①] 这些运动遍及从争取赞助者的权利到聚焦于生态问题。所有这些社会力量行使权力的能力都始于其组织内部。其层级效率、使用手上资源的能力、熟练地利用或创造人们会产生强烈依附的象征，都会影响到社会力量影响或控制行为和信念的能力。

但也还存在其他的维度，社会力量不是运作于社会真空中。它们的领袖试图去动员追随者和行使权力，其他社会力量也都这样做。很少能够对群体或者问题进行整齐的划分，从而避免各种社会力量之间的冲突。准确地说，这里的焦点是那些支配和反对领域中的环境，各种社会力量因物质和象征问题而相互接触，通过斗争和调适、冲突和联合而争夺优先权。[②] 这些环境不仅仅指各种集团都试图塑造公共政策的“政策领域”。除政府政策的竞争外，斗争和调适还发生在基本的道德秩序和决定日常行为对错的结构安排：谁拥有解释经典著作的

---

① 一个正式或非正式的社会组织的存在必然意味着支配。韦伯指出：“一群习惯于服从领导人命令，并且通过自己的参与而从统治的维持中得到好处的人，可以划分为：为了维护统治而行使那些功能的人和时刻准备为统治者效力的人。这一整体结构可称为组织。” Max Rheinstein, ed., *Max Weber on Law in Economy and Society* (Cambridge, Mass.: Harvard University Press, 1954), p. 335. 我是在广义意义上使用“社会力量”的，它表示组织中的支配关系，但也指不存在明确组织情况下运动中的服从。

② 领域（arena）并不必然是空间上有限的区域，而是指一个概念的场所，社会力量的重要斗争和调适发生于其中。

权力？谁会超过他人而得到尊重？什么样的财产权制度将占据主导地位？在现行的财产权制度下，水土资源将如何得到分配？①

各种社会力量都力图对某一领域施加影响，以便给其他人表明它们的目标以及它们对这些或相关问题的答案。它们的目标可能会不同和不对称。一些人利用社会力量来汲取尽可能多的盈余或税收，有些人寻求服从和尊重，或者在执行上帝的意志，或者将统治别人的权力看作是目的本身。无论动机和目标是什么，寻求支配始终会遇到反对，由于其他人也在寻求支配或设法避免被支配。在没有找到盟友、创立联盟和接受调适的条件下，很少有哪种社会力量能够实现它的目标。地主和牧师、企业家和酋长，他们已经培育出具有足够强大力量的社会联合来规定广泛领域的信念和实践模式。例如，佛兰西丝·哈葛扁（Frances Hagopian）表明了巴西军事独裁政体在建立了一个政治统治体系并确信已经使巴西政治摆脱了地方传统寡头精英的控制之后，发现不得不与这些力量和解。"军队并没有比清除传统政治精英更成功地清洗恩庇政治的政治体系。"原庇护人操纵资源以实现支配地方领域的能力，强迫国家领导人寻求和他建立隐性的联盟。

联盟和调适可以变化，也可以增强某种社会力量实现其目标的能力。随着这一社会力量的支持者的改变，它可能将新的物质基础、新的观念和价值吸纳进自己的章程。用略为有点不同的措辞来阐明这一点，除社会力量的能力之外，其社会和意识形态基础（它服务于谁以及有什么样的目标和议程）由于在某个领域内的相互作用而可能发生根本改变。因此，试图根据出于某些固定目标的行动来理解结果意义不大，就像当前很多社会科学的做法那样。因为那些目的本身很有可能是变动的。在中国，20 世纪 30 年代的国民政府和 40 年代后期起的

① 支配与反对领域在一些根本方面不同于洛伊（Lowi）的权力领域。他写道，这些权力领域包括"事件、问题和领导能力，应该在政府活动的明确范围内进行研究。这些范围实际上是对政府职能的界定，比单个机构更宽泛，比政府的单一政治进程要狭窄"。Theodore J. Lowi, *At the Pleasure of the Mayor: Patronage and Power in New York City*, 1898 – 1958 (New York: Free Press, 1964), p. 139. 相比之下，支配与反对领域不是政府的职能（尽管它们可能包括政府行动者），也不局限于政府的行动。

共产党政权，当它们吸收上海工人阶级的不同部分作为重要的支持者时，两者都发生了转变。裴宜理的文章指出，当国民党使用有组织的犯罪来吸收中国北方的半熟练技工时，如何深刻影响了自身，当共产主义政权吸收了众多来自南方的熟练技工时，如何吸收了劳工精英的目标。

为了扩大社会力量的支配范围，权力或社会控制可以沿着三个维度扩展开来。第一，在某一特定的领域内，社会力量能够控制不断增加的议题领域的数目，从通过提供贷款、规定种植什么样的农作物到界定救助的性质。第二，领域自身的扩大能够容纳更大的人口比例和领土。例如，对于人们应当使用哪一种语言来建立力量联合的问题，它也许最先开始于一个特定的城市，但随后扩展到容纳一个国家和人口的大部分。第三，社会力量能够使用它在某一领域中获得的资源，和不同的社会力量来支配其他领域。例如，在后殖民主义时期的非洲一些国家，酋长们凭借他们在部落领土中掌握的指挥权来使自身跻身家庭规划等全国性问题中。

社会力量会试图使用手中的资源和符号来提升自己的目标，并且它们常常具有非常不同的能力来做到这一点。一个领域内关键要素的混合——它的自然地貌、物质资源、人力资源、社会组织形式和信仰宝藏——是决定社会团体之间关系模式的原材料。当具有不平等能力和资源获取方式的社会力量试图利用和操纵这些领域中的关键要素时，支配模式也就开始形成。一个领域内新因素的引入，例如增加资本、引人注目的想法、社会组织形式的创新，或者旧元素的耗尽，也会以非常不同的方式对社会力量造成损益。新因素会在领域中引起新的和重建的斗争，形式包括从慢慢的、静静的斗争过程到充满暴力和反复的动乱。

在任何支配与反对的地方或者区域内，社会力量的斗争和调适都不是封闭的事务。为了影响斗争的结果，资源从一个领域到另一个领域进行重新分配。通过使用外部资源，或者重新指定信托人，或者借用流行而有力的符号，社会力量提高了自己的位置。例如，社会的总体生产结构、既有的制度安排以及强调特定的符号等，所有这些因素都会影响处于某一位置的人从一个领域向另一个领域重新分配资源和符号。

为社会中的支配创造条件并维持支配——权力在社会内部的再生产——是多重领域持续斗争和调适的结果。我们的社会分析方法研究特定社会力量能否创造出一种整合的支配。也就是说，它们能否在既定的领域内成功地生产出资源和支持——物质基础和规范框架——而且这些资源和支持能够用于地方支配，并且能用于其他领域以创造对整个社会的支配？或者通过限制能够建立支配整个社会的权威性和合法性力量，社会各领域内的斗争是否会导致一种分散的支配模式？

## 社会与国家的接合

在现代世界，不可能离开国家来理解“社会”，国家的形成创造和激活了社会。如果社会是人们认识到的最外层界限（limit）的话，那么，正是国家最初决定了那些界限或者社会边界。但是，这不意味着国家仅仅塑造了那些组成社会的团体。实际上，国家与社会之间的互动是相互影响的。国家与其他社会力量交往或者分离的结果是清晰而明确的，甚至是极为重要的，但结果却很少反映任何一方的目标和意愿。包括国家在内的社会力量之间的冲突以社会诸多领域中的斗争和调适为媒介。对社会科学家来说，他们遇到的挑战是理解那些分散的斗争如何改变了社会的资源配置、阶层性质、性别关系的特征①和

① 在关于认同与国家的所有元素中，最少被注意到的可能是性别。一个很好的例外可能是帕帕特和斯陶特最近的著作。他们写道：“对我们来说，性别位于国家起源的中心，凭此可理解国家和国家的资源分配。性别斗争塑造了国家，随着时间流逝带有独特的性别意识形态，这会指导资源配置的决策方式，并塑造物质现实。通过意识形态的、法律的和物质的努力，国家培养了对特定团体和问题的动员。这种动员通常对男人而不是对女人有利。从长时间来看，国家行为可能会淹没和模糊性别冲突，但在短期内，明显的男性特权培育实际上可能会加剧冲突。”Jane L. Parpart and Kathleen A. Staudt, “Women and the State in Africa,” in Parpart and Staudt, eds., *Women and the State in Africa* (Boulder, Colo.: Lynne Rienner, 1989), p. 6. Also, see chs. 2, 3 and 10.

集体认同的内容。最后，那些地方互动日积月累地重塑了国家或者其他社会组织，或者最常见的是，同时重塑了两者；这些互动是国家与其他社会力量之间循环关系的基础。

如安东尼·史密斯（Anthony Smith）所言，交往和分离在各个领域的累积结果已成为社会所假定的“各种形态”（all manner of shapes）。[①] 乍看起来，史密斯的观察似乎相当不起眼，社会最终当然会表现为各种形态。但是，如史密斯所说，他的评论直面了很多流行的社会理论。在当代社会科学著作中，在国家和社会被以宽泛的笔法描绘的地方，不同的国家和社会总是有着一副不可思议的统一面相。因此，当代很多学术研究模糊了多重社会领域产生的丰富多彩。在国家和其他社会力量的交汇之处，云集了冲突与共谋、反对与联合、腐败与合作等决定全国社会和政治变化的形态。它们不仅决定着支配是整合还是分散，而且决定着整合或者分散支配的不同轮廓。

社会力量在不同的时间和地点形成在各种支配和反对领域中达致稳定，更多是例外而不是规律。尼加拉瓜地震、孟加拉海啸、黎巴嫩南部伊斯兰原教旨主义者的合并、墨西哥出生率的变化、世界经济向整个第三世界渗透，所有这些都制造了获胜者和失败者，因而也改变了这些领域的力量平衡。尽管现代国家有着独特的意识形态和组织结构，但在19世纪和20世纪它已成为既有领域的不稳定中心。转型国家领导人共同的意识形态核心是在多重领域中创造单一的霸权——一种单一的权威统治，哪怕是在社会遥远的角落也要如此。目标是要深深渗入社会，并塑造了个体在整个社会中如何认识自己，国家组织是要影响这种影响深远的支配。它包括垂直的联系机构，其设计是为了触及领土范围内的所有地方和使以下功能更专业：提升国家体系的意义和合法性（例如学校）、制定通用的规则（立法机构）、执行规则（官僚机构）、审判（法院）和强制（军队和警察）。国家的重大政策创议导致新元素大量泛滥（从新观念到新人员、现金），同时也通过

① Anthony D. Smith, “State - Making and Nation - Building,” in John A. Hall, ed., *States in History* (Oxford: Basil Blackwell, 1986), pp. 229 - 230.

征税、征兵、搬迁、大屠杀或者其他手段消耗了大量其他元素。即使是最仁慈的国家也会对自己的国民提出特别的要求：每周将他们的小孩扣押30个小时在国家机构中，只能用规定的方式来处理他们的身体废物，只能以有国家执照的医生来治疗疾病，只能通过国家发放的契约来确定土地使用权等。无论他们的特定计划是什么，国家已经动摇了既有的社会关系，重新激活支配权的积极争夺。

在国家与其他社会成分多重交汇的地方，一些社会力量将自己的命运系于国家，或者接受国家作为恰当的组织为整个社会建立起正确的行为实践。在这种情况下，我们可以认为国家与社会力量之间的关系是相互授权（mutually empowering）的。但在其他一些情况下，国家与社会力量之间的接触是为了争夺力量或争夺特定领域内创议和决策制定的最高自主权。这里的斗争意味着相互排斥的目标，而不是相互授权。比如，一些社会力量出于自己的目的而试图占用资源、职位、人事，甚至是国家的整个官僚机构。社会中还存在着其他一些力量，例如已经被其他社会力量支配的农民或贫民窟居民，他们也时常活跃地或静静地抵制官员强加给他们新的国家支配的企图。

国家组成部分与其他社会力量接合处的斗争和调适产生了一系列后果。我们可以从四种结果的理想类型来理解这些后果。首先是整体转型。这是一种国家的渗透导致地方社会力量的毁灭、吸纳、镇压和国家支配的类型。在这种情况下，国家的各个组成部分成功地改变了人们在某一领域认识自己的方式。强制移民，用移民来取代当地人口，广泛地使用暴力和其他残酷手段，这些措施都可能抵消或者破坏当地的社会支配力量，并改变个人的认同。在没有严重社会错位的地方，整体转型不可能在一代人之内发生。裴宜理和许慧文在他们书中的两章来讨论的中国最接近于这一理想类型。被抗日战争掩盖的长期内战所带来的错位，再加上后来的“大跃进”和“文革”所带来的混乱，给予中国共产主义国家前所未有的机会去驾驭各种地方力量。但是，即使是这个案例也提醒我们要谨慎地看待转型国家。正如裴宜理和许慧文所表明的那样，中国并不能完全满足这一理想类型。随着新的团体被吸纳进国家以及国家与旧团体的接触，中国发现自己已经转型或正在转型。

第二是国家吸纳既有的社会力量。在这一类型中，国家在某一领域中注入新的社会组织、资源、符号和力量，使之能使用既有的社会力量和符号来建立一种新的控制模式。但是，在国家组成部分使自己适应这个领域的特定模式和力量的过程中，也迫使前者发生变化和调适。国家的地方组成部分的变化可能会影响国家的整体一致——其重新分配资源、建立合法性和实现整合支配的能力。哈葛扁（Frances Hagopian）关于巴西的文章阐明了这种类型。巴西1946年的军事政变产生了一个热衷于社会转型的政权。但是，为了获得所有的资源，国家发现自己在省一级再次吸纳了旧的寡头，从而放弃了关键领域的分配裁量权。

第三，既有社会力量吸纳国家。在这种类型中，社会支配力量推动着国家组成部分的适应，但国家的支配模式却没有发生激烈的变化。或者，在某些情况下，新的国家确实产生了新的支配模式，但在这种模式中非国家的社会力量上升至最高位置。无论何种情况，人们的个人认同和道德秩序都不是国家领导人所想要的。作为国家组成部分的组织和符号被地方的支配性社会力量所占用。在这种情形中，地方国家机构的转型是如此广泛以致于严重损害了国家在社会中实现整合支配的全部机会。例如，迈克尔·布拉顿（Michael Bratton）的文章指出，非洲国家建立的市场委员会和农民合作社促成的安排是政治领导人预料之外或者从未想象过的。农民建立自己的非正式贸易网络来回应国家的创议。布拉顿摒弃了各种国家机构与第二经济（sencond economy）之间相互渗透会暗含某种国家支配的观点：

> 当公职人员接受贿赂，对一些非法活动故意视而不见时，他们没有扩大而是削减了国家的权威。当官员从事私人积累和交易时——即使只是通过其亲属、中介机构和雇员——他们承认他们的行为不受司法管束。当面对更加迫切的社会需要时，国家官员

参与第二经济等于破坏正式的国家架构。

再次，我们必须对这一理想类型表现出某些谨慎。尽管非洲的案例——例如布恩讨论塞内加尔的文章中的例子——表明的是特殊社会力量对于国家的吸纳，即使这里国家与社会之间的接触可能也有相互授权的一面，纳奥米·查赞（Naomi Chazan）的文章很好说明了这种观点。

最后，国家的渗透企图也可能完全失败。国家在地方领域中缺席或者地方领域缺乏与国家交往，将导致社会很少产生转型效果和社会对国家影响非常有限。即使是在国家最偏远的地方，某一领域中斗争参与的失败都可以影响到远在首都城市的国家，因为否认国家的组成部分能从更大的社会获得资源和支持。

在现实中很少有完全接近两种极端类型（整体转型或完全不变）的真实案例。绝大多数是介于两者之间的变体，国家组成部分与其他社会力量卷入到一种循环关系中，斗争会相互影响。实际上，国家与其他社会力量不仅可能彼此改变，而且它们还会通过侵蚀来影响彼此的完整。在各领域的斗争和调适过程中，国家与其他社会的边界是持续变动的，就像特定领域中强有力的社会力量会占用国家的某些部分，或者国家的组成部分会吸纳有影响力的社会人物那样。尽管国家领导人可能试图将自己描绘成有别于社会并高居于社会之上，但实际上，国家只是社会中的另一个组织。并且，作为许多组织中的一种，国家在各社会领域中会遭遇推力和拉力，这会改变国家与其他社会力量之间的界限。

例如，英国人在部分非洲殖民地区试图通过吸纳部落首领成为有薪水的官员来扩大殖民国家的范围。对很多首领来说，乐意接受薪水和任何其他额外津贴，但却经常忽视来自上级监督者的指令。在这种情况下，国家与其他社会部分的界线很难界定，并且不断变动。首领是国家官员，但有时——实际上很多时候——他们仅仅使用国家机关和资源来加强其作为首领的角色。

如果像很多最近的社会理论那样来讨论国家与社会关系，似乎两者总是存在着固定的边界，我们将会遗漏一些转型斗争的最重要动态过程。① 与其他国家雇员或者官员一样，首领扮演着多重角色。当他们履行国家的职责时，国家组织可能可以让他们成功地压制有不同规范的角色（例如作为血缘或部落群体的成员）。塑造特殊的国家规范和抑制其他角色的规范，国家这样做是试图为官员们创造属于自己的空间，如独立的政府办公大楼或新的首都城市。在国家指定的空间里，运行的是这样一种假设：官员将不太可能屈服于正在特定领域上演的斗争逻辑。但是，国家可能难以成功"俘获"首领或者其他国家工作人员，从而导致其他社会力量的规范处于支配地位。

接下来，社会力量在一个领域接一个领域重新组织以对付雄心勃勃的国家这个新的现实。社会力量已经创造或发现了空间和方法去维持甚至是增加自身在国家道德秩序和规则框架之外的社会和经济权力，此时的社会支配是分散的。在此，无论国家或其他社会力量都不能建立起支配一切的霸权，任何社会力量的支配发生在某一领域或横跨有限的领域，但不能整体上支配一个社会。于是，社会生活表现为各种社会力量围绕个人与集体的认同、符号的显著到财产权、使用武力的权利等问题进行的斗争或僵持。在这样的社会，人们的认同和道德规范有明显不同。

即使在分散支配的情况下，国家也远不是一个微不足道的行动者。国家与其他社会力量的接合发生在社会的多重领域，并且在大多数情况下，国家机构创造出强大的存在（presence），促成地方力量重新联合。但是，国家的组成部分还没有实现完全转型，或者国家没能在所有或大多数场合成功吸纳强大的地方社会力量。这种模式与整合支配形成鲜明的对比，整合支配是包容性的或全社会范围的。在整合支配

① 感谢蒂莫西·米歇尔对于国家与社会之间边界变动的阐述。Timothy Mitchell, "The Effects of the State," Paper presented at the State Creation and Transformation workshop of the Social Science Research Council's Committee on the Near and Middle East, Istanbul, September 1 – 3, 1989.

的情况下，国家无论是一个权威性的法律体系还是统治阶级的强制机制，都处于创立和维持社会控制过程的中心。它的各组成要素完整而协调，足以在现有霸权统治的各个层次上发挥核心作用。这种支配既包括那些由国家直接管制的生活领域，也包括在特定范围内由国家授权的社会组织和活动。

对国家和社会接合的分析，许多理论家仅假设存在整合支配。市民社会的概念被许多自由主义者、马克思主义者和国家主义者所广泛使用以理解国家与社会其他部分之间的关系，这强化了社会中整合支配的假设。① 市民社会概念在不同理论情景下确实具有不同的含意，例如在黑格尔和葛兰西的著作中。② 尽管它们存在差异，但是对很多理论家来说，市民社会已经成为一个具有某些令人吃惊的共性的方便术语。不同作者使用这一概念来承认社会存在多元利益，同时，还在某种程度上把它们视为把整个社会（在许多著作中，甚至是国家）拉

---

① 黑格尔提出市民社会的概念，是从个体的相互依存、他们之间的冲突以及合作的需要中产生。这些需求催生了国家；正是法律这一公正的原则连接了市民社会与国家。见 Hegel, *Hegel's Philosophy of Right* (Oxford: Clarendon Press, 1942), pp. 122 – 123, 134 – 135. 针对黑格尔的观念，马克思认为，国家仅仅是保护社会中享有特权的有产者利益的机制。他从物质意义上理解市民社会，特殊财产权表现为：“‘官僚制’是市民社会的‘国家表现形式’(state formalism)。”见 David McLellan, ed. , *Karl Marx: Early Texts* (Oxford: Basil Blackwell, 1979), p. 68. 葛兰西指出，除国家的教育机构帮助维持霸权之外，“实际上，大量其他所谓的私人创议和活动都趋向于同样的结果——创议和活动形成统治阶级政治和文化霸权的运作方式”。对葛兰西而言，这就是市民社会。见 Gramsci Antonio, *Selections from the Prison Notebooks of Antonio Gramsci* (New York: International Publishers, 1971), p. 258.

② 他们的差异之一是因果关系的顺序：是国家创造市民社会还是市民社会产生国家？黑格尔认为社会创造了对国家的需要，然而包括斯特潘在内的其他人则认为国家可以创造社会。奥托·欣茨（Otto Hintze）在提到国家与市民社会的相互关系和国家在创造自己市民社会的作用时，使用的是“民族性”（nationalities）术语而不是市民社会：欧洲人民只是逐渐发展了他们的民族性；它们不是自然的简单产物，而是国家创造的结果。Hintze, “The Formation of States and Constitutional Development: A Study in History and Politics,” in Felix Gilbert, ed. , *The Historical Essays of Otto Hintze* (New York: Oxford University Press, 1975), p. 161.

往某个单一方向的力量。[1] 斯蒂潘（Stepan）在其关于军事政治的书中记录了他如何用一种拟人化的方式讲述市民社会："市民社会必须考虑它如何能为军队和情报系统的民主控制做出贡献。"[2]

市民社会假设在社会力量甚至竞争的团体之间存在着规范共识或为基本理念所主导。这种共识代表了一种占主导地位的道德秩序或社会秩序。对许多作者来说，市民社会表现为把整个或几乎整个社会联系在一起的纽带，不论它们是财产权、相互感知的需要，还是其他任何因素。直到最近十年左右，多数理论家假定国家与市民社会之间关系很亲密。[3] 这种解释并不意味着国家与市民社会的关系从来不紧张，或两者的边界从来没有问题。中间权力（pouvoir sintermédiaires）的概念用来表示市民社会的内部组织相对国家而言保持着一定程度的自主性。这种自主性为展现国家与非国家联盟之间的某些差异留下了空间。

但关键的一点是，大多数社会科学著作认为国家与社会彼此强化，即使当两者间的差异占据主导地位时也是如此。正是广泛共享的规范、产权关系，或者全社会无数组织中社会行为模式的存在——即市民社会的存在——强化了国家的支配，并且允许国家在没有持久的强制资源和缺乏资源消费的情况下进行统治，后面这些情况原本是会削弱国家的。在特定的问题上可能会发生持续冲突，但是隐性的协议会胜过

---

① 本迪克斯（Bendix）等人指出："市民社会仅包括一部分人口。"那些不在市民社会中的人往往是一些边缘化的人——包括那些被父母抛弃的、无家可归的而不参与市场活动的人，以及非法移民等诸如此类的人。Reinhard Bendix, John Bendix and Norman Furniss, "Reflections on Modern Western States and Civil Societies," *Research in Political Sociology* 3 (2), 1987, p. 23. 约翰·基恩（John Keane）甚至注意到更多已经被排除在市民社会之外的欧洲社会元素（其中大多数是非白人和非异性恋的男性公民）。John Keane, *Democracy and Civil Society: On the Predicaments of European Socialism, the Prospects for Democracy, and the Problem of Controlling Social and Political Power* (New York: Verso, 1988), p. 14.

② Alfred Stepan, *Rethinking Military Politics: Brazil and the Southern Cone* (Princeton: Princeton University Press, 1988), P. 128.

③ 本迪克斯等人指出，"独立的私人社团与市民社会是同义词"，市民社会需要在国家与社会之间存在着一种"共识"。Reinhard Bendix, John Bendix and Norman Furniss, "Reflections on Modern Western States and Civil Societies," *Research in Political Sociology* 3 (2), 1987, pp. 14–15.

互动和竞争规则。在大多数情况下，是国家的法律框架确立了构成市民社会的社团和活动的自治范围。如果这个框架被广泛接受，那么国家与其他社会团体就可能会相互授权。

最近在拉丁美洲、东欧，甚至西欧发展出一套话语，它更加严肃看待市民社会对抗国家的可能。[①] 即使在这种立场中，市民社会与国家之间的张力也能够在这两个综合实体间的首要关系中会观察到。市民社会仍然是不同利益的集合，它们在同一个水平上把社会拉向单一的方向。总而言之，它们试图反对国家的道德秩序而替之以自己的道德秩序。

以这样的市民社会的视角来分析国家与社会的接合存在一些问题。首先，如我已经在别处讨论过的那样，甚至在市民社会内部，不同的社会力量不会总是凝聚和包容的，从而形成主导的基本思想。[②] 我们需要对市民社会的基本要素有更加细致的理解，而不是假设市民社会只是由利益集团和私人志愿组织组成，会创造一个和谐一致的社会。并且，市民社会的整合视角完全忽视了诸多分散支配的案例。国家和市民社会并非同义词，发生在社会多重领域中的异质性的支配与反对斗争，社会力量在这些斗争中会将社会拉向不同的方向并深刻影响国家。市民社会概念的最常用方式没有给社会道德秩序方面的分散斗争留下空间。如查赞在其文章中指出的那样："市民社会只是那复杂而多样的联合场景的一部分。那些被整合进市民社会的组织与其他社团

---

① 在20世纪80年代，东欧研究者开始使用"市民社会"概念。他们要在理论上寻找一种打破国家与市民社会之间紧密联系的方法。对他们而言，市民社会暗示着一种生气勃勃的社会，通过与国家对立的组织发展自治权。例如参见 Andrew Arato, "Empire vs. Civil Society: Poland 1981 – 1982," *Telos*, 14 (1981 – 1982), pp. 19 – 48. 批评则可参见 Zbigniew Rau, "Some Thoughts on Civil Society in Eastern Europe and the Lockean Contractarian Approach," *Political Studies* 35, 1987, pp. 573 – 592. 关于西欧市民社会的分析，参见 Keane, *Democracy and Civil Society* (例如, pp. 31 – 32). 关于拉丁美洲市民社会的分析，参见 Alfred Stepan, *Rethinking Military Politics: Brazil and the Southern Cone* (Princeton: Princeton University Press, 1988)。

② Joel S. Migdal, "Civil society in Israel," in Ellis Goldberg, Resat Kasaba and Migdal, eds., *Rules and Rights in the Middle East: Democracy, Law and Society* (Seattle: University of Washington Press, 1993).

的区别体现在它们的部分性质上：它们从国家中分离出来，但与国家对话。”社会作为整体可能还包括其他的组织成分（不仅仅是边缘个体），它们努力制定自己的规则和创立自己的道德秩序，但并不直接与国家对话。在这一点上，这些社会团体的目标与国家的目标是相互排斥的。

许多现代社会包括一些重要的因素，它们对抗国家的全部或多个主张，并成为社会中有最高权威的组织。一些社会力量还没有将自己的支持用在国家的普遍主张（pretensions）上，或者，这些主张甚至成为市民社会反对国家的借口。这些社会力量与国家之间已经成为一种反抗的关系（公开的或隐藏的），或是它们为了各自的目的而试图改变或占用部分的国家。与此类似，对于组成市民社会的其他力量，他们的取向常常从漠不关心到彻底仇视。

社会多重领域以及它们之间的互动已经成为一个大熔炉（cauldrons），它给每一个社会及其国家都酝酿出偶然或特定的历史后果。国家的形式（民主或其他类型的政府）及其目标、能力、范围，通过特定社会力量或其自主性而形成的国家支配，以及其他社会力量的形式、意义系统、能力和自主性等——所有这些，都是通过发生在多重社会领域中的关键斗争与调适，以及各领域之间的关系而决定的。国家要成功地建立其支配就不能缺席。实际上，国家的改变与转型国家一样多。

简言之，学者需要问的是，不同领域中的斗争是否以及如何转移到其他领域，如果可能的话整体上支配社会。形成于一个领域中的斗争与调适的资源和支持，进入到社会其他领域可以创造出一个整合的支配？整合的支配，无论是由国家、社会阶级、市民社会，或是任何其他社团，是来自对从一个领域到其他领域活动得到的资源和支持的成功再分配。① 如果离开了更加有限的领域冲突，我们便不能理解西

① 在美国，社会理论家对承认国家事实上行使最高权威特别谨慎。他们更多强调社会组织的自我管理，而很少关注国家是如何创造出权威的法律框架，市场和其他社会组织在其中运行。参见 Gary C. Hamilton and John R. Sutton，“The Problem of Control in the Weak State，” *Theory and Society* 18（January 1989），pp. 15 – 16.

德尼·塔罗（Sidney Tarrow）所说的社会中的“庞大的问题，动荡的冲突和深层次的社会经济分裂”。正是更加有限的领域冲突，人们“组织他们与国家的关系，以调解或以斗争的方式解决利益冲突，并试图在政治上使自己能适应更广泛的社会压力”。[①] 包括国家在内的任何社会力量倘若要发展其凝聚力并获得物质和符号资源，从而在全社会呈现为有意义的存在，都取决于它们在更加有限领域内的表现。在那些领域，社会力量必须成功地进行支配（接近于完全转型，或至少是吸纳既有社会力量），才能够生产出应用于其他领域中的斗争资源，并最终总体上支配社会。从社会阶级到国家的任何社会力量能否成功地成为整合支配的基础，远没有可以预知的结论。

① Sidney Tarrow, "Introduction," in *Territorial Politics in Industrial Nations* (New York: Praeger, 1978), P. 1.

# 法德两国的移民、公民身份与民族-国家*

威廉姆·罗格斯·布鲁巴克/文　王雄/译

近年来，公民身份与民族性（nationhood）的关系在欧洲政治中已经成为争议很大的问题。这个久不受关注的议题的复活反映出在过去25年时间移民数量的急剧增加以及族群文化的多元化。欧洲“新移民”带来人口统计方面的遗产就是移民出身的数量庞大而空前多元化的人口①，其政治遗产则体现在对公民身份和民族性方面的激烈争论上。

本章采用历史和比较的视角，讨论欧洲政治中日益突出的公民身份与民族性问题。首先将会总体讨论移民问题对民族-国家构成的挑战。本章通过构建一种关于民族-国家成员身份的理想模型，强调当今移民的成员身份地位在政治上有几处很反常。其次，本文集中讨论公民身份获得的问题，分析了在欧洲各国公民身份法律和归化实践中的巨大差异。然后，在细节上考察这种差异的两个显著案例——法国在移民转化为公民上的准备就绪与德国在这方面的踌躇不前。本章认为，在移民问题上，法国政治中扩张性的公民身份概念折射出以国家

---

* 本文原题为“Immigration, Citizenship and the Nation - State in France and Germany: a Comparative Historical Analysis”，是1989年国际社会学联合会主办的学术会议“青年社会学家的全球竞争”提交论文的修改和扩展版，后发表于 *International Sociology*, Vol. 5, no. 4, 1990, pp. 379 - 407.

① 像其他地方一样，欧洲工业化伴随着大规模的移民，而且经常跨越国界。因此，虽然欧洲没有哪个国家是“典型”的移民国家，但历史上经历了相当多的国际劳工移民，其中大量移民会定居下来。我借用了“新移民”（new immigration）这个词（过去用于描述19世纪晚期南欧和东欧向美国流动的移民潮）是为了表达移民的规模和来源在欧洲背景下是全新的，而不仅仅是移民这种现象本身。欧洲移民有一大部分而且数量仍在不断增长的是来自第三世界国家（常常来自前殖民地）：印度次大陆与加勒比海在20世纪60年代取代了爱尔兰成为英国移民的主要来源；法国半数的外国人口来自于非洲或亚洲（主要来自北非）；土耳其人在70年代超过意大利人成为德国最大的外籍劳工群体。

为中心的、民族同化的、本质上为政治性的民族自我理解，而德国政治中收缩性的公民身份概念则更多从种族文化的角度理解其民族性，并将民族性看作优先和独立于国家。本章分析了这两种不同的民族性传统的起源和发展，在结尾部分展现它们如何塑造了法德两国公民身份方面的法律发展，进而影响公民身份的地位和移民归化的机会。

## 一、民族－国家的公民身份：一个成员身份的模型[①]

在民族－国家时代，关于公民身份的争论实际上是关于民族性的争论——关于归属于某个国家实际意味着什么、应当意味着什么的争论。作为一种制度与社会心理的现实存在，民族－国家是一种关于政治与社会成员身份的独特的组织与实践方式。然而，它也是一种观念——和一种理想：它以一种独特的方式对政治与社会的成员身份进行概括和评价。根据公民身份的理想模型，民族－国家可以分解为六个身份特征。按照这种模型，民族－国家的成员身份应该是平等的、神

① 这一节与下一节借用和扩大了布鲁巴克（Brubaker）论文中的材料，参见 W. R. Brubaker, "Introduction," in *Immigration and the Politics of Citizenship in Europe and North American*, Lanham (Md.: German Marshall Fund of the Unites States and University Press of America, 1989), pp. 1–27.

圣的、民族的（national）、民主的、唯一的和有社会意义的。① 这些起源于欧洲民族－国家之古典时代的特征，继续影响着国籍（nationali-

① 这个概括在某些方面与马歇尔对公民身份所做公民的、政治的与社会的区分相类似。在马歇尔模式中，平等成员身份的标准对应于公民要素，民主成员身份对应于政治要素，而社会成员身份则对应于社会要素。但实质上一致的内容只占一部分。在马歇尔的概括中并没有神圣的、民族的与唯一的成员身份的内容。见 T. H. Marshall, *Citizenship and Social Class and Other Essays* (Cambridge University Press, 1950), 10f.

可以通过考察历史来解释这相近的部分。马歇尔分析了整个欧洲（与稍后的全球）进程中英国的特殊模式，即全国范围内公民身份的公民、政治和社会权利的构成要素的发展。他很详细地分析英国的独特情况（最近因其英格兰中心主义招致批评，参见 M. Mann, "Ruling Class Strategies and Citizenship," *Sociology* 21, 1987, p. 339－354.），他对公民身份做的三重基本划分是抽取自欧洲的普遍经验，进而大量将这种概括应用于英国之外。见 R. Bendix, *Nation－Building and Citizenship* (Berkeley: University of California Press, 1977); B. E. Schmitter, "Immigration and Citizenship in West Germany and Switzerland," Ph. D. thesis, University of Chicago, 1979; T. Parsons, "Full Citizenship for the Negro American?" *Daedalus*, Fall, 1965, pp. 1009－1054; B. Turner, *Citizenship and Capitalism: The Debate over Reformism* (London: Allen and Unwin, 1986). 在欧洲以及其他地方，作为一种完整联系，在公民、政治和社会权利的发展和制度化与民族－国家的建构之间，马歇尔公民身份模式与本文描述的民族－国家成员身份模式之间的一致毫不意外。

与马歇尔模式不一致也没什么意外。英国公民身份的构建，作为马歇尔模式的基础，采用了某种独特的形式——这种独特植根于英国的地缘政治位置，植根于国家权威与民族共同体在早期是一同发展的，植根于政治发展中著名的渐进主义，植根于持续的帝国传统之中，植根于大不列颠超民族的特征之中。英国可能是第一个全国性的国家（national state），法国却是最早和仍然是典范的民族－国家。无论是英国还是不列颠都没有成为一个法式的民族－国家。英国的公民身份建构理所当然发生在全国性共同体背景下，因此，没有经历过类似欧洲大陆国家那样充满意识形态争论的民族－国家建构。与充满争论的民族－国家建构有特别联系的成员身份特征，即神圣的、唯一的和民族性（nationality）原则，并没有出现在英国的经验中，马歇尔模式也没有就此进行勾画。

其他关于公民身份与成员身份的一般性讨论，可参见 R. Gallissot, "Nationalité et citoyenneté: apercus sur cette contradiction à travers l'evolution du nationalisme ftrancanis," *Aprés－demain* 286, 1986, pp. 8－15; E. Baliibar, "Propositions sur la citoyenneté," in C. de Wenden, ed. (La citoyeneté, Patis: Edilig/Fondation Dideerot, 1988); J. Leca, "Questions sur la citeyenneté," *Projet*, 1983, pp. 171－172, 113－125; M. Riedel, "Bürger, Staatsbürger, Bügertum," in O. Brunner, et al. eds., *Geschichtliche Grundbergriffe*, Vol. 1. Stuttgart, 1972; J. Salmond, "Citizenship and Allegiance," *Law Quarterly Review* 17 (1901), pp. 272－282 and 18 (1902), pp. 49－63; M. Walzer, *Spheres of Justice* (New York: Basic Books, 1983), Ch. 2; D. Lochak, "Etrangers et citoyens au regard du droit," in C. de Wenden, ed., *La citoyenneté* (Paris: Edillig/Foundation Diderot, 1988), pp. 73－85. 对公民身份和成员身份问题相关的民族－国家的一般讨论，可参见 A. Sayad, "Etat, nation et immigration: l'ordre national à l'épreuve de l'immigration," *Peules méditerranéens*, 1984, pp. 27－28, 187－205; A. Zolberg, "International Migrations in Political Perspective," in M. Kritz, et al. eds., *Global Trends in Migration* (New York: Center for Migration Studies, 1981), pp. 3－27; C. Young, *The Politics of Cultural Pluralism* (Madison: University of Wisconsin Press, 1976); E. Gellner, *Nations and Nationalism* (Ithaca, N. Y.: Connell University Press, 1983).

ty）、公民身份、移民、服兵役、福利国家、爱国主义、民族认同（national identity）以及其他一些关于成员身份方面的政治话语。我勾勒出这些规范特征并不意味着我赞同这些规范。我仅仅是想简单地概括一下认为理所当然的观点与理想模型，它们构成了今天关于移民与公民身份政治得以展开的背景。

根据公民身份的理想模型，民族-国家的公民身份应当具有平等主义的特征。公民应当享有完整的成员身份，而没有例外（那些处于身份转换中的孩子和等待归化的人们不在此列）。基本的与长期的等级制的成员身份地位是不被容许的。这条规范几乎是在法国大革命之后立即就产生了。法国大革命形成了一种一元化的、无代表的、无差别的和因而（形式上）平等的公民身份观念，反对旧制度下多元化的、有差别的、本质上不平等的公民身份观念，这种旧的公民身份主要通过法人社团（corporate bodies）来代表。①

第二，成员身份应该是神圣的（sacred）。公民必须学会为国家做出牺牲——“牺牲”在词源学上的意思即做出“神圣的行动”。他们必须准备在必要时为国家献身。② 对成员身份而言，含有为个人利益算计的世俗想法极不合时宜。的确，社会和政治成员身份的神圣特征的产生时间要远远早于法国大革命。但是，对社会和政治成员身份的神圣特征的现代民主、民族的（尽管听上去有些矛盾）和世俗化的理解，就如同把国家成员身份理解为本质上的平等主义一样都可以追溯

① 可以肯定的是，单一公民身份的原则远远超出了法国大革命的实践，对它而言，阶级与性别的区分尤为关键。而这并没有让这项原则不再重要，稍后，在法国大革命的神话和神秘中，这一原则的中心地位侵蚀了这种区分的正当性。

② M. Walzer, “The Obligation to Die for the State,” in M. Walzer, ed. , *Obligations: Essays on Disobedience, War, and Citizenship* (Cambridge, Mass. : Harvard University Press, 1970), pp. 77-98; P. Contamine, “Mourir pour la patrie,” in P. Nora ed. , *La Nation*, Vol. 3. (Paris: Gallimard, 1986).

到法国大革命。[①]

第三，国家成员身份应当建立在民族成员身份之上。政治共同体同时也是一个文化共同体，一个语言、道德和有个性的共同体。[②] 唯有如此，民族-国家（nation-state）才能成为一个民族的国家（a nation's state），即民族的合法代表与真实表达。对那些有志于获得某个国家的成员身份的人们而言，必须是或转化为民族的成员。（由此可以推断）如果不能通过出生与成长成为这个民族的成员，就只能通过同化成为其中的一员。[③] 该规范与民族-国家模型中平等神圣这两条规范的不同之处在于，它并不直接来自于法国大革命，其主要推动力来自十九世纪的民族运动。

第四，成员身份应当具有民主的特征。完整的成员身份应当让成员实质地参与统治。同时成员身份本身也应该保持开放。因为那些长期居住于当地但是又没能获得成员身份的现象，违背了成员身份的民主特征。国家必须采取一些措施，让那些居于此地的非正式成员成为国家的正式成员。就长期而言，居住者与成员身份之间必须一致。如同民族观念一样，民主观念不是直接源于法国大革命，而是直接地来自于十九世纪的民主化运动。

第五，国家成员身份应当是唯一的，即完全是独一无二并且相互排斥的。每个人都应当属于且只属于一个国家。维持国际秩序要求这种秩序至少大体能在这个世界实现，而这个世界充斥着各种国家，每一个都宣称世界上某部分人民属于自己，对他们负有特殊的责任，可以提出特殊的要求。正如汉娜·阿伦特特别悲哀地指出，无国籍可能是这个即使

---

① 法国大革命开创了一种新的政治神圣化模式。在法国大革命期间，民族-国家被创建出来（并随后成为一种政治与社会组织的普遍模式）的同时，它挣脱了神圣的束缚，并将它吸纳进自身的体系。尽管主张完全独立于神圣的完全自主权作为一种合法性卓越的与外在的来源，然而会独占宗教情感，将宗教的神圣感转化为一种合法性的内在来源。

② 可以肯定的是，法国这种文化共同体的孕育与建构同德国或者——举一个非常不同的例子——美国，有着很大不同。

③ 当然，这种对种族文化共同体进行同化的要求造成了相当不同的解释。与同化相关的领域，以及它在特定领域中所需要的准入门槛，可能会相当不同。

所谓的人权在很大程度上只能通过特定的国家才能实现的世界上是个灾难。① 同时，长期以来，对国家和个人而言，双重（或多重）公民身份被认为不可取。这个问题造成的冲突、麻烦、含糊虽然可以通过法律的技术手段予以规范和缓和，但是，这些技术手段并不能解决双重公民身份引发的主要政治问题——国家忠诚的分裂问题。②

最后，成员身份应该具有社会重要性。一个组织良善的共同体（a community of well－being）应当体现出这一特征。成员身份必须包含某些重要的特权。这些特权应当与上面提到的神圣性特征一样，能够清晰地界定成员的地位，并且有效地区别于非成员的地位。③ 成员身份

① H. Arendt, *The Origin of Totalitarianism* (New York: Harcount Brace Jovanovich, 1973), pp. 290－320.

② 现代的忠诚（allegiance）观念源自于封建领主时期臣民对君主无条件的或者绝对的效忠（fealty）。"没有什么封建理论与实践去阻止一个人拥有多于一个领主。在这样的例子中他对二者都有效忠的义务……但是他只对其中一个行君臣之间的效忠（ligeantia）。他可以有两个领主，但是没有两个有着君主关系的领主。这是封建领主制的基本准则……对他们中的一个效忠并不是无条件限制的；它总是受到他所宣誓的限制，在誓言里他宣称，领主并不仅仅是他的领主，而且是有着君臣关系的领主，是他不仅效忠（fealty）而且忠诚（allegiance）的领主。如果在两个领主之间相互交恶并发生战争，对两个领主都表过忠心的人必须追随与他有着君臣之谊的那位领主。"见 J. Salmond, "Citizenship and Allegiance," *Law Quarterly Review* 18, 1902, p. 51. 1930 年国际联盟《海牙公约》前言当中明确提出"彻底杜绝无国籍与双重国籍"这个目标。国际间的合作实际上成功地减少了无国籍现象的发生。试图阻止双重国籍的努力就远没有这么成功，尽管这种重复的努力也反映出双重国籍是异常的。

③ 卢梭清楚地阐述了这一原则。他以略带修辞的方式问道，"如果公民的国家对他们而言仅仅相当于它对外国人的意义，如果它赋予公民的只是它对任何人都不能拒绝的东西"，那么公民如何能像期待中的那样去热爱自己的国家？见 Jean－Jacques Rousseau, "De l'économie politique," in C. E. Vaughan, ed., *The Political Writings of Jean－Jacques Rousseau* (Oxford: Basil Blackwel, 1962). 然而，只有当福利国家得到发展，当由国家广泛提供的各项福利可以拒绝给予非成员居住者，这项原则才会特别重要。原则上，福利国家是封闭的制度，假定存在着"一条能够区分共同体成员与非共同体成员的边界"。见 G. Freeman, "Migration and the Political Economy of the Welfare State," *Annals of the American Academy of Political and Social Science* 485, 1986, pp. 51－63; M. Walzer, *Spheres of Justice* (New York: Basic Books, 1983), p. 31. 在福利国家理论中，这条界线区分公民与非公民；而在实践中，这条界线划分在其他地方。见 W. R. Brubaker, "Membership without Citizenship: the Economic and Social Rights of Non－Citizen," in W. R. Brubaker, ed., *Immigration and the Politics of Citizenship in Europe and North American* (Lanham, Md.: German Marshall Fund of the Unites States and University Press of America, 1989), 155f.

应当在主客观层面都受到重视，也应该是值得追求和事实上受到尊重。

## 二、移民与成员身份的变体

上述成员身份的模型在很大程度上是不完整的。就这一点来说，它与当代国家成员身份的现实情况明显不符。出现明显偏离这个模型的现象与移民问题完全没有关系。比如，国家成员身份的去神圣化特征更多与官僚化的福利国家造就的情感疏远①以及核时代民兵制度的逐渐过时②息息相关，而与便利的移民以及偶尔出现的归化没有太多关系。并且，如果说当今的公民身份并不具有强烈的民主性质的话，这与大多数公民减少参与主权实践有关，而与非正式公民被排斥于选举权之外则没有太多关系。

尽管如此，战后的移民还是强化了对民族 - 国家模式的原本就存在的偏离，并产生出新的偏离。这包括：大量迅猛增长的不完全的成员身份③；公民身份不断贬值④；赋予公民身份以物质利益时的精确算

---

① M. Walzer, "The Problem of citizenship," in M. Walzer, ed., *Obligations: Essays on Disobedience, War, and Citizenship* (Cambridge, Mass.: Harvard University Press, 1970), p. 204; G. A. Kelly, "Who need a Citizenship?" *Daedalus* Fall, 1979, p. 22.

② J. van Doorn, "The Decline of the Mass Army in the West: General Reflections," *Armed Force and Society* 1, 1975, pp. 147 - 157.

③ W. R. Brubaker, "Introduction," in W. R. Brubaker, ed., *Immigration and the Politics of Citizenship in Europe and North American* (Lanham, Md.: German Marshall Fund of the Unites States and University Press of America), pp. 16 - 20; W. R. Brubaker, "Membership without Citizenship: the Economic and Social Rights of Non - Citizen," in W. R. Brubaker, ed., *Immigration and the Politics of Citizenship in Europe and North American* (Lanham, Md.: German Marshall Fund of the Unites States and University Press of America, 1989), pp. 160 - 162; T. Hammar, *Democracy and the Nation - State: Aliens, Denizen, and Citizens in a World of International Migration* (Aldershot: Avebury, 1990).

④ P. Schuck, "Membership in the Liberal Polity: The Devaluation of American Citizenship," in W. R. Brubaker, ed., *Immigration and the Politics of Citizenship in Europe and North American* (Lanham, Md.: German Marshall Fund of the Unites States and University Press of America, 1989).

计则导致成员资格的不再神圣①；与文化民族成员相分离的完整的国家成员身份的要求和例子日益增多②；持有双重公民身份的人口数量的激增③；以及为数众多的被排斥于选举权之外的长期居民④。这些成员资格构成的发展趋势偏离了民族－国家模型中各个要素，并且所有这些都源于战后西欧北欧移民的出乎意料的增长。⑤

出人意料的现象是，今天的定居者（settlers）本来是昨天的旅居者（sojourners）——临时的劳动移民，他们与周围的主流社会相隔离和被忽视，只存在于工作场所（对于接收国而言）中。从定义上看，既不是严格临时意义上的劳动移民，也不是为获得永久定居权而被明

---

① A. Sayad, "La naturalization, ses conditions sociales et se signification chez les immigrés Algériens," Part II, *Greco* 13: *Recherches sur les migrations internationals* 4 - 5, 1982, 28ff; W. R. Brubaker, "Citizenship and Nationhood in France and Germany," Ph. D, dissertation (Columbia University, 1990), pp. 319 - 326; P. Schuck and R. Smith, *Citizenship without Consent: Illegal Aliens in the American Polity* (New Haven: Yale University Press, 1985), pp. 95, 109 - 112.

② J. Minces, "Le piège de la société pluriculturelle," *Esprit* 102, 1985, pp. 139 - 142; Centre de Relations Internationales et de Sciences Politques d'Amiens and Revue Pluriel - Débat, *La France au Pluriel*? (Paris: L'Harmattan, 1984); A. Griotteray, *Les immigrés: le choc* (Paris: Plon, 1984).

③ T. Hammar, "State, Nation, and Dual Citizenship," in W. R. Brubaker, ed., *Immigration and the Politics of Citizenship in Europe and North American* (Lanham, Md.: German Marshall Fund of the Unites States and University Press of America, 1989), pp. 81 - 96; W. R. Brubaker, "Citizenship and Naturalization: Policies and Politics," in W. R. Brubaker, ed., *Immigration and the Politics of Citizenship in Europe and North American* (Lanham, Md.: German Marshall Fund of the Unites States and University Press of America, 1989), pp. 115 - 117; J. Costa - Lascoux, "Intégration et nationalité," in C. de Wenden, ed., *La citeoyenneté* (Paris: Edilig/ Fondation Diderot, 1998), pp. 108 - 116.

④ P. Oriol, *Les immigrés: métèque ou citoyens*? (Paris: Syros, 1985), pp. 138 - 143, 149 - 151; E. Baliibar, "Sujets ou citeoyens?" *Les temps modernes* 452 - 453 - 454, 1984, pp. 1726 - 1753.

⑤ 关于国内移民研究的另一种可选择的路径是，把国内移民看作是“在全球范围内背离于社会组织的流行标准”，这些标准表现在“以领土为基础的社会模式，拥有自我再生产的文化和政治体系，同时或明确或暗示地假定人口可以内部自我繁殖”。参见 A. Zolberg, "International Migrations in Political Perspective," in M. Kritz et al. ed., *Global Trends in Migration* (New York: Center for Migration Studies1981), p. 6. 对于移民与现代社会政治世界的构成部分相冲突的观点，尽管这一观点有点过于夸大事实，但仍有启发。参见 A. Sayad, "Etat, nation et immigration: l'ordre national à l'épreuve de l'immigration," *Peules méditerranéens*, 1984, p. 190.

确接纳的移民，导致成员身份出现不可逾越的问题。原因在于，在从旅居者向定居者渐进转化的过程中，他们中间只有部分人得到移民与接收国姗姗来迟的双重承认，这给成员身份造成了复杂而又微妙的问题。①

随着行政、立法和司法机关逐步承认移民潜在的永久地位，这些由季节工人转化而来的移民的成员身份以一种特别的方式得到发展。②这种渐进式的吸纳过程与通过归化而实现的“总体性”转化截然不同。矛盾的一点是，这种渐进式的吸纳进程越深入，归化的动机也就越弱。因此，移民权利的有针对性扩展更可能阻碍他们获得完全的成员身份，而不是消除障碍。为数众多由季节工人转化而来的移民被限定在某种中间状态，他们虽然享有许多完全成员身份所拥有的特权与义务，但是被排除了两种最重要、最具有象征意义和实践意义的权利或者义务：投票的权利与服兵役的义务。

出人意料的现象还表现在移民的规模和来源方面。移民的规模在1968－1972年间达到峰值。在来源方面，20世纪50年代主要是来自邻近接壤国家的移民，60年代后期和70年代早期开始让位于地理和文化上更加遥远的移民（70年代后期和80年代的移民则主要是来自第三世界的难民）。与上面勾勒的成员身份的六个特征不同的是，战后移民所具有的三种出人意料的特征——在持续性、规模和种族文化的异质上都出人意料——有助于解释欧洲在面对当今日益增长的定居

---

① 关于定居的过程，请参见 M. Piore, *Birds of Passage: Migration Labour and Industrial Societies* (Cambridge: Cambridge University Press, 1979), 59ff. 关于成员身份的问题，请参见 M. Walzer, *Spheres of Justice* (New York: Basic Booke, 1983), Ch. 2; W. R. Brubaker, "Introduction," in W. R. Brubaker, ed., *Immigration and the Politics of Citizenship in Europe and North American* (Lanham, Md.: German Marshall Fund of the Unites States and University Press of America, 1989), pp. 14－22; J. Carens, "Membership and Morality: Admission to Citizenship in Liberal Democratic States," in W. R. Brubaker, ed., *Immigration and the Politics of Citizenship in Europe and North American* (Lanham, Md.: German Marshall Fund of the Unites States and University Press of America, 1989), pp. 31－49.

② M. Miller, "Policy Ad－Hocracy," *Annals of the American Academy of Political and Social Science* 485, 1986.

且坚定的移民人口时产生的深刻的政治不确定。

当然，不是所有的人都乐于分享这种不确定。国家主义者捍卫着民族－国家经典模式的内在有效，强调民族成员身份是获得国家成员身份的前提。另一方面，后民族多元论者否认这种模式的有效，主张政治成员身份的新形式能反映一种新兴的多元文化的后民族社会。前者要求移民要么完全融入当地社会以实现归化，要么自行离开；后者则认为完全的公民身份应当与成员身份的神圣化特征以及民族性相分离。这两种立场都还不够特别精致。新民族主义者把民族－国家看作是社会和政治时间中一成不变的事物，这是一种极其落伍的解释，它忽视了成员身份规则所出自和因应的特殊背景。后民族多元主义者在匆忙诋毁民族－国家并将其扔进历史垃圾堆时，则低估了传统规范的丰富和复杂。假如我们结合成员身份所处的变动的经济、军事和人口背景对传统规范进行再阐释，那么，它们就将仍然具有生命力。

## 三、公民身份的准入

上面的内容就是当代公民身份和社会成员身份政治所由产生的意识形态背景。然而，前文勾勒出来的关于成员身份的观念和理想也充满内在的紧张和矛盾，并且在构建民族－国家（nation－statehood）的规范和制度的过程中，这些紧张和矛盾还表现出历史时间和政治空间上的差异。接下来的篇幅将聚焦于这些紧张、矛盾和差异。

如果我们仅仅局限于讨论从民族－国家（nation－statehood）的具体问题中抽象出来的民族－国家（nation－state），这些内在的紧张以及历史和民族方面的差异会被忽略。但是，当我们在面对成员身份的具体问题时，这些紧张和差异将变得无可回避。以公民身份的准入问题为例，我们马上就会有明确看到，上述成员身份准则存在着许多不同的维度。平等和民主这两种规范赋予长期定居者以完整的公民身份。但是，唯一性、神圣性和民族性这三种规范却可能被用于为一系列或多或少的限制准入条件进行辩护。① 极端情形下，这为阻止将移民大规模转变为公民提供了充足的理由。

于是，前文构建的成员身份模型引发出了一些关于成员身份准入问题方面的争论，但没有给出统一的答案。成员身份在规范层面的模糊同时也反映在制度层面的差异上。这首先表现在允许二代移民从移民转变成公民的特殊条款中——或没有相应的条款。一个极端是传统的移民国家无条件地将公民身份赋予出生于其领土范围内的所有人，比如美国、加拿大和大部分拉丁美洲国家。另一极端是，缺乏针对二代移民的特别规定，例如德国和瑞士。介于二者之间的情况是，或符合出生地要求、或符合居住地要求，或这两种要求都符合，那么就可以近于自动获得准公民身份或者通过正式宣誓而获得公民身份。比如，在法国和荷兰出生并且在那里居住若干时间之后，达到法定年龄，人们可以选择获得公民身份。在瑞典和比利时，即使人们不在那里出生，只是在那里长大，也能够通过简单的宣誓效忠而获得公民身份。

移民和他们的后代如果不能从这些条款或者其他的特别规定②中受益，那就只能通过归化来获得公民身份，这包括为公民的配偶或者前殖民地的公民制定特殊条款。在这一点上，也同样存在着巨大的差异。一个极端的情况是，归化完全由国家自行决定。公民候选人必须符合某种常常被模糊规定的条件；此外，国家必须对赋予公民身份是否符合自身的利益做出判断。国家不需要为自己做出的否定决定提供理由，人们也不能因此上诉。在这种完全是自由裁量的体制，移民的规模相对较小，移民归化很例外和罕见。国家只是在小心和仔细的审查之后，才对某些值得享有公民身份的人给予准入的特权。国家不鼓励移民归化，甚至可能通过征收高额费用和设置令人困惑的复杂程序

① 这可能包括放弃人们之前的公民身份，效忠宣誓等神圣而庄严的表演，履行服兵役的神圣职责，表现出良好的品格，以及或多或少在语言和习俗上融入民族共同体。

② 这包括为公民的配偶或者前殖民地的公民制定特殊条款。见 W. R. Brubaker，"Citizenship and Naturalization：Policies and Politcs，" in W. R. Brubaker，ed.，*Immigration and the Politics of Citizenship in Europe and North American*（Lanham，Md.：German Marshall Fund of the Unites States and University Press of America，1989），pp. 113 – 115.

来阻止规划。

另一个极端是，所有满足某种清晰规定条件的候选者都实现了移民归化。这种体制适应大规模的移民。归化被认为是理应得到的期许，不能被归化则是例外的情形。国家积极地鼓励和促进移民归化。归化的程序较为简单，大部分的资格审查只是例行公事，费用也非常低。

概而言之，与后一个极端相接近的是美国，加拿大更接近一些，瑞典的情况则接近得令人感到惊讶。而瑞士、特别是德国等国家的移民归化体制则与前者相接近。这可以从移民归化的结果表现出来。以德国的移民归化作为基准，法国的外国居住者的归化率是它的四倍，美国是它的十倍，瑞典是它的五倍，而加拿大则是它的二十倍。①

此外，欧洲战后移民在多大程度上已被吸纳为公民也有着一些重要的差异。在关于移民的文献中，这些差异在很大程度上为人们所忽视。② 从流行于这些文献中的社会经济学的视角来看，公民身份并不重要。对移民而言，真正决定其人生机遇的因素在于——对此我也完全赞同——他们的社会、经济和文化的边缘化，这种边缘化是由他们在劳动力市场、房地产市场和教育体系中的弱势地位决定的。导致这种弱势地位的部分原因是种族文化意义上的少数民族的社会地位，而与公民身份地位并无多少关系。美国和英国的经验清楚地表明，拥有

---

① W. R. Brubaker, "Citizenship and Naturalization: Policies and Politcs," in W. R. Brubaker, ed. , *Immigration and the Politics of Citizenship in Europe and North American* (Lanham, Md. : German Marshall Fund of the Unites States and University Press of America, 1989), pp. 117 – 120.

② 例外的情况见之于 W. R. Brubaker, ed. , *Immigration and the Politics of Citizenship in Europe and North American* (Lanham, Md. : German Marshall Fund of the Unites States and University Press of America, 1989); T. Hammar, *Democracy and the Nation – State: Aliens, Denizen and Citizens in a World of International Migration* (Aldershot: Avebury, 1990); B. E. Schmitter, "Immigration and Citizenship in West Germany and Switzerland," Ph. D. thesis, University of Chicago, 1979; G. Noiriel, *Le creuset francais* (Paris: Seuil, 1988); C. de Wenden, *Citoyenneté, nationallité et immigration* (Paris: Acantière, 1987); C. de Wenden, ed. , *La Citoyenneté* (Paris: Edillig/Fondation Diderot, 1988). 以下的章节取材于 W. R. Brubaker, "Membership without Citizenship: the Economic and Social Rights of Non – Citizen", in W. R. Brubaker ed. , *Immigration and the Politics of Citizenship in Europe and North American* (Lanham, Md. : German Marshall Fund of the Unites States and University Press of America, 1989), pp. 146 – 147.

完全而正式的公民身份并没有改善大量处于弱势种族文化群体的状况。

然而，即使从“生活机遇”的角度出发，正式的成员身份地位也很重要，甚至其重要性还与日俱增。第一世界与第三世界之间日益扩大的人口和经济鸿沟，以及这两个世界之间日渐拉近的距离（由于交通、通讯和移民之间相互强化的联系），导致人们移居到世界上更加繁荣和和平的地方的愿望远甚于以往任何时候。① 在这种背景下，国家在其领土范围内对移民准入和定居所实施的并不完善的控制（通过劳动力市场和福利制度的准入进行间接控制）就显示出前所未有的重要性。但是，在这一方面，关键的问题并不是公民身份地位的问题，而是那些“享有特权的”“已定居的”或“永久”的居住者的地位问题。他们被赋予了一般情况下不可撤销的居住权利，同时也被赋予与那些正常公民同样的民事和社会经济方面的实质权利。② 因此，在生活机遇方面的关键差别，只是体现在享有特权的非公民居住者与那些在领土内部或外部都没有长期居住权的人之间。完整的公民身份能够保护人们免受社会排斥，以及充分地利用公共服务进行就业，但是它对生活机遇的边际效益则贡献不大。

但是，即使公民身份地位不是移民生活机遇的决定因素，它在决定移民在政体中的地位仍然是一个关键因素，更加宽泛地说，它在决定战后移民国家的政治的普遍特征方面仍然至关重要。这并不意味着

---

① A. Zolberg, “Contemporary Transnational Migrations in Historical Perspective,” in M. Kritz, ed., *U. S. Immigration and Refugee Policy* (Lexingto, Mass: Lexington Books, 1983), pp. 15 – 51.

② P. Schuck, “Membership in the Liberal Polity: The Devaluation of American Citizenship,” in W. R. Brubaker ed., *Immigration and the Politics of Citizenship in Europe and North American* (Lanham, Md.: German Marshall Fund of the Unites States and University Press of America, 1989); W. R. Brubaker, “Membership without Citizenship: the Economic and Social Rights of Non – Citizen,” in W. R. Brubaker ed., *Immigration and the Politics of Citizenship in Europe and North American* (Lanham, Md.: German Marshall Fund of the Unites States and University Press of America, 1989), pp. 144 – 161.

作为非公民的移民在政治上完全失声[1]，也不能期待普遍选举权具有某种不可思议的功能：拥有完整的政治权利并不能保证权利的有效运作，尤其是在一个群体特别缺乏政治资源的情况下。我们需要简单回顾以下显而易见的事实：被排斥或自我排斥在正式公民资格之外的严重后果与剥夺相当大一部分人口的政治权利的后果是一样的，与剥夺人数更多的体力劳动者阶级的政治权利的后果是一样的，因为那些被剥夺公民权的群体的利益在政治过程中便得不到足够的重视。因此，这种战后移民转化为公民的大规模的跨国变动值得比现在获得更多的关注。

## 四、民族性的传统与公民身份的政治

因此，上文勾勒的民族－国家的成员身份模型在移民如何获得公民身份方面是模棱两可和自相矛盾的。但是，这个模型的一般形式并不能在社会政治的现实情形中找到对应物。民族－国家本身是社会学想象的虚构，有的只是一个个独特的民族－国家，它们建构于独特的历史环境下，并将这些鲜明的历史渊源的印迹延续至今，因而在接纳移民为公民的过程中做出了各自不同的安排。

这就是我想通过法国和德国的这一对案例[2]来阐述的一个观点。在法国的民族性概念和公民身份概念当中，可以找到与君主制的萌芽、大革命的诞生以及共和主义的崇拜等相关痕迹。在这种传统下，民族（nation）被想象为与国家（state）的制度性和领土性框架联系在一起：民族性被认为是由政治统一体（political unity）建构起来的，与文化无关。革命党人和共和党人——由军事统一主义者、普世主义者和世俗人士所组成——对于民族性和公民身份的定义，强化了其旧制

---

① M. Miller, "Political Participation and Representation of Noncitizen," in W. R. Brubaker ed., *Immigration and the Politics of Citizenship in Europe and North American* (Lanham, Md.: German Marshall Fund of the Unites States and University Press of America, 1989).

② 选取这两个案例有多方面考虑，不只是因为这两个国家的移民人口的规模较大和构成比较复杂，还因为它们在欧洲国家建构和民族建构的历史中心的重要地位。

度中已经存在的关于民族性的以政治为本质的理解。但是，即使民族性是由政治统一体所构成，它也将集中表现为对文化统一体的追求。理想的政治融合需要文化上的同化。在这个方面，边缘群体族裔与移民的情况都是一样的。普世主义理论与公民身份的实践依赖于学校、军队和中央集权式的行政管理在同化功能上的信心。

如果说法国的民族性是普世主义的、理性主义的、同化主义的和国家中心论的概念的话，那么德国则是特殊主义的、有机的、差异化的和种族中心论（Volk - centered）的概念。由于民族情感的发展先于民族 - 国家的建构，德国的民族观念在起源时并不是一个政治概念，也不与公民身份的抽象概念相关联。这种前政治性质的德国民族在寻找国家庇护的过程中，并不是普适性的政治价值的保护者，而是作为一种有机的、文化的、语言的或种族共同体——即无法还原的特殊人民共同体（Volksgemeinschaft）。依据这种理解，民族性由种族文化统一体构成并通过政治统一体得到表达。这种关于种族文化的自我理解在俾斯麦统治下被涂上了更多的国家中心主义的自我理解色彩，至今仍然保持着影响力。联邦德国的基本法的某些条款甚至都还保留着类似的表达。①

正如人们所料想的那样，法国（在法国，成员身份是一个政治概

---

① 实际上相当于联邦共和国宪法的德国基本法（Grundgesetz）的序言，提出了“完整的德国人”（das gesamte deutsche Volk）的概念，第116项条款对“德国人”的法律地位做了如下界定：“在德国基本法看来，每个人都是德国人……只要他具有德国公民身份，或者是具有德国民族成员身份（*Volkszugehörigkeit*）的难民或被驱逐者，或者是这些人的配偶或后代的人，只要他们被允许进入1937年11月31日存在过的德意志帝国的领土范围。”（德国民族的成员身份标准在1953年的《被驱逐者与难民法》（*Law on Expelled Persons and Refugee*）中就已经详细地阐明了，包括“血缘、民族语言、抚养与文化”。）因此这样界定的德国人拥有的权利和义务与那些德国公民拥有的并无明显区别。并且，对照西德的范围，这个德国公民身份界定本身太无所不包，因为它包含了德意志民主共和国的几乎所有居民。在西德的公民法中，从来没有单独存在过西德公民身份概念：在公民身份法律中，联邦德国总是强调持续存在的德意志帝国的法律推定，也因此坚持单一的德国公民身份。强调单一的德国公民身份成为1989年夏天和秋天大批东德人移居西德的核心动因，从而推动了德国统一的进程。见 W. R. Brubaker, “Frontier Theses: Exit, Voice, and Loyalty in East Germany,” Forthcoming, *Migration World Magazine*, 1990.

念）的移民比德国（在德国，成员身份则是一个种族文化概念）的移民更容易获得公民身份。① 法国的移民归化（或者说自动成为公民）比例是德国的十倍之多。② 尽管德法两国的移民政策日益趋同，移民人数也大致相当，但两国现在仍然存在着自19世纪晚期就开始出现的、明显不同的公民身份政策和政治。

可以肯定的是，战后移民的出现对法国人和德国人的自我理解造成了相当大的压力。法国的同化传统受到多元文化主义左翼与排外主义的右翼两方面质疑。多元文化主义左翼认为，移民不应该（should not）被同化。排外主义的右翼则认为，移民不能（can not）被同化。另一方面，在德国，甚至目前奉行保守主义政策的政府也都承认了为数众多的土耳其移民的永久移民身份，并宣称第二代移民的归化符合

---

① 我所指的“移民”指的是劳工移民和他们的后裔，而不是来自德意志民主共和国的重新定居者，或者来自东欧或苏联日耳曼族裔的移民。正如人们所期待的那样，在种族文化意义上的成员身份条件下，这些迁徙到西德的日耳曼移民在法律上能够被定义为公民（来自东德的重新定居者例子就是如此），或者是准公民（来自东欧和苏联的日耳曼族裔移民的例子即是如此）。见 W. R. Brubaker，“Citizenship and Nationhood in France and Germany，” Ph. D，dissertation，Columbia University，1990，pp. 359 – 364.

② 并不能简单地认为法国比德国有着更加自由的归化法律或者归化的政治文化。就法国的归化率而言，尽管它比德意志联邦共和国高出四到五倍，但远低于美国、加拿大或者瑞典。见 W. R. Brubaker，“Citizenship and Naturalization：Policies and Politcs，” in Brubaker，W. R. ed.，*Immigration and the Politics of Citizenship in Europe and North American*（Lanham，Md.：German Marshall Fund of the Unites States and University Press of America，1989），pp. 117 – 120；W. R. Brubaker，“Citizenship and Nationhood in France and Germany，” Ph. D，dissertation，Columbia University，1990，pp. 154 – 160. 更为重要的事实在于，除了归化之外，还有别的方式获得法国公民身份，德国则没有。因此，如果父母中至少有一个出生在法国，他们的孩子出生于法国——包括独立之前的阿尔及利亚以及其他殖民地和领土——那么他们的孩子将获得法国公民身份。这意味着自1963年以来，大约40万儿童中的大部分因为他们出生于法国，父母是阿尔及利亚人而成为法国公民。而且，所有年满18周岁出生于法国、其父母是外国人的儿童，过去五年居住在法国，并且没有成为某种刑事定罪目标的情况下，他们将自动获得公民身份。通过这些方式，自1973年以来，大约20万人成为了法国人；18岁以下的外国居民约为120万，其中大约有三分之二出生于法国，因而在他们年满18岁的时候将成为法国人。在德意志联邦共和国没有类似的规定。因此，过去的德国客籍劳工（Gastarbeiter）和他们的家属中的大部分或者出生于联邦德国，或者在此生活超过十年，但是只有很小的一部分获得了德国公民身份。在德国生活着140万土耳其人，每年只有1000人左右入籍德国。即使这个数字增长10倍，达到每年10000人，它仍然无法抵消德国每年新出生的25000到30000名土耳其公民。

德国的公共利益。

然而，关于民族性的流行看法继续影响着公民身份政治。法国的中右翼派别在极右翼派别的压力下，发起了一场旨在推动更严格的公民身份政治运动，运动遭到强烈的反对，并最终迫使杰奎斯·希拉克政府于 1986 年 12 月撤消了立法议程中关于公民身份法案的改革议案。让人肃然起敬的国会是该改革议案的反对者之一，认为改革建议案是“对共和主义传统和原则的背弃”。而由政府任命的研究该问题的委员会则建议放开而不是限制公民资格的获得条件。[①] 在德国，关于对外籍工人及其家属实行自由宽松的公民身份的议案不断地推出，但都遭到反对，理由是德国不是也不能成为移民国家。然而，尽管这种特别宽泛的公民身份定义导致在 1989 年德国移民是美国合法移民的五倍，关于民族性的流行看法也仍然支持来自东德人、东欧与苏联德裔人士的公民身份诉求。[②]

不过，尽管法国与德国针对移民的公民身份政策和政治带有某种修辞上的一致，二者之间仍然有着显著的差异。我试图论证的是，这两个国家的公民身份政策和政治仍保持着对趋同压力的抵制，这是因为它们受到独特的民族自我理解的传统的巨大影响，而这些传统植根于通向民族－国家地位（nation－statehood）的不同历史路径。

在接下来的四个部分，我将呈现这些传统“简洁而概括的”历史（“condensed and generalized” history，来自克利福德·格尔茨[③]）：(1) 法德两国的历史传统如何起源于现代欧洲早期的政治和文化地理；(2) 法国在大革命时期的民族“自我理解”的成形（crystallization）；(3) 德国民族因为法国大革命和拿破仑统治而形成的“自我理解”的

① Commission De La Nationalite, *Etre Francais aujourd'hui et demain*, vol. 2 (Paris: La Documentation Francaise, 1988); W. R. Brubaker, “Citizenship and Nationhood in France and Germany,” Ph. D, dissertation, Columbia University, 1990, ch. 8.

② W. R. Brubaker, “Citizenship and Nationhood in France and Germany,” Ph. D, dissertation, Columbia University, 1990, ch. 9.

③ C. Geertz, *Islam Observed: Religious Development in Morocco and Indonesia* (Chicago: University of Chicago Press, 1971), p. 19.

发展，以及（4）在19世纪法国民族-国家的巩固和德国民族-国家的建立。最后将论述这些传统对法德两国在形成截然不同的公民身份法律的过程中所产生的影响。①

## 五、国家建构与民族性地理学

诞生于法国大革命的民族-国家是数个世纪的国家建构的结果，同时也是不断发展的领土主权国家空间和制度结构当中的民族意识逐

① 下面四个章节的早期版本可见诸于 W. R. Brubaker，"Einwanderung und Nationalstaat in Frankreich und Deutschland，" *Der Staat* 28，1989，pp. 15－27. 我这里所阐发的法德两国对民族性的理解以及民族主义形式的比较在基本方面还是一种可以回溯到19世纪早期的传统做法。见 W. R. Brubaker，"Citizenship and Nationhood in France and Germany，" Ph. D，dissertation，Columbia University，1990，43n；H. Kohn，*The Idea of Nationalism*（New York：Collier，1944）；H. Kohn，*Prelude to Nation－States：the French and German Experience*，1789－1815（Princeton：Van Notetrand，1967）；H. Rothfels，"Die Nationsidee in westlicher und östlicher Sicht，" *Osteuropa und der deutsche Osten* I，3，（Cologne － Braunsfeld：Rudolf Müller，1956），pp. 7 －18；T. Schieder，"Typologie und Erescheinungsformen des Nationalstaats in Europa，" in H. A. Winkler，ed.（*Nationalismus*，Königstein/Ts.：Athenäum，1985），pp. 119－137；J. Szücs，*Nation und Geschiche*（Budapest：Corvina Kiado，1981）. 然而，最近涉及到德国的两极比较，尤其是涉及德国通向现代世界的特殊道路（Sonderweg）已经遭受到广泛的批评。批评认为这种观点详细考察了那些有助于解释发生在1933－1945年间灾难形成原因的断裂之处（在地质学与道德意义上），将德国的发展道路放在"西方"（即英国、法国或者美国）的标准模式上进行衡量。尤其可以参见 D. Blackbourn and G. Eley，*The Peculiarities of German History*（Oxford：Oxford University Rress，1984）。这种批评继续指出，只有经过双重扭曲，一边是有负罪感的德国，另一方面则是理想化的西方，我们才会认为，与法国"英雄"般的形象相比，19世纪的德国资产阶级显得如此"因循守旧"；与英国的标准相比，德国政党制度有着如此多的瑕疵；与盎格鲁-美利坚相比，"德国的自由概念"是如此的危险和不自由；与"西方"基本的政治文化相比较，德国的政治文化命中注定是独裁主义的。

所有关于德法两国的民族性概念与民族主义形式的比较都没能逃脱上述批评。见 R. Berdahl，"New Thought on German Nationalism，" *American Historical Review* 77，1972 pp. 65－80；J. Breuilly，*Nationalism and the State*（Chicargo：University of Chicargo Press，1982），pp. 65－83. 法德公民身份与民族性传统的特征如果以普遍主义与特殊主义、世界主义与种族主义、启蒙时代的理性主义与浪漫主义的非理性主义等此类现成的二元概念形式来把握，就会将特征描述转变成漫画化了。我这里简单地将法国民族性定义为政治的民族性，将德国民族性定义种族文化的民族性，目标在于导向而不是代替更细致的分析。归根结底，我通过将"民族性"研究从其以前饱受批评的老套而自足的定式状态解救出来，试图恢复其仍残留的分析和解释效能，毕竟，这种关于民族性的二分法仍是必要的区分。

渐发展的结果。俾斯麦时期的准民族－国家同样也承续了国家建构与民族意识这两种悠久的传统，但是，这两种传统——一个是普鲁士传统，一个是德意志传统——在领土架构、社会基础和政治抱负方面却根本不同，甚至无法兼容。普鲁士的国家建构传统已不仅仅是局限在民族内部，在分割波兰之后，也不仅仅是超民族的，它在原则上甚至是反民族的。然而，德意志的民族意识则是在现有的国家领土和制度框架之外得到发展的，并且——当民族意识形态政治化之后——反对现有的国家领土和制度框架。

这不是说德国的民族意识不依赖政治－制度（political－institutional）。在中世纪时期和现代早期的德意志帝国——即在十六世纪德意志民族神圣罗马帝国时期，尽管这样称呼听起来不无含糊——是德意志民族意识的制度孵化器。在这一方面，法国的卡佩王朝与此类似。但是，在法国，民族与王朝在概念上日趋融合，从而与德国的民族与超民族帝国在概念上的日趋分化形成鲜明的对照。伴随着民族意识的整合作用，法国君主制下的国家性（stateness）较早得到了巩固和渐进发展。与此相反的却是十三世纪德意志帝国的分崩离析以及随之而来的“去国家化”（non－stateness）。带着日渐孱弱的体制，德意志帝国残存至十九世纪，但是由于缺乏中央集权的官僚行政体制的整合力量，它无法建构出一种牢固的以国家为基础的民族意识。德国的民族意识从来都不是纯粹文化性的，或纯粹与政治无关的观念。但是，当把它与高效的政治组织的记忆和期待联系在一起的时候，它与现实又分离了约六个世纪之久。于是，在法国，带有政治－领土（political－territorial）含义的民族性概念反映的是君主制国家的早期控制范围。而在德国，作为种族文化的民族性概念，则在超民族－国家和由许多亚民族群体构成的主权和半主权政治实体的缝隙之间得到发展。

我并不认为中世纪或现代化早期的德国成员身份观念或者身份认同主要是种族文化方面的。在这个时期，“身份认同”的说法在某种程度上根本就是犯时代误置的错误。毫无疑问，至少在十八世纪结束之前，整个欧洲的大部分民众的主观“身份认同”要么是地方性的、要么是宗教性的。问题的关键不在于社会心理因素，而在于社会结构因素。中欧的政治和文化地理使孕育一个种族文化的德国成为可能。在一定程度上，这个被粗略地想象出来的德国的领土范围，既不与德意志帝国超民族的领土范围相一致，也不与有效政治权威所控制的亚民族范围相重叠。作为超民族的帝国、亚民族的破碎领土（Kleinstaaterei[①]）和种族文化民族三角关系的结果，获得政治成员意识和文化成员意识——这些意识散布在从超国家到地方的层级中——并将这两种意识区分开来和将它们分布在各个不同的统一体上，从而形成各自不同的参照点，这种情况在德国比在法国更加明显。但是，民族与国家之间出现分离的结构化空间，以及由此产生的空间让对民族性的种族文化理解得以发展，只存在于德国而不是法国，尽管法国国家建构模式的复杂也不容否认。

因此，即使在法国大革命之前，法德两国就已经以不同的方式形成了民族的内涵。当民族性观念第一次被自觉地纳入理论解释时，关于它的不同理解便在十八世纪的下半叶受到强烈关注。在法国，改革派的哲学（philosophes）信念和关于城市公共事务的讨论孕育出富有辩论性的民族立场，它直指旧制度下各种特权秩序和特权团体，从而赋予民族批判的锋芒和赋予其新鲜和有活力的政治意蕴。此外，在即将到来的大革命前，陈情书显示民族的概念被大多数民众赋予了强烈的政治控诉。[②] 然而，与大革命前期法国民族性的政治化相对应的是十八世纪晚期德国民族性的前所未有的去政治化。在这个时代涌现出来的中产阶级（bildungsbürgertum[③]）著作中，德国的民族概念越来越少地被置于传统的帝国政治背景下进行讨论，越来越多地作为一个去政治的和种族文化的实体——当古老帝国已经进入其分崩离析的最后

---

① 这是贬义词，强调德国政治权威的破碎特征。

② J. Godechot, "Nantion, patrie, nationalisme et patriotisme en France au XVIIIe siècle," *Annales historiques de la Révolution francais*, No. 206, 1971, p. 494.

③ 这个词意指有教养的中产阶级，即受过教育有修养的（Bildung）及具有稳定的（ständisch）团结意识的资产阶级。

阶段时[1]，这个帝国还如同席勒（Schiller）1801年所说的那样，变成“内向的帝国”（inward empire），或者如弗里德里希·梅内克（Fridrich Meinecke）后期著作所说的那样，变成了一个文化民族（kulturnation）的概念。在十八世纪晚期和十九世纪早期，即使这种关于民族性的资产阶级理解并不完全是文化性的，其政治的因素也已经被深深地掩盖。[2] 十八世纪下半叶关于民族性的详尽阐释，在法国是资产阶级广泛参与的产物，在德国则是狭义的、纯粹文艺阶层的产物。更为重要的是，它将法国引向一个既定的全国范围的国家改革进程，但在德国，则表现为纯粹文化的、尤其是具有浓厚文学色彩的民族精神（Nationalgeist）。

## 六、革命的结晶

正是革命时代决定性地造就了政治的法国民族性与种族文化的德国民族性之间的比较。18世纪晚期法国的民族理论家要求对现有的国家进行改革，当改革失败时，激进的第三等级自己组建了国民议会，并声称拥有民族主权。[3] 这种主权民族的成员身份被设想为政治-法律形式的公民身份，并且被制度化。作为一种种族文化意义上的民族性，甚至一种由法律规定了的、有别于公民身份特征的民族性，在法国大革命的宪法中是没有的。在法国，公民身份支配着民族性，政治的民族性概念支配着种族文化的民族性概念。对于这一点，塔林

---

① W. Conze, “‘Deutschland’ und ‘deatsch Nation’ als historische Begriffe,” in O. Büsch and J. Sheehan, eds., *Die Rolle der Nation in der deutschen Geschichte und Gegenwart*, 95 – 119 (Berlin: Colloquium Verlag, 1985), p. 20 – 30.

② F. Meinecke, *Weltbürgertum und Nationalstaat* (Munich: R. Olderbourg, 1919), Ch. 2.

③ 1789年8月26日颁布的《人权宣言》第三条指出国家“所有主权原则”都在国家（nation），而1791年的宪法更加直截了当地宣布：“主权是唯一的和不可分割的……它属于国家（the Nation）”（第三篇，第一条）。然而，政治权威的“国家化”（nationalisation）并不仅限于宪法领域。实际上，“所有是‘王室的’都变成……国家的：国民议会、国家宪兵队、国民警卫队、国民军队、国民教育……国有土地……国债”。见 J. Godechot, “Nantion, patrie, nationalisme et patriotisme en France au XVIIIe siècle,” *Annales historiques de la Révolution francais*, No. 206, 1971, p. 495.

（Tallien）在1975年春所作的评论可能是最好的表达："在法国，唯一的外国人就是坏的公民（citizen）"。① 当然，在法国大革命时期，关于成员身份的资格问题也有过分歧，但是这种分歧更多是在政治层面而不是种族文化层面。

这个新的民族－国家的领土边界问题也同样如此。对于王朝组织与种族文化交相混合的欧洲而言，民族自决原则拥有巨大的破坏潜能。② 它被用来论证1791－1793年间法国领土扩张的正当性，甚至用来对远至十七世纪阿尔萨斯并入法国领土一事做回溯性再辩解。③ 但是，这种革命学说所催生的拥有自决权的集体"自我"概念根源于18世纪的世界主义和理性主义思潮，而非19世纪的浪漫主义思潮。④ 法国大革命所理解的自决的要义表现为对自由的普遍渴望，因此——它又怎么会有其他形式呢？——追求整合进法国；它断然拒绝了种族文化的认同观念进入政治层面。

即便是大革命时期简单而又激进的同化主义者的语言政治也是由政治方面的考量所决定的，而不是由作为种族语言实体的民族概念所决定的。语言多样性被贬斥为有利于保守思想，语言的统一是共和主

① "在法国没有外国人，只有坏公民"，引自 V. Azimi, "L'étranger sous la Révolution," *Actes du Colloque d'Oeléas*, 11 - 13 *Septembre* 1986: *La Révelution et l'ordre juridique privé*: *Rationalité ou scandale*?（Paris: Press Universitaires de France, 1988）, p. 702。正如阿兹米（Azimi）表明的那样，塔林（Tallien）的论点不能代表大革命时期对待外国人（étranger）的态度，只能看作是严格的民族性的政治定义。

② E. Kedourie, *Nationalism*（London: Hutchinson, 1985）.

③ A. Souboul, "De l'Ancien Régime à l'Empire: problème national et réalités sociales," *L'information historique* 58 - 64 and 96 - 104, 1960, p. 63; J. Godechot, *La Grande Nantion*: *l'expansion révolutionnaire de la France dans le monde de* 1789 *à* 1799（Paris: Aubier, 1983）, p. 69.

④ 正如梅内克（Meinecke）所指出的，民族自决权可以适用于历史政治意义上的民族概念，因强调"民族个性的历史发展"而带有强烈的种族色彩。民族自决权也可以从理性政治的意义去理解，将民族（the Nation）看成是"人性的一部分，一种没有（与众不同的）个性成分的抽象的构建框架"。梅内克清晰地表达了对前者的偏爱以及对后者"严重缺陷和错误"的批评，即"纯粹形式主义的民族主权学说"。见 F. Meinecke, *Weltbürgertum und Nationalstaat*（Munich: R. Olderbourg, 1919）, p. 34. 这与齐美尔对个体的区分大体一致，齐美尔认为19世纪的个体观念是独一无二的（Einzigkeit），而18世纪则只是单独的（Einzelheit）。见 G. Simmel, *The Sociology of Georg Simmel*, Translated, edited, and with an introduction by K. H. Wolff（New York: Free Press, 1950）, p. 81.

义公民身份必不可缺。① 这种短暂的同化主义政治并没有很大的影响。事实上，像这样的产生于大革命和拿破仑时期的语言融合现象更应归结于军队、学校和拿破仑政府行政管理机器等诸多间接同化机制的运作。② 法国传统中关于民族同化在意识形态和社会实践方面的重要性，以及最近二十年关于民族同化的糟糕名声，证实了一种更加普遍的观察。民族同化——即刻意追求统一的政策——与所有连贯的“有机的”成员身份并不相容。依据后者，“自然的”种族语言边界先于民族边界和（理想上的）国家边界，并对后者起决定作用。试图让所有乌托邦公民说乌托邦语是一回事，而让所有说乌托邦语的人成为乌托邦公民则是另一回事。大致来说，法国是前者的代表，后者则是德国的民族性模式。在移民归化问题上，无论是在司法还是文化方面，同化都预设了一个政治上的成员概念、一种信仰。这种信仰源自法国对罗马传统的继承：既然国家能够让陌生人成为公民，那么也就能让农民——或者移民劳工——成为法国人。③

如果说法国的民族 - 国家诞生于 1789 年的话，那么法国的民族主

---

① 因此，巴雷尔（Barère）在 1794 年 1 月向公共安全委员会报告说：“联邦主义者和迷信分子说低地布列塔尼语，外来移民和憎恨共和国的人说日耳曼语，反革命分子说意大利语，狂热主义分子说巴斯克语。”根据格雷瓜尔神父（Abbé Grégoire）的“关于消灭方言和普遍使用法语的必要性与手段的报告”，只有当所有的公民都说同样的语言时，他们才能“无障碍地交流思想”，才有平等机会担任国家职务。这两份报告都重印于 M. de Certeau, D. Julia, and J. Revel, *Une politque de la langue. La Révolution francaise et les patois*: *L'enquête de Gregoire* (Paris: Gallimard, 1975), pp. 291 – 317. 上文引用部分见该书第 295 页到 302 页。

② H. Kohn, *Prelude to Nation – States*: *the French and German Experience*, 1789 – 1815 (Princeton: Van Notetrand, 1967), pp. 90 – 93.

③ 韦伯的著作有很多同化问题的材料，但重点在 1870 – 1914 年期间。见 E. Weber, *Peasants into Frenchmen* (Stanford: Stanford University Press, 1976). 关于法国比德国社会有更强的同化趋势的历史根源的分析，请参见 R. von Thadden, “Umgang mit Minderheiten,” Unpublished paper, 1987.

义则是战争的产物。① 战争爆发之前的民族主义既不是指“盲目而排他地偏爱所有属于这个民族的人”，也不是指“要求促进臣服的民族性”。② 1789－1791 年流行的是略显浮夸的友好的世界主义与和平主义，③ 随后，从 1792 年开始，当新的社会秩序感到自身已经被内部和外部敌人包围的时候，排斥性的民族主义才得到发展。在感到“祖国处在危机中”（patrie en danger）的理由下，排斥性民族主义因素把矛头对准了领土内部的外国人，④ 并且导致一种自我膨胀、咄咄逼人的民族主义的向外扩张，而这种扩张起初是传教和圣战式的，后来则纯

---

① 1792 年 9 月 20 日，在瓦尔密战役中，冒着普鲁士步兵团这支欧洲最训练有素的军队的猛烈炮火，由下层民众组成的法军坚守阵地，高喊“Vive la Nation（民族万岁）!”的口号。瓦尔密本身在军事上并不重要，但是多亏亲历了这场战争的歌德名言——“世界历史的一个新的时代就是从今天、从这里开始”，这个故事情节才在武装起来的民族的感召力下成为战争的转折。F. Furet and D. Richet, *La Révelotion fancanise*（Paris: Hachette, 1965）, p. 175; A. Souboul, “De l'Ancien Régime à l'Empire: problème national et réalités sociales,” *L'information historique*, 1960, p. 58.

② 古德桥总结说：“因此在大革命的第一年就大谈法国的民族主义非常荒谬：爱国主义是一个全然不同的东西。” J. Godechot, “Nantion, patrie, nationalisme et patriotisme en France au XVIIIe siècle,” *Annales historiques de la Révolution francais*, No. 206, 1971, p. 498.

③ “法兰西民族谴责所有的征服战争，并且永远不会运用武力剥夺任何人的自由……外国人……可以继承其父母的遗产，无论他是外国人还是法国人。他们可以签订契约，在法国获得与接收货物，并且可以像任何法国人那样用同样的方式处置它们……他们的人、他们的货物、他们的实业、他们的宗教习俗也受法律保护”（1791 年宪法，第 6 条）。

④ V. Azimi, “L'étranger sous la Révolution,” *Actes du Colloque d'Oeléas*, 11－13 *Septembre* 1986: *La Révelution et l'ordre juridique privé: Rationalité ou scandale*?（Paris: Press Universitaires de France, 1988）, pp. 699－705.

粹是帝国主义和必胜信念。① 这种新生的内部和外部民族主义自始至终表现为一种政治－意识形态特征，而不是种族文化的特征。但是在拿破仑时代，它也造成了后来德国的反民族主义现象的出现。在这种反民族主义现象中，种族文化的主旨起重要作用。因此，由政治民族主义所推动的大革命的扩张，引发了种族文化民族主义；“争取自由的十字军东征”引起了种族民族主义“圣战”（holy war）神话的反应，即使这个圣战并没有成为现实。

## 七、德国的浪漫主义与改革

一方面，大革命时期的浪漫主义运动对德国民族性传统的形成有关键影响，另一方面，普鲁士的改革运动也起到了类似的作用。这两个运动都是在法国占领德国时期发生的。② 尽管浪漫主义运动本身关注的焦点并不在于民族性，但是它为民族性的种族文化理解的强化、颂扬和最终的再政治化提供了思考和评价模式。普鲁士改革诉诸对民族性完全不同的理解，目的在于从上至下地将普鲁士国家进行“民族化”（nationalise），并由此在1806年的灾难性失败后重建国家。

德国浪漫主义的美学和社会历史习俗与民族性的种族文化内涵有

---

① 这种布道式的民族主义的自相矛盾之处显而易见：“这个‘伟大民族’（the Grande Nation）并不只是1789年战胜君主制的那个民族；这个民族战胜了内外敌人、并且将会解放欧洲所有被压迫的爱国者……‘伟大民族’的表述适用于自由、解放的民族，适用于传播1789年‘伟大信条’的民族，适用于帮助被压迫的人民争取他们自由的民族……（但是也）适用于那些尽管高声宣扬拥护这些原则，但却不顾其他人民的意志，对他们进行支配、压制和吞并的民族。”参见 J. Godechot, “Nantion, patrie, nationalisme et patriotisme en France au XVIIIe siècle,” *Annales historiques de la Révolution francais*, No. 206, 1971, pp. 499－500.

关于内部民族主义（internal nationalism）的分析，请参见 V. Azimi, “L'étranger sous la Révolution,” *Actes du Colloque d'Oeléas*, 11－13 *Septembre* 1986: *La Révelution et l'ordre juridique privé*: *Rationalité ou scandale*? (Paris: Press Universitaires de France, 1988), pp. 699－705; P. Nora, “Nation,” in F. Furet and M. Ozouf eds., *Dictionnaire Critique de la Révolution Francais* (Paris: Frammarion, 1988), pp. 801－812; W. R. Brubaker, “Citizenship and Nationhood in France and Germany,” Ph. D, dissertation (Columbia University, 1990), pp. 106－113.

② H. Kohn, *Prelude to Nation－States*: *the French and German Experience*, 1789－1815 (Princeton: Van Notetrand, 1967).

着完美的契合。偏爱独特性（Einzigkeit）的个体而非一致性（Einzelkeit）的个体，偏爱深刻和内向而非表面的优雅，偏爱感性认识（feeling）而非枯燥的理性思辨（rationality），偏爱无意识的有机生长而非下意识的人工建构，偏爱传统的植根于民俗（folk）文化中的生命力和完整性而非没有灵魂的且矫揉造作的世界主义文化——所有这些主题都可以轻而易举地从美学和文化批评领域转到社会哲学领域。在浪漫主义的社会与政治思想中，甚至在更多、更具持久的、受浪漫主义基本形态和价值影响的社会与政治思想中，民族被想象为那些植根于历史情境的有机发展的个体，由独特民族精神（Volksgeist）所统一，同时也为无限复杂的习俗、法律、文化和国家所统一。浪漫主义尽管也强调国家的意义，[①] 但民族性基本上仍是一个种族文化的概念。民族精神（Volksgeist）是民族性的本质，国家仅仅只是民族性的反映。

浪漫主义的社会和政治思潮与现实的政治运作彻底分道扬镳。普鲁士的改革者们并没有受到早期种族文化民族主义的影响。由于惧怕法国的胜利和普鲁士的失败，他们希望创建一个普鲁士民族以促进普鲁士国家的重建。因此，哈登伯格（Hardenberg）在 1807 年致信弗里德里希·威廉三世（Friedrich Wilhelm III）说："我们必须自上而下做法国人自下而上所做的事。"[②] 浪漫主义者和改革家对民族与国家之间关系的理解完全不同：前者从准美学（quasi - aesthetic）的角度将国家理解为民族以及作为民族本质的民族精神的表现形式，后者则从严格政治意义上将民族——动员起来的统一的国民——理解为国家有意识的创造物。

由此，从那时起，在种族文化的意识形态和政治纲领与国家 - 民

---

① 对国家的颂扬见于浪漫主义政治思想中，比如亚当·缪勒（Adam Müller）声称："离开国家，人将变得不可想象……国家是所有人关注的一切事物的总和。" 引自 H. Kohn, *Prelude to Nation - States: the French and German Experience*, 1789 - 1815 (Princeton: Van Notetrand, 1967), p. 188. 这一方面反映在一种无固定规则的全球化国家概念之中，另一方面反映在民族精神（Volksgeist）只能在国家中实现其最终和最完美的表达的目的论理念中。

② K. Pinson, *Modern Germany* (New York: Macmillan, 1966), p. 33.

族（state - national）的意识形态和政治纲领之间，出现了一种典型的二元对立和紧张关系——这种二元论此后一直萦绕于德国政治中。这表明一种方式可以重构那种简单粗糙的对比，为以下反思提供出发点：法国政治民族性和德国种族文化民族性的比较。实际上，法德两国的民族性传统中都包含着政治和文化的因素。在法国，这些因素被紧密地整合起来了，其政治共同体被理解为本质的东西，文化共同体只是民族性的表现形式。与此相反，在德国的传统里，民族性的政治方面与种族文化方面势同水火，这为一种竞争的民族性观念奠定了基础。这种民族性概念与法国的民族性概念尖锐对立，在这种观点看来，种族文化共同体是最为本质的东西，政治共同体只是民族性的表现形式。然而，这种关于民族性的种族文化理解从来没有专属的领地，它植根于 19 世纪早期的德国，并从那时起为政治所广泛利用。这种种族文化意义上的民族性始终没有在法国生根，文化民族性只是被看作是政治民族性的构成要素，而不是竞争对手。

## 八、19 世纪的民族性与民族主义

19 世纪①见证了法国的巩固与德国民族 - 国家的构建。在该世纪末，这两个民族 - 国家在社会结构和政治形态的相似引人关注。然而，我在上面所勾勒的关于政治与文化民族性建构的内在深层差异仍然很显著，并且这些差异在某些方面还得到了强化。

旧制度结束后的一百年里，法国经历了一系列新政权，最后的一个政权在法国大革命一百周年的时候经历了布朗热危机（Boulangist crisis），在这个政权执政 20 周年之前看上去如其前任的政权一样濒临崩溃。然而，政权的长期不稳定并没有妨碍自 1830 年以来法国民族 - 国家的巩固。如果说波旁王朝如维也纳会议所强制施行的总体欧洲协议那样是反民族的，那么七月王朝则含蓄地建立在民族主权的原则之

① 在这一语境下，“19 世纪”在法国大致指从 1830 到 1914 年这段时间，在德国则是从 1815 到 1914 年。

上，并且在它之后的所有政权都明确地表达了这种原则，即使事实上并非如此。但是这种正式的宪政制度的发展只表现了法国民族-国家巩固的一个方面。更为重要的是，民族记忆的巩固受到像奥古斯丁·梯叶里（Augustin Thierry）、米什莱（Michelet）、厄内斯特·拉维斯（Ernest Lavisse）等人历史著作的影响；①教育的巩固通过第三共和国的学校得以完成；语言的巩固通过学校和军队得以推进；社会地理的巩固则随着地区间新的交流和运输形式的发展而得以完成。②

民族主义作为一种沙文主义和救世主般人道主义的矛盾混合物，沿袭了法国大革命和拿破仑的扩张传统和民族自决原则，并在这个世纪的大部分时间里属于左翼。在1870-1871年的失败之后，它转向了右翼，其间，1889年的布朗热危机是个关键点，而德雷福斯事件③则标志着最终完成这种转向。④更确切地说，在欧洲大陆民族主义右倾之时，在茹费理（Jules Ferry）政府的统治下，左翼在19世纪80年代开辟了新的领域以规划和重构民族的崇高地位：一个充满活力的和扩张的海外帝国。⑤从意识形态和制度这两个方面来看，这种海外帝国主义承袭了大革命和拿破仑一世时期的欧洲大陆帝国主义，追溯得更远一点，则承袭了罗马帝国的传统。意识形态方面，海外帝国主义负有解放与教化（libératrice et civilisatrice）的使命；制度方面，在建构

---

① 以上三人都是法国十九世纪的历史学家。梯叶里曾在巴黎高等师范学校任教，他批评过去历史学家否认“公民、臣民、人民”的历史创造，力图证明英国和法国的历史是被征服者反抗征服者奴役的历史，争取解放和自由的历史；儒勒·米什莱被称为“法国最早和最伟大的民族主义和浪漫主义历史学家”；厄内斯特·拉维斯曾在第三共和国的历史教育中发挥了重要作用。——译注

② P. Nora ed., *La Nation*, Vol. 3. (Paris: Gallimard, 1986); E. Weber, *Peasants into Frenchmen* (Stanford: Stanford University Press, 1976).

③ 1894年法国陆军参谋部犹太籍的上尉军官德雷福斯被诬陷犯有叛国罪，被革职并处终身流放，法国右翼势力乘机掀起反犹浪潮。此后不久即真相大白，但法国政府却坚持不愿承认错误，直至1906年德雷福斯才被改判无罪。——译注

④ R. Remond, *The Right Wing in France* (Philadelphia: University of Pennsylvania Press, 1969), 208f; R. Girardet, "Pour une introduction à l'histoire du nationalisme francais," *Revue francais de science politique* VIII, 1958, pp. 505-528.

⑤ R. Girardet, *L'idée coloniale en France de* 1871 *à* 1962 (Paris: Pluriel, 1978).

“最强盛的法国”（la plus grand France）的目标指引下，这种海外帝国主义致力于促进宗主国的大都市与海外政权在法律和政治上的融合——法国在这一方面比英国或德国推进得更加深远。同时，法国的共和主义者也在法国内部推动一种同化的、教化的和民族化的工作。[①]在19世纪80年代后期，伴随着初等教育和军事征兵制度的改革，这种同化性质的内部民族主义提供了一种扩展性的和同化性的公民身份法案的改革背景，这些法案的核心法条直至今日还在沿用。[②]

最近的民族主义右翼尽管反议会政治，它还是与老派的民族主义左翼（以及新的帝国主义左翼）共享着法国所承载的某种特殊使命或者天职观念，某种对民族之崇高地位的关注，以及某种对军队作为这种崇高地位之化身和工具的崇敬之情。[③] 尽管这个世纪的末期兴起了反犹太主义运动，但是这种新的民族主义并没有抛弃传统的、本质上是政治性的民族性观念，而转向种族文化性质的民族性。[④] 事实上，阿尔萨斯和洛林问题在意识形态上强化了法国民族性中的主观主义和自决主义（subjectivist - voluntarist）因素，而不是德国民族性当中的

---

① E. Weber, *Peasants into Frenchmen* (Stanford: Stanford University Press, 1976), 486f.

② W. R. Brubaker, “Citizenship and Nationhood in France and Germany,” Ph. D, dissertation (Columbia University, 1990), pp. 242 - 254.

③ R. Girardet, “Pour une introduction à l'histoire du nationalisme francais,” *Revue francais de science politique* VIII, 1958, pp. 505 - 528.

④ 可以认为，即使是传统主义者查尔斯·莫拉斯的“整合民族主义”（nationalisme intégrale），也转向一种政治的原则而不是种族文化的原则，尽管它具有反犹太主义的特征。反犹太主义自19世纪80年代中期由爱德华·德拉蒙特（Edouard Drumont）提出，加上反资本主义和天主教保守主义这两大主张在德雷福斯事件中达到顶峰。然而这个事件并没有导向某种种族文化的或者是种族宗教的民族性概念，而是导向一种教会和军队在国家生活中的地位的古老主题——这些主题因第三共和国中的反教权主义和出现的国际主义者以及和平主义的左翼而有新的紧迫性。

客观主义和种族文化主义因素。①

德国的种族文化民族性概念是中欧独特的政治和文化地理学的产物。然而，这种地理学上的特征——日耳曼民族与其他民族之间错综复杂的交织融合关系——使之不可能在种族文化的民族之上建立一个纯粹的日耳曼国家。② 所有针对民族统一问题的解决方案——包括经典的普鲁士的“小德意志”（kleindeutsch）方案和奥匈帝国的“大德意志”（grossdeutsch）方案在内——要么导致日耳曼人被排除在外，要么导致将非日耳曼人被包括进来，要么两种情况同时存在，从而都无法建构出一个“完美”的民族－国家。政治方面的考虑支配了1848

① 正是特赖奇克（Treitschke）（德国历史学家、政论家、普鲁士学派成员之一——译注）这样的历史学家在1871年为普鲁士吞并阿尔萨斯—洛林提供了这种最为清晰的、“自然的”（naturalistic）、反意志论（anti－voluntaristic）的正当性辩护：“我们所需要的德国是通过自然和历史而形成的德国。我们德国人……比那些不幸的阿尔萨斯人本身更加了解他们需要什么。我们想给予适合他们的东西，即使违背他们的意志。”见 S. Basdevant，“Le principe des nationalité dans la doctrine,” in B. Akzin, et al.，*La nationalité dans la science sociale et dans le droit contemporain*（Paris：Sirey，1933），p. 90.

库朗热（Fustel de Coulanges）在1870年10月27日致德国历史学家莫森（Hans Mommsen）的信中阐明了法国人的看法：“从种族和语言来看，阿尔萨斯属于德国可能讲得通，但是就国籍（nationality）和祖国的情感来看，它更属于法国”（出处同上）。勒南（Renan）在他写给斯特劳斯（Strauss）的信中也提到了类似的观点。见 E. Renan，“Lettre à M. Strauss,”（1870）*Oeuvres complétes*，Vol. 1（Paris：Calmann－Lévy，undated），pp. 437－448；E. Renan，“Nouvelle lettre à M. Strauss,”（1871）*Oeuvres complétes*，Vol. 1（Paris：Calmann－Lévy，undated），pp. 449－462. 尽管这些信是因阿尔萨斯—洛林问题而写的，但是这些信件——尤其是第二封信——提供了值得注意的关于“种族政治”（ethnographic politics）危险性的总体前瞻评价，这种“种族政治”试图使政治适应先前的种族文化边界：“那把人类分为［不同］种族的备受谴责的做法，不仅是建立在一种科学错误之上——因为几乎没有国家拥有真正纯粹的种族——而且它也只能导向灭绝战争，导向‘动物的’战争……您已经在世界上竖起了人种志的和考古学的政治旗帜以取代自由的政治；这种政治对于您来说将是不可避免的。您所创立的、并错误地带入政治领域的比较语文学，将会对您要些阴谋诡计。斯拉夫人对此非常热衷……您怎么能够相信斯拉夫人不会对您做您对其他人（种族）所做之事……每一种对日耳曼主义的肯定都是一种对斯拉夫主义的肯定；您那一方的每一次集中的运动，都是一种对斯拉夫人的‘鼓励’，使其脱离和分离的运动……因此请您挑战人种志，或不如说，不要把它过度运用于政治。”见 E. Renan，“Nouvelle lettre à M. Strauss,”（1871）*Oeuvres complétes*，Vol. 1（Paris：Calmann－Lévy，undated），pp. 456－457.

② W. Conze，“Nationasbuildung durch Trenung,” *innenpolitische Plobleme des Bismarckerichs*（Munich：Oldenbourg，1983），p. 95；M. R. Lepsius，“The Nation and Nationalism in Germany,” *Social Research* 52（1），1985，p. 48.

年的改革方案和稍后俾斯麦政府的改革实践。

在这种条件下，俾斯麦政府下的统一并没有受到民族主义的影响，受种族文化民族主义的影响就更少了。[①] 作为一个统一民族-国家的德意志帝国的宪政架构也没有受其影响。宪法并没有引用人民主权，威廉一世的帝国皇冠是在凡尔赛由贵族授予的，而非人民的代表授予的。德国也没有统一的德国公民身份：帝国的公民身份（Reichsangehörigkeit）源自各选举州的公民身份（Landesangehörigleit），而且其有限的政治意义也反映了德意志帝国议会有限的政治意义。法国民族-国家的建立过程不仅激烈反对王权，也反对社团和地方特权。[②] 日耳曼人的准民族国家（quasi - nation state）却并不质疑任何原则，反而把某些特权——保留权利（Reservatrechte）——写进南德意志国家（South German states）的兼并条约中。

无论如何，德意志帝国的支持者和恐惧者都视其为一个民族-国家。[③] 然而，作为一个民族-国家，它不仅内部架构不完善，而且外部的边界也不完善——它确实存在着双重不完善。作为一个"小德意志"（kleindeutsch）德国，它排除了无数的奥地利日耳曼人而包容不足，但另一方面，它又过于包容，将法国的阿尔萨斯和洛林、丹麦的石勒苏益格和普鲁士境内的波兰人纳入其中。它们不只是简单的语言

---

① 关于俾斯麦政府疏远民族主义的分析，可参见 T. Schieder, *Das deutsche Kaiserreich von* 1871 *als Nationalstaat*（Cologne: Westdeutscher Verglag, 1961）, pp. 22 – 26. 吞并阿尔萨斯—洛林是以种族文化的民族性原则来提出要求和进行辩护的，这个举动实际上是出于策略上的考虑。参见 L. Gall, "Das Problem Elsass – Lothringen," in T. Schieder and E. Deyerlein, eds., *Reichsgründung* 1870/71（Stuttgart: Seewald Verlag, 1970）, pp. 366 – 385.

② 因此，1791 年宪法的序言里说："无论是对于民族的任何一个部分来说，还是对于任何一个个体来说，都不再有任何特权，也不再有相对于全体法国人的共同权利而言的例外。"

③ 在普鲁士东部省份的波兰人案例中，不是德意志帝国，而是北德意志联邦（Norddeutsche Bund）有着民族-国家的坏的特征。波兰人接受了非民族的普鲁士国家成员身份，但是拒绝东普鲁士省融入（incorporation）这个新的民族实体。1871 年，他们重申其反对立场："我们仍旧想在保留在普鲁士政权下，但是我们不想被纳入德意志帝国。"来自波兰人代表，引自 T. Schieder, *Das deutsche Kaiserreich von* 1871 *als Nationalstaat*（Cologne: Westdeutscher Verglag, 1961）, pp. 19 – 20.

问题，而更是少数民族的自我意识问题——对普鲁士境内的波兰来说尤其如此。尽管存在着此类双重不完善，德意志帝国仍然在 1871 - 1914 年的民族 - 国家巩固进程中取得重大进展——主要通过发展遍及全国范围的新制度和新程序，以及民族意识方面的整合工作。在一战爆发之时，德意志帝国明显已不再是 1871 年那个显然“未完成的”（unvollendete）民族 - 国家了。①

德意志帝国继承了普鲁士的国家性和日耳曼的民族性这两大世俗传统。它在相当大的程度上成功地融合这些不同甚至是相互对立的传统。然而，在传承历史上遗留下来的双重传统的同时，日耳曼民族性传统中的国家主义因素与种族文化因素之间的紧张也得以继承。在这种持续二重性的背景下，两代人的时间不足以在新的国家框架下创造出一个稳固的不言自明的（selbstversändlich）民族意识。国家（Reichsnational）意识在德国帝国时代并没有完全取代民族（Volksnational）意识：尽管种族文化的民族性概念在德意志帝国（Reichsgründung）之后的数十年间衰退了，但它仍为后来的政治所利用。这表现在世纪之交的泛日耳曼主义的鼓惑和煽动上，表现在哈布斯堡帝国解体后将会也应该与奥地利联合的假设上，表现在魏玛共和国时期民族思想和德意志特色取向的政治发展上，更不要说随后纳粹宣传家对民族思想的利用了。②

## 九、19 世纪后期法国移民向公民的转化

我这里无法分析法德两国民族性传统在 20 世纪出现的兴衰过程。我在别的地方已经指出，这里所勾勒的这种根深蒂固类型的民族自我理

① T. Schieder, *Das deutsche Kaiserreich von* 1871 *als Nationalstaat* (Cologne: Westdeutscher Verglag, 1961); J. Kocka, “Probleme der politischen Intergration der Deutschen, 1867 bis 1945,” In O. Büsch and J. Sheehan, eds., *Die Rolle der Nation in der deutschen Geschichte und Gegenwart* (Berlin: Colloquium Verlag, 1985).

② H. Arendt, *The Origin of Totalitarianism* (New York: Harcount Brace Jovanovich, 1973), 222f.

解在经历了20世纪上半叶的动荡之后继续得以保留，并继续对今天的移民和公民身份政治发挥着影响。① 我这里想要讨论的是一种历史现象，我的目标旨在简单总结我所勾勒的民族性传统与这种传统所表现出来的公民身份的法律规定之间的关系。就这一点而言，没有必要将历史分析延伸至20世纪。因为支配法德两国公民身份特性的规则分别在1889年和1913年就几乎固定在现在的形式。正是这些规则——法国的扩张性和德国的收缩性——支配着当今移民的公民身份和生活机遇。议会的辩论和报告可以证实法德两国的独特民族性传统对发展这些规则的影响。

根据1889年法案，法国允许所有出生于法国但父母出生于国外的人，以及大多数定居于法国并已达到法定年龄的人获得法国公民身份。这一制度在做了稍许修改之后至今仍得以保留。其效果类似于美国和加拿大等典型移民国家的做法，自动将第二代移民转变为公民。② 大多数评论家将法国法案的扩张性的原因归结为法国的人口和军事利益。他们认为，面对德国人口和军事的爆发式增长，法国在人口增长停滞的情况下需要将第二代移民纳入公民身份体系。事实上，将移民转变为公民并非出于军事的需要，③ 但可以把它理解为政治方面的需要。首先，它是对出生于法国的外国人可以免服兵役而法国人则必须在军队至少服役五年之间形成的“惊人的不平等”的回应。④ 外国人拥有的这种

---

① W. R. Brubaker, “Citizenship and Nationhood in France and Germany,” Ph. D, dissertation, Columbia University, 1990, Ch. 8 and 9.

② 当然，法国与北美的公民身份法案也存在着重要的差异。北美体系依据的是无条件的出生地原则（jus soli）：所有在该地出生的人都被赋予公民身份。因此即使是那些未登记在册的移民的小孩都能获得美国公民身份，只要他是出生于美国。相比之下，法国公民身份依据的是血统原则（jus sanguinis）：所有父母为法国公民的人即为法国公民，而不考虑其出生地在什么地方。但另外一方面——这是与北美的公民身份法案相似之处——法国也遵循出生地原则。结果，几乎所有出生于法国并且在那里定居的人到了法定年龄就能获得法国公民身份。关于法国有条件的出生地原则的制度的详情，请参见本章前面的相关注释。

③ W. R. Brubaker, “Citizenship and Nationhood in France and Germany,” Ph. D, dissertation, Columbia University, 1990, pp. 237 – 242.

④ Chambre des Députés, Documents Parlementaires, Session Ordinaire de 1885, Annexe no. 3904. “Proposition de loi relative à la nationalité des fils d'etrangers nés en France,” présentée par M. Maxime Lecomte et al; Chambre des Députés, Compte Rendu, Séance du 16 mars 1889, 2e deliberation sur la proposition de loi, adopté par le Sénat, relative à la nationalité, 594b.

豁免权极其令人恼火，原因在于服兵役理论上已成为每一个法国人的应尽义务，即使事实上不是如此。19 世纪 80 年代中期，当时正在讨论公民身份改革法案，很明显，新的征兵法案虽然准备缩短服役的时间，但它毅然将服役对象扩展到所有的人。第二代移民的豁免权尽管在军事上不重要，事实上，新的征兵法案导致军队招募的兵员不是太少，而是太多。但是在普遍服兵役的背景下，那些生于法国并在法国长大而又选择保留外国公民身份的人所享有的兵役豁免权，在观念上很可耻，而在政治上不可容忍。其次，第二代移民的公民化是对刚刚出现的“法国民族内部的不同民族”的发展的一种回应。[①] 法国害怕其南部地区的团结一心的意大利种族共同体，也害怕阿尔及利亚的“外国人”占优势。在阿尔及利亚，法国人在数目上勉强超过“外国人”（比如，意大利人和西班牙人，人数众多的本地人还不在考虑的范围内）。这些团结一心的种族共同体无论基于事实还是基于想象，都对法国统一主义这一核心政治信条构成了挑战。[②]

然而，是什么使得第二代移民的公民化这种措施有效和让人可以接受的呢？毕竟，将移民招募进军队尽管可能并不危险，尤其是现在服兵役被看作特殊民族情感而不是国家主义的表现，是作为“武装起来的民族”（nation in arm）的表现方式，而不再是某种“被某个压迫

---

① Chambre des Députés, Compte Rendu, Séance du 16 mars 1889, 2e deliberation sur la proposition de loi, adopté par le Sénat, relative à la nationalité, 594a.

② 自法国大革命以来，这个自称为“不可分割之民族”（nation une et indivisible）对那些可以被称之为“民族内部的民族”（nation within nation）的任何事物极不宽容。这种统一主义观点完全排斥建立的社会组织，要求将组织中的个体看作民族的个体。康姆特·德·克莱蒙特·托里尼（Comte de Clermont Tonnère）在大革命时期的名言代表了这种观点：“人们必须拒绝任何关于犹太人是一个民族的一切东西，而应该将犹太人的一切东西都视为个体的……他们必须是作为个体的公民”。引自 D. Schnapper and R. Leveau, “Religion et politique: juifs et musulmans Magghrébins en France,” Paper presentes at the conference on “Les musulmans dans la société francaise,” organized by the Association Francaise de Science Politicque (Paris, January 29 – 30, 1987), p. 3. 与之相似，在 19 世纪晚期，将已定居的移民转变为个体公民比他们仍然保持着集体状态的外国人要更好。诸如此类的一个外族存在于法国民族内部才是“真正的危险”（truth peril）。引自 Chambre des Députés, Documents Parlementaires, Session Ordinaire de 1885, Annexe no. 2083. “Rapport fait au nom de la commission chargée d'examiner la proposition de loi, adoptée par le Sénat, sur la nationalité,” par M. Antonin Dubost, p. 34.

性的异己政权强加的行为”?[①] 更进一步地说，正式法律上的形式变化如何能解决民族内部的社会和政治问题？外国人口形式上的“民族归化”难道不会让潜藏着的社会现实维持原样吗？从法律的观点来看，用笔轻轻一划就能让外国人成为法国人——但是他们是真的法国人吗？

如果议会没有受到上述质疑的影响，并且依然毫不犹豫地将外国人转变为法国士兵和法国公民，那是因为它对法国同化原则的效力有着强烈的信心。因而，杜卜思（A. Dubost）在众议院（the Chambre des Députés）提出议案，呼吁将法国国籍扩展到那些“生于斯长于斯，已经习得当地风俗、习惯和品性，被认为与其出生的故乡有着自然的联系”的人。[②] 其他人也赞同了他的观点。在法国，同化主义是一个老生常谈的话题。但是，在 19 世纪 80 年代的同化主义中又出现了新颖而别样的共和主义色彩。不只是居住在法国或者工作在法国才有资格归化，加入到新建立的共和化和民族化了的机构（如学校和军队）也能够实现归化。归化意味着趋同化：学校和军队在共和主义的复兴中承担着“法国灵魂再次燃烧的使命”,[③] 被强有力地赋予完成此项使命的资格。同化的功效主要作用于那些在法律上早已成为法国人的民众，重塑他们的思想和感情，使他们符合更宽泛的民族框架。但是，他们也作用于外国人和新近归化的民众。强制入学对外国人的小孩和法国人的小孩都一样。而且，1889 年之后，根据国籍法的改革，不论是入籍已久的法国人，还是那些新近入籍的法国人都有服兵役的义务。内在与外在的同化在社会学意义上是一致的：如果学校和军队能够将

---

① J. Montelhet, *Les institutions militaries de la France* (1814 – 1924) (Paris: Librairie Félix Alcan, 1926), Ch. 5; R. D. Challener, *The French Theory of the Nation in Arms* 1866 – 1939 (New York: Russell and Russell, 1965); E. Weber, *Peasants into Frenchmen* (Stanford: Stanford University Press, 1976), p. 295.

② Chambre des Députés, Documents Parlementaires, Session Ordinaire de 1885, Annexe no. 2083. “Rapport fait au nom de la commission chargée d'examiner la proposition de loi, adoptée par le Sénat , sur la nationalité,” par M. Antonin Dubost, 232b.

③ J. – P. Azema and M. Winock, *La IIIe République* (1870 – 1940) (Paris: Calmann – Lévy, 1976), p. 149.

农民变成法国人，[①] 他们也能够用同样的方式将在本国出生的外国人转变成法国人。

## 十、德国：作为血统共同体的公民

与法国的公民身份法律不同，德国的公民身份法律对出生地原则并不十分看重。因此，德国并无机制自动把将第二代或甚至第三代移民转变为公民。血统原则成为公民身份唯一的基础。[②] 当德国公民身份法律在 1870 年[③]首次制定的时候，只有基于血统原则的公民身份才是合乎常理的。这是一个民族主义的时代，很自然循着血统原则（jus sanguinis），将公民定义为血缘共同体的一分子，而不是如出生地原则（jus soli）那样将公民定义为地域共同体的一分子。出生地原则作为一种将成员身份与土地捆绑在一起的封建原则而遭到抛弃，血统原则作为某种特别的民族原则而备受青睐，这个原则将民族建立在血缘联系之上，比流于表面和外在的出生地联系更坚实和持久。[④] 这种民族主义对于血统原则的偏爱并没有什么异常之处，法国也有相似的观点。德国的不寻常之处在于，血统原则是公民身份的唯一基础。在大部分欧洲大陆国家中，血统原则只是一种补充原则，它与出生地原则和/或

① 韦伯强调“制造相似”（making similar）：由于公路和铁路、共和主义学校教育和普遍兵役制的发展等，改善了交流和通讯状况，“语言和行为的差异明显减少……与茹费理（Jules Ferry）政府之前相比，1910 年法国不同地区之间更加相似了”。见 E. Weber, *Peasants into Frenchmen* (Stanford: Stanford University Press, 1976), p. 494.

② 归化当然可能，但是只有在极为严格的条件下才有这个可能。参见 K. Haibroonner, “Citizenship and Nationhood in Germany,” in W. R. Brubaker, ed., *Immigration and the Politics of Citizenship in Europe and North American* (Lanham, Md.: German Marshall Fund of the Unites States and University Press of America, 1989), pp. 67 – 70; W. R. Brubaker, “Citizenship and Naturalization: Policies and Politcs,” in W. R. Brubaker, ed., *Immigration and the Politics of Citizenship in Europe and North American* (Lanham, Md.: German Marshall Fund of the Unites States and University Press of America, 1989), pp. 110 – 111.

③ 1870 年法案为北德意志联邦（the North German Confederation）制定，接下来就被扩展到整个德意志帝国（the German Empire）。

④ R. Grawert, *Staat und Staatsangehörigkeit* (Berlin: Duncker and Humblot, 1973), pp. 190 – 191, 203.

长期居住原则相配合，以鼓励或强迫第二代或第三代移民融入公民共同体中。很少有欧洲大陆国家在自动赋予第二代移民公民身份方面走得像法国那样远，但它们至少为第二代和第三代移民获得公民身份制定了一些条款。德国的法律在这方面则什么也没有做。

为什么血统原则在德国没能与出生地原则实现调和？在某些方面，19 世纪晚期和 20 世纪早期的德国类似于 19 世纪晚期的法国。两国都出现了大量的移民，并且两国在这一时期民族主义都高涨。但是，这两种民族主义存在着不一样的形态。19 世纪 80 年代的法国民族主义是以国家为中心的，并且能够自信地同化不说法语的公民[①]和移民，允许甚至要求第二代移民转化为公民。[②] 另一方面，世纪之交的德国民族主义则是种族文化主义导向的。面对东普鲁士内的波兰裔公民和移民，或者更确切地说，面对移民中的一些关键阶层，比如东普鲁士的波兰人和犹太人，这种民族主义采取的则是“拒绝同化”的姿态。这种民族主义主张对不受欢迎的移民进行公民排斥而非公民整合。[③]

在第一次世界大战爆发前的四分之一世纪里，移民为普鲁士东部省份的经济发展所必需。但是从民族的观点来看，随手可得的移民——尤其是波兰移民——并不受欢迎。令人惊讶的是，考虑到普鲁士国家主义传统与种族文化民族主义之间存在的差异，普鲁士国家自身竟然也持这种观点。它担心，波兰移民可能强化波兰族的种族地位，同时削弱东普鲁士的日耳曼种族精神。普鲁士政府实行严格的归化政策，同时实行移民工人每个冬季都要离开德国的移民政策。该政策使这个国家阻止了种族文化上的“不受欢迎因素”在其东部边境的定居。

---

① E. Weber, *Peasants into Frenchmen* (Stanford: Stanford University Press, 1976), Ch. 6 and 8.

② W. R. Brubaker, "Citizenship and Nationhood in France and Germany," Ph. D, dissertation, Columbia University, 1990, pp. 242 - 254.

③ W. R. Brubaker, "Citizenship and Nationhood in France and Germany," Ph. D, dissertation, Columbia University, 1990, Ch. 7.

在这一方面，公民身份成了地区阻隔的工具。① 通过将移民排斥在公民身份之外，国家保留了行动的自由。这首先意味着将移民从国境内驱逐出去的自由。今天，在西欧长期定居的移民享有免于驱逐的实质性法律和政治保护，但是，他们在19世纪晚期和20世纪早期享受不到这样的保护。在19世纪80年代，普鲁士驱逐了30000波兰和犹太移民，他们中大部分人是长期居民。并没有更进一步的大规模驱逐。但是，由于缺乏限制驱逐非公民居住者的手段，那时的公民身份地位对国家来说有着重要的意义，这种意义今天已经不再如此重大，由此导致的结果是，与现在相比，那时的国家对于保持限制性的归化政策有着更加浓厚的兴趣。鉴于中欧境内德国－斯拉夫边境出现的向西汹涌流动的移民潮，东普鲁士的劳工短缺迫使其雇佣大量的移民劳工，但同时又将斯拉夫人和犹太人界定为文化和政治上“不受欢迎的因素”，国家对限制性归化政策的兴趣只是一个被逼无奈的结果。

然而，即使在限制性移民归化政策中存在某些使国家感兴趣的因素，这些因素在纯粹的血统原则体系中是不存在的。就近期才来到的移民而言，国家对控制公民身份的准入（即永久定居的资格）有着浓厚的兴趣。但是，国家对于阻止那些出身于领土范围内并在此长大的人获得公民身份只有有限的兴趣。实际上，这些人已经被允许在这个地方定居。国家原本可以阻止他们定居，但它没有那么做。可以确定的是，作为外国人，这类人仍然容易在未来被强行驱逐；国家对他们仍然保持着比公民更强的影响力。然而，在已经允许他们定居之后，国家也几乎就无法从这种额外的影响力中获利了。

与1889年法国扩展了出生地原则那样，在1913年德国坚持的纯粹血统原则需要放在民族自我理解的惯常背景下加以理解，这深植于民族的过去，并在某个特殊的历史节点得到有力强化。法国第二代移民在法律意义上向公民的转换意味着法国自信能让移民在社会、文化和政治方面成为“真正的”法国人。法国的精英拥有这份自信。对传

① W. R. Brubaker, “Citizenship and Nationhood in France and Germany,” Ph. D, dissertation, Columbia University, 1990, pp. 77－81.

统民族性的同化主义理解被同化主义理论、普遍性教育和普遍军事服役等新民族制度的实践所强化。这使得扩展出生地原则变得可能且看起来合理。在德国，对出生地原则的激烈否定反映了精英们对移民在社会、文化和政治方面向德国人转变缺乏自信。从某种程度而言，这也是历史上德国对于民族性的理解比法国更少国家中心主义和同化主义，而更多种族文化主义的结果。除此之外，在俾斯麦和威廉德国晚期，东普鲁士对波兰裔德国公民的种族文化融合不断遭受失败，这也极大地强化了德国种族文化主义的民族性。① 在试图赢得波兰人对德国民族－国家忠诚和试图将他们融入德国的语言和文化的行动失败后，普鲁士－德国的波兰政治不断走向“去同化主义”，并在对待日耳曼族德国公民与波兰裔德国公民采取了不同的方式，以便在边境“强化德意志领土”。这些土著波兰人自 18 世纪晚期起就是普鲁士的公民，由于国家在东普鲁士地区没有成功地同化土著波兰人，因此人们便不再相信国家能成功地同化波兰移民。因此像法国那样自动将第二代移民转化为公民的同化主义公民法案便不在德国的考虑问题内。

法国 1889 年法案与德国 1913 年法案创设了甚至今天仍然沿用的公民身份归属原则。② 因此，在法国战后的大量移民获得了（或即将获得）法国公民身份，而对德国而言，非日耳曼移民之中只有微不足道的一部分获得了德国公民身份。当然，在形式上将移民转变为公民之后，法国也没有解决所有的问题。在许多方面，两国移民的社会、

---

① M. Broszat, *Zweihundert Jahre deutsche Polenpolitik* (Frankfurt: Suhrkamp, 1972), p. 143, 157; R. Blanke, *Prussian Poland in the German Empire* (Bounder: East European Monographs, 1981), p. 60; H. – U. Wehler, *Sozialdemokratie und Nationalstaat* (Göttingen: Vandenhoek & Ruprecht, 1971), p. 118.

② 可以肯定的是，控制通过归化获得公民身份的政策已经发生变化。在 19 世纪，法国和德国都实行严格的归化政策。但法国在 20 世纪 20 年代果断地实行自由化的归化政策改革，并从那时起，除了在维希政权（Vichy Regime）时期一度实行严格的归化立法外，比起德国，法国的归化政策还是相当自由的。虽然我不能在此详细论述这一点，但是关于归化政策方面的争论，如同文中所概述的关于归化标准的争论，已经反映出法德两国在民族自我理解方面的不同风格。目前关于是否要修改公民身份法律的讨论也是如此。参见 W. R. Brubaker, "Citizenship and Nationhood in France and Germany," Ph. D, dissertation, Columbia University, 1990, Ch. 8 and 9.

文化和经济状况相似。然而，法国通过将第二代移民转变为公民，正式承认和保证了他们在国家和社会中的永久成员身份，并赋予他们完整的公民、政治和社会权利。在未来几年里，新的德国政权是否以及何时将效仿法国的做法，可能将成为一个日益突出的问题。

# 福利国家的三种政治经济学*

苟斯塔·恩斯平－安德森/文　郭台辉/译

对于福利国家经久不息的讨论迄今并没有就其发展的本质或起因形成结论性的答案。本章的目的主要有三个：（1）把讨论重新纳入政治经济学的知识传统中来，以便更有利于聚焦所涉及的主要理论问题；（2）既然从开支的角度来评估福利国家的传统方式不再有效，那么，有必要阐明福利国家的主要特征；（3）致力于使福利国家的研究"社会学化"。大多数研究都假设了一个线性的世界：更多或更少地体现在权力、工业化或者支出上。本章认为，可以把福利国家理解为一系列体制类型，必须从互动的角度来解释其发展。

## 一、古典政治经济学的遗产

有两大问题引导着当代有关福利国家的讨论。其一，公民的社会权利是否降低了阶级的重要性？或者换句话来说，福利国家能否从根本上改变资本主义社会？其二，福利国家发展背后的根本动力是什么？这些问题由来已久。实际上，在福利国家正式问世的一百多年前，19世纪政治经济学家就已阐述过。古典政治经济学家——不管是信奉自由主义、保守主义还是马克思主义的——对资本主义与福利之间的关系多有关注。尽管他们的结论分歧明显，但他们的分析却都明确地指向市场（和财产权）与国家（民主）的关系。他们所提出的问题大部分是规范意义上的：在市场与国家之间，理想的权责分工是什么？

当代新自由主义回应了古典自由主义政治经济学的贡献。对亚当

---

* 本文译自 Gøsta Esping－Andersen，"The Three Political Economies of the Welfare State，" *International Journal of Sociology*，Fall，1990，vol. 20，no. 3，pp. 92－123.

·斯密来说，市场是废除阶级、不平等和特权的最佳手段。除了必要的最低限度的干预之外，国家干预可能扼杀竞争交换的平等化过程，创造垄断、保护主义和无效率。简而言之，国家支持阶级，市场则可以潜在地消除阶级社会。①

自由主义政治经济学家在政策倡导时并不必然观点一致。纳索·威廉·西尼尔（Nassau William Senior）以及后来的曼切斯特自由主义者强调亚当·斯密的自由放任要素，拒绝与金钱相关（cash nexus）以外的任何形式的社会保护。相应地，约翰·密尔和“改良的自由主义者”则希望通过少量的政治调节来调节市场。然而，他们都一致同意，自由市场的最大化和国家干预的最小化为通向平等与繁荣铺平了道路。

对于市场资本主义的这种热情拥抱现在似乎已不合时宜。但是，我们必须考虑到，早期政治经济学家们所面对的国家与绝对主义特权、重商主义的保护主义和无所不在的腐败等遗产是联系在一起的。他们批评压制自由和进取观念的治理体制。他们的学说是革命性的理论。从这一优势角度来看，我们也就可以理解，为什么亚当·斯密有时读起来像马克思。②

民主对许多自由主义者而言不啻为“阿基琉斯之踵”（Achilles'heel）。他们有关自由和民主参与的理想奠基于财产所有者的世界，而不是由不断增加的无产者组成，无产者凭绝对数量便有可能掌握国家政权。自由主义者害怕普选原则，因为这可能使分配斗争政治化，败坏市场和催生低效率。许多自由主义者发现，民主与市场是

---

① Adam Smith, *The Wealth of Nations*, edited by E. Cannan (London: Methuen, 1961), Vol 2, especially pp. 232 - 236. 亚当·斯密经常被人引用，但却很少有人认真去研读他的著作。仔细考察其著作可以发现某种程度的细微差别和有一些保留，这会缓和对资本主义福祉的狂热追求。

② 在《国富论》中，亚当·斯密对维护有产阶级的特权和保障的国家作了如下评论：“……国民政府，就其建立是用以保护财产的安全而言，在现实社会中就是用以保护富人而不是穷人，或者用来保护那些有财产的人而不是那些根本一无所有的人。”见 Adam Smith, *The Wealth of Nations*, edited by E. Cannan (London: Methuen, 1961), Vol. 2, p. 236.

彼此矛盾的。

保守主义和马克思主义的政治经济学家们也认同这一矛盾，但他们提出的当然是一种相反的解决办法。德国历史学派对自由放任进行了最一致的保守主义批判，尤其是弗里德里希·李斯特（Friedrich List）、阿道夫·瓦格纳（Adolph Wagner）和古斯塔夫·施穆勒（Gustav Schmoller）。他们不相信仅仅通过工人的纯粹商品地位和市场纯粹的金钱交易行为就可以确保资本主义的效率。相反，保守主义的政治经济学认为，家长制的新绝对主义（patriarchal neoabsolutism）可以提供一种法律、政治和社会框架以确保资本主义没有阶级斗争。

一个著名的保守主义学派倡议一种“专制主义的福利国家”，认为这可以立刻提供社会福利、阶级和谐、忠诚和生产力。是规制而不是竞争才能确保效率。国家（或者教会）才是调和利益冲突的最好制度。①

保守主义政治经济学的出现是为了回应法国大革命和巴黎公社，它明显是民族主义的和反革命的，为了阻止民主政治的前进动力。它担心社会的扁平化，喜欢保持等级结构和阶级的社会。在这个学派看

---

① 实际上，盎格鲁－撒克逊的读者对这一传统根本一无所知，因为德国学者的作品很少被翻译成英语。对公共讨论和此后社会立法产生很大影响的关键文本是阿道夫·瓦格纳的著作《社会问题讲演录》。见 Adolph Wagner, *Rede über die Soziale Frage*（Berlin：Wiegandt und Grieben, 1872）. 英语世界对这一政治经济学传统的概览可参见 J. Schumpeter, *History of Economic Analysis*（New York：Oxford University Press, 1954），尤其是 R. H. Bower, *German Theories of Corporate State*,（New York：Russel and Russel, 1947）.

从天主教传统来看，最基本的两个文本是教皇通谕（Papal Encyclical），即 *Rerum Novarum*（1891）和 *Quadrogesimo Anno*（1931）。前者见 G. Rutten, *La doctrine sociale de l'Eglise resumee dans les ensycliques Rerum novarum et Quadragesimo anno*（Paris：Editiones du Cerf, 1932）；后者见 Pius XI., *On Reconstruction of the Social Order*（*Q. A.*）*Encyclical of His Holiness Pope Pius XI.*（New York：The America Press, 1938）. 这种天主教的社会政治经济学主张社会组织通过补贴原则（subsidiary principle）而得到国家的帮助，强大家族整合在跨阶级的合作中。

像自由主义者一样，保守主义的政治经济学家也有其当代回声，虽然其数量实际上并不多。在德国与这一复苏相伴的是 Othmar Spann 提出的法西斯主义的法团主义（Ständiche）国家概念。补贴原则仍然指引着德国基督教民主党的很多政治行为。参见 E. Ritcher, “Subsidiarität und Neoconservatismus,” *Politische Vierteljahresschrift* 28（September）, 1987, pp. 293－314.

来，阶级冲突并不是自然的，民主大众参与以及消解既存的等级制和身份边界是对社会和谐的威胁。

当然，马克思主义政治经济学的关键在于拒绝承认自由主义所认为的市场可以保证平等。正如莫里斯·多布（Maurice Dobb）提出的那样，资本主义的积累剥夺了人们的财产，最终导致更深的阶级分裂。① 在这里，国家的角色不是中立的和仁慈的，也不是解放的源泉，相反，它是捍卫财产权和资本的权威。从马克思主义看来，资本主义国家是阶级支配的基础。

不仅对马克思主义来说，而且对当代所有关于福利国家的讨论来说，关键的问题是，由资本主义产生的阶级分化和社会不平等是否以及在什么条件下可以通过议会民主来消除。

自由主义者担心的是，民主将导致社会主义，因此他们不是热心扩展民主。与他们相对照，社会主义者怀疑，议会制只不过是一个空壳，或者如列宁所言，只不过是一个“清谈馆”（talking shop）。② 这种分析思路与当代马克思主义的许多观点相呼应，由此得出的结论是，社会改革的兴起是为了应对资本主义再生产出现的各种危机，而不是为了满足工人阶级的解放愿望。③

在社会主义者当中，对议会制的更积极分析在充分政治公民权利

---

① M. Dobb, *Studies in the Development of Capitalism* (London: Routledge and Kegan Paul), 1946.

② B. Jessop, *The Capitalist State* (Oxford: Martin Robertson, 1982).

③ 这一分析的主要支持者是德国的“国家起源”（state derivation）学派。参见 C. Offe, “Advanced Capitalism and the Welfare State,” *Politics and Society* 2, no. 41, pp. 479 – 488; I. Gough, *The Political Economy of the Welfare state* (London: Macmillan, 1979); N. Poulantzas, *Political Power and Social Classes* (London: New Left Books, 1973). 正如斯考切波和阿曼塔在其卓越综述中指出的那样，这种思路远不是单维度的。这样，奥菲（Offe）、欧康纳（O'Connor）和高夫（Gough）把社会改革的作用明确为对大众需求和潜在矛盾的妥协。参见 T. Skocpol and E. Amenta, “States and Social Policies,” *Annual Review of Sociology* 12, 1986, pp. 131 – 157.

从历史上看，社会主义反对议会制改革的原则更多来自现实而不是理论。德国社会民主党的伟大领导人奥古斯特·倍倍尔（August Bebel）拒绝俾斯麦开拓性的社会立法，这不是因为他不喜欢社会保护，而是因为在改革背后隐藏着俾斯麦公然反对或分化社会主义的动机。

（political citizenship）扩展之后逐渐流行。理论上最深思熟虑的贡献来自于奥地利的马克思主义者，如阿德勒（Adler）和鲍尔（Bauer），以及德国的社会民主主义者，尤其是爱德华·赫曼（Eduard Heimann）。赫曼的讨论起点是，保守主义改革的动机可能是为了压制劳工动员，但是，这种改革仍然改变了阶级权力的平衡：社会工资减轻了工人对市场和雇佣者的依赖。① 社会工资因此也是一种可以确定资本主义与社会主义边界的潜在权力资源。这把一个陌生的因素引入到资本主义的政治经济学。这种知识立场在晚近马克思主义那里明显复苏。②

如前所述，社会民主模式并非必然放弃正统的假设，即基本的平等要求经济的社会主义化。然而，历史经验不久就证明，社会主义化这一目标在现实中是不可能通过议会制来达到的。③

议会改良主义成为社会民主主义追求平等主义战略是以两大观点作为前提：其一，工人需要社会资源、健康、教育等才能有效地参与到民主化的经济中去；其二，社会政策不但是有利于解放的，而且其本身在经济上也是有效的。④ 按照马克思对于这一问题的看法，这种战略促进了资本主义生产力的前进步伐。但是，这一战略也存在亮点，即社会政策也确保了对社会民主力量的动员。通过消除贫困、失业和对工资的完全依赖，福利国家可以提升工人的政治能力，消除阻碍工人进行政治联盟的社会分化。

因此，社会民主模式提出了当代福利国家讨论中的一个主导假设：

---

① E. Heimann, *Soziale Theorie des Kapitalismus* (Frankfurt: Suhrkamp, 1929, Reprint 1980).

② C. Offe, *Disorganized Capitalism* (Cambridge, Mass: MIT Press, 1985); S. Bowles and H. Gintis, *Democracy and Capitalism* (New York: Basic Books, 1986).

③ 这一现实来自于两类经验。第一种以 20 世纪 20 年代的瑞典社会主义改革为典型，这一改革发现，甚至作为基础的工人阶级对于社会化改革也没有表现出多高的热情。实际上，瑞典社会主义者有一种特殊使命为社会化改革准备方案，在经历了十年的探索之后却发现，这种方案在实践中根本行不通。另一种典型经验则来自挪威的社会主义者和 1936 年布罗姆（Blum）的人民阵线政府。他们发现，激进的方案很容易被资本主义抑制投资和向海外输出资本的能力所破坏。

④ A. Myrdal and G. Myrdal, *Kris i Befolkningsfrägan* (Stockholm: Tiden, 1936).

议会制的阶级动员是实现平等、正义、自由、团结等社会主义理想的一种手段。

## 二、福利国家的政治经济学

我们的政治经济学先行者为当前的许多研究奠定了分析基础。他们将阶级、国家、市场和民主的关键变量隔离开，并且形成了关于公民身份和阶级、效率和平等、资本主义和社会主义的基本结论。当代社会科学从两个非常重要的科学前沿将自身与古典政治经济学区分开来。其一，它把自身界定为实证科学，并从规范描述中抽身出来。[①] 其二，古典政治经济学家对历史变化缺乏兴趣，他们把自己的努力视为旨在建立普遍的法则体系。虽然当代政治经济学有时仍相信绝对真理，但比较和历史方法——如今为几乎所有好的政治经济学奠定了基础——揭示了变化与恒久的关系。

尽管存在着这些差异，但最近的大多数学术研究仍然有其焦点，那就是 19 世纪政治经济学家所界定的国家 - 经济关系。考虑到福利国家的巨大发展，福利国家成为各种政治经济学理论重大争论的主要测试案例（test case）也就不难理解。

对发达资本主义国家中福利国家的发展已经存在诸多比较研究，我们接下来将回顾其主要贡献，并且提出，大多数的学术研究都是被误导的，主要原因在于这些研究已经脱离其理论基础。因此，为了充分地研究福利国家，我们必须重新思考政治经济学的方法和概念。这将构成本章最后一部分的重点。

对福利国家的解释主要有两种方式：一是系统论（或结构主义）；二是制度或行动者导向的解释。

### 系统/结构主义的方式

系统或结构主义理论试图从总体上把握发展的逻辑，重点关注社

---

① L. Robbins, *Political Economy: Past and Present* (London: Macmillan, 1976).

会和经济再生产的必要功能，以及不同国家的相似而不是差异。

结构主义的变体始于一种工业社会理论，认为工业化使社会政策既变得必要也变得可行。福利国家之所以必要是因为，社会再生产的前工业模式（如家庭、教会、贵族、行会）都被与现代化相关的力量（如社会动员、城市化、个人主义、市场依赖）所摧毁。问题的症结在于，市场并不是充分的替代品，因为它只能满足那些能够在其中发挥作用的人。因此，民族-国家充当了“福利功能”的角色。现代官僚作为一种理性的、普遍的、高效的组织形式，它的兴起使得福利国家成为可能。它是管理公共物品的一种手段，但凭其自身能力也成为一个权力中心，因此必然推进其自身的扩展。

这种推理产生一种所谓工业主义的逻辑视角，认为福利国家之所以出现是因为现代工业经济摧毁了传统的社会稳定形式。① 但是，这种视角难以解释的是，为什么政府的社会政策只是出现在传统共同体被有效摧毁之后的50年或者甚至100年之后。瓦格纳法则和马歇尔② 的观点回应了这一问题，即为了把一部分稀缺资源从生产用途（投资）转移到福利，那就必须具有一定水平的经济发展和剩余。③ 在这个意义而言，这种观点追随了老自由主义者的足迹。社会再分配影响效率，惟有达到一定经济发展水平才能避免一种负和（negetive - sum）的交换。④

新结构主义的马克思主义提供了某种惊人相似的分析，并且打破了其古典先行者所具有的强烈行动中心论。像工业主义视角一样，它分析的逻辑起点并不是市场的问题，而是生产模式的逻辑问题。资本

① P. Flora and J. Alber, “Modernization, Democratization and the Development of Welfare States in Europe,” in P. Flora and A. Heidenheimer, eds. , *The Development of Welfare States in Europe and America* (London: Transaction Books, 1981); F. Pryor, *Public Expenditures in Communist and Capitalist Nations* (London: Allen and Unwin, 1969).

② A. Marshall, *Principles of Economics* 8th Edition (London: Macmillan, 1920).

③ H. Wilensky and C. Lebeaux, *Industrial Society and Social Welfare* (New York: Russel Sage, 1958).

④ A. Okun, *Equality and Efficiency: The Big Trade - Off* (Washington, DC: Brookings Institute, 1975).

积累产生了只有通过社会改革才能缓解的各种矛盾。① 与“工业主义逻辑”一样，这种马克思主义传统或者“资本主义逻辑”没有看到行动者在促进福利国家过程中的重要性，即国家作为一个行动者处于服务于资本的集体需要的位置。这种理论以两大关键假设作为前提：一是权力是结构性的，二是国家具有独立于阶级的相对自主性。②

“资本主义逻辑”的视角招致不易回答的问题。正如普沃斯基已经指出的那样，如果工人阶级的同意只是以物质霸权为基础，也就是顽固地服从于体制，难以想象的是，为什么国民生产总值的40%以上要分配于福利国家以争取合法性的活动。③ 第二个问题是很难从“生产方式”的角度来推导出国家活动。东欧也许不是一种合格的社会主义体制，但它们也不是资本主义。然而，在那里我们也可以找到“福利国家”。或许，积累无论以哪种方式展开，它都具有功能需求？④

### 1. 制度主义方法

古典政治经济学家表明了民主制度为什么应该影响福利国家的发展。自由主义者担心，充分的民主可以威胁到市场和导致社会主义。在他们看来，自由在市场抵制政治干预的过程中非常必要。这也是自由放任国家在实践中所追求的东西。正是政治与经济的这种分离催生了各种制度主义的分析——解释福利国家的第二种途径。最有代表的

---

① J. O'Connor, *The Fiscal Crisis of the State* (New York: St. Martin's Press, 1973).

② N. Poulantzas, *Political Power and Social Classes* (London: New Left Books, 1973); F. Block, "The Ruling Class does not Role," *Socialist Review* 7 (May - June), 1977, pp. 6 - 28. 最近对这方面文献的批评可参见 G. Therborn, "When, How and Why does a Welfare State Become a Welfare State?" Paper presented at the European Consortium for Political Research (ECPR) Workshops, Freiburg, March, 1986; T. Skocpol and E. Amenta, "States and Social Policies," *Annual Review of Sociology* 12, 1986, pp. 131 - 157.

③ A. Prezworski, "Material Bases of Consent: Politics and Economics in a Hegemonic System," *Political Power and Social Theory* 1, 1980, pp. 21 - 66.

④ T. Skocpol and E. Amenta, "States and Social Policies," *Annual Review of Sociology* 12, 1986, pp. 131 - 157; D. Bell, *The Cultural Contradiction of Capitalism* (New York: Basic Books, 1978).

不仅有波兰尼①，而且有历史学派中诸多反民主的倡导者。制度主义途径主张，将经济与社会、政治制度孤立开来的任何尝试都将摧毁人类社会。经济为了自身的生存必须是嵌入于社会共同体中的。这样，波兰尼把社会政策看作是社会经济重新整合的一个必要前提。

制度组合理论（institutional alignment theory）最近出现一个有意思的变体，它认为，福利国家更容易出现在小规模、开放的经济体中，这些经济体特别容易受国际市场的影响。正如卡赞斯坦②和卡梅隆③所表明的那样，当商业和劳动力都受制于国内控制之外的力量时，往往会通过政府和利益调节来管制阶级之间的分配冲突。

民主对福利国家的影响从密尔和托克维尔就开始讨论。那时的观点通常没有参考任何特定的社会行动者和阶级。在这一意义而言，它是制度主义的。在其古典表述中，这一论点认为，大多数群体喜欢通过社会再分配来弥补市场的缺陷或风险。如果以工资谋生的人要求享有一份社会收入（social wage），那么资本家（或农场主）则很可能要求以关税、垄断或补贴的方式来得到保护。民主是一种无法抵制大多数要求的制度。

民主-制度主义的观点在其现代的表述中存在各种变体。第一种变体强调，在民族-国家建构阶段建立完全的公民身份需要社会权利。④ 多元主义和公共选择理论共同提出的第二种变体则认为，民主将围绕中间选民的争夺而形成激烈的政党竞争，这反过来将导致公共开支的提高。比如涂甫特认为，作为一种选民动员的手段，将会围绕选举而大量扩展公共干预。⑤

---

① K. Polanyi, *The Great Transformation* (New York: Rhinehart, 1944).

② P. Katzenstein, *Small States in World Markets* (Itacha, NY: Cornell University Press, 1985).

③ D. Cameron, "The Expansion of the Public Economy: A Comparative Analysis," *American Political Science Review* 72, 1978, pp. 1234 - 1261.

④ T. H. Marshall, *Citizenship and Social Class* (Cambridge: Cambridge University Press, 1950); R. Bendix, *Nation - Building and Citizenship* (New York: Wiley, 1964); S. Rokkan, *Citizens, Elections, Parties* (Olso: Universitetsforlaget, 1970).

⑤ E. Tufte, *Political Control of the Economy* (Princeton: Princeton University Press, 1978).

民主-制度主义途径面临大量的经验问题。① 根据这一途径，民主政体是出现福利国家的基本前提，民主权利越是扩展，福利国家也越可能得到发展。然而，这一判断不仅面临历史事实的挑战，即第一个有关福利国家的主要倡议在民主政治之前就已经出现，而且福利国家的倡议往往是试图阻止民主的实现而激发出来的，拿破仑二世的法国、俾斯麦统治下的德国和塔菲（Taaffe）统治下的奥地利就是这样的例子。相反，在民主政体很早建立的地方，福利国家的发展反而最为滞后，比如美国、澳大利亚和瑞士。这种明显的矛盾是可以解释的，但必须参考社会阶级和社会结构：很早发展出民主政体的国家基本以农耕为主，并且受小型财产所有者的支配，他们利用其选举权来减少而不是提高税收。② 与此相对照，威权政体下的统治阶级具有更优越的地位，他们可以对不情愿的大众强加各种高额税收。

### 2. 作为政治行动者的社会阶级

前面已经提出了分析福利国家的第三种视角——阶级动员的视角，这一视角来自社会民主的政治经济学。通过强调社会阶级是变迁的主要推动者和阶级力量平衡决定了分配的结果，阶级动员视角区别于结构主义和制度主义。强调积极的阶级动员并不必然意味着否定结构和支配力量的重要性。③ 但它认为，议会原则上是一种可以把动员起来的力量转化为期望的政策与改革的有效制度。因此，议会政治能够控制霸权，可以用来服务于与资本相对抗的利益。而且，阶级动员理论认为，福利国家除了简单缓和当前体制的各种病症以外还可以做更多，而且“社会民主”的福利国家凭自身能力将为工资收入者建立关键的权力资源，从而强化劳工运动。正如赫曼（Heimann）最初主张的那

---

① T. Skocpol, and E. Amenta, "States and Social Policies," *Annual Review of Sociology* 12, 1986, pp. 131 - 157.

② J. Dich, *Den Herskende Klass* (Copenhagen: Borgen, 1973).

③ W. Korpi, *The Democratic Class Struggle* (London: Routledge and Kegan Paul, 1983).

样，社会权利阻止资本主义的权力和特权的扩张。①

福利国家为什么本身是一种权力的资源？这一问题对于该理论的适用性非常重要。其答案是，市场中的工资收入者本质上是原子化和分层的，被迫参与竞争，没有保障，并且依赖于他们控制范围之外的决策与力量。这就限制了他们集体团结和动员的能力。所以，对于集体权力动员所需要的强大和统一来说，福利国家普遍追求的社会权利、收入保障、收入平等和消除贫困是必要的前提条件。②

这一视角的唯一困难是有关权力动员条件的界定。权力依赖于从选民的统一和集体谈判中产生出来的资源。相应，权力动员取决于工会组织的水平、选举票数，以及左派或劳工党在议会和内阁中占据的席位。但是，持久的权力动员需要多长时间才能产生决定性的效果呢？如果估计需要超过一个特定时间段（5 至 10 年），那么，我们就面临“勃鲁姆或密特朗效应”（Blum/Mitterrand effect）的谬误，左翼执掌权力一段时间证明是无效的，因为左派在有机会行动之前就被抛弃了。

有几种反对阶级动员理论的有效意见，其中有三种尤其根本。一是在高度发达的资本主义国家，决策制定和权力的场所可能从议会转移到新合作主义的利益协调制度。③ 二是劳工党影响福利国家发展的能力受右翼政党权力的结构制约。卡斯提斯（Castles）已经指出，右翼政党中的统一程度比左派被激活起来的力量更为重要。④ 其他作者也强调这样一种事实，在诸如荷兰、意大利和德国等国家，宗教政党（通常是天主教社会党）可以动员大部分工人阶级，它们对于福利国

---

① E. Heimann, *Soziale Theorie des Kapitalismus* (Frankfurt: Suhrkamp, 1929, Reprint 1980).

② G. Esping - Andersen, *Politics against Markets* (Princeton: Princeton University Press, 1985).

③ A. Shonfield, *Modern Capitalism* (Oxford: Oxford University Press, 1965); P. Schmitter and G. Lembruch, *Trends toward Corporatist Intermediation* (London: Sage, 1979).

④ F. Castles, *The social Democratic Image of Society* (Lodon: Routledge and Kegan Paul, 1978); F. Castles, ed. , *The Impact of Parties* (London: Sage, 1982).

家的追求与其社会主义的竞争者并不存在明显的差异。① 阶级动员理论的确由于其瑞典中心主义（Swedocentrism）而遭到批评，也就是说，它太过侧重于在相当特殊的瑞典经验的基础上来界定权力的动员过程。②

这些反对意见表明了有关阶级形成的理论假设的一个基本谬误：我们不能假定社会主义自然是动员工资收入者的基础。实际上，工人成为社会主义者的条件仍然没有得到充分证明。在历史上，工人动员的自然组织基础是前资本主义的各种共同体，尤其是行会、教会、族群或语言。老一套地照搬虚假的意识不可能解释为什么荷兰、意大利和美国的工人是围绕非社会主义的原则动员起来的。为什么社会主义在瑞典工人阶级中占据支配地位，就像认信主义（confessionalism）在荷兰占据支配地位一样，依然是个谜

第三，可能也是最根本的反对意见，针对的是权力的线性模式观点。认为选票、工会或国会议席在数量上增加可以转化为更多的福利国家，这是有问题的。一是对于社会主义和其他党派来说，充满魔力的“50%”这个门槛在议会多数实践中似乎是不可超越的。③ 二是如果社会主义政党是在传统意义上代表工人阶级，那么，显然他们的规划不可能成功。传统工人阶级只有在非常少数的情况下能在数量上占据多数，他们的作用被迅速边缘化了。④

解决这种线性——和工人阶级占少数——的问题的办法，最有希

① M. Schmidt, “The Role of Parties in Shaping Macro－economic Policies,” in F. Castles, ed. , *The Impact of Parties* (London: Sage, 1982); H. Wilensky, “Leftism, Catholicism, and Democratic Corporatism,” in P. Flora and A. Heidenheimer, eds. , *The Development of Welfare State in Europe and America* (London: Transaction Books, 1981).

② M. Shalev, “The Social Democratic Model and Beyond,” *Comparative Social Research* 6, 1983, pp. 315－351.

③ A. Prezworski, *Capitalism and Social Democracy* (Cambridge: Cambridge University Press, 1985).

④ 这显然不只是一种针对议会阶级假设的问题。结构主义的马克思主义也面临着详细说明新中产阶级的阶级特征的问题。如果这种说明不能证明它构成了一种新的工人阶级，那么这两种马克思主义理论的变体就都将面临严重的问题（虽然问题并不相同）。

望的是最近把巴林顿·摩尔的“路径中断”（path - breaking）的阶级联盟理论运用于分析现代国家转型。① 这样，凯恩斯主义追求充分就业的承诺和社会民主福利国家体系的起源，就可以追溯到强大工人阶级运动与农场主组织建立政治联盟的能力中去。此外，尽管可能存在争议，持续的社会民主主义越来越取决于一种新工人阶级即白领联盟的形成。

阶级联盟的视角有其额外的价值。两个国家（比如奥地利和瑞典）可能在工人阶级动员方面取得同样成功，但却产生了非常不一样的政策结果。这种差异可以通过两个国家在历史上建立的联盟的差异来进行解释：瑞典社会民主党的支配权根源于其有能力结成著名的“红绿”联盟；相比之下，奥地利的社会主义者因为保守派的联盟笼络了农民阶级而被孤立。②

总而言之，我们必须从社会关系的角度来进行思考，而不仅仅是社会类型。结构 - 功能主义的解释尽管表明了福利国家的各种聚合结果，而阶级动员范式观察到广泛的差别，但却是线性分布的，互动模式如联盟视角则关注独特的福利国家政体。

### 3. 何谓福利国家？

每一种理论范式必然以某种方式来解释福利国家。我们如何才知道福利国家何时和是否对工业主义的要求或者资本主义再生产和合法性问题做出了功能上的回应？我们如何才知道福利国家是否适应于动

---

① M. Weir and T. “Skocpol, State Structures and the Possibilities for Keynesean Responses to the Great Depression in Sweden, Britain, and the United States,” in P. Evans et al. eds. , *Bringing the State Back In* (New York: Cambridge University Press, 1985); P. Gouerevitch, *Politics in Hard Times* (Ithaca, NY: Cornell University Press, 1986); G. Esping - Andersen, *Politics against Markets* (Princeton: Princeton University Press, 1985); G. Esping - Andersen and R. Friedland, “Class Coalitions in the Making of West European Economies,” *Political Power and Social Theory* 3, 1982, pp. 1 - 52.

② G. Esping - Andersen and W. Korpi, “Social Policy as Class Politics in Postwar Capitalism,” in J. Goldthorpe, ed. , *Order and Conflict in Contemporary Capitalism* (Oxford: Oxford University Press, 1984).

员起来的工人阶级的可能需求？如果我们没有对需要解释的现象形成一致的概念，我们就不可能检验各种相互竞争的观点。

所有文献的一个显著特点是对福利国家本身缺乏真正的兴趣。福利国家研究是由对其他现象的理论关注而激发出来的，比如权力、工业化或资本主义矛盾，福利国家本身一般很少获得观念上的关注。如果福利国家之间各有差异，那么，这些差异是如何产生的？一个国家在什么时候才是真正的福利国家？这需要我们把关注点直接回溯到问题的原点：福利国家是什么？普通教科书有关福利国家的定义是指国家有责任保证其公民享有某些最基本的福利。这种定义所回避的问题主要有：社会政策是否是解放性的？是否有助于体制的合法化？是否有助于市场进程，还是与之相抵触？"基本"所指的是什么？要求福利国家满足超过我们基本或最低的福利需求，这不更合适吗？

第一代比较研究就是从这种概念化开始的。这些作者不经太多思考就认为，社会开支的水平足以反映一个国家对公共福利所承担的责任。他们的理论意图并不是为了真正理解福利国家，而是为了检验各种相互竞争的政治经济学理论模型的有效性。他们相信，如果从城市化、经济增长水平和老年人在人口结构中的比重几个方面来评价一个国家，就足以判断其工业现代化的基本特征。或者还有一种选择，从左派阵营的力量或者工人阶级的权力动员（通过对工团主义、选举力量和内阁权力进行复杂的评估）来评价一个国家，以此识别工人阶级动员在社会民主模式形成过程中的影响。

我们非常难以评价第一代比较研究者的成果，因为任何特定的理论都缺乏有说服力的个案来支撑。用于比较的国家不够，这在数据统计上限制了可以同时用来检验的变量数目。因此，卡特赖特（Cutright）① 或维伦斯基（Wilensky）② 发现，经济水平以及与之相连的人

① P. Cutright, "Political Structure, Economic Development, and National Social Security Program," *American Journal of Sociology* 70, 1965, pp. 537 – 550.

② H. Wilensky, *The Welfare State and Equality* (Berkeley: University of California Press, 1975).

口统计和官僚制可以解释大多数“富裕国家”的福利国家变体，但没有包括对工人阶级动员或经济开放的相关测量。因此，其赞同“工业主义逻辑”的结论让人怀疑。当休伊特（Hewitt）①、斯蒂芬斯（Stephens）②、柯皮（Korpi）③、梅力斯（Myles）④ 和厄斯平 - 安德森（Esping - Andersen）⑤ 找到支持工人阶级动员理论的强有力论据，或者当施密特（Schmidt）⑥ 为新法团主义找到论据、卡梅隆（Cameron）⑦ 为经济开放论点找到论据的时候，他们同样没有进行检验以反对这种最强有力的替代解释。⑧

这些研究大多数都声称要解释福利国家，但他们对开支的关注却可能是不相关的，或者充其量是误导的。开支对于福利国家的理论本质来说可能只是表面现象。而且，线性的评价方法（权力、民主或者支出的多少）与社会学的观念相矛盾，权力、民主和福利是相互关联和结构性的现象。通过评估福利国家的支出，我们假定，所有支出都得到了均等计算。但有些福利国家（比如说奥地利）把很大一部分福利份额支付给了有特权的公务员，这不是我们通常认为的对社会公民

① C. Hewitt, “The Effect of Political Democracy and Social Democracy on Equality in Industrial Societies,” *American Sociological Review* 42, 1977, pp. 450 - 464.

② J. Stephens, *The Transition from Capitalism to Socialism* (London: Macmillan, 1979).

③ W. Korpi, *The Democratic Class Struggle* (London: Routledge and Kegan Paul, 1983).

④ J. Myles, *Old Age in the Welfare State* (Boston: Little Brown, 1984).

⑤ G. Esping - Andersen, “Power and Distributional Regimes,” *Politics and Society* 14, 1985, pp. 223 - 256.

⑥ M. Schmidt, “The Role of Parties in Shaping Macro - economic Policies,” in F. Castles, ed., *The Impact of Parties* (London: Sage, 1982); M. Schmidt, “The Welfare State and the Economy in Periods of Economic Crisis,” *European Journal of Political Research* 11, 1983, pp. 1 - 26.

⑦ D. Cameron, “The Expansion of the Public Economy: A Comparative Analysis,” *American Political Science Review* 72, 1978, pp. 1234 - 1261.

⑧ 许多学者对这方面的文献进行了详细的评述。例如，参见 H. Wilensky et al. *Comparative Social Policy: Theory, Methods, Findings* (Berkeley: International Studies, 1985). 其他卓越而更加批判性的评论则可参见 H. Uusitalo, “Comparative Research on the Determinants of the Welfare State: The State of the Art,” *European Journal of Political Research* 12, no. 4, 1984, pp. 403 - 422; M. Shalev, “The Social Democratic Model and Beyond,” *Comparative Social Research* 6, 1984, pp. 315 - 351; T. Skocpol and E. Amenta, “States and Social Policies,” *Annual Review of Sociology* 12, 1986, pp. 131 - 157.

权利和社会团结的承诺。其他国家则不成比例地支付给经过经济情况调查的社会援助。很少有哪个当代分析家会同意，一次济贫改革就称得上是承担了福利国家的责任。有些国家以税收优惠的形式把财政福利大量投入到私人保险计划中，这有利于中产阶级，但这些税收支出并没有在支出账面上体现出来。在英国，社会总支出在撒切尔夫人执政时期呈上升趋势，但这是唯一一次因为高失业的影响。有些项目上的低开支可能表明福利国家更重视充分就业。

泰尔朋（Therborn）正确地提出，必须从国家结构概念来开始我们的讨论。我们应该用什么标准来判断一个国家是否和何时成为福利国家？这一问题有三种回答。泰尔朋的建议是从国家活动的历史转型开始。从最低限度上说，在一个真正的福利国家，其大多数日常活动必须用来满足家庭的福利需要。这个标准有深远的影响。如果我们只是在开支和人事上来测量日常活动，那么导致的结果是，20 世纪 70 年代之前没有哪个国家可以称得上是真正的福利国家！我们通常认为是福利国家的也依然不合格，因为他们大多数日常活动都是关注防卫、法律、秩序、管理。[①] 社会科学家太容易就接受了国家自我声称的福利国家地位，他们也太快得出结论认为只要存在一系列的典型社会规划就标志着福利国家的诞生。

第二种理解视角来自理查德·蒂特马斯（Titmuss）对残余性（residual）福利国家与制度性福利国家的经典区分。[②] 前者认为，只有当家庭或市场失败时国家才开始承担责任，而且这种责任局限于社会边缘群体。制度性福利国家模式覆盖了所有人口，是普遍主义的，把一种制度化的责任注入到福利中。这种福利国家原则上把福利责任延伸到对社会福利至关重要的所有分配领域。这一视角在福利国家的比较

① G. Therborn, "When, How and Why does a Welfare State Become a Welfare State?" Paper presented at the European Consortium for Political Research (ECPR) Workshops, Freiburg, March, 1983.

② R. Titmuss, *Essays on the Welfare State* (London: Allen and Unwin, 1958).

研究中催生出各种新的发展。① 它迫使研究者们从开支的黑箱转移到福利国家的内容上来：相对于特定目标的普遍主义方案、享受福利的资格、救济和服务的质量以及可能最重要的国家把公民权利扩展到就业和工作生涯的程度。这种向福利国家类型学的转移使单纯线性的福利国家排序难以维系。实际上，我们可能需要在类别上比较不同类型的国家。

第三种视角主要从理论上挑选判断福利国家类型的标准。要做到这一点，可以首先测量现实的福利国家来衡量某种抽象的模型，然后再相应地评估方案或整个的福利国家。② 这种方法的弱点在于其非历史性，未必能够理解历史行动者在争取福利国家过程中要实现的理想和设计。如果我们的目标是要检验有关行动者的各种因果理论，那就应该从我们认定的福利国家发展史上的关键行动者所真正提出的要求出发。然而，难以想象的是，所有人都只是为了争取开支本身。

---

① J. Myles, *Old Age in the Welfare State* (Boston: Little Brown 1984); W. Korpi, "Social Policy and Distributional Conflict in the Capitalist Democracies," *West European Politics* 3, 1980, pp. 296 - 316; G. Esping - Andersen and W. Korpi, "Social Policy as Class Politics in Postwar Capitalism," in J. Goldthorpe, ed., *Order and Conflict in Contemporary Capitalism* (Oxford: Oxford University Press1984); G. Esping - Andersen and W. Korpi, "From Poor Relief to Institutional Welfare States," in R. Erikson et al. eds., *The Scandinavian Model* (Armonk, NY: M. E. Sharpe, 1986); G. Esping - Andersen, "Power and Distributional Regimes," *Politics and Society* 14, 1985, pp. 223 - 256; G. Esping - Andersen, "Citizenship and Socialism: De - commodification and Solidarity in the Welfare State," in M. Rein, G. Esping - Andersen and L. Rainwater eds., *Stagnation and Renewal* (Armonk, NY: M. E. Sharpe, 1987).

② L. Day, "Government Pensions for the Aged in 19 Industrialized Countries," in R. Tomasson ed., *Comparative Studies in Sociology* (Greenwich, CT: JAI Press, 1978); J. Myles, *Old Age in the Welfare State* (Boston: Little Brown, 1984).

## 三、对福利国家的再阐释①

很少有人会不同意马歇尔的主张，公民的社会权利构成福利国家的核心思想。② 那么，公民的社会权利存在哪些关键原则呢？在我们看来，首当其冲涉及的必然是社会权利的赋予，主要体现在与市场相对立的人们的去商品化（de－commodification）地位上。其次包括社会分层，个体作为公民的身份可以与其阶级地位相竞争，甚至取而代之。第三，必须从市场、家庭和国家的结合来理解福利国家。在对福利国家进行任何理论阐释之前，有必要对这些原则进行充实。

### 1. 权利与去商品化

工人就像市场上的商品一样，其福利完全依赖于现金交易关系。因此，社会权利的问题是去商品化，也就是市场手段之外给予福利的另一种方式。去商品化可以指所给予的服务，也可以指一个人的地位，不论何种情况，它都指脱离于市场机制的分配程度。这意味着，如果仅仅依靠社会救助或保险，不能必然带来有效的去商品化，如果它不能大体上把人们从对市场的依赖中解放出来的话。以收入调查为基础的贫困救济也许为最后的诉求提供了一层保障。但是，如果收益很低而且带有社会歧视，那么，这种救济体制就会使所有最需要救济的人参与到市场中去。这就是 19 世纪济贫法的真实意图。同样，早期的大

① 这部分内容大部分来自我的更早期作品，尤其参见 G. Esping－Andersen, *Politics against Markets* (Princeton: Princeton University Press, 1985); G. Esping－Andersen, "Power and Distributional Regimes," *Politics and Society* 14, 1985, pp. 223－256; G. Esping－Andersen, "Citizenship and Socialism: De－commodification and Solidarity in the Welfare State," in M. Rein G. Esping－Andersen and L. Rainwate, eds., *Stagnation and Renewal* (Armonk, NY: M. E. Sharpe, 1987).

② T. H. Marshall, *Citizenship and Social Class* (Cambridge: Cambridge University Press, 1950).

多数社会保险项目有意使人们最大限度参与到市场劳动中。① 救济要求具有长时段的贡献，并且衡之于之前的工作成效。无论哪种情况，其动机都是为了防止人们产生不工作的意愿。

毫无疑问，去商品化在福利国家的发展过程中一直是一个充满争议的问题。对于劳动者来说，它是一个优先考虑的因素。当工人完全依赖于市场时，他们难以为团结的行动而动员起来。因为他们的资源反映了市场的不平等，在“内部”的人们和“外部”的人们之间就出现了分歧，使发起工人运动变得愈加困难。去商品化壮大了工人力量，削弱了雇主的绝对权威。正是由于这种原因，在历史上雇主总是反对去商品化。

在当代福利国家，各种去商品化权利（decommodified rights）的发展存在很大的差异。在社会救济占支配地位的福利国家，权利与工作表现的关联没有和可以证明的需要那么紧。然而，需求评估（needs - tests）和可怜的收益削弱了去商品化的效果。这样，在这种模式占据主导地位的国家里（主要是盎格鲁 - 撒克逊国家），结果实际上是强化了市场的作用，因为除了那些在市场中失败的人之外，所有人都被鼓励参与到私人部门的福利中去。

第二种主导模式通过非常强的权利资格来支持国家的强制社会保险。然而，这种模式并不会自动保证实质性的去商品化，因为它很大程度上依赖于资格和利益规则的结构。德国是社会保险的先锋，但在20 世纪的大多数时候，我们很难说已通过其社会保险方案带来了去商品化的效果。受益人几乎完全依赖于捐献、工作和就业。实际上，在第二次世界大战之前，德国保险体制为工人提供的平均养老金低于普遍的贫困救济水平。② 与社会救济模式一样，结果是大多数工人宁愿选择工作而不是退休。换句话说，不仅是由于社会权利的出现，而且是由于相应的规则和前提条件，决定了福利项目所能提供的——与市

① A. Ogus, “Social Insurance, Legal Development and Legal History,” in H. F. Zacher ed., *Bedingungen für die Entstehung von Sozialversicherung* (Berlin: Duncker and Humboldt, 1979).

② J. Myles, *Old Age in the Welfare State* (Boston: Little Brown, 1984).

场依赖相反——真实福利的程度。

福利的第三种主导模式即贝弗里奇类型的公民收益（Beveridge - type citizens'benefit），它乍看起来最接近于去商品化。它为所有公民提供一种基本和平等的收益，而不是考虑收入、贡献和绩效。实际上，这可能的确能形成一种更加凝聚的体系，但并不必然能去商品化，因为这些方案很少能按照这样的标准来提供收益，受益人在工作外能有真正选择。

去商品化的福利国家实际上只是到非常晚近才出现。一种有关福利国家的最低限度的定义必须包括：在不可能失去工作、收入或普遍福利的前提下，出于健康、家庭、年龄或者通过自我教育提升等原因，公民可以自由地选择不工作。简言之，在他们看来，为在社会共同体进行更充分的参与，这样做是必须的。

把这一定义放在心上，那么，举一个例子来说，我们就可以要求这样一种疾病保险，它保证个体所获得的收益等同于正常的工资，在提供了基本医疗伤害证明和自己认为必要的条件下，个体有权离开工作岗位一段时间。值得注意的是，这些条件往往为学者、公务员和高级白领所享有。在退休金、产假、育儿假、教育假以及失业保险等方面，我们同样可以提出类似的要求。

有些国家已经朝着这种水平的去商品化方向发展，但仅仅是晚近的事情，并且存在着各种重要的例外。这样，在几乎所有的国家，在20世纪60年代后期和70年代早期，福利开始上升到几乎与正常的工资持平。但是，有些国家对疾病仍要求提供相关的医疗证明，在另一些国家，这种权利依赖于两周以上的漫长等待，其他一些国家的权利期限则非常短（比如较之于丹麦30个月的期限，美国失业救济的时间最长只有6个月）。总体而言，斯堪的纳维亚福利国家最接近于去商品化水平，盎格鲁 - 撒克逊福利国家则离得最远。

### 2. 作为一种分层体系的福利国家

尽管在古典政治经济学和马歇尔的开拓著作中都非常重视公民身

份与社会阶级之间的关系，但无论在理论还是经验上这一问题都仍然被严重地忽视了。一般说来，这一问题或者以为已经解决（福利国家被想当然地认为可以创造一个更加平等的社会），或者从收入分配和从教育是否促进社会向上流动的角度进行狭隘地探讨。一个更加基础的问题似乎是：社会政策可以促进何种分层体系？福利国家不但是一种干预并可能矫正不平等结构的机制，就其本身而言，它也是一种分层体系。它积极和直接安排社会关系。

从比较和历史的角度而言，我们很容易区分内嵌于福利国家的几种分层体系。济贫传统及其当代分支——以收入调查为基础的社会救济——明显为社会分层而设。救济惩罚和侮辱救济接受者，助长了严重的社会二元化，在工人阶级内部的各阶层中尤其如此。结果毫不奇怪，这种福利模式成为劳工运动攻击的主要目标。

俾斯麦和冯·塔菲（von Taaffe）等保守改革者倡导的社会保险模式同样是一种明显的阶级政治形式。实际上，它试图同时获得两种分层结果。第一种是通过立法来为不同阶级和身份的群体确立不同的规划，从而巩固工资收入者内部的分化，每一个群体都有着一组独特的权利和特权，这种设计是为了突出在生活中个人的适当位置。第二个目标是把个人的忠诚直接与君主或者中央国家权威关联在一起。当俾斯麦主张由国家来直接增加养老金收益时，这就是他的动机。这种国家-法团主义的模式主要在德国、奥地利、意大利和法国得到落实，其结果往往是一系列错综复杂、身份地位明确的保障金（例如，法国和意大利就有100多种按身份关系而提供的保障金计划）。

给公务员建立的特殊福利供给（Beamten）在这种法团主义传统中具有特别重要的地位。一方面，这是一种对国家忠诚进行回馈的手段，另一方面也是授予这一群体以特殊的社会地位。但我们同时也应该仔细地注意到，法团主义的地位分化模式（corporatist status - differentiated model）主要源于古老的行会传统。俾斯麦等新绝对主义的独裁者（neoabsolutist autocrat）从这一传统中看到了压制不断兴起的劳工运动的手段。

与济贫模式一样，劳工运动对于法团主义模式也充满敌意，其原因显而易见。然而，从把工人联合成为一个团结的阶级的角度来看，从劳动者中首先兴起的替代模式同样问题重重。劳工首先追求的模式普遍是自我组织起来的友好社团、或者相当于由工会或政党赞助的友好的福利计划。这当然并不奇怪。工人们容易怀疑由充满敌意的国家所发起的改革，而把他们自己的组织不仅视为阶级动员的基础，而且视为走向团结和正义世界的雏形，视为通往未来社会主义天堂的缩影。但是，这种微型的社会主义团体却经常成为问题重重的阶级隔离区，只会分裂而不是联合工人。成员资格显然仅局限于工人阶级中的最强大部分，最弱部分是最需要保护的，但却恰恰处于最外层。简言之，友好社团模式与工人阶级动员的目标是相抵触的。

当社会主义政党发现自己组建的政府不得不进行他们长期要求的社会改革时，社会主义隔离区模式就成为一个额外的障碍。出于政治联盟和更广泛团结的需要，他们的福利模式不得不为了“人民”的福利而进行重铸。因此，社会主义者逐渐拥抱普遍主义的原则和借鉴自由主义，尤其参考民主国家贝弗里奇模式（Beveridge model）实行统一费用（flat rate）、福利由一般收入来支持的思想设计他们的福利模式。

作为一种与以收入调查为基础的救济和法团主义的社会保险不同的模式，普遍主义制度提倡平等的社会地位。所有公民都被赋予同等的权利，而不管其阶级和市场地位。从这种意义而言，这种制度意味着培育跨阶级的团结，一种国家的团结。但是，这种统一费用的普遍主义团结假设了一种具有历史特殊性的阶级结构，即大多数人都是“小百姓”（little people），对于他们来说，一种适度的、虽然是平等的利益分配可能就认为足够了。当不再存在这种条件，比如在工人阶级变得越来越富裕并且出现新中产阶级的条件下，统一费用的普遍主义（flat - rate universalism）一不小心就会造成二元分化，因为经济状况好转的人将转向私人保险和协商额外福利，以他们习惯的福利标准来弥补适度的平等。经历这一过程的地方（如加拿大和英国），普遍主义美好的平等精神结果导致了一种与社会救济国家类似的二元对立：穷人依赖于国家，其他人则依赖于市场。

不仅普遍主义，历史上所有的福利国家模式实际上都面临阶级结构变动的困境。但对经济繁荣和中产阶级崛起的反应就很不同，因此也就形成各种分层结果。从某种意义上说，因为既有的体制很容易进行技术上的升级以满足更加充分的福利要求，法团主义的保障传统最适合于满足新型和更高的福利国家期待。1957 年康拉德·阿登纳（Konrad Adenauer）在德国进行的退休金改革就是这方面的先例，其宣称的目的是恢复身份差异，因为这种差异已经被旧的、无力满足福利预期的保险制度所破坏。在它看来，通过把福利的基础从以贡献为基础转向以收入为基础，这不会改变身份差异的结构。

在那些或者存在某种社会救济或者存在某种普遍主义的贝弗里奇体制类型的国家，它们的选择或者是允许市场来满足福利需求和中产阶级的愿望，或者是由国家来做到这一点。这一政治选择催生了两种替代的模式。模式之一在英国和大多数盎格鲁-撒克逊世界表现得很典型，这些国家基本保留了温和的普遍主义模式，同时允许市场来管束社会各阶层越来越高的福利需求。但由于这些群体所具有的政治权力，二元分化不仅出现在国家与市场之间，而且出现在福利国家模式的转型之间：在这些国家里，公共开支中增长最快的部分之一是对所谓私人福利计划的税收补贴。由此带来的典型政治后果是削弱了中产阶级对这种体系的支持，因为这一体系的普遍主义转移支付已越来越少。

另一种替代模式寻求普遍主义的综合和市场外的自足。有些国家开始探索这条道路，国家在统一费用的平等主义之上，再以命令或者立法的方式为新兴的中产阶级提供第二层奢侈的、具有普遍包容的和与收入关联的保险，以此容纳他们。瑞典和挪威是明显的例证。通过保障与预期相适应的利益，这种解决方法重新引入了收益不平等，但有效阻止了市场机制。它成功地维持了普遍主义和政治共识度，这种共识使福利国家模式所要求的高税收得到广泛而一致的支持。

### 3. 福利国家体制

福利国家在权利和分层原则方面有着相当大的差异，由此导致国家、市场和家庭之间的安排出现性质上的不同。我们发现，各种福利国家变体不是以线性形式分布的，而是围绕不同的体制类型集结成群的。

集群之一是“自由主义的”福利国家，在这种国家，以收入调查为基础的救济、适度的普遍转移支付或者适度的社会保险计划处于主导地位。它们主要在于设法满足低收入民众，通常是工人阶级和依赖国家的人。无论直接还是间接，这种模式的社会改革的进步都严重受制于传统自由主义的工作伦理规范，这一规范主张，福利的上限等于人们会要求福利而不是工作的边际变动。因此，获得福利的规定非常严格，常带侮辱，福利通常是适中的。与此相适应，国家或者通过仅仅保证最低限度福利的消极方式，或者通过补贴私人福利计划的积极方式来促进市场的发展。

结果是，这种福利国家体制极大限制了去商品化的效应，有效地约束了社会权利领域，并且建立起一种分层秩序，这一秩序包括相对均等的贫穷（国家福利受益人）、以市场分化为基础的福利（大多数人）以及二者之间的阶级政治二元化。美国、加拿大、澳大利亚是这一模式的典型，丹麦、瑞士和英国则接近于这一模式。

集群之二由奥地利、法国、德国和意大利等国组成。在这一集群中，法团主义的国家主义（corporatist - statist）历史遗产得到升级以满足新的“后工业”的阶级结构。在这些“法团主义”的福利国家里，自由主义对于市场效率和商品化的痴迷从来不显著，社会权利的授予也几乎没有太大争议。真正起支配作用的是地位差异的保留，权利因此与阶级和地位联系在一起。这种法团主义被纳入国家的结构中，时刻准备取代市场而成为福利的提供者，私人保险与额外职业收入在这一模式中只起非常边缘的作用。另一方面，国家对于地位差异的坚持和强调意味着其再分配效果实际上是可以忽略的。

法团主义体制也是由教会所塑造的一种典型体制，因此也受保留传统家庭模式这一强烈承诺的影响。社会保险通常排斥没有工作的妻子，家庭利益提倡母亲地位。日间护理（day care）以及类似的家政服务明显没有得到发展，“补贴原则”强调，只有当家庭服务于其成员的能力耗尽时，国家才会进行干预。德国的失业救济就是一个解释案例。一旦个体用完了其应得的正常失业保险份额，他继续寻求帮助的资格取决于其家庭是否具有帮助不幸者的财政能力，这一点对任何年龄阶段的人都适用。

集群之三是最小的一种类型，它由普遍主义原则和去商品化的社会权利延伸到新中产阶级的国家组成。我们将其称之为“社会民主”的体制类型，因为在这些国家，社会民主显然是社会改革后面的主导力量。挪威和瑞典是最典型的例子，但我们也应该考虑丹麦和芬兰。不能容忍国家与市场、工人阶级与中产阶级之间的二元对立，社会民主党所追求的福利国家是一种可以促进最高标准的平等的福利国家，而不是其他地方所追求的满足于最低需要的平等。首先，这意味着服务和福利被提升到能符合最有鉴别口味的新兴中产阶级的要求；其次，通过保障工人完全参与到经济状况更好的人所享受的权利中去来实现平等。

这一模式变成了一种高度去商品化与普遍主义规划的混合体，适用于各种不同的预期。这样一来，体力劳动工人能够享受到与工薪白领雇员或公务员相当的权利，所有阶层和阶级都被整合到同一个普遍的保险体制中，福利则根据个体一贯的收入划等级。这种模式把市场排除在外，因此，在福利国家背后，反复灌输的本质上是一种普遍社会团结的观念。所有人都获益，所有人都相互依赖，所有人都假定有义务为之做出贡献。

社会民主政体的解放政策同时兼顾市场和传统家庭。与法团主义的补贴模式不同，这种原则不是要等到家庭耗尽其自救的能力，而是在此之前就把维系家庭的成本社会化。这种理想不是要把个体对家庭的依赖最大化，而是要把个体独立的能力最大化。从这种意义而言，这种模式是自由主义与社会主义的一种独特结合。由此导致的是这样一种福利国家，即国家把补贴直接给予孩子，直接承担照料小孩、老年人和生活无助之人的责任。因此这种福利国家承受了沉重的社会服务负担，不仅要服务于家庭的需要，而且也允许妇女选择家务劳动之外的工作。

社会民主政体的最显著特征也许是把福利与工作融合在一起。这种福利国家真正致力于充分的就业保障，而且完全依赖于其取得的成就。一方面，工作的权利与收入保护的权利在这种模式中有着平等的地位；另一方面，维持一种团结、普遍和去商品化的福利体制的大量成本意味着，它必须把社会问题最小化和赋税收入最大化。这显然只有让绝大多数人从事工作、让最少的人靠社会转移支付过日子才能得到最好地解决。

尽管经验上存在着各种明显的福利国家集群，但我们必须认识到，没有哪种情况是纯粹的。斯堪的纳维亚的社会民主政体将社会主义和自由主义的关键要素混合在一起。丹麦和瑞典的失业保险政策基本上仍然是唯意志论的。丹麦的劳工运动已经慢慢没有能力追求充分就业的政策，部分原因在于工会抵制积极的劳动市场政策。丹麦和芬兰两个国家已经允许市场在退休金方面起决定作用。

自由主义体制也不是纯粹的。美国的社会保障体制是再分配性的、强制性的并且远不是精确的。至少在其早期形式中，罗斯福新政与当代斯堪的纳维亚的社会民主制类似。比较而言，澳大利亚的福利国家非常接近于资产阶级－自由主义的理想形态，但构成这一大厦大部分的是澳大利亚工人所共同承担的责任。最后，欧洲的法团主义体制已经获得了自由主义和社会民主主义的双重动力。奥地利、德国、法国和意大利的社会保险政策本质上是去分层的（destratified）和统一的，其典型的法团主义特征因此被减少了。

尽管缺乏纯粹的模式，但如果我们界定福利国家的根本标准不得不涉及社会权利和社会分层的性质以及国家、市场和家庭之间的关系的话，那么，可以说，这个世界是由各种不同的体制集群所构成的。

如果按照更多或更少，或者其实是更好或更坏的标准来比较各种福利国家，将会非常容易使人误解。

## 四、福利国家体制的起因

如果福利国家集群可以划分为三类独特的类型，那么，我们面临一个实质上远为复杂的任务是甄别造成福利国家差异的原因。在解释体制类型的过程中，工业化、经济增长、资本主义或者工人阶级的政治力量等具有何种解释力？一个非常肤浅的回答是：非常有限。我们在研究国家时或多或少都采取类似的立场，即只关注工人阶级动员这一种变量。我们发现，劳工运动和政党在所有这三类集群中都非常有力。但如果我们希望解释这些集群的话，福利国家发展理论必须重新思考它的因果假设，必须放弃试图找到某种强有力的单一因果动力的想法，相反，我们的任务是要发现各种明显的互动效应。在前文论据的基础上，存在着三种极为重要的因素：阶级（尤其是工人阶级）动员的本质、阶级政治联盟的结构、体制制度化的历史遗产。

正如我们已经指出的那样，完全不存在有说服力的理由使我们相信：工人将自动和自然地塑造出社会主义的阶级认同，工人阶级动员将重点参照瑞典模式。实际上，工人阶级集体的历史形成存在着各种差异，其目标和政治能力也各有不同。在工联主义和政党发展方面尤其存在根本差异。工联主义的一个关键要素是手工业与各种工业联盟的混合。前者倾向于特殊主义和法团主义，后者则倾向于表达更为宽泛和普遍的目标。这种混合对工党行动的范围和政治要求的性质具有决定影响。因此，全美劳动联盟（American Federation of Labour）在第二次世界大战前的美国所处的支配地位是社会政策发展的主要障碍。同样，较之于挪威和瑞典，主要以手工业为基础的丹麦劳工运动限制了社会民主主义的抱负，这一抱负追求充分就业的积极劳动市场政策。在美国，手工业联盟相信，行业利益谈判是一种优先选择的战略，因为他们在市场中处于优势地位。在丹麦，手工业联盟则嫉妒地维护其在培训和劳动力动员方面的垄断地位。相反，集权化的工业联盟则试图围绕工党建立起更加统一和巩固的工人阶级，使政策共识更容易达成，力量动员更加有效。因此，有关工人阶级动员的理论显然必须关注工会的结构。

政治或者派别联盟的分裂同样具有决定意义。例如，在芬兰、法国和意大利等许多国家，工会在社会主义和共产主义政党间划分，白领工人的工会在政治上是独立的或者分属于几个政党。荷兰、意大利和其他一些国家的工联主义派别也是一个强烈的特征。既然工联主义是政党进行动员的重要基础，这种分裂显然削弱了左派的力量，并且增加了非社会主义政党夺取政权的机会。此外，当各个政党同时对福利国家提出要求时，分裂也可能出现。由此导致的结果或许是更少的围绕社会政策所形成的党派冲突，而且可能更意味着出现各种相互竞争的福利国家原则。例如，基督教工人的补贴原则可能与社会主义者有关妇女解放的原则产生冲突。

工联主义的结构可能反映在工党的构成中，也可能没有。但是，在何种条件下我们可以通过特定的政党结构来预测福利国家的某些后果呢？诸多因素使我们实际上不可能假定任何单一工党或左翼政党有能力单独建立起福利国家。暂且撇开派别或其他分裂不谈，工党只有在非常特殊的历史背景下才可以单独长期控制议会的大多数以贯彻自己的意志。我们已经表明，传统工人阶级从来不是选举中的多数，因此，阶级动员理论不能仅考虑主要的左翼政党，而必须考虑得更远。福利国家建设取决于政治联盟的建构，这是一种历史事实。阶级联盟结构所具有的决定意义远大于任何单一阶级所具的权力资源。

替代阶级联盟的出现部分取决于阶级的构成。在工业化的早期阶段，农村阶级常常构成单一的最大选民群体。社会民主党如果想要成为政治的多数派，它便被迫与之建立联盟。因此，讽刺的是，农村经济对于社会主义的未来具有决定意义。如果小规模、资本集中的家庭农民在农村经济中处于支配地位，较之于依赖于大型廉价劳动力储蓄，联盟的可能性更大。而且，在农场主能够进行政治表达和组织良好的地方（如斯堪的纳维亚），政治谈判的能力也要优越得多。

农民在联盟形成和因此在福利国家发展中的作用显而易见。在北欧国家，追求充分就业的福利国家而结成广泛的红绿联盟的条件是农业价格补贴。这一点在挪威和瑞典尤其如此，在那里，农业生产不稳定和依赖于国家的援助。在美国，罗斯福新政也依赖于类似的联盟（由民主党塑造而成），但也存在着重要的不同，体现在劳动密集的南部阻碍建立真正普遍的社会保障体制，反对福利国家的进一步发展。相反，欧洲大陆的农业经济对红绿联盟非常不友好。就如德国和意大利那样，大多数农业都是劳动密集型的，工会和左翼政党却被视为一种威胁。此外，欧洲大陆的保守势力非常成功地把农场主整合进“反动”联盟中，从而促进了对劳工的政治孤立。

在二战前，政治支配很大程度成为农村阶级政治的问题。因此，这一时期的福利国家建设取决于哪种力量能取得农场主的支持。缺乏红绿联盟并不必然意味着不可能进行福利国家改革，相反，它表明的是何种政治力量能支配福利国家设计。当然，英国是这种普遍规律的例外，因为在那里农业阶级的政治重要性早在19世纪之初已被削弱。在这一方面，英国联盟的逻辑很早就表现出大多数其他国家后来所面临的困境，即新白领中产阶级构成了政治多数派的中坚力量。从根本上说，二战后福利国家的巩固越来越取决于与新中产阶级的政治联盟。对于社会民主党来说，它们面临的挑战是必须把工人阶级的需求与白领中产阶级的需求整合起来，而不会牺牲社会团结。

因为在历史上，新中产阶级在市场中处于相对有利的地位，在国家之外可以很成功满足他们的福利需求，或者像公务员那样享受特殊的国家福利。他们的就业保障传统就是这样，所以完全就业并不太受关注。最后，把收入急剧平等化的设想在中产阶级群体中都可能遭遇很大的敌意。基于这些理由，新中产阶级的兴起似乎将终止社会民主主义的计划，同时强化自由主义的福利国家原则。

实际上，新中产阶级的政治地位对于福利国家的巩固来说具有决定意义。他们塑造前面所描述的三种福利国家体制的作用是明确的。

斯堪的纳维亚或社会民主模式几乎完全取决于社会民主党是否有能力把他们吸纳到一种新型的福利国家中来，也就是说，所提供的利益是否适合中产阶级的口味和预期，但依然保持权利的普遍主义性质。实际上，通过扩展社会服务和公共就业，福利国家直接参与制造中产阶级，这就有利于社会民主。

相反，盎格鲁－撒克逊国家仍然保留了残余的自由主义福利国家模式，这正是因为没有将新中产阶级从市场整合到国家中来。从阶级的角度来看，结果导致了二元分化。福利国家基本上满足工人阶级和穷人的需要，私人保险和附加的职业福利则满足中产阶级的需要。鉴于后者在选举中的重要性，福利国家在进一步拓展过程中遭到抵制也就非常符合逻辑。实际上，这些国家所遭遇的最强有力冲击体现在福利财政方面，比如，私营部门的福利计划的税收支出和削减等。

第三，欧洲大陆的福利体制也被新中产阶级以一种完全不同的方式模式化了。原因可以从历史中找到。通过保守的政治势力的推动，这些体制把中产阶级的忠诚制度化了，从而既保留了社会保险项目方面的职业区隔，又最终保留了使中产阶级得以形成的政治势力。显然，阿登纳 1957 年进行大型退休金改革的目的就是要重建中产阶级的忠诚。

## 五、结论

我们在这里要提出一种替代理论以取代有关福利国家发展的简单阶级动员理论，其目的在于强调在分析福利国家及其历史起因的时候必须从线性分析转移到互动途径中来。如果我们要研究福利国家，那就必须从一系列标准出发，这些标准界定了它们在社会中的功能。这种功能当然不是指开支或者税收，也不必然是指创造平等的功能。我们已经提出了一种比较福利国家的框架，充分考虑了各种历史行动者愿意进行抗争和动员的原则。当我们关注嵌入福利国家的原则时，我们发现了各种独特的体制集群，而不仅仅是围绕一个公分母而形成的更多或更少的变体。

赖以对各种体制差异进行具体解释的显著力量是互动的。首先涉及的是工人阶级的政治形成模式，其次从农业经济向中产阶级社会历史转型的过程中政治联盟的结构化。政治联盟构成的问题是决定性的。

第三，过往的改革对于阶级偏好和政治行为的制度化具有决定意义。在法团主义体制中，等级式的、以地位差异为基础的社会保险巩固了中产阶级对于这种独特类型的福利国家的忠诚。在自由主义体制中，中产阶级在制度上钟情于市场。在斯堪的纳维亚国家，社会民主主义在二战后的命运与中产阶级福利国家的建立密不可分，这种福利国家同时有利于传统的工人阶级和新白领阶层。斯堪的纳维亚的社会民主党之所以能做到这一点，部分原因在于其私人福利市场的相对不发达，部分原因在于他们有能力建立起一种独特的福利国家，这种国家足以奢侈地满足非常有鉴别能力的社会大众的口味。这也解释了为什么斯堪的纳维亚福利国家的成本特别高昂的问题。

然而，一种寻求解释福利国家成长的理论也应该能解释其消退或者衰败。人们通常认为，当社会开支的负担过于沉重时，就会激发起强烈反对福利国家的运动、抗税或者逆转。不相矛盾的是，相反的情形也同样如此。在过去十多年间，在那些福利开支非常沉重的地方，反对福利国家的情绪也同样最为低落，反之亦然。这又是为什么呢？

对福利国家的反抗风险不是取决于开支，而是其阶级特征。中产阶级的福利国家——比如社会民主主义的福利国家（如斯堪的纳维亚）或者法团主义的福利国家（如德国）——塑造出中产阶级的忠诚。相反，自由主义的或者残余主义（residualist）的福利国家——如美国、加拿大以及日益走向此类的英国——则依赖于数量微弱、政治上残存的社会阶层的忠诚。从这一意义而言，阶级联盟是三种福利国家集群的基石，它不仅可以解释福利国家过去的演化，而且可以解释其未来的前景。

# 比较视野下的国家*

卡伦·巴基、苏尼塔·帕里克/文　吴方彦/译

在过去十年里，以新案例和一般理论框架着手的国家比较研究大量涌现。在这些新型研究中，传统上有明确区分的理论视角如结构-功能主义、马克思主义和多元主义已丧失其重要性，被各种一般的观念（common conceptual strands）所取代，这可见于国家研究的各个分支。在本综述中，我们选取最重要的观念以检视以下这些研究：国家的形成、国家在经济发展中的角色、国家与社会运动的关系以及国家与民族认同形成的关系。尽管经常有人批评这些研究把国家作为唯一的解释变量，我们仍可发现这些文献总是承认国家-社会关系对于理解国家行为至关重要。

## 一、导论

过去几年见证了国家研究在社会学和政治科学领域的极大繁荣。从比较历史社会学到发展经济学各个领域的专家们开始对国家的作用、尤其是西欧和北美背景下的国家极为重视。以国家为核心概念，他们对国家在社会、经济和政治变迁中所起的作用提出不同解释。他们业已产生深远的影响，举个例子来说，发展中国家的学者们尽管对国家制度的重要性了然于胸，但他们越来越多地采用新的以国家为中心的理论家们所提出的解释。

国家研究在社会学和政治学分析中并不新鲜，但其关注的焦点却是新的。如加布里埃尔·阿尔蒙德（Gabriel Almond）所说，一部分政

---

* 本文译自 Karen Barkey and Sunita Parikh, “Comparative Perspectives on the State,” *Annual Review of Sociology*, Vol. 17, 1991, pp. 523-549.

治科学文献总是把国家纳入分析视野。[①] 为证实这一观点，阿尔蒙德引用了著名政治科学家戴维·杜鲁门（David Truman）、谢茨施奈德（E. E. Schattschneider）、基·欧汉（V. O. Key）和朋德勒顿·柯林（Pendleton Herring）等人的著作。但这些理论家或者仅聚焦于政府，把政府看作是履行特定功能的个人的集合，或者仅限于国家中的特定机构，如总统或者国会，他们很少把国家看作是一套管理机器——在这里，管理意味着资源汲取、控制与强制，和对政治、法律、社会规范秩序的维护。但在国家研究的新潮流中，后面一系列活动占主流。它表明，国家研究不仅摒弃多元主义也摒弃马克思主义的视角而拥抱韦伯式的分析框架。尽管多元主义和马克思主义的界定如阶级和利益集团仍被保留用以描述社会，但国家却几乎完全是围绕着韦伯的定义而重新界定。

《找回国家》一书是在新国家主义研究路径（the new statist approach）中最被广泛引用和可能是最具影响的作品之一，斯考切波在该书导言中把之前的比较研究概括为过度以社会为中心。[②] 由于这种偏见，国家仅成为各种社会冲突的竞技场。为赋予国家在社会科学研究中以适当地位，斯考切波呼吁"从根本上重新思考国家在经济和社会中的角色"，[③] 并指出越来越多的著作把国家作为核心解释变量。斯考切波在其文章中小心翼翼地指出："仅凭国家研究不能取代对阶级或利益集团的研究，同时，也不是要用纯粹的国家决定论去取代社会中心论的流行地位。"[④] 然而，她的论点常常被理解成对已有研究所作的国家中心论与社会中心论的二元划分。即使这种二分法在过去是可行的，但在今天国家几乎总是成为解释的一部分，这种划分却无甚意义。这里，我们对国家-社会相关文献进行三重划分。

---

① G. Almond, "The return to the State," *American Political Science Review* 83, 1988, pp. 853-901.

② P. Evans, D. Rueschemeyer, T. Skocpol, eds., *Bringing the State Back In* (New York: Cambridge University Press, 1985).

③ Ibid., p. 7.

④ Ibid., p. 20.

国家主义视角的早期研究为这一新方法奠定了基础，部分学者首先强调必须把国家看作是核心解释变量。① 他们提出了一系列新的论点：首先，他们认为，国家是一个有着自身利益的行动者，并不必然表达社会的利益。这一视角下强国家的理想情形体现在，国家具有相对于社会的自主性，具有实现自身利益的能力。这种最初的国家中心论观点同时开启了新的知识议程，出现了一股以经验案例为基础的经验研究潮流，通过把国家镶嵌在社会背景中，它旨在表明一种更加适度的有关国家角色的观点。② 这一视角的理想情形体现在，国家仍然是强国家，但它运行于社会中，对国家行为的分析必须置于特定社会经济和社会文化的背景下。最后，第三种研究方法认同国家的核心作用，但认为国家与社会之间本质上是一种相互竞争的关系。③ 这一研究方法的理想情形是，国家在与社会的斗争中取得胜利，并因为自身与社会力量的契约而形成自主性和行动的能力。与此相对照，失败的国家则被其社会环境所牵制甚至是支配，不能独立地行动。这种分析方法的优点在于平等地对待国家和社会，在两者能力何者为优先并没有先入为主的偏见。另外，它还有超越比较研究中有关发达与欠发达

---

① F. Block, "The ruling class does not rule," *Socialist Review* 33, 1977, pp. 6 – 28; C. Waisman, *Reversal of Development in Argentina* (Princeton: Princeton University Press, 1978); T. Skocpol, *States and Social Revolutions* (New York: Cambridge University Press, 1979); M. Levi, "The predatory theory of rule," *Political Sociology* 10, 1981, pp. 431 – 465.

② A. Stepan, *The State and Society* (Princeton: Princeton University Press, 1978); P. Evans, *Dependent Development: The Alliance of Multinational, State and Local Capital in Brazil* (Princeton: Princeton University Press, 1979); D. Rueschemeyer, P. Evans, "The state and economic transformation: toward an analysis of the conditions underlying effective intervention," See P. Evans, D. Rueschemeyer, T. Skocpol, eds., *Bringing the State Back In* (New York: Cambridge University Press, 1985), pp. 44 – 77; P. Katzenstein, *Small States in World Markets: Industrial Policy in Europe* (Ithaca: Cornell University Press, 1985).

③ T. Callaghy, *The State – Society Struggle* (New York: Columbia University Press, 1984); T. Callaghy, "External actors and the relative autonomy of the political aristocracy in Zaire," See N. Kasfir, *State and Class in Africa* (London: Cass, 1984), pp. 61 – 83; A. Kohli, ed. *The State and Development in the Third World* (Princeton: Princeton University Press, 1986); V. Azarya, N. Chazan, "Disengagement from the state in Africa: reflections on the experience of Ghana and Guinea," *Comparative Study of Sociological History* 29, 1987, pp. 106 – 131; J. S. Migdal, *Strong Societies and Weak States* (Princeton: Princeton University Press, 1988).

的标准二分法的优势。

以上三种分析方法中，有几个维度总能观察到。对最近文献的分析表明，国家在经验研究中被操作化为具体的机构和行动者。例如，阿根廷国家在20世纪70年代后期几乎等同于军队，而在扎伊尔（Zaire）、莫布图（Mobutu）的行动则被看作是国家行动。然而，文献回顾也迫使我们去理解不同研究视角之间的潜在相似。在本章中，研究不同的制度的原因在于能对研究国家有所启发。因此，这里所使用的“国家”概念更多强调的是理论上的相似而不是经验上的差别。

在所有的维度中，“国家力量”（state strength）是最缺乏一致的维度之一。国家力量通常被看作是国家自主性（state autonomy）与国家能力（state capacity）的结合（两者不可叠加），[①] 它包括基础权力和专制权力。[②] 可能因为国家自主性和国家能力两者在概念上紧密相连，它们在国家分析中经常混杂在一起。然而，我们认为，在分析中将它们区分开来并研究它们之间的互动方式极为重要。国家自主性指国家形成自身利益的能力，能独立于或对抗多元社会利益的意志。自主性并不必然指国家的总体特征，一个国家可以在某些领域是自主的而在其他领域却依赖于他者。国家能力则指国家执行其战略以达到其在社会中的经济、政治、社会目标的能力。国家可以通过官僚制等制度来获得能力，也可通过与企业家、金融资本的外部联系等资源来获得能力。[③] 尽管国家自主性和国家能力总是在讨论中被视为国家的特征，但它们不仅仅是国家组织和资源的功能，同时也为国家与社会之间的关系所决定。资源、组织以及国家与社会间关系三者处于持续互动当中，这些互动反过来又重塑了国家自主性和国家能力的性质。最后，

---

① P. Evans, D. Rueschemeyer, T. Skocpol, eds., *Bringing the State Back In* (New York: Cambridge University Press, 1985); J. S. Migdal, *Strong Societies and Weak States* (Princeton: Princeton University Press, 1988).

② M. Mann, "The autonomous power of the state: its origins, mechanisms and results In *States*," in *History*, J. A. Hall, ed. (New York: Blackwell, 1986), pp. 109 – 136.

③ P. Evans, "Predatory, developmental and other apparatuses: a comparative political economy perspective on the third world state," *Sociological Forum* 4, 1989, pp. 561 – 587.

基础权力和专制权力的区分被用来改进国家力量和国家能力分类。具有专制权力的国家通常被认为是强国家，但它们的自主性和能力水平却是高度变动的，相反，具有基础权力的国家则提升了实现其目标的能力。

我们将在本章考察以下三个主要领域对于国家的最新研究，之所以选择这三个领域，是因为它们代表了西方和非西方背景下的重大理论问题。我们将首先探讨国家形成（state formation）研究方面的最新进展，用明确的“国家－社会”视角来重构这一理论框架的核心论点。接下来我们将讨论延展到有关国家在经济发展中的作用的研究，密切关注国家在不同经济规划中的自主性、能力与国家行为之间的关系。然后我们将探讨学者们越来越关注的问题，即国家对社会运动、族群动员和族群认同的影响，考察国家行为在沿着这些维度塑造社会时对于集体行动和国家自身利益的影响。在结论部分，我们将针对一般比较研究领域和我们特别关注的更加专门的特定领域提出进一步研究的建议。

## 二、西方世界中的国家形成

有关国家形成的文献在社会学和政治科学领域已经很充分，它们是历史研究和理论细化的结果。这些成果大部分形成于20世纪70年代，晚近一点的成果则或者倾向于评估它们在多大程度上改进了某一重大理论领域的特定方面，或者它们如何扩展和界定了我们对于这些领域的参数的理解。本章将按照已经建立起来的领域类别，探讨学术界对于这些领域的最新贡献。我们支持这样一种预设：尽管社会学家和政治科学家声称国家在社会经济和政治发展中起根本作用，有关国家形成的文献从来不敢把国家概念化为外在于社会或脱离于社会的东西。即使是那些通常被认为是强势的“国家主义者”，也把国家看作是中世纪欧洲社会诸多组织中的一种。可以肯定，国家是那种组织，设法运用组织的优势来实现自身利益和对社会进行控制和支配，但它不是没有经过斗争就做到了这一点。无论这些文献关注的是外在力量或者发动战争、内在组织或者文化维度在国家形成中的影响，它们都是在国家－社会关系、尤其是国家－社会斗争的背景下形成的。此外，所有这三大研究领域都出于特定的历史理由而强调导致国家在中世纪晚期欧洲形成的历史事件间非同寻常的联系。

### 1. 战争与国家的形成

中世纪欧洲存在着大量争夺权力和控制的政治单元和政治组织，它们包括封建王国、帝国、教会、自由城市。最终在特定领土上成功地建立起中央集权的、独特的组织，成功地垄断强制的国家缔造者（state－makers）根据需要打破原来的社会结构并对之进行重组。在这一过程中，他们遭遇到他们试图征服和课税的不同人群的抵抗，这种抵抗也来自其他现存的组织。①

强加这种新的政治秩序的需求并不是来自社会内部，相反，它是前现代国家、兵团以及各种政治单位在持续战争的国际背景下外部冲突和长期斗争的结果。② 埃利阿斯（Elias）尤其强调法兰西卡佩王朝及其后继者与英国金雀花王朝这两个武装团伙之间的斗争，这种斗争不仅塑造了英法两个国家，而且开启了欧洲转化为民族－国家体系的

---

① C. Tilly, *The Formation of National States in Western Europe* (Princeton: Princeton University Press, 1975); C. Tilly, *As Sociology Meets History* (New York: Academic, 1981); C. Tilly, "Social movements and national politics," See C. Bright, S. Harding, eds., *Statemaking and Social Movements* (Ann Arbor: Michigan University Press, 1984), pp. 297－317.

② O. Hintze, *The Historical Essays of Otto Hintze*, Felix Gilbert ed. (New York: Oxford University Press, 1975); C. Tilly, *The Formation of National States in Western Europe* (Princeton: Princeton University Press, 1975); S. E. Finer, "State and nation building in Europe: the role of the military," See C. Tilly, *The Formation of National States in Western Europe* (Princeton: Princeton University Press, 1975), pp. 84－163; M. Mann, *The Sources of Social Power* Vol. 1 (London: Cambridge University Press, 1986); M. Mann, States, *War and Capitalism* (New York: Blackwell, 1988); A. R. Zolberg, "Strategic interactions and the formation of modern states: France and England," See A. Kazancigil, *The State in Global Perspective* (Britain: Blackmore, 1986), pp. 72－106.

进程。[①] 把国际冲突和发动战争作为欧洲国家形成的主要机制，学术界对于这一点的关注导致对战争、军事组织、警察力量以及各种必要的汲取机构（它们的发展在于维持战争的开支）的研究的大量涌现。[②]

参与战争、建立常备军、为国家建构活动汲取各种资源，国家的这些活动直接遭遇社会，后者不愿意支持国家的此类行为。于是，国家缔造者与诸社会力量之间开始了一系列讨价还价、拉拢勾结、合法化甚至直接的强制，国家形成是这一系列过程的结果，社会则是斗争的失败者，这是被迫付出的代价。[③] 在分析国家与社会关系的过程中，有些学者侧重军事方面对人口征兵的分析，[④] 其他一些学者则致力于研究经济方面国家与不同社会阶级、尤其是商人和贵族之间的讨价还价。[⑤] 蒂利在其有关欧洲国家缔造者的研究中结合了这两个方面的分析：除非支付“保护”费，否则面临战争的威胁。[⑥] 拉克曼（Lachman）在其关于资本主义起源及其各种解释的文章中，分析了国家形

---

① N. Elias, *The Civilizing Process*, Vol. 2: *Power and Civility* (New York: Pantheon, 1982); J. R. Strayer, *On the Medieval Origins of the Modern State* (Princeton: Princeton University Press, 1970); A. R. Zolberg, “Strategic interactions and the formation of modern states: France and England,” See A. Kazancigil, *The State in Global Perspective* (Britain: Blackmore, 1986), pp. 72 - 106.

② C. Tilly, *The Formation of National States in Western Europe* (Princeton: Princeton University Press, 1975); G. Ardant, “Financial policy and economic infrastructure of modem states and nations,” See C. Tilly, *The Formation of National States in Western Europe* (Princeton: Princeton University Press, 1975), pp. 164 - 242; S. E. Finer, “State and nation building in Europe: the role of the military,” See C. Tilly, *The Formation of National States in Western Europe* (Princeton: Princeton University Press, 1975), pp. 84 - 163; M. Mann, *The Sources of Social Power* Vol. 1 (London: Cambridge University Press, 1986); M. Mann, States, *War and Capitalism* (New York: Blackwell, 1988).

③ C. Tilly, *The Formation of National States in Western Europe* (Princeton: Princeton University Press, 1975); C. Tilly, *As Sociology Meets History* (New York: Academic, 1981).

④ O. Hintze, *The Historical Essays of Otto Hintze*, Felix Gilbert ed. (New York: Oxford University Press, 1975).

⑤ F. Lane, “Economic Consequences of Organized Violence,” *Journal of Economic History*, 18, 1958, pp. 401 - 417; F. Lane, *Profits from Power* (Albany: SUNY Press, 1979).

⑥ C. Tilly, “War making and state making as organized crime,” See P. Evans, D. Rueschemeyer, T. Skocpol, eds., *Bringing the State Back In* (New York: Cambridge University Press, 1985), pp. 169 - 191.

成的经济之维以及国家与社会之间的讨价还价关系。[①] 国家与社会关系在这些文献中具有十分重要的地位，尽管这些关系在其中没有得到详细的讨论，因为国家从社会中塑造了它的机构及其对社会的支配。因此，把国家与社会割裂开来是难以想象的。另一方面，虽然国家和社会都是重要的行动者，但国家占据主导地位。国家是强大的或者变得更加强大，它们相对于社会而言具有自主性，能够把自己的意志强加于社会。传统观点认为，国家是在地缘冲突的背景下从发展汲取机构和随后对社会征税并施加强制中获得其自主性。[②] 曼对这一观点进行了修正，他认为，国家的确是以这些方式获得自主性的，但这种自主性是从交叉重叠的社会空间权力网络中取得的，这一社会空间权力网络比社会更加异质和松散。正是在宣称其控制权的过程中，国家重塑了社会、把秩序强加于社会并为社会建立起边界。[③] 这些观点也被延伸到使用理性选择的理论框架进行分析，把国家视为一个掠夺的理性行动者，它致力于使其权力、财富、领土和行政福利最大化。[④]

除了认为国家与社会关系对于国家的发展至关重要外，学术界最近的研究还指出，国家与社会关系的性质也在很大程度上决定了国家的类型。在曼看来，中世纪欧洲国家是弱小的且处在一个他所谓的“多样化的群龙无首的权力网络”中，这一网络存在着大量行使不同程度自治权的社会团体。当国家依赖于从人口中汲取各种重要的资源，

---

① R. Lachmann, “Origins of capitalism in Western Europe: economic and political aspects,” *Annual Review of Sociology* 15, 1989, pp. 47 – 72.

② W. H. McNeill, *The Pursuit of Power* (Chicago: Chicago University Press, 1982); C. Tilly, *The Formation of National States in Western Europe* (Princeton: Princeton University Press, 1975); G. Ardant, “Financial policy and economic infrastructure of modem states and nations,” See C. Tilly, *The Formation of National States in Western Europe* (Princeton: Princeton University Press, 1975), pp. 164 – 242.

③ M. Mann, *The Sources of Social Power* Vol. 1 (London: Cambridge University Press, 1986).

④ M. Levi, *Of Rule and Revenue* (Berkeley Calif.: California University Press, 1988); M. Mann, *The Sources of Social Power* Vol. 1 (London: Cambridge University Press, 1986); M. Mann, States, *War and Capitalism* (New York: Blackwell, 1988); J. Brewer, *The Sinews of Power* (New York: Knopf, 1989).

国家就被迫与后者形成各种共生关系，正是这种共生关系下的选择性质决定了两种不同欧洲国家形态的出现：一种是以动员选择为基础的法兰西模式，这种国家建立起大型的、绝对主义的中央集权的军队和行政人员；另一种则是以财政选择为基础的英格兰模式，它发展成为宪政国家。① 布列维尔有关英国税收系统和国家从社会各界迅速筹款的能力的分析为后者提供了详细的证据。② 这一研究进一步对左尔伯格的分析提出了疑问，左尔伯格认为英法国家的不同的主要解释变量是国际冲突。③ 同时，曼和布列维尔最近的研究结论则使那些认为法国是强国家、英国是弱国家的惯常论点难以立足。④ 他们令人信服地指出，英国国家在汲取巨额税收和借款方面有着强大的能力，曼把英国国家的这种能力归结为其对于社会的基础权力。⑤ 因此，尽管法国国家拥有通过强制手段来汲取资源的更为传统的专制权力，英国国家同样也非常强大。

### 2. 社会危机和国家形成

根据这一论点，国家的发展同样是一种西方现象——国家的发展主要在于维持社会整合。根据巴蒂尔和伯恩鲍姆的观点，国家“是为解决西欧社会特定发展时期的具体危机而出现的独特的社会发明”。⑥

---

① M. Mann, *The Sources of Social Power* Vol. 1 (London: Cambridge University Press, 1986).

② J. Brewer, *The Sinews of Power* (New York: Knopf, 1989).

③ A. R. Zolberg, "Strategic interactions and the formation of modern states: France and England," See A. Kazancigil, *The State in Global Perspective* (Britain: Blackmore, 1986), pp. 72 – 106.

④ P. Anderson, *Lineages of the Absolutist State* (London: Verso, 1974); B. Badie, P. Birnbaum, *The Sociology of the State*, Translated by A. Goldhammer (Chicago: Chicago University Press, 1983); P. Birnbaum, *The Heights of Power*, Translated by A. Goldhammer (Chicago: Chicago University Press, 1982).

⑤ M. Mann, *The Sources of Social Power* Vol. 1 (London: Cambridge University Press, 1986); M. Mann, "The autonomous power of the state: its origins, mechanisms and results In States," in *History*, J. A. Hall, ed. (New York: Blackwell, 1986), pp. 109 – 136; J. Brewer, *The Sinews of Power* (New York: Knopf, 1989).

⑥ B. Badie, P. Birnbaum, *The Sociology of the State*, Translated by A. Goldhammer (Chicago: Chicago University Press, 1983).

国家所扮演的角色的异同主要取决于其自主性程度。有一种观点强调欧洲封建主义的内部危机对于国家形成的促进作用。在马克思主义传统中，绝对主义国家不过是贵族制的一个部门，因此仅仅具有相对的自主性。[①] 另一种理论则把国家的出现看作是封建危机期间自主性结构的形成，这一结构尽管与当时的统治阶级进行社会和政治方面的谈价还价，它同时也试图支配和摧毁这一阶级。[②] 最后，国家行政结构的发展取决于这一内在危机的逻辑，即国家首先发展出司法、行政和财政机构，然后才是军事战争机器和外交机构。[③]

从这一视角出发的大部分学者某种程度上对于国家与社会的关系都持一种发展的观点，即国家首先从社会中分化出来，在地位得到巩固之后再深化其体系的目标。[④] 在国家与社会的亲密关系中，弱国家鼓励能够进行自我调整的公民社会与自己合作，强国家则坚持其对于支配阶级的独立性。英美两国属于弱国家类型，法国则代表了“以自我复制和雇佣大量精英的官僚制”为基础的强国家类型。[⑤] 法国国家并非一直是强大的，它经历过从没有自主性到内在凝聚再到自主性的过渡，但一旦它通过同质性（homogeneity）而建立起内部一致、任人唯贤的原则以及稳定的精英招聘机制，它就能维持其相对于社会的自主性。因此，正是国家能力的发展以及随之而来的制度化催生了法国国家的自主性。[⑥] 美国国家构建的历史分析则代表了这一路径的变种。

---

① P. Anderson, *Lineages of the Absolutist State* (London: Verso, 1974).

② B. Badie, P. Birnbaum, *The Sociology of the State*, Translated by A. Goldhammer (Chicago: Chicago University Press, 1983).

③ J. R. Strayer, *On the Medieval Origins of the Modern State* (Princeton: Princeton University Press, 1970).

④ B. Badie, P. Birnbaum, *The Sociology of the State*, Translated by A. Goldhammer (Chicago: Chicago University Press, 1983); P. Birnbaum, *The Heights of Power*, Translated by A. Goldhammer (Chicago: Chicago University Press, 1982).

⑤ B. Badie, P. Birnbaum, *The Sociology of the State*, Translated by A. Goldhammer (Chicago: Chicago University Press, 1983); P. Birnbaum, *The Heights of Power*, Translated by A. Goldhammer (Chicago: Chicago University Press, 1982).

⑥ P. Birnbaum, *The Heights of Power*, Translated by A. Goldhammer (Chicago: Chicago University Press, 1982).

在这里，与其说是社会需要国家，毋宁说是资本主义需要国家。国家在随后的发展中受既有政治制度的约束。一种令人信服的观点指出，美国国家的弱小在于社会先于国家而组织起来，普选权和政治参与的发展早于国家的形成，它们已经成为结构性的社会制度。①

### 3. 国家形成的文化动力

文化分析路径提出了一种看待国家与社会关系的完全不同的视角，这种视角并不否定外部地缘政治和内部危机的观点，但通过增加文化的维度而拓展了它们。国家与社会相互斗争，但这种斗争被认为是发生在文化的场域中。国家通过强制的手段从其民众中获得权力，但是，国家只有使他们成为公民，赋予他们一定权利才能获得他们的认同。从这一意义而言，国家也是一种文化的创造物。在与社会的斗争中，国家形成了一套制度规范社会生活和不断重新界定文化边界。② 在这一关系中，国家不是从其自主性和能力而是从全国共同体的忠诚和认同中获得力量的，这种全国共同体在国家与社会关系中也可以理解成强制和灌输的结果。在强调国家的文化实践的基础上，国家形成获得了国家和社会关系的另一个维度：国家是特定文化背景（社会运作于这种文化中）的产物。同时，伴随着国家的形成，宗教领域和世俗领域日益分离，这重塑了社会的文化背景。③

19 世纪巴厘岛上的尼加拉（Negara）就是这样一个国家：国家在某种意义上只是社会的一个部分，它只是为社会制定政治和行政决策的一个机构。然而，国家也建构了一个使社会镶嵌其中的规范秩序。虽然国家能力是在特定结构中得到维持的，但国家的主要力量来自于其象征性的、致力于推进文化一致的中心。它对于社会的支配不是体

① S. Skowronek, *Building a New American State: The Expansion of National Administrative Capacities* 1877 - 1920 (Cambridge, Mass: Cambridge University Press, 1982).

② J. Nettl, "The state as a conceptual variable," *World Politics* 20, 1968, pp. 559 - 592; P. Corrigan, D. Sayer, *The Great Arch* (Oxford: Blackwell, 1985).

③ B. Badie, P. Birnbaum, *The Sociology of the State*, Translated by A. Goldhammer (Chicago: Chicago University Press, 1983).

现在行政职能上，而是体现在以剧场国家（theater state）的概念向社会展示王权的观念。在尼加拉，仪式使得国家迥异于社会，展示对社会的统治，由此复制自身。①

这一领域的研究偏离了以下观点：一种类型的组织在对内或对外的困境中，通过发展行政和汲取能维持对社会的统治，国家的形成不过是这个过程的一部分。相比之下，这一领域的研究倾向于把国家理解为嵌于社会中众多管理机构的一个。在这里，国家不需要坚持对行政职能的支配，因为它不断通过文化或剧场式的象征表演来维持它对社会的统治。

## 三、非西方世界的国家形成

蒂利1975年注意到，世界形势的变动已使“我们从欧洲历史中细心重建的事件发生的确切次序不会再重演”，② 后殖民地的历史和对非西方国家的学术研究证实了这一观点的正确。首先，促使国家产生的国际背景已经发生了极大改变：其一，国家形成理论的核心假设是战争在国家行政和汲取机构的发展过程中起着重要的作用，但在当今互不干涉内政的国际准则下，这一路径不太可能发生。③ 其二，在现代早期欧洲的国家间竞争中，那些不够强大难以生存的国家机器走向了崩溃，然而，新的国际体系却为弱国家提供扶持和合法性。④ 其三，在西欧国家形成的过程中，国家缔造者与资本家之间有着密切的关系，

① C. Geertz, *Negara: The Theatre State in Nineteenth - Century Bali* (Princeton: Princeton University Press, 1980).

② C. Tilly, *The Formation of National States in Western Europe* (Princeton: Princeton University Press, 1975), p. 601.

③ J. S. Migdal, *Strong Societies and Weak States* (Princeton: Princeton University Press, 1988).

④ R. H. Jackson, C. G. Rosberg, “Why Africa's weak states persist: the empirical and the juridical in statehood,” See A. Kohli, ed. , *The State and Development in the Third World* (Princeton: Princeton University Press, 1986), pp. 259 - 282.

资本主义促进了国家发展，而国家缔造者亦促进了资本主义的扩张，①但在今天的发展中国家，国家缔造者在全球资本主义体系中却面临着不平等和不利的局面。

除国际环境的不同之外，在影响国家和国家－社会关系的国内条件方面，非西方国家也与现代早期的欧洲国家差别很大。欧洲的国家缔造者能够界定其国界，而很多第三者世界的国家精英却发现他们所继承的是一个既定的国家结构和国界。② 欧洲国家缔造者发现自己面对的是一个主要以阶级和经济利益组织起来的相对同质的社会，但后殖民地国家的精英却面对的是一个四分五裂的以部落、血缘、族群和宗教划分为基础的异质社会。③ 欧洲各国社会的阶级结构促进了国家的发展并巩固了国家精英的地位，相反，发展中国家的国家缔造者发现他们单是维护权力就得竭尽全力。④ 用曼的权力类型来分析，发展中国家的国家精英所依赖的主要是专制权力，因为他们无力创建有效的国家行政机构阻碍了基础权力的发展。⑤

---

① I. Wallerstein, *The Modern World - System* (New York: Academic, 1974); C. Tilly, *The Formation of National States in Western Europe* (Princeton: Princeton University Press, 1975).

② N. Kasfir, *State and Class in Africa* (London: Cass, 1984); A. A. Mazrui, "The triple heritage of the state in Africa," See A. Kazancigil, *The State in Global Perspective* (Britain: Blackmore, 1986), pp. 107 - 118; A. Kazancigil, ed., *The State in Global Perspective* (Great Britain: Blackmore, 1986); V. Azarya, "Reordering state - society relations: incorporation and disengagement," in *The Precarious Balance: State and Society in Africa*, D. Rothchild, N. Chazan, eds., (Boulder: Westview1988), pp. 3 - 21; T. Callaghy, "The state and the development of capitalism in Africa: theoretical, historical and comparative reflections," in *The Precarious Balance: State and Society in Africa*, D. Rothchild, N. Chazan eds. (Boulder: Westview, 1988), pp. 67 - 99; J. S. Migdal, *Strong Societies and Weak States* (Princeton: Princeton University Press, 1988).

③ A. D. Smith, "State - making and nation - building," in *States in History*, J. A. Hall, ed. (New York: Blackwell, 1986), pp. 228 - 263; A. A. Mazrui, "The triple heritage of the state in Africa," See A. Kazancigil, *The State in Global Perspective* (Britain: Blackmore, 1986), pp. 107 - 118; L. Anderson, *The State and Social Transformation in Tunisia and Libya*, 1830 - 1980 (Princeton: Princeton University Press, 1986).

④ J. S. Migdal, *Strong Societies and Weak States* (Princeton: Princeton University Press, 1988).

⑤ M. Mann, "The autonomous power of the state: its origins, mechanisms and results In *States*," in *History*, J. A. Hall, ed. (New York: Blackwell, 1986), pp. 109 - 136.

关于现代早期欧洲国家形成的文献承认社会在这一过程中的重要性，但它们关注的主要是国家扩张，但在研究非西方国家的国家形成的文献中，国家－社会关系在国家形成中处于核心地位。在这些文献中，安德森的研究最接近于欧洲国家主义学者的路径。她把主要社会结构和重大政治转型的原因归结为国家形成之前的历史，对社会则言之甚少。例如，在突尼斯，从奥斯曼帝国到法兰西帝国再到后殖民地时期的国家管理连续而稳定，国家可以在国家与社会的关系中根据庇护－侍从关系（parton－client relations）来重构和征服社会。相反，从奥斯曼帝国到意大利统治再到后殖民地时期，利比亚的国家管理既不连续也不稳定，造成利比亚国家不仅不能够重构社会，而且各种血缘和部落组织的四分五裂对国家权力构成了持续的挑战。①

许多其他的这类文献也认为，社会在国家形成中起着重要作用，积极对抗国家对社会的重构。在对扎伊尔的研究中，卡拉基把该国的国家与社会关系描述成一种斗争，世袭的君主政权试图通过对内控制社会和在国际体系中的对外行动来提升其权力。② 卡拉基认为，国家中央集权的性质取决于社会结构的特点，特别是传统权威因素的持续影响。国家能够渗透进传统权威基础较为薄弱的社会，但在有着类似于“传统国家结构”的社会，社会力量较为强大，国家因此也就很难把自身的意志贯彻其中。③

在这方面的文献中，米格代尔有关国家－社会关系的分析可能提

---

① L. Anderson, *The State and Social Transformation in Tunisia and Libya*, 1830 – 1980 (Princeton: Princeton University Press, 1986).

② T. Callaghy, *The State – Society Struggle* (New York: Columbia University Press, 1984); T. Callaghy, "External actors and the relative autonomy of the political aristocracy in Zaire," See N. Kasfir, *State and Class in Africa* (London: Cass, 1984), pp. 61 – 83; T. Callaghy, "The state and the development of capitalism in Africa: theoretical, historical and comparative reflections," in *The Precarious Balance: State and Society in Africa*, D. Rothchild, N. Chazan eds. (Boulder: Westview, 1988), pp. 67 – 99.

③ T. Callaghy, *The State – Society Struggle* (New York: Columbia University Press, 1984); T. Callaghy, "External actors and the relative autonomy of the political aristocracy in Zaire," See N. Kasfir, *State and Class in Africa* (London: Cass, 1984), pp. 61 – 83.

供了最好的解释。在这种关系中，既存在国家被强大社会削弱的情况，也存在国家能力直接转化为国家力量的情况。[①] 对于后殖民地时期形成的国家而言，其强势取决于殖民时期权威和政府的特质。英国对塞拉利昂（Sierra Leone）社会奉行分而治之的社会控制策略，由此形成的是一个羸弱的后殖民地国家，但它在以色列却鼓励由一个犹太机构来主持和整合各种社会团体，由此形成的是一个强国家。国际背景和全球经济尽管影响了这一过程，但显然只是发挥次要作用。

最后，在阿扎亚有关国家 - 社会关系的模型[②]中，社会对国家行动通常采取两种反应策略中的一种：联盟或脱离。如果社会主要采取联盟的策略，那么国家将成为核心组织，传统结构和权威将内嵌于在这种组织中。如果社会主要选择脱离的策略，社会和经济组织将远离国家，传统结构也就将维持下来并提高其影响力。[③]

相对于现代早期欧洲的国家建构而言，由于认识到国家建构过程中使社会扮演重要角色的历史条件，我们对发展中国家的国家形成认识更平衡。同样，对国家 - 社会关系的相似关注也可以使我们对欧洲的国家形成提出更加细致和全面的解释。

## 四、经济发展

许多有关国家作用的研究大部分都由非西方国家面临的关键问题所激发，即经济发展问题。这些社会普遍存在着这样一种观点：在世

① J. S. Migdal, *Strong Societies and Weak States* (Princeton: Princeton University Press, 1988).

② V. Azarya, "Reordering state – society relations: incorporation and disengagement," in *The Precarious Balance: State and Society in Africa*, D. Rothchild, N. Chazan, eds. (Boulder: Westview1988), pp. 3 – 21.

③ V. Azarya, N. Chazan, "Disengagement from the state in Africa: reflections on the experience of Ghana and Guinea," *Comparative Study of Sociological History* 29, 1987, pp. 106 – 131.

界市场中竞争所必需的快速经济发展需要国家有计划的、持续的干预。① 国家干预的理由根据工业化水平有不同。在有些国家，经济发展相对较好但激烈的阶级冲突影响其发展，国家有责任去维护法律与秩序和促进经济增长。但在另外一些国家，阶级冲突不成大问题，因为经济发展还处于初级阶段，国家的主要作用是要像引擎那样去促进现代化。②

国家自主性和国家能力是促进经济发展诸多因素中的最重要因素，因为在这些国家计划的例子中，国家需要控制发展的进程。根据相关文献的观点，国家自主性和国家能力是指国家的内部特征，也指与社会中群体的关系。③ 由于国家运作于国际资本主义的秩序中，因此这一秩序的政治和市场变动也会影响到国家相对于社会的自主性、国家能力。④

以国家 - 社会关系作为核心标准，我们把国家在经济发展中的作用划分为四类，同时，使用国家自主性和国家能力这两个分类，我们明确了国家促进经济发展的各种条件。首先，让我们考察一下明确主导了社会的那些国家，它们包括拉丁美洲的官僚制威权国家以及中东和东亚的一些国家。其次，我们将讨论分析强国家遭遇强社会的那些案例，它们包括中东、亚洲的后殖民地国家和拉丁美洲新近推行民主

---

① A. Gerschenkron, *Economic Backwardness in Historical Perspective* (Cambridge: Harvard University Press, 1962); A. O. Hirschman, *A Bias for Hope: Essays on Development and Latin America* (New Haven: Yale University Press, 1971).

② G. O'Donnell, "Reflections on the patterns of change in the bureaucratic - authoritarian state," *Latin American Research Review* 13, 1978, pp. 3 - 37; A. D. Smith, "State - making and nation - building," in *States in History*, J. A. Hall, ed. (New York: Blackwell, 1986), pp. 228 - 263.

③ D. Rueschemeyer, P. Evans, "The state and economic transformation: toward an analysis of the conditions underlying effective intervention," See P. Evans, D. Rueschemeyer, T. Skocpol, eds., *Bringing the State Back In* (New York: Cambridge University Press, 1985), pp. 44 - 77; P. Evans, "Predatory, developmental and other apparatuses: a comparative political economy perspective on the third world state," *Sociological Forum* 4, 1989, pp. 561 - 587.

④ P. Evans, "Recent research on multinational corporations," *Annual Review of Sociology* 7, 1981, pp. 199 - 223; P. Evans, D. Rueschemeyer, T. Skocpol, eds., *Bringing the State Back In* (New York: Cambridge University Press, 1985).

化的国家。再次，我们探讨那些研究弱国家遭遇强社会的文献，它们涉及的主要是非洲国家。最后，我们分析那些最近由于发现了高价能源和发展了经济、围绕新财富而建构起社会的国家。

### 1. 强国家，弱社会

官僚制威权国家（the Bureaucratic Authoritarian state）代表了国家对社会取得完全胜利，这些国家具有力量、自主性和能力。但国家是在什么样的条件下获得自主性、发展能力并引导经济发展的呢？在拉丁美洲，由于面临着阶级冲突和前任政府的经济衰败，官僚制威权国家只有初步的自主性。① 通过限制活跃的阶级并使之去政治化，这些国家重建了法律和秩序，从而提高了自主性来执行长期的经济和政治的改革。② 相比于官僚制威权国家作为危机累积的产物，朝鲜政府也是强大的，因为它是战后组织起来的并在外部威胁的背景下继续生存。

对于官僚制威权国家来说，如果缺乏外部干预，由社会内部的结构性阶级冲突而产生的初始自主性（initial autonomy）问题将很难得到解决。③ 各国所具有的初始自主性因其先前社会条件的差异而不同。

---

① G. O'Donnell, "Reflections on the patterns of change in the bureaucratic – authoritarian state," *Latin American Research Review* 13, 1978, pp. 3 – 37; G. O'Donnell, "Tensions in the bureaucratic – authoritarian state and the question of democracy," See D. Collier ed., *The New Authoritarianism in Latin America* (Princeton: Princeton University Press, 1979), pp. 285 – 318.

② G. O'Donnell, "Reflections on the patterns of change in the bureaucratic – authoritarian state," *Latin American Research Review* 13, 1978, pp. 3 – 37; G. O'Donnell, "Tensions in the bureaucratic – authoritarian state and the question of democracy," See D. Collier ed., *The New Authoritarianism in Latin America* (Princeton: Princeton University Press, 1979), pp. 285 – 318; A. O. Hirschman, *A Bias for Hope: Essays on Development and Latin America* (New Haven: Yale University Press, 1971).

③ G. O'Donnell, "Reflections on the patterns of change in the bureaucratic – authoritarian state," *Latin America Research Review* 13, 1978, pp. 3 – 37; A. Stepan, *The State and Society* (Princeton: Princeton University Press, 1978); D. Rueschemeyer, P. Evans, "The state and economic transformation: toward an analysis of the conditions underlying effective intervention," See P. Evans, D. Rueschemeyer, T. Skocpol, eds., *Bringing the State Back In* (New York: Cambridge University Press, 1985), pp. 44 – 77; C. Waisman, *Reversal of Development in Argentina* (Princeton: Princeton University Press, 1986); J. M. Malloy, M. A. Seligson, eds., *Authoritarians and Democrats: Regime Transition in Latin America* (Pittsburgh: Pittsburgh University Press, 1987).

在那些存在着强烈社会分化和官僚制威权国家建立前就存在阶级冲突，就像1973年前的智利那样，国家自主性相对较高。相反，在那些群体和阶级冲突较小的国家，就像秘鲁和乌拉圭那样，国家自主性非常有限。① 土耳其处于这两极中间，激烈的群体冲突使官僚制威权国家获得了必要的自主性。②

在那些自主性来自国家与社会互动的案例中，国家执行其目标的能力来源于其内部制度结构和有能力调动外部资源如专业技术与资本。在那些国家主导经济发展的案例中，较高的国家自主性和国家能力对于成功发展极为必要。相关研究表明，国家确实能够制定雄心勃勃的计划，并至少部分实现。在巴西，国家的最初努力促进了高水平的经济增长。在智利，国家能够执行非国有化的计划并引入自由市场的原则和实践，尽管这些战略最终削弱了国家能力。在秘鲁，国家进行了包括土地改革在内的重大经济转型。③ 就像其拉美同伴那样，土耳其的官僚制威权国家也因经济危机的影响而获得了权力，这场危机被认为是由于前任政府缺乏执行经济政策的自主性造成的，而不是它们自己的政策失败。④ 在这种情况下，新政府能够获得和维护其自主性与

---

① A. Stepan, *The State and Society* (Princeton: Princeton University Press, 1978); D. Collier ed., *The New Authoritarianism in Latin America* (Princeton: Princeton University Press, 1979); A. Stepan, "State power and the strength of civil society in the southern cone of Latin America," See P. Evans, D. Rueschemeyer, T. Skocpol, eds., *Bringing the State Back In* (New York: Cambridge University Press, 1985), pp. 317 – 343.

② H. J. Barkey, *The State and the Industrialization Crisis in Turkey* (Boulder: Westview, 1990).

③ P. Evans, *Dependent Development: The Alliance of Multinational, State and Local Capital in Brazil* (Princeton: Princeton University Press, 1979); A. Stepan, *The State and Society* (Princeton: Princeton University Press, 1978); A. Stepan, "State power and the strength of civil society in the southern cone of Latin America," See P. Evans, D. Rueschemeyer, T. Skocpol, eds., *Bringing the State Back In* (New York: Cambridge University Press, 1985), pp. 317 – 343; D. Rueschemeyer, P. Evans, "The state and economic transformation: toward an analysis of the conditions underlying effective intervention," See P. Evans, D. Rueschemeyer, T. Skocpol, eds., *Bringing the State Back In* (New York: Cambridge University Press, 1985), pp. 44 – 77.

④ H. J. Barkey, "State autonomy and the crisis of import substitution," *Comparative Political studies* 22, 1989, pp. 291 – 314; H. J. Barkey, *The State and the Industrialization Crisis in Turkey* (Boulder: Westview, 1990).

能力，并推行与前任政权同样的经济政策，但效果好得多。

尽管以上文献都认为这些国家主导着它们的社会，但它们的国家-社会关系的具体特点却各不相同，这也会影响国家执行其计划的能力。以智利为例，学者们都认为，持续的阶级冲突和残酷镇压以及外国资本的大量涌入，这些因素极大制约了国家控制。① 斯蒂潘提供了一个社会群体抵抗国家干预的例子，他认为，秘鲁社会抵制了官僚制威权国家的激进的法团主义重构。② 有关巴西的研究文献则似乎都认为，最初的经济增长维持了国家对于社会的合法性控制。③ 大部分学者都认为可以把压制和法团主义添加到国家控制和重构社会的机制中。然而，科恩的证据显示国家精英运用法团主义结构来散布国家意识形态并小心翼翼地操纵工人阶级的支持，这说明国家精英的权力来自同意而非强制。④ 最后，东亚研究提供了既有社会规范和结构支持了政治统治的例子。在朝鲜，官僚机构历来具有较高的地位和自主性，国家能够招募传统的精英分子来为其服务，并且要求他们忠诚于国家的目标而非自身团体的目标。⑤

这组案例表明，尽管国家力量、国家自主性和国家能力的层次和类型各有不同，但经济发展的具体特征最终被国家-社会关系的性质所塑造——即使在国家指导和控制的情况下也是如此。

① A. Stepan, "State power and the strength of civil society in the southern cone of Latin America," See P. Evans, D. Rueschemeyer, T. Skocpol, eds., *Bringing the State Back In* (New York: Cambridge University Press, 1985); M. A. Garreton, "The political evolution of the Chilean military regime and problems in the transition to democracy," See G. O'Donnell, P. C. Schmitter, L. Whitehead, *Transitions from Authoritarian Rule part II* (Baltimore: Johns Hopkins University Press, 1986), pp. 95-122.

② A. Stepan, *The State and Society* (Princeton: Princeton University Press, 1978).

③ A. Stepan, "State power and the strength of civil society in the southern cone of Latin America," See P. Evans, D. Rueschemeyer, T. Skocpol, eds., *Bringing the State Back In* (New York: Cambridge University Press, 1985), pp. 317-343; Y. Cohen, "Democracy from above: the political origins of military dictatorship in Brazil," *World Politics* 40, 1987, pp. 30-54; Y. Cohen, *The Manipulation of Consent* (Pittsburgh: Pittsburgh University Press, 1989).

④ Y. Cohen, *The Manipulation of Consent* (Pittsburgh: Pittsburgh University Press, 1989).

⑤ P. Evans, "Predatory, developmental and other apparatuses: a comparative political economy perspective on the third world state," *Sociological Forum*, 4, 1989, pp. 561-587.

### 2. 强国家，强社会

现在我们转而讨论那些说明国家－社会之间互动性质的案例。在这些案例中，国家是强大的，但社会团体要么已经很强大，要么相对于国家正在壮大其力量。在墨西哥、印度和埃及等国家，国家在经济领域中的突出作用取决于由革命和独立运动的政治领导人，但其自主性受先前社会性质的约束。在其他一些国家，例如，新近民主化的后官僚制威权国家，国家继续维持着对大部分经济领域的控制，但它越来越受近来经过重组并宣称具有政治参与权利的社会的挑战。以上两类国家都具有较强的对内能力，但它们的自主性受到社会的限制。

研究印度和墨西哥的学者遭遇明显的悖论：他们都一致认为国家在经济发展中起关键作用，但它同时也遭遇强大的、高度组织化的、有自己经济利益的社会群体。因此一点也不奇怪，这些学者在他们各自赋予的国家自主性程度上出现了分歧。科利否认印度国家具有任何自主性，在他看来，印度国家是弱小的和“被俘获”的，[①] 但巴德汉则认为它能够独立于有产阶级的利益去制定目标和政策方向。[②] 鲁道夫抛弃了所有分类，把印度国家描述成半自治的或者“受约束的”，并且把它看作是劳动力和资本之外影响经济发展的第三种要素。[③] 无论如何，他们还是一致同意，尽管国家能够在制定和执行经济战略方面取得部分成功，其充分实现它们的能力受限于由多元开放政体带来的社会压力。以墨西哥为例，格兰德尔[④]、贝内特和夏普[⑤]都认为，国家对于经济政策的规划和执行及其对于私营部门的依赖和建构，是它

---

① A. Kohli, ed. , *The State and Poverty in India* ( Cambridge: Cambridge University Press, 1987).

② P. Bardhan, *The Political Economy of Development in India* (England: Blackwell, 1984).

③ L. I. Rudolph, S. H. Rudolph, *In Pursuit of Lakshmi* ( Chicago: Chicago University Press, 1987).

④ M. S. Grindle, *State and Countryside* (Baltimore: Johns Hopkins University Press, 1986).

⑤ D. Bennett, K. Sharpe, “The state as banker and entrepreneur,” *Comparative Politics* 12, 1980, pp. 165 – 189.

能够继续主导发展的主要原因。汉密尔顿提出了异议：墨西哥国家在控制和建设私营部门方面并不那么有力，因为外国资本和商业精英经常限制了其自主决策的过程。①

最后，埃及的国家性质和国家能力成为激烈争论的主题，学者们关心埃及的国家行动及其后果的不同方面。② 一方面，瓦特布里认为，纳赛尔主义国家以传统官僚制威权国家的形式独立于支配阶级，埃及的其他社会经济特征（如文盲、贫穷、人口众多等）及其对于国外金融资源的依赖则导致国家无力执行其政策和刺激经济增长。③ 另一方面，有些学者则强调了国家的非自主和被俘获的一面，他们认为，一个处于支配地位的乡村中产阶级已经渗透进国家，并因此控制了政策执行的关键阶段。④ 米格代尔认为，一个适度弱小的埃及国家最初可以推动执行改革，但最终却摧毁既有的社会结构，这一结构是根据处于支配地位的地方利益重建起来的。⑤ 斯普林博格对于非正式区域网络的研究则进一步强化了强社会的研究途径，在他看来，这种网络能够促进阶级利益对抗国家。⑥

当前出现了一股前官僚制威权国家重新民主化的浪潮，在这一场成功的运动中，社会群体重组自身以维护他们的经济政治利益，因而

---

① N. Hamilton, *The Limits of State Autonomy: Post – Revolutionary Mexico* (Princeton: Princeton University Press, 1982).

② J. Waterbury, *The Egypt of Nasser and Sadat* (Princeton: Princeton University Press, 1983); J. S. Migdal, *Strong Societies and Weak States* (Princeton: Princeton University Press, 1988); L. Binder, *In a Moment of Enthusiasm: Political Power and the Second Stratum in Egypt* (Chicago: Chicago University Press, 1978); H. Ansari, *Egypt: The Stalled Society* (Albany: State University Press, 1986).

③ J. Waterbury, *The Egypt of Nasser and Sadat* (Princeton: Princeton University Press, 1983).

④ L. Binder, *In a Moment of Enthusiasm: Political Power and the Second Stratum in Egypt* (Chicago: Chicago University Press, 1978); H. Ansari, *Egypt: The Stalled Society* (Albany: State University Press, 1986).

⑤ J. S. Migdal, *Strong Societies and Weak States* (Princeton: Princeton University Press, 1988).

⑥ R. Springborg, *Family, Power, and Politics in Egypt: Seyyed Bey Marei – His Clan, Clients and Cohorts* (Philadelphia: Pennsylvania University Press, 1982).

限制了国家的自主性。最近关于重新民主化浪潮的研究主要集中在两个议题上：第一，导致官僚制威权国家让位和重新民主化发端的条件；[①] 第二，这些发展给社会重组和国家与社会关系所带来的影响。[②] 学者们都同意，重新民主化是公民社会重组的结果，教会、草根组织和工会都在迫使国家放松对社会的管制并对社会做出让步的过程中发挥了重大作用。[③] 尽管国家仍然是政治、经济行动的主要力量，但它也被迫回应新兴阶级提出的各种要求，结果导致国家的自主性和国家能力遭到削弱。然而，并不是所有阶级都具有同样的力量和介入国家的途径，但在官僚制威权国家建立的过程中，资产阶级对于国家自主性的接纳至关重要，因为这一阶级在这一时期的力量最大。[④] 根据贝尔梅奥在最近的文献回顾中说，所有官僚制威权国家都建立在中右联盟的基础上，这一联盟避免了根本变革。[⑤]

以上案例表明，在强社会的条件下，即使是那些具有一定自主性和能力的强国家在制定和执行经济战略时也会受到约束。因此，国家不可能单独决定经济发展规划，相反，它是国家与社会不断交涉的结果。

---

① G. O'Donnell, P. C. Schmitter, L. Whitehead, *Transitions from Authoritarian Rule* (Baltimore: Johns Hopkins University Press, 1986); J. M. Malloy, M. A. Seligson, eds., *Authoritarians and Democrats: Regime Transition in Latin America* (Pittsburgh: Pittsburgh University Press, 1987); A. Fishlow, "A tale of two presidents: the political economy of crisis management," See A. Stepan, ed., *Democratizing Brazil: Problems of Transition and Consolidation* (New York: Oxford University Press, 1989), pp. 83－119.

② A. Stepan, ed., *Democratizing Brazil: Problems of Transition and Consolidation* (New York: Oxford University Press, 1989).

③ M. A. Garreton, "The political evolution of the Chilean military regime and problems in the transition to democracy," See G. O'Donnell, P. C. Schmitter, L. Whitehead, *Transitions from Authoritarian Rule part II* (Baltimore: Johns Hopkins University Press, 1986), pp. 95－122; S. Mainwaring, "Grassroots popular movements and the struggle for democracy: nova iguacu," See A. Stepan, ed., *Democratizing Brazil: Problems of Transition and Consolidation* (New York: Oxford University Press, 1989), pp. 168－204; M. E. Keck, "The new unionism in the Brazilian transition," See A. Stepan, ed., *Democratizing Brazil: Problems of Transition and Consolidation* (New York: Oxford University Press, 1989), pp. 252－296.

④ A. Stepan, ed., *Democratizing Brazil: Problems of Transition and Consolidation* (New York: Oxford University Press, 1989).

⑤ Nancy Bermeo, "Rethinking regime change," *Comparative Politics* 22, 1990, pp. 359－377.

### 3. 弱国家，强社会

本节将转而讨论在文献中描述的弱国家，此类国家面临着一个与国家同样强甚至比国家更强的社会。这类国家并不是在应对经济危机的过程中诞生的，而是革命、独立运动或者突然权力更迭的结果。① 新国家所领导的社会已经经历过殖民主义的塑造，但它们却通常没有参与直接的国家－社会互动。② 这些社会在后殖民时代仍然是高度分化的实体，被族群、部落以及各种纵横交错的庇护网络等传统群体所主导。最初以共同经济利益为基础的阶级诞生于殖民统治时期，但是更老的群体仍然具有动员的潜力。③ 因此，尽管各种传统而迥异的社会力量通常并没有参与国家主导的全国经济发展战略，但它们力量强大，曾经在西方国家促进了经济发展的以阶级为基础的联盟却非常弱小。

研究亚非后殖民地国家的学者都认为，这些国家是弱小的，但仍具有有限的自主性。我们应当如何来解释这种自主性呢？这些文献提供了两种解答：一种聚焦于国家－社会关系，另一种则聚焦于国际背景。国家对于暴力的垄断和国内社会的分裂是经常可以观察到的国家自主性的来源。学者们指出，乌干达和乍得这些国家通过赤裸裸的暴力和运用曼所说的专制权力来维持其权力。④ 然而在那些没有绝对垄

---

① T. Callaghy, "The state and the development of capitalism in Africa: theoretical, historical and comparative reflections," in *The Precarious Balance: State and Society in Africa*, D. Rothchild, N. Chazan eds. (Boulder: Westview, 1988), pp. 67 – 99.

② J. S. Migdal, *Strong Societies and Weak States* (Princeton: Princeton University Press, 1988).

③ N. Kasfir, *State and Class in Africa* (London: Cass, 1984); J. S. Migdal, *Strong Societies and Weak States* (Princeton: Princeton University Press, 1988).

④ M. Mann, "The autonomous power of the state: its origins, mechanisms and results In States," in *History*, J. A. Hall, ed. (New York: Blackwell, 1986), pp. 109 – 136; R. H. Jackson, C. G. Rosberg, "Why Africa's weak states persist: the empirical and the juridical in statehood," See A. Kohli, ed., *The State and Development in the Third World* (Princeton: Princeton University Press, 1986), pp. 259 – 282.

断暴力的国家，比如加纳和喀麦隆[①]，国内社会冲突常常给国家提高自主性提供了某种机会，使之能够在敌对派系之间进行调停。[②]

另一方面，学者们认为，国家可以从其所处的国际背景中汲取自主性。首先和最重要的一点是，这些国家与之前的殖民地强权的持续联系及其与国际机构、跨国公司的关系使之能获得提高自主性的金融和政治资源。[③] 大多数非洲国家都不能在国际体系中维持其自主性，相反，它们更喜欢依赖于国外力量而不是国内力量。[④] 其次，国际体系对于作为司法力量的国家的需求也给特别弱小的非洲国家提供了合法性，否则这些国家就可能面临解体。[⑤] 最后，只要具备适当的财富积累机制，意外地发现了丰富的资源或者对于特殊商品的突然市场需

---

① J. B. Forrest, "The quest for state 'hardness' in Africa," *Comparative Politics*, July, 1988, pp. 423 – 441; V. Azarya, N. Chazan, "Disengagement from the state in Africa: reflections on the experience of Ghana and Guinea," *Comparative Study of Sociological History* 29, 1987, pp. 106 – 131; J. Bayart, *L'Etat au Cameroun* (Paris: Presses Fond. Natl. Science of Politics, 1984).

② N. Kasfir, *State and Class in Africa* (London: Cass, 1984); J. B. Forrest, "The quest for state 'hardness' in Africa," *Comparative Politics*, July, 1988, pp. 423 – 441; T. Callaghy, "External actors and the relative autonomy of the political aristocracy in Zaire," See N. Kasfir, *State and Class in Africa* (London: Cass, 1984), pp. 61 – 83; V. Azarya, N. Chazan, "Disengagement from the state in Africa: reflections on the experience of Ghana and Guinea," *Comparative Study of Sociological History* 29, 1987, pp. 106 – 131; C. Young, T. Turner, *The Rise and Fall of the Zairian State* (Madison: Wisconsin University Press, 1985); J. Bayart, *L'Etat au Cameroun* (Paris: Presses Fond. Natl. Science of Politics, 1984).

③ N. Kasfir, *State and Class in Africa* (London: Cass, 1984); R. Fatton, "Bringing the ruling class back in," *Comparative Politics*, April, 1988, pp. 253 – 265.

④ F. Cooper, "Africa and the world economy," *African Study Review* 24, 2/3, 1981; T. Callaghy, *The State – Society Struggle* (New York: Columbia University Press, 1984); T. Callaghy, "External actors and the relative autonomy of the political aristocracy in Zaire," See N. Kasfir, *State and Class in Africa* (London: Cass, 1984), pp. 61 – 83; R. Fatton, "Bringing the ruling class back in," *Comparative Politics*, April, 1988, pp. 253 – 265.

⑤ R. H. Jackson, C. G. Rosberg, "Why Africa's weak states persist: the empirical and the juridical in statehood," See A. Kohli, ed., *The State and Development in the Third World* (Princeton: Princeton University Press, 1986), pp. 259 – 282.

求也能大大提高国家自主性。①

虽然学者们认为这些弱国家具有一定程度的自主性，但是这些国家相对缺乏国家能力。它们的官僚机构通常建立在恩庇的基础上，往往机构臃肿，而且缺乏具有专业素养的人员和财政资源。更重要的是，在这些国家，军队作为一种组织反映的是传统的亲属和侍从结构，这些传统的忠诚关系没有通过专业化的训练而转化成为对国家的忠诚。②因此，这些国家的官僚组织和强制机构没能增强国家的能力。

研究经济发展的文献表明，自主性很低和缺乏能力的国家很难引导经济发展。然而，一些非洲国家却是个例外。象牙海岸由于缺乏丰富自然资源和缺乏大量外国资本，只能推行依赖于农业部门的发展战略，于是，国家主导的农业资本主义取得了显著的经济增长。③ 肯尼亚通过对外大量引进外国资本和对内鼓励民族资产阶级的发展，在农业部门取得相似的经济增长。另一方面，尼日利亚得益于一种自然资源——石油，可以通过开采石油而带动经济发展，尽管它带来的经济增长使尼日利亚国家忽略了所有其他的经济部门。④

然而，更常见的情况是，相对于社会而言具有较低自主性和能力

① N. Kasfir, *State and Class in Africa* (London: Cass, 1984); J. Parson, "The trajectory of class and state in dependent development: the consequences of new wealth for Botswana," See N. Kasfir, *State and Class in Africa* (London: Cass, 1984), pp. 39 – 60; V. Azarya, N. Chazan, "Disengagement from the state in Africa: reflections on the experience of Ghana and Guinea," *Comparative Study of Sociological History* 29, 1987, pp. 106 – 131.

② N. Chazan, R. Mortimer, J. Ravenhill, D. Rothchild, *Politics and Society in Contemporary Africa* (Boulder, Co: Rienner, 1988).

③ D. Berg – Schlosser, "African political systems," *Comparative Political Studies* 17, 1984, pp. 121 – 151; T. Callaghy, "The state and the development of capitalism in Africa: theoretical, historical and comparative reflections," in *The Precarious Balance: State and Society in Africa*, D. Rothchild, N. Chazan eds. (Boulder: Westview, 1988), pp. 67 – 99.

④ C. Young, *Ideology and Development in Africa* (New Haven: Yale University Press, 1982); T. Callaghy, "The state and the development of capitalism in Africa: theoretical, historical and comparative reflections," in *The Precarious Balance: State and Society in Africa*, D. Rothchild, N. Chazan eds. (Boulder: Westview, 1988), pp. 67 – 99.

的国家主要关心确保统治精英掌控权力。① 这些国家的经济政策对特定部门的经济发展已经不只忽视，而且是阻挠了发展。例如加纳的可可尽管对国家税收做出了巨大的贡献，但国家对于它的态度却是矛盾的。② 当国家的确试图干预经济时，这种努力常常是为了巩固自己的资源而不是为了执行连贯的经济战略。特别是在热带非洲国家，国家对于农业部门的干预酿成了农民的粮食危机。③ 在这些情形下，社会频繁地抵抗国家政策也就不足为奇了。在乌干达，国家不能将不断增长的经济作物变成资本，就是因为咖啡农用他们的谈判地位扩大了他们相对于国家的自主性。④

以上有关国家的研究文献表明了为什么有些国家尽管具有一定的自主性，但由于缺乏能力，难以促进经济增长。这个问题因为国家与社会的关系而更严重，因为已经存在的社会组织为抵制国家干预提供了基础。

### 4. 食利型国家（Rentier States）

另一种类型的国家因其资源结构而与其他国家区分开来。就像前面提到富裕的尼日利亚那样，这些国家的发展和获得其自主性以及相应地制定经济政策是受对一种主要的资源的发现和开采的影响。首先和最重要的一点是，这些国家的分配功能使之成为能够维持生存的实体。对于那些最富裕的国家来说，国家的汲取机构并不存在。由此可以从中得出两个结论：第一，与那些首先建立起汲取能力的国家不同，

---

① T. Callaghy, "External actors and the relative autonomy of the political aristocracy in Zaire," See N. Kasfir, *State and Class in Africa* (London: Cass, 1984), pp. 61 – 83; M. G. Schatzberg, *Politics and Class in Zaire: Bureaucracy, Business, and Beer in Tisala* (New York: Africans, 1980).

② J. Lonsdale, "States and social processes in Africa: a historiographical survey," *African Study Review* 24, 1981, pp. 139 – 225.

③ R. H. Bates, *Markets and States in Tropical Africa: The Political Basis of Agricultural Policies* (Berkeley: California University Press, 1981).

④ S. Bunker, *Peasants Against the State* (Chicago: Illinois University Press, 1987).

这些国家不存在发展成熟的行政机构，① 其功能的重要部分是缺失的。因此，一旦资源耗尽，这些国家的生存能力将面临严重的威胁。第二，在这些社会，国家与阶级的关系可能遵循完全不同的模式。已经有学者认为，由于这些国家缺乏汲取任务，所以国家与居民之间没有形成阶级关系②。这些社会因此无法沿着阶级的界线组织起来并挑战国家。如果国家规模较小，经济等领域又没有充分发展，③ 以阶级分界进行社会组织的可能性极小。因此，由于缺乏阶级，进行联合的其他基础就显得比较突出，这些再分配国家越晚进入世界体系，就越有可能面临“部族、种族和宗教的挑战”。④

分配型国家具有高度的自主性，这种自主性主要来自于它们的资源基础和因此而来的经济发展，不需要汲取资源的国家不依赖于它们的社会，⑤ 因而具有更大的空间来落实它们所选择的经济社会政策。国家从不同层面介入经济，从作为一个简单的分配机构到基础设施的建设者或者市场中的积极竞争者。⑥ 这一趋势也发生在政府官僚身上，

---

① H. Beblawi, G. Luciani, eds., *Nation, State and Integration in the Arab World*, Vol. II, *The Rentier State* (London: Croom Helm, 1987); K. Chaudhry, "The price of wealth: business and state in labor remittance and oil economies," *International Organization* 43, 1989, pp. 101 – 145.

② N. Bukharin, *Historical Materialism: A System of Sociology* (New York: Russell, 1965); J. Delacroix, "The distributive state in the world system," *Study of Comparative International Development* 15, 1980, pp. 3 – 21.

③ H. Mahdavy, "The patterns and problems of economic development in rentier states: the case of Iran," in *Studies in the Economic History of the Middle East*, M. A. Cook, ed. (London: Oxford University Press, 1970), pp. 428 – 467.

④ J. Delacroix, "The distributive state in the world system," *Study of Comparative International Development* 15, 1980, pp. 3 – 21.

⑤ H. Mahdavy, "The patterns and problems of economic development in rentier states: the case of Iran," in *Studies in the Economic History of the Middle East*, M. A. Cook, ed. (London: Oxford University Press, 1970), pp. 428 – 467; L. Anderson, "The state in the Middle East and North Africa," *Comparative Politics* 20, 1987, pp. 1 – 18; K. Chaudhry, "The price of wealth: business and state in labor remittance and oil economies," *International Organization* 43, 1989, pp. 101 – 145.

⑥ M. Chatelus, "Policies for development: attitude toward industry and services," See H. Beblawi, G. Luciani, eds., *Nation, State and Integration in the Arab World*, Vol. II, *The Rentier State* (London: Croom Helm, 1987), pp. 108 – 137.

他们成为依赖于税收征集的食利阶级，建立起独立的收入渠道而相对较少关注经济发展。大部分有关革命前伊朗的讨论都围绕着这个主题而展开：在伊朗这个土地辽阔、人口稠密的国家，经济上却只有某些部门得到了有限的发展，伴随着这种发展而来的是食利阶级的发财致富。① 其余两个案例则是财政自主性与一定的再分配和强制相结合的典型：卡塔尔和科威特都很小而且非常富有，国家拥有丰富的石油财富，并且大部分人口都能享受到这些财富。以科威特为例，它拥有发达的石油工业，国家把依此得来的税收再分配给科威特国民甚至“被剥削阶级”——由待遇优厚的外来工人组成。但是，科威特也是一个专制型国家，它依靠一定程度的强制来维持其生存。② 最近，大部分富裕的阿拉伯国家，特别是卡塔尔、科威特、阿拉伯联合酋长国和沙特阿拉伯都实行了“补贴性私有化”的政策，以此鼓励企业主阶级的发展。③

经济繁荣有助于这些国家支配其社会。然而，经济衰退时期的状况也表明，它们对于社会团体的控制非常脆弱。在经济繁荣时财政自主是有回报的，因为在大量的外部资本流入的情况下，国家需要途径管理由外界带来的增长和积累的周期，并且它们有能力把自己的收益转移给社会。但当面临经济危机冲击的时候，仅有财政自主性的国家便面临无力汲取和社会力量抵制汲取的问题。最近有观点认为，国家的自主性通常并不一般地依赖于资源，而是取决于资源的类型以及资源获取和再分配的结构。对也门和沙特阿拉伯——这两个国家同样受

---

① H. Mahdavy, “The patterns and problems of economic development in rentier states: the case of Iran,” in *Studies in the Economic History of the Middle East*, M. A. Cook, ed. (London: Oxford University Press, 1970), pp. 428 - 467; F. Halliday, *Iran: Dictatorship and Development* (New York: Penguin, 1979); T. Skocpol, “Rentier state and Shi'a Islam in the Iranian Revolution,” *Theory of Sociology* 11, 1982, pp. 265 - 283.

② M. W. Khouja, P. G. Sadler, *The Economy of Kuwait: Development and Role in International Finance* (London: MacMillan, 1979); J. Delacroix, “The distributive state in the world system,” *Study of Comparative International Development* 15, 1980, pp. 3 - 21.

③ M. Chatelus, “Policies for development: attitude toward industry and services,” See H. Beblawi, G. Luciani, eds., *Nation, State and Integration in the Arab World*, Vol. II, *The Rentier State* (London: Croom Helm, 1987), pp. 108 - 137.

1983－1987年经济危机的影响——的比较表明，国家与社会关系的性质和程度——受资源的类型和分配结构的影响——对国家实施改革的能力具有强烈的影响。[①] 因此，石油等致富资源并不必然为国家提供了控制社会的直接自主性，自主性的获得来自于国家与社会关系的结构化。

## 五、社会运动、族群与国家

虽然国家在经济政治发展中的作用一段时间内在学术研究中占据突出的地位，但直到最近它才成为社会运动研究和族群研究的核心要素。学者们最初认为，这些现象是由心理因素决定的。对社会运动和革命的心理学解释强调它们源自个体在面对诸如工业化或城市化等社会变迁时的挫折感，表现为由于不满而形成的非理性和无组织的反应。[②] 同样，种族和族群动员也被认为是前现代共同体中作为共同纽带的原始情感的结果，基于情感而非利益形成的族群纽带在现代化过程中将被对阶级和国家的忠诚所取代。[③]

这些理论最终被那些继续关注社会但却以截然不同的方式来描绘社会行动的理论所取代。学者们现在认为，社会运动和族群认同不是非理性或情感性的，而是人们为了实现集体利益而组织起来的理性行为。资源动员理论（resource mobilization theory）认为，社会运动发生的可能性并不在于群体的不满，而在于群体能接触更多的外界资源，如收入和信息。[④] 政治机会理论者倾向于认为，外部资源不一定会成

---

① K. Chaudhry, "The price of wealth: business and state in labor remittance and oil economies," *International Organization* 43, 1989, pp. 101－145.

② N. Smelser, *Theory of Collective Behavior* (New York: Free Press, 1962); T. R. Gurr, *Why Men Rebel* (Princeton: Princeton University Press, 1970).

③ C. Geertz, *Old Societies and New States New Haven* (New Haven: Yale University Press, 1963); S. M. Lipset, S. Rokkan, eds., *Party Systems and Voter Alignments* (New York: Free Press, 1967).

④ D. McAdam, J. D. McCarthy, M. N. Zald, "Resource mobilization and social movements: a partial theory," *American Journal of Sociology* 82, 1977, pp. 1212－1241; J. C. Jenkins, "Resource mobilization theory and social movements," *Annual Review of Sociology* 9, 1983, pp. 527－553.

为社会运动组织起来去寻求利益的原因，相反，他们认为内部资源才有决定作用。① 举例来说，20 世纪 50 年代和 60 年代公民权运动的发生就是因为内部资源增多的结果，这些资源体现在高校学生之间社会网络的发展、黑人教会的力量和合法性的提升等方面。② 族群认同的形成和族群动员也被看作是策略性的和“情景激发”的，③ 因此经济或政治情况的改变会促使新型族群认同的出现或者旧族群认同的复苏。④ 因此，尼日利亚分裂成三个大的区域催生了新的区域认同，这些区域以前为更小型的共同体和血缘纽带所主宰。这种关于族群认同的更具解释力的观点承认政治、经济政策等外部因素的影响，但把分析的注意力集中在群体的内部动力上。这一理论在社会运动研究中试图揭示群体是如何动员资源的，⑤ 而在族群运动研究中它则试图回答族群边界是如何依据外界政治经济因素变动而形成或调整的。⑥

### 1. 国家的作用

对于这些理论的运用和再阐述清楚地表明，如果没有分析外部因素，特别是国家的作用，内部的族群和社会动因也就不可能得到充分的理解。众所周知，国家政策是影响动员和改变认同模式的决定因素

① C. Tilly, *From Mobilization to Revolution* (Reading: Addison - Wesley, 1978); D. McAdam, *Political Process and the Development of Black Insurgency*, 1930 - 1970 (Chicago: Chicago University Press, 1982).

② D. McAdam, *Political Process and the Development of Black Insurgency*, 1930 - 1970 (Chicago: Chicago University Press, 1982); A. D. Morris, *Origins of the Civil Rights Movement* (New York: Free, 1984).

③ J. Nagel, "The political construction of ethnicity," See S. Olzak, J. Nagel, *Competitive Ethnic Relations* (Orlando: Academic Press, 1986), pp. 93 - 112.

④ C. Young, *The Politics of Cultural Pluralism* (Madison: Wisconsin University Press, 1976).

⑤ D. McAdam, *Political Process and the Development of Black Insurgency*, 1930 - 1970 (Chicago: Chicago University Press, 1982); A. D. Morris, *Origins of the Civil Rights Movement* (New York: Free, 1984).

⑥ D. Horowitz, *Ethnic Groups in Conflict* (Berkeley: California University Press, 1985); D. D. Laitin, *Hegemony and Culture* (Chicago: Chicago University Press, 1986).

之一。[1] 一系列问题由此而来：国家影响社会运动、族群认同的形成和动员的条件是什么？国家行动的有意或无意后果有哪些？国家作为一个机构如何影响社会的过程？国家是否像一些学者所认为的那样，主要是社会运动进行动员的舞台，或者是一种以无意的方式重构社会关系的力量，或者是一个有着自身利益的自主行动者，为了实现自身目标，它有意鼓励一些针对其他人的社会运动和族群运动的发生？更为重要的是，是否存在一个学者们可以从不同案例中总结出来的国家行动模式，以便形成关于国家影响社会运动和族群的更一般理论？

## 六、国家对社会运动的影响

在大部分研究中，国家的作用常常被归结为以下三种类型中的一种。第一，国家被认为拥有社会运动组织和族群竞争的资源，国家因此有力量去塑造群体与自身之间的关系，并且能够通过自己的行为去改变群体的特征。[2] 举例来说，如果资源是类似平权行动，它的范围是根据某种特定的族群边界而不是另一种边界来划分，例如是依据“西班牙裔的人”而不是“墨西哥人”或者“波多黎加人”，它将会鼓励群体去运用新的标识而不是原来那些醒目的标识，这样便最终改变

---

① M. Hechter, *Internal Colonialism* (Berkeley, California: California University Press, 1975); C. Tilly, *From Mobilization to Revolution* (Reading: Addison – Wesley, 1978); S. Olzak, “Contemporary ethnic mobilization,” *Annual Review of Sociology* 9, 1983, pp. 355 – 374; J. Nagel, “The political construction of ethnicity,” See S. Olzak, J. Nagel, *Competitive Ethnic Relations* (Orlando: Academic Press, 1986), pp. 93 – 112; D. McAdam, J. D. McCarthy, M. N. Zald, “Social Movements,” in *Handbook of Sociology*, N. J. Smelser ed. (Beverly Hills, California: Sage, 1988); S. Cornell, *The Return of the Native: American Indian Political Resurgence* (Chicago: Chicago University Press, 1988).

② C. Tilly, *From Mobilization to Revolution* (Reading: Addison – Wesley, 1978); D. McAdam, *Political Process and the Development of Black Insurgency*, 1930 – 1970 (Chicago: Chicago University Press, 1982); C. Bright, S. Harding, eds., *Statemaking and Social Movements* (Ann Arbor: Michigan University Press, 1984).

了群体的性质。① 第二，国家可以制定政策来支持某一群体而优先于另一个群体。美国国税局（the US Internal Revenue Service）对于免税条件的区分有利于非盈利组织，那些不符合条件的组织便相对不利。②最后，国家可能通过压制某些群体同时宽容或鼓励其他群体而公然地影响社会运动和族群动员。③ 英迪拉·甘地为了削弱锡克教徒中的温和派力量和加强其本人的权力而支持锡克教中的极端分子，这种做法导致激进分裂主义的锡克教义的兴起，并减小了通过妥协来解决争端的可能。④

然而，尽管学者们对国家影响的性质的分析已经清楚表明，国家在影响社会运动和族群的形式和行动上极为重要，他们的主要兴趣仍然是族群或社会运动，而不是国家。因此，国家行为的许多方面仍然不甚了了。在大多数此类案例中，国家要么被看作为自己利益而行动，或者是为了特定的阶级利益；要么是对外界的反应，或者外界状况就是因为国家所致。这些分析途径通常很难理解国家行为的本质，因为国家本身不是被当作研究的对象。国家行为对于族群或社会运动的影响通常被描述为是“无意识的”，于是让人们觉得国家好像几乎没有兴趣或能力去制定和执行专门针对族群或社会运动的政策。⑤ 一个重要的例外或许是伯恩鲍姆的研究，他探讨了国家是如何塑造集体行动的——不管是有意还是无意的。⑥ 从这些研究中可以得到关于国家影

---

① J. Nagel, “The political construction of ethnicity,” See S. Olzak, J. Nagel, *Competitive Ethnic Relations* (Orlando: Academic Press, 1986), pp. 93 – 112.

② D. McAdam, J. D. McCarthy, M. N. Zald, “Social Movements,” in *Handbook of Sociology*, N. J. Smelser ed. (Beverly Hills, California: Sage, 1988).

③ C. Enloe, “The growth of the state and ethnic mobilization: the American experience,” *Ethnic Racial Study* 4, 1981, pp. 123 – 136; D. McAdam, J. D. McCarthy, M. N. Zald, “Social Movements,” in *Handbook of Sociology*, N. J. Smelser ed. (Beverly Hills, California: Sage, 1988).

④ P. R. Brass, *The New Cambridge History of India*. Vol IV. 1. (Cambridge: Cambridge University Press, 1990).

⑤ J. Nagel, S. Olzak, “Ethnic mobilization in new and old states: an extension of the competition model,” *Sociological Problem* 30, 1982, pp. 127 – 143; S. Olzak, S. Nagel, *Competitive Ethnic Relations* (Orlando: Academic, 1986).

⑥ P. Birnbaum, *States and Collective Action* (London: Cambridge University Press, 1988).

响的一般结论，但这些研究仍停留在政治机遇文献的层次，国家在其中之所以重要，主要因为它对运动具有客观的影响，但国家本身并没有单独得到研究，国家自主性和国家能力也没有得到详细的分析。①

## 七、国家对族群和集体行动的干预

以社会为中心的解释的主导地位在近年有所修正，那就是把国家看成是自主的，有自己独立的利益，也有能力去实现它。在这类研究中，国家通常是强大和有足够能力的，对塑造其行为的族群或者集体行动具有明确的利益和构想。因此毫不奇怪，在早期的国家中，被视为拥有与所统治的社会不同利益的是殖民地国家，因为它们的自主性和合法性不取决于与殖民地社会的关系。殖民统治的性质形成了以下两种策略中的一种：一种是英国人实行的间接统治，它依赖于本土的权力结构；另一种则是法国人喜欢的更加中央集权的统治。

讽刺的是，依赖于本土政治组织比集权的入侵统治对族群的影响更深远。在尼日利亚，英国政府寻求通过既存的等级权力结构来进行间接统治，他们认为，尼日利亚社会是通过部落合作形式而组织起来的，这些部落产生了新的政治领导者和权力关系，英国的这一政策最终改变了尼日利亚人的族群认同的基础。② 与此相似，在印度，英属印度政府（British Raj）对于穆斯林的偏袒及坚持认为宗教团体将不可避免地分裂，导致印度教精英要动员他们自己的信众，即使历史上严重的宗教分歧都没有分裂这两个群体。一直到独立时期，英国政府对着两个群体的看法被广泛接受，穆斯林和印度教徒差别如此之大，分

① S. Tarrow, "National politics and collective action: recent theory and research in Western Europe and the United States," *Annual Review of Sociology* 14, 1988, pp. 421 – 440.

② D. D. Laitin, "Hegemony and religious conflict: British imperial control and political cleavages in Yorubaland," See P. Evans, D. Rueschemeyer, T. Skocpol, eds., *Bringing the State Back In* (New York: Cambridge University Press, 1985), pp. 285 – 316; D. D. Laitin, *Hegemony and Culture* (Chicago: Chicago University Press, 1986).

治就是唯一的解决办法。①

殖民帝国为国家如何操控族群和其他社会认同提供了既有的典范，今天的国家也可以采用这些策略来管制其领土范围内的人口。举例来说，以色列国家帮助了传统阿拉伯精英的再造和生存，这样既赢得他们的拥护，也削弱了其他新出现的精英，尤其是那些更加激进的精英。②

考察国家如何有意识地影响了社会运动和动员的第二种途径是，可能会强调贯穿于国家行为中的文化和意识形态观念，以及这些观念如何重塑了族群的认同和社会运动。达奈尔在其关于泛阿拉斯加认同（pan - Alaska identity）和动员的兴起的研究中发现，国家关于本地团体应该如何融入美国社会的信念促使先前彼此分散的社群走向统一，并最终使他们首先认为自己是阿拉斯加人，然后才是因纽特人（Inuits）、阿略特人（Aleuts）或阿萨巴斯坎人（Athabascans）。③ 达奈尔强调，国家关于意识形态的预想促使它制定各种政策，而不考虑以这种意识形态为基础的政策将会影响到它的物质利益。在对纳粹德国国家的分析中，葛耶尔同样发现，意识形态在塑造国家对于种族群体的行为时起主要作用。第三帝国对于种族纯洁的迷恋渗透进政治决策的每一个方面，影响了对德国犹太人和其他非德国人的态度。这一例子表明，意识形态不仅仅是为基于其他理由而制定的国家政策进行辩护的一种方式，而是引导国家对待犹太人的根本力量，并最终给犹太人

① F. Robinson, "Nation formation: the Brass thesis and Muslim separatism," *J. of Commonwealth Comparative Politics* 15, 1977, pp. 215 – 230; F. Robinson, "Islam and Muslim separatism," In *Political Identity in South Asia*, D. Taylor, M. Yapp, eds. (London: Curzon, 1979), pp. 78 – 112; P. R. Brass, "A reply to Francis Robinson," *J. Commonwealth Comparative Politics* 15, 1977, pp. 231 – 234; P. R. Brass, "Elite groups, symbol manipulation and ethnic identity among the Muslims of South Asia," in *Political Identity in South Asia*, D. Taylor, M. Yapp, eds., (London: Curzon, 1979), pp. 33 – 77.

② D. D. Laitin, "Hegemony and religious conflict: British imperial control and political cleavages in Yorubaland," See P. Evans, D. Rueschemeyer, T. Skocpol, eds., *Bringing the State Back In* (New York: Cambridge University Press, 1985), pp. 285 – 316; I. Lustick, *Arabs in the Jewish State: A Study in the Control of a Minority Population* (Austin, Texas: Texas University Press, 1980).

③ A. Darnell, "Creating Political and Cultural Order: State Policy and Ethnic Responses in Alaska," PhD thesis, Chicago University, 1990.

带来骇人听闻的后果。① 在这些案例中，国家的特点与殖民地国家十分相似，它们都能够支配目标群体。

最后，最近有关社会运动的研究参考了新制度主义的文献，以强调国家不同组成部分中的行动者的多种作用。在对环境运动的研究中，盖尔描述了官僚以及他们的代理者在立场上是如何产生分歧的；事实上，有些国家机构支持环保主义者，其他一些机构则支持他们的反对者。② 在对20世纪30年代兴起的“汤森德养老金运动”（Townsend old - age pension movement）的研究中，阿曼塔和兹蓝发现，这个运动在那些设有专门负责劳动立法机构的州中最为盛行。③ 这两种研究途径都表明，国家不再被看作是一个统一的行动者，而是一个由众多机构和组织构成的复合体，这些机构和组织未必存在共同的利益。④ 同样重要的是，这些国家尽管不如前面探讨的国家那样具有很强的自主性，它们也能够产生重要的影响。

有关国家、社会运动和族群的研究文献在考察国家的结构和行为方面已取得重大的进展，但仍有待进一步加强。在大体上，学者们在考察政治环境的影响时，把环境视为客观的和未经检验的，或者在国家很强和自主时确认国家的存在。不论何种情况，群体仍然是主要的研究对象。这一领域的国家与社会互动仍然值得探究：社会运动和族群运动如何塑造了国家？那些较弱和缺乏自主性的国家是如何影响社会运动和族群的？

---

① M. Geyer, “The state in National Socialist Germany,” See C. Bright, S. Harding, eds., *Statemaking and Social Movements* (Ann Arbor: Michigan University Press, 1984), pp. 193 - 232.

② R. P. Gale, “Social movements and the state: the environmental movement, counter - movement, and governmental agencies,” *Sociological Perspectives* 29, 1986, pp. 202 - 240.

③ E. Amenta, Y. Zylan, “It happened here: political opportunity, the new institution, and the townsend movement,” *American Sociological Review* 56, 1991, pp. 250 - 265.

④ P. DiMaggio, W. Powell, “The Iron Cage revisited: institutional isomorphism and collective rationality in organizational fields,” *American Sociological Review* 48, 1983, pp. 147 - 160; J. March, J. Olsen, “The new institutionalism: organizational factors in political life,” *American Political Science Review* 78, 1984, pp. 734 - 749; D. McAdam, J. D. McCarthy, M. N. Zald, “Social Movements,” in *Handbook of Sociology*, N. J. Smelser ed. (Beverly Hills, California: Sage, 1988).

## 八、结论

即使在“以国家为中心”的研究中，社会的影响和国家－社会关系的性质也常受关注，这一趋势在不断增强。这并不值得奇怪，因为自主性、国家能力、国家力量等变量常常是在与社会的关系中界定的。因此，“以国家为中心”这一术语在说明研究者所采用的分析视角时贡献甚微。国家主义者的分析关注社会，而“以社会为中心”的分析也承认国家的重要性。值得注意的相关的问题是，国家是如何被操作化界定的，简单地说，在研究中国家是一个因变量还是自变量？国家在同一研究中经常既被当作因变量也被当作自变量，没有对它们进行区分并解释其不同，这样一来，便掩盖了概念上的贡献。

在这些文献所取得的最新进展中，值得鼓励的一点是对既有二分法的突破。马克思主义的界定被运用于韦伯式的国家行动框架中。①比较的方法超越西欧国家与发展中国家的传统划分而在分析中得到应用。② 最值得注意的理论发展来自于以经验基础的研究、具体的历史比较研究和案例研究，这进一步否定了无历史的理论建构和无理论的经验主义之间的区分。③

---

① C. Tilly, *The Formation of National States in Western Europe* (Princeton: Princeton University Press, 1975); T. Skocpol, *States and Social Revolutions* (New York: Cambridge University Press, 1979); T. Skocpol, “Political response to capitalist crisis,” *Political Sociology* 10, 1980, pp. 155－201; M. Mann, *The Sources of Social Power* Vol. 1 (London: Cambridge University Press, 1986); M. Mann, “The autonomous power of the state: its origins, mechanisms and results In *States*,” in *History*, J. A. Hall, ed. (New York: Blackwell, 1986), pp. 109－136.

② T. Callaghy, *The State－Society Struggle* (New York: Columbia University Press, 1984); J. S. Migdal, *Strong Societies and Weak States* (Princeton: Princeton University Press, 1988); K. Barkey, “The state and peasant unrest in the early seventeenth century: the Ottoman case in comparative perspective,” PhD thesis, Chicago University, 1988; S. Parikh, “Preferences for equality: a comparative analysis of higher education policy in the United States and India,” PhD thesis, Chicago University, 1990.

③ T. Skocpol, E. Amenta, “States and social policies,” *Annual Review of Sociology* 12, 1986, pp. 131－157; C. C. Ragin, *The Comparative Method* (Berkeley: California University Press, 1987).

# 下篇
# 当代国家：前沿视角

# 国家理论：马克思主义的视角*

柯林·海伊/文　茅根红/译

正如亨利·希金斯（Henry Higgins），他的著作的影响已完全超出了著作本身所研究的对象，马克思主义的国家理论旨趣不仅是理解资本主义国家，更多的则是为了促进资本主义国家的灭亡。①

如果像女权主义一样，马克思主义也被看作是一种"涉入式理论"（egnaged theory），② 不仅仅满足于解释这个世界，而且要雄心勃勃地改造这个世界，那么，说马克思主义国家理论没有实现这一点是对马克思主义国家理论的低估。诚然，"现实存在的社会主义"瓦解十五年以来，人们很容易把马克思主义国家理论当做历史遗迹加以抛弃。本章试图通过解释资本主义为何呈现出如此惊人的生命力来说明，马克思主义国家理论为我们理解资本主义民主制度中国家、经济和社会之间复杂的动态关系提供了一系列强有力的深刻理论洞见，也为其他的国家理论研究者们提供了有益的借鉴。

因此，本章旨在通过一种尽管有些程式化的方式描述马克思主义和新马克思主义研究和分析国家的方法的演变，从马克思和恩格斯，经过列宁和葛兰西（Gramsci），米利班德（Miliband）和普兰查斯（Poulantzas）再到一些当代的学者，尤其是布洛克（Block）和杰索普

---

* 本文选自 Colin Hay，Michael Lister and David Marsh，eds.，*The State*：*Theories and Issues*（New York：Palgrave Micmillan，2006），pp. 59 – 78.

① A. Wolfe，"New Directions in the Marxist Theory of Politics，" *Politics and Society* 4（2），1974，pp. 131.

② V. Bryson，*Feminist Political Theory*（Basingstoke and New York：Palgrave Macmillan，1992），p. 1.

(Jessop)，以此评述马克思主义为我们理解国家所做出的贡献。本章分为三个部分。第一部分，我们思考马克思主义者为什么需要国家理论以及他们是如何构思这一关注焦点的。第二部分追寻马克思主义国家理论的发展，从国家理论奠基人的理论阐述，到列宁和葛兰西的重构以及战后再度受到关注的马克思主义国家理论。最后一部分探讨当前马克思主义/新马克思主义国家理论的发展——这些理论是否因为远离马克思主义而更复杂？是否我们今天仍然需要一种马克思主义国家理论？

## 一、马克思主义与国家

> 现代国家是……边界模糊不清的、行使许多不明确功能的各种机构无组织化的集合体。①

也许在别人看来，如果不是一个彻底的失败主义者，以这种评论来开始本章关于马克思主义国家理论的讨论看起来似乎是有些奇怪的。然而，这种方式却是一个极其恰当的起点。因为，正如我在其他地方所阐述的那样，“在讨论国家理论问题上，没有什么能比界定这个众所周知的、既捉摸不透又千变万化的概念更艰巨的事情”。② 在讨论第一个问题——我们究竟为什么需要一种国家理论——之前，我们也许可以先从另一个在国家研究中最容易被忽视的问题开始，即国家是什么？正如我们将会看到的，实际上，尽管马克思主义者给出的界定往往是隐而不显的，他们关注国家的理由也总是很隐晦的，但值得称道的是，这一传统下的理论家们从来不乏对这个问题的回答。

---

① P. Schmitter, “Neo – Corporatism and the State,” in W. Grant, ed., *The Political Economy of Corporatism* (Basingstoke and New York: Palgrave Macmillan, 1985), p. 33.

② C. Hay, *Re – Stating Social and Political Change* (Buckingham: Open University Press, 1996), p. 2

### 1. 国家是什么？

只要花点时间查找现在大量有关马克思主义国家理论的文献，你就会发现，马克思主义者对国家的特定认识和理解是比较明确的，但是，众所周知，他们却不善于把这些置于纸端。因而，要想确定作为我们研究对象的马克思主义者关于国家问题的确切分析是有些困难的，更不用说提炼出一个公认的国家概念。但是，在马克思主义国家概念的前提假设上，他们具有“家族相似性”，因而从这一点来说，这一概念是可以确定的——确切地讲，具体可分为四种略有不同的国家概念。

作为资产阶级压迫武器的国家

马丁·卡诺依（Martin Carnoy）认为：（资本主义）国家“作为资产阶级压迫机器”这一界定显然是具有马克思主义特色的国家概念。① 这种有点单一的国家权力概念（国家作为统治阶级压迫意志的体现）与列宁的《国家与革命》中的国家概念密切相关，② 同时也见于恩格斯的著作中。③ 哈尔·德雷珀充分注意到这种功能主义的界定方式——通过诉诸结果来解释某些事情：

> 国家……是作为执行社会的公共功能的一系列制度而形成，这些制度的存续依赖于将压制性权力从社会总体中分离出来。④

---

① M. Carnoy, *The States and Political Theory* (Princeton, NJ: Princeton University Press, 1984), p. 50.

② V. I. Lenin, *The State and Revolution*, in V. I. Lenin, *Selected Works* (Moscow: Progress Publishers, 1968).

③ F. Engels, "Outline of a Critique of Political Economy," in K . Marx and F. Engels, *Collected Works*, Vol. 3 (London: Lawrence & Wishart, 1975), pp. 205 – 207; F. Engles, *The Origin of the Family*, *Private Property and the State* (Peking: Foreign Language Press, 1978), p. 340; A. Van den Berg, *The Immanent Utopia*: *From Marxism on the State to the State of Marxism* (Princeton, NJ: Princeton University Press, 1988), pp. 30 – 31.

④ H. Draper, *Karl Marx's Theory of Revolution*, Vol. 1: *State and Bureaucracy* (New York: Monthly Review Press, 1997), p. 50.

作为统治阶级工具的国家

“工具主义”的立场是众所周知的，它也许是马克思主义有关国家的最普遍界定。尽管事实上工具主义的国家概念自身就包含有各种各样互不相同的表达立场，但大多数情况下，它奠定了马克思主义国家理论的历史地位。它最通俗的表达形式是，国家是“掌握在统治阶级手中增强和确保阶级结构自身稳定的工具”。① 在这一独特学派的理论研究中，“国家的功能……是人民在战略层面上工具式地行使权力，要么通过直接控制国家政策，要么间接地对国家施加压力”。② 工具主义者或者像奥菲（Offe）所谓的“影响理论家”（influence theorists）③ 主要关注于分析：（1）拥有经济权力的个体之间的社会联系以及个人联系的方式和网络，即所谓的“权力结构”研究；④（2）那些占据经济权力重要位置的人与政治精英之间的社会联系；⑤（3）锻造国家和社会精英意识形态承诺的社会过程。⑥

---

① P. Sweezy, *The Theory of Capitalist Development* (New York: Monthly Review Press, 1942), p. 243.

② D. A. Gold, et al., "Recent Development in Marxist Theories of the Capitalist State: Part I," *Monthly Review* 27 (5), 1975, p. 34.

③ C. Offe, "Structural Problems of the Capitalist State: Class Rule and the Political System. On the Selectiveness of Political Institutions," in K. von Beyme, ed., *German Political Studies* (Beverly Hills, CA: Sage, 1974), p. 32.

④ G. W. Domhoff, *Who Rules America?* (Englewood Cliffs, NJ: Prentice - Hall, 1967); G. W. Domhoff, *The Higher Circles: the Governing Class in America* (New York: Random House, 1970); G. W. Domhoff, *Power Structure Research* (Beverly Hills, CA: Sage, 1980); B. Mintz and M. Schwartz, *The Power Structure of American Business* (Chicago: University of Chicago Press, 1985). 对这一问题的评论请参见 C. W. Barrow, *Critical Theories of the State: Marxist, Neo - Marxist, Post - Marxist* (Madiscon: University of Wisconsin Press, 1993), pp. 13 - 24.

⑤ G. W. Domhoff, *The Powers That Be: Processes of Ruling Class Domination in America* (New York: Vintage Books, 1979); G. W. Domhoff, *The Power Elite and the State* (New York: Aldine de Gruyter, 1990); R. Miliband, *The State in Capitalist Society: An Analysis of the Western System of Power* (London: Weidenfeld & Nicolson, 1969). 对这一问题的评论请参见 C. W. Barrow, *Critical Theories of the State: Marxist, Neo - Marxist, Post - Marxist* (Madiscon: University of Wisconsin Press, 1993), pp. 24 - 41.

⑥ R. Miliband, *The State in Capitalist Society: An Analysis of the Western System of Power* (London: Weidenfeld & Nicolson, 1969)

作为一种理想的总资本家的国家

作为一种理想的总资本家的国家概念来源于恩格斯在《反杜林论》中频繁引用的评论（尽管是附带的）："现代国家不管它的形式如何，本质上都是资本主义的机器，资本家的国家，理想的总资本家。"① 这种国家观的倡导者指出，资本既不能自我再生也不能创造自我再生的条件。因为，资本主义社会结构要得以继续维持取决于某种特定的干预，这种特定的干预不是以任何特殊资本的个人利益的名义，而是以总体资本的整体利益的名义施加的。② 在理性选择理论看来，这是一个"集体行动的问题"。③ 因此，需要一个外在的，并且相对自治的机构或者制度总体代表资本以实现长远的整体利益（与个体资本之间相互冲突的短期利益相对）。这种机构就是国家——"理想的总资本家"。④ 正如奥菲解释的那样："恩格斯把国家称作'理想的'总资本家是不无道理的。因为，作为一个'真实的'总资本家显然从逻辑上是不可能的……因为首先国家机器自身不是一个'资本家'……其次，总资本家概念本身在那种竞争的环境下是无意义的……而这种竞争是资本运动所必需的。"⑤

作为社会团结纽带的国家

尽管通常情况下把这一界定与尼科斯·普兰查斯的著作联系在一起，特别是他的术语"作为团结纽带"的国家，然而，这种思想的渊源（实际上的确是普兰查斯提出来的）可以追溯到恩格斯在《家庭、

---

① F. Engles, *Anti – Dübring* ( Moscow: Progress Publishers, 1947), p. 338.

② J. Hirsch, "The State Apparatus and Social Reproduction: Elements of a Theory of the Bourgeois State," in J. Holloway and S. Picciotto, eds., *State and Capital: A Marxist Debate* (London: Arnold, 1978), p. 66.

③ P. Dunleavy, *Democracy, Bureaucracy and Pubic Choice: Economic Expansions in Political Science* (London: Harvester Wheatsheaf, 1991), pp. 30 – 36.

④ E. Altvater, "Notes on Some Problems of State Interventionalism," *Kapitalistate*, 1973, 1, pp. 97 – 108; 2, pp. 76 – 83.

⑤ C. Offe, "Structural Problems of the Capitalist State: Class Rule and the Political System. On the Selectiveness of Political Institutions," in K. von Beyme, ed., *German Political Studies*, (Beverly Hills, CA: Sage, 1974), p. 31

私有制和国家的起源》一书中附带做出的、未经充分阐述的（经典）评论：

> 为了使这些对立面……这些经济利益互相冲突的阶级，不致在无谓的斗争中把自己和社会消灭，就需要有一种表面上凌驾于社会之上的力量，这种力量应当缓和冲突，把冲突保持在“秩序”的范围以内；这种从社会中产生但又自居于社会之上并且日益同社会相异化的力量，就是国家。①

这一概念是根据国家发挥的影响力来理解国家，根据国家在“维持一个社会结构的统一和团结”中发挥“专注并约束阶级统治”的作用来界定国家。② 下面我们转到这一概念导致的问题。

正如上文讨论所表明的，对于许多马克思主义者来说，国家一直是并将继续是意义重大的。

### 2. 马克思主义者为什么需要一种国家理论?

如若再看一下本章开头沃尔夫（Wolfe）的评论，期待有人提出一种理论来回答以下问题似乎是合理的，这个问题是：“确切地说，一种马克思主义国家理论是如何促进社会变革这一进步事业的?”然而，

---

① F. Engels, *The Origin of the Family*, *Private Property and the State* (Peking: Foreign Language Press, 1978), pp. 205 – 206; N. I. Bukharin, *Historical Materialism*: *A System of Sociology* (London: Allen&Unwin, 1926).

② Nicos Poulantzas, *State*, *Power*, *Socialism* (London: New Left Books, 1978), pp. 24 – 25; Antonio Gramsci, *Selections from the Prison Notebooks*, ed., Quentin Hoare and Geoffery Nowell – Smith (London: Lawrence & Wishart, 1971), p. 244; B. Jessop, *Nicos Poulantzas*: *Marxist Theory and Political Strategy* (Basingstoke and New York: Palgrave Macmillan, 1985), p. 61, 177.

可以说，不像女权主义者，[①] 马克思主义者几乎很少需要为他们的理论努力和选择提供证明。“马克思主义者为什么需要一种国家理论”这一问题很难准确回答（远远不及“为什么其他人需要一种马克思主义国家理论”）。但是，也许从马克思主义理论家所说的关于国家的形式和功能中推导出来并不是很难的事情。

这里我们可以借鉴所谓的德国“国家来源论者”（state – derivationists）有益的经验，虽然她们的理论在很多方面都存在严重的问题，[②] 但国家在资本主义再生产过程中所处的核心地位是特别值得强调的。正如来源论者这一标签所暗示的那样，他们企图从资本主义生产方式的必要条件中得出资本主义国家的形式和功能。而我们的目的并不是如他们那样，试图证明国家由于某些必然的内在逻辑而必须满足这些功能性条件，而只不过是为了证明国家与资本主义关系再生产的过程是密切相关的。因而，他们永远无法解释资本主义国家的形式以及（或者）功能（功能失调），虽然他们坚信无疑，但却仍能给我们十分有益的启示。因为关于资本主义社会关系再生产的问题（关于这一点并不需要太深入就能在我们居住的社会中观察得到），必须由一些制度、机构或者二者结合起来才能实实在在地发挥这种功能。并不需要太费功夫就会明白，这些制度相当一部分（如果不是全部的话）要么是国家机器自身，要么是由国家严格监管的制度。因此，作为当代资本主义社会特色的权力关系网络中的节点而出现的国家成为马克思主义关注的焦点。于是，米利班德总结的观点就毫不令人惊奇：

---

① W. Brown, “Finding the Man in the State,” *Feminist Studies*, 18 (1) 1992, pp. 7 – 34; R. W. Connell, “The State, Gender and Sexual Politics: Theory and Appraisal,” *Theory and Society* 19, 1990, pp. 507 – 544; C. A. MacKinnon, “Feminism, Marxism, Method and the State: An Agenda for Theory,” *Signs* 7 (3), 1982, pp. 515 – 544; C. A. MacKinnon, “Feminism, Marxism, Method and the State: Toward Feminist Jurisprudence,” *Signs* 8 (4), 1983, pp. 645 – 658; C. A. MacKinnon, *Toward a Feminist Theory of the State* (Cambridge, MA: Harvard University Press, 1985); see also Chapter 6.

② C. W. Barrow, *Critical Theories of the State: Marxist, Neo – Marxist, Post – Marxist* (Madiscon: University of Wisconsin Press, 1993), pp. 94 – 95; B. Jessop, *The Capitalist State* (Oxford: Martin Robertson, 1982), pp. 78 – 101.

“在马克思主义政治学说中，制度与国家几乎同样重要。”①

那么，严格地说，资本主义国家是如何与不断扩大的资本再生产紧密联系在一起的？或者换一种方式来说，如果资本主义社会关系要再生产，国家必须发挥什么样的功能？可以确定的是国家发挥着各个方面的功能。总体来说，这些功能为马克思主义理论中独特的马克思主义国家理论提供了充分的证据。

首先，我们可以指出的事实是，资本被分裂成数量庞大的、互相竞争的单元，如果要从劳动中抽取出剩余价值以确保获得利润，就需要满足特定的条件。② 简而言之，国家是对资本主义集体行动问题的回应。假设图绘一幅不受国家干预的资本主义经济图画（典型的自由市场），这种经济形态必然由许多大大小小的竞争资本组成。这种经济形态本质上更易发生危机。因为没有任何个体资本在为自我生存竞争时会牺牲自我利益以保全集体利益。在这种不受管制的经济形态中必然会出现无法克服的矛盾或者说“掌舵问题”（steering problem）。于是，这些问题会累积起来直到最终威胁资本主义自身的稳定——加速生产方式危机的全面爆发。没有调控的资本主义经济，尽管现在备受自由市场论者的广泛推崇，但本质上是不稳定的。③

现在对作为一个或多或少“理想的总资本家”的国家概念进行讨论。阿尔特瓦特（Altvater）认为，这种国家必须干预资本主义经济才能为资本积累的持续创造有利的条件，也才能发挥他所谓的“一种整体维

---

① R. Miliband, *Marxism and Politics* (Oxford: Oxford University Press, 1977), p. 66.

② E. Altvater, “Notes on Some Problems of State Interventionalism,” *Kapitalistate*, 1973, 1, pp. 97 – 108; 2, pp. 76 – 83.

③ M. Aglietta, *A Theory of Capitalist Regulation* (London: New Left Books, 1979); J. Habermas, *Legitimation Crisis* (London: Heinemann, 1975), pp. 24 – 31; M. Jänicke, *State Failure: The Impotence of Politics in Industrial Society* (Cambridge: Polity, 1990), p. 8; C. Offe, “The Theory of the Capitalist State and the Problem of Policy Formation,” in L. Lindberg et al. eds, *Stress and Contradiction in Modern Capitalism* (Lexington, MA: D. C. Heath, 1975)；比较第五章中有关“市场失灵”的讨论。

持功能”。[①] 这包括：（1）提供基本的基础设施——“对于所有的经济活动而言都是必要的物质条件，而任何个体私人资本是不可能直接生产（并从中获利）的”;[②]（2）军事上保卫国家管治的经济空间以及维护国家主权行政边界的能力；（3）提供一套法律制度，建立和维护私人财产权以及打击在国民经济中可能危害资本积累的不法事件（如内幕交易）；（4）国家规范和调和阶级斗争以及无法避免的劳资冲突。

哈贝马斯把这些国家干预称作是“转移危机的逻辑”。他的意思是在经济中内生的根本危机（如掌舵问题）只有国家作为经济的最高监管者才能解决（要不然，这种危机就会敲响资本主义的丧钟）。因而，危机的解决就从经济领域（没有解决危机的内在能力）转向国家（可能或不可能解决）。如果当前的国家建制无法解决这种危机，那么首当其冲的就是这种特殊的资本主义国家形式受到质疑，而不是资本主义生产方式自身的稳定问题。例如，以 20 世纪 70 年代末英国爆发的经济危机为例。虽然，正如被随后的撒切尔政府重建所证明的那样，一定程度上可以说英国经济危机的发生是由经济因素所突然导致的（如战后“福特主义”经济增长模式的衰竭），但从本质上来说，这是英国政府所导致的危机，并非是由于英国资本主义自身出了问题。[③]

这对于马克思主义国家理论来说意义深远。因为，它再一次揭示出国家在保障资本流通中起着至关重要的作用。如果我们想理解资本主义生产方式的运作，那么我们就无法撇开国家理论。另外，哈贝马斯的观点表明，如果我们希望提出一种资本主义危机理论（可想而知，这是马克思主义理论的至关重要的部分），那么，我们首先必须诉诸国家。因为，至少对于当代资本主义来说，经济危机就像经济调控危机那样变得

---

① E. Altvater, "Notes on Some Problems of State Interventionalism," *Kapitalistate*, 1973, 1, pp. 97 – 108; 2, pp. 76 – 83; B. Jessop, *The Capitalist State* (Oxford: Martin Robertson, 1982), pp. 90 – 91.

② C. W. Barrow, *Critical Theories of the State*: *Marxist*, *Neo – Marxist*, *Post – Marxist* (Madiscon: University of Wisconsin Press, 1993), p. 80.

③ C. Hay, *Re – Stating Social and Political Change* (Buckingham: Open University Press, 1996), Chs. 5 and 6.

显而易见，最终导致国家出现危机。总而言之，如果我们试图对资本主义生产方式的“正常”运作提出理论洞见，对危急时刻的资本主义的转型提出看法，那么，我们就需要一种动态的资本主义国家理论。为了提出一种如我们所愿的理论，我们需要转向下一部分所涉及的内容。

## 二、马克思主义理论中的国家系谱学

> 马克思主义理论中没有比这方面更含糊不清，被人扭曲和令人困惑的。①

### 马克思和恩格斯

1977 年，杰索普第一次（可能仍然是最好的一次）全面系统地评述了马克思主义国家理论，他指出，马克思和恩格斯并没有提出一种唯一的、一致而且统一的国家理论，这是一个“真理”。② 1982 年，（在他的著作《资本主义国家》一书中）他指出，这一真理已经变成一种“常识”，并且现在它是如此普遍地被提及，以至于也许这是为数不多的真正没有争议的“社会科学事实”。③ 没有（唯一的）马克

---

① H. Lefebvre, *The Sociology Marx* (Harmondsworth: Penguin, 1972), p. 123.

② B. Jessop, “Recent Theories of the Capitalist State,” *Cambridge Journal of Economics* 1 (4), 1977, p. 353.

③ A. Van den Berg, *The Immanent Utopia: From Marxism on the State to the State of Marxism* (Princeton, NJ: Princeton University Press, 1988), p. 14; R. B. Betramsen, J. P. Frolund and J. Torfing, *State, Economy and Society* (London: Unwin Hyman, 1991), p. 38; M. Carnoy, *The States and Political Theory* (Princeton University Press, 1984), p. 45; P. Dunleavy and B. O'Leary, *Theories of the State: The Politics of Liberal Democracy* (Basingstoke: Palgrave Macmillan, 1987), p. 203; K. Finegold and T. Skocpol, “Marxist Approaches to Politics and the State,” in idem, *State and Party in America's New Deal* (Madison: University of Wisconsin Press, 1995), p. 175; R. Miliband, “Marx and the State,” *Socialist Register*, 1965, pp. 278 - 296; Nicos Poulantzas, *State, Power, Socialism* (London: New Left Books, 1978), p. 20; A. Wolfe, “New Directions in the Marxist Theory of Politics,” *Politics and Society* 4 (2), 1974, p. 131; 比较 H. Draper, *Karl Marx's Theory of Revolution, Volume 1: State and Bureaucracy* (New York: Monthly Review Press, 1997).

思主义者，也远没有唯一的马克思主义国家理论。这可能被看作是马克思主义国家理论发展史上具有毁灭性打击的一页。确实，评述马克思主义国家理论不能仅仅看作是一种“白费精力”，而且在很多人看来，这如同是一片片地挖掘和整理一具支离破碎的死尸这种令人毛骨悚然的事情。而且，考虑到众多希望赋予马克思和恩格斯生命力的各种理论思考（大多数情况下，他们根本不说什么马克思主义），我们根本不清楚所有的碎片是否是属于同一具死尸。因为，正如杰索普所指出的：“马克思和恩格斯根据他们关注的问题的不同而采取了不同的理论路径和论述方式。”① 但无论如何，马克思和恩格斯关于国家的观点可以梳理出清晰的线索。

早期马克思

在《黑格尔国家观批判》一文中，马克思第一次对国家问题进行了深入的思考。② 尽管马克思对黑格尔进行的是一种持续间或论辩式的批判，但根本上来说，始终是以黑格尔的理论框架展开论述。在黑格尔那种几近神秘的唯心主义学说中，国家与市民社会之间的划分——普遍与特殊——在国家中找到了解决办法。后者不是被看成是理想的总资本家，而是一个理想的总公民（an ideal collective citizen），一个表达所有普遍和公共利益要求的总公民。马克思认为这太过神秘。因此，虽然他接受了黑格尔划分国家和市民社会的做法，认同黑格尔把市民社会理解成“经济生活领域，其中个体与他者之间的关系是由自私的需要和个体利益所决定的”，③ 但是，马克思否认国家实际上能以普遍利益之名行动。因为，就国家权力来说，它是彻底地捍卫私人财产权的，国家的实际功能是在市民社会中复制“一对所有人的战争”，而解决的办法在于马克思所谓的“真正民主”，“特殊与普遍的

① B. Jessop, *The Capitalist State* (Oxford: Martin Robertson, 1982), p. 28.

② K. Marx, *Critique of Hegel's Doctrine of the State*, in L. Collettimm ed., *Karl Marx: Early Writings* (London: Pelican, 1975).

③ Ibid., p. 59.

第一次真正统一”。① 早期马克思对这一概念的解释备受争议。阿尔都塞式的结构主义者认为，这些早期的论述是不可挽救的黑格尔式论述，与马克思后期“成熟”的和“科学”的著述之间是一种激进的“认识论断裂”，他们试图把二者区别开来，并抛弃早期的论述。② 而什洛莫·埃韦尼利（Shlomo Avineri）则采取了完全相反的立场，他从“真正民主”的概念中发现了后来被称为“共产主义”的思想。因此，他阐述道：

> 马克思智识发展的决定性转折点不是从激进民主转向共产主义，而是从唯心主义向唯物主义……《批判》中有足够的证据表明马克思在1843年设想的是一个建立在废除私有产权和国家消亡的社会。简而言之，《共产党宣言》内生于《批判》。③

后一种解读也许可以在马克思的《论犹太人问题》④ 中得到更多的支持。在这篇文章中，马克思区分了政治解放——与形式民主（宪法编纂意义上）相联系——和真正的人类解放（或者说“真正民主”）。同时，前者代表了重要的进步，但仅是通向人类真正解放路上的一步。而人类解放的实现只有超越资产阶级社会，进入一种全新的社会秩序。⑤ 在《批判》导言中，马克思最终确定无产阶级成为实现这种转变的代表，这为他之后的国家阶级理论奠定了基础。⑥

---

① K. Marx, *Critique of Hegel's Doctrine of the State*, in L. Collettimm ed. , *Karl Marx*: *Early Writings* (London: Pelican, 1975), p. 88.

② L. Althusser, *For Marx* (London: Allen Lane, 1969), pp. 32 – 34, 62 – 64, 249.

③ S. Avineri, *The Social and Political Thought of Karl Marx*, (Cambridge: Cambridge University Press, 1968), p. 34; L. Colletti , "Introduction," in L. Colletti ed. , *Karl Marx*: *Early Writings* (London: Pelican, 1975), pp. 41 – 42.

④ K. Marx, "On the Jewish Question," in L. Colletti ed. , *Karl Marx*: *Early Writings* (London: Pelican, 1975).

⑤ R. Miliband, "Marx and the State," *Socialist Register*, 1965, pp. 281 – 282.

⑥ K. Marx, "Introduction to a Contribution to a Critique of Hegel's Philosophy of Law," in L. Colletti, ed. , *Karl Marx*: *Early Writings* (London: Pelican, 1975).

### 1. 马克思标志之二："成熟"时期

在《德意志意识形态》中，马克思和恩格斯基本提出了一种作为阶级国家的系统国家理论。最著名的是，他们主张，"国家无非是资产阶级出于内部和外部的目的，出于互相捍卫他们的财产和利益必然采取的组织形式"①，这一观点在《共产党宣言》中得到了呼应。② 这种大体上属于工具主义式的理论框架（把国家看作是统治阶级手中的工具）在米利班德看来是马克思和恩格斯关于国家问题的"首要"观点。③ 然而，这并不是马克思和恩格斯对国家问题的唯一阐述，与米利班德赋予的"首要"地位也不相称。诚然，正如马克思在《法兰西阶级斗争》④ 和《路易·波拿巴的雾月十八日》⑤ 中指出的，与其说是统治阶级还不如说是统治阶级中的各个派别控制着国家机器。这在当时最发达的资本主义国家英格兰和法兰西尤其如此。而且，国家的工作人员往往隶属于与统治阶级完全不同的阶级。这些评论是经过修饰和有限定条件的国家概念，其本质上仍旧是一种工具主义式的。国家一定程度上具有独立于统治阶级的自治性，但仍旧是他们的工具——最终，"谁出钱，谁做主"。

然而，有时特别是在马克思和恩格斯的历史写作中，他们对国家的有保留的工具主义式理解让位于一种更加结构主义的理论立场。因

---

① K. Marx and F. Engels, *The German Ideology* (Moscow: Progress Publishers, 1964), p. 59.

② K. Marx, "Introduction to a Contribution to a Critique of Hegel's Philosophy of Law," in L. Colletti, ed., *Karl Marx: Early Writings* (London: Pelican, 1975), p. 82.

③ R. Miliband, "Marx and the State," *Socialist Register*, 1965, pp. 283; J. Sanderson, "Marx and Engels on the State," *Western Political Quarterly*, December 16 (4), 1963, pp. 946–955.

④ K. Marx, *The Class Struggles in France: 1845 to 1850*, in K. Marx and F. Engels, *Collected Works*, Vol. 10 (London: Lawrence & Wishart, 1978).

⑤ K. Marx, *The Eighteenth Brumaire of Louis Bonaparte*, in K. Marx and F. Engels, *Collected Works*, Vol. 11 (London: Lawrence & Wishart, 1979).

而，在《雾月十八日》以及再一次在《法兰西内战》[1] 中，马克思赋予国家一种比之前在《德意志意识形态》中赋予它的更加独立得多的地位。恩格斯在《家庭的起源》中再一次论述到这种被米利班德称为“次要的”国家观。[2] 因此，虽然马克思认为路易·波拿巴“代表”（或者至少主张代表）小农的利益，但是，无论是波拿巴还是国家都不是小农利益的真正代表。正如米利班德阐述道：“对马克思而言，波拿巴政府虽然在政治上独立于任何特定阶级——在任何一个阶级社会都不可能获得独立，但仍旧是经济上和社会上占统治地位阶级的保卫者。[3] 看起来，正是（资本主义）国家的结构和功能保证了（至少是强有力地挑选了）资本主义社会关系的再生产。这种印象在《法兰西内战》中得到确证。这里，马克思直截了当地指出，资本主义国家机器无益于实现进步目标，无产阶级革命事业必须推翻这种资产阶级的压迫制度。这么做：

> 马克思暗示，国家是一个政治支配系统，通过其制度结构以及控制这一结构的社会群体如派别或阶级发挥效力……关于国家干预以及政治代议制的固有偏见的分析在逻辑上是优先于对那些试图支配政府权力的社会力量的检讨。[4]

由于以上简要阐述的理论立场多样、论及范围广泛，因此，沃尔夫得出如下结论是不奇怪的：“从一种马克思主义的视角研究国家并不意味着把一种已经成熟的理论用于解释现实，而是从马克思自身非

---

① K. Marx, *The Civil War in France*, in K. Marx and F. Engels, *Collected Works*, Vol. 22 (London: Lawrence & Wishart, 1986).

② R. Miliband, *Marxism and Politics* (Oxford: Oxford University Press, 1977), pp. 284 - 285.

③ Ibid., p. 285.

④ B. Jessop, "Marx and Engels on the State," in S. Hibbin et al. eds., *Politics, Ideology and the State* (London: Lawrence & Wishart, 1978), p. 62; B. Jessop, *The Capitalist State* (Oxford: Martin Robertson, 1982), p. 27.

常隐晦的开端开始创造这种理论。因此，可以说，正是其模糊性造就了这一研究令人兴奋之处。”① 在下一部分，我们在这个既令人兴奋又模糊不清的世界开启一趟过山车之旅。

## 2. “模糊和兴奋”：马克思主义和马克思之后的国家

### 列宁和葛兰西

列宁关于国家问题的著述可以直接追溯到马克思的《法兰西内战》。在《国家与革命》中，列宁从马克思关于巴黎公社的论述中揭示出革命战略的意蕴，② 这也被卢西奥·科莱蒂（Lucio Colletti）看作是“迄今为止他对政治理论做出的最大贡献”。③ 他主张，国家是“阶级统治的机器，是一个阶级压迫另一个阶级的机器”。因为，国家只不过是而且明确无疑是资产阶级的压迫机器，因此，不能用它来推动社会主义革命事业。而且，作为一种压迫制度，必须用暴力来与之对抗。因此，“被压迫阶级的解放如果没有暴力革命是不可能的，而且，不推翻国家权力机器也是不可能的”。④ 科莱蒂再一次评述道：

> 《国家与革命》的基本主题——一种铭刻在记忆之中，一想到这本著作就会立刻想到的——是毁灭和暴力革命的主题……革命的本质，革命不能放弃的毁灭是……与大众相分离和对立的资产阶级国家政权的毁灭，是由新政权取代旧政权。⑤

---

① A. Wolfe, “New Directions in the Marxist Theory of Politics,” Politics and Society 4 (2), 1974, p. 131.

② V. I. Lenin, *The State and Revolution*, in V. I. Lenin, *Selected Works* (Moscow: Progress Publishers, 1968).

③ L. Colletti, *From Rousseau to Lenin: Studies in Ideology and Society* (New York: Monthly Review Press, 1972), p. 224.

④ V. I. Lenin, *The State and Revolution*, in V. I. Lenin, *Selected Works* (Moscow: Progress Publishers, 1968), p. 266.

⑤ L. Colletti, *Form Rousseau to Lenin: Studies in Ideology and Society* (New York: Monthly Review Press, 1972), pp. 219 - 220.

列宁关于国家本质上是压迫机器的狭窄界定反映在他把革命看作是一种暴力行为，即无产阶级大众反抗国家压迫力量的暴力行为。这种观点的历史结果再明显不过。庆幸的是，现在看来他们具有一定的后见之明。与之相反，葛兰西关于国家更加包容的界定使他的取向稍有不同。

葛兰西的独特之处以及他的持续影响力在于他把人的主体性作为一个能动的行为者植入马克思主义历史哲学。[①] 因而，他的著作标志着与那些在马克思逝世之后，以经济主义（economism）和粗糙的还原论为代表的马克思主义传统的清晰断裂。他提出的关键问题也是当代马克思主义理论家继续追问的——虽然资本主义有内在矛盾，但是什么使得资本有能力自我复制和重申对时代的统治权？为了找寻答案，他提出了一个新的概念（或者更确切地说，重新界定一个旧概念）——领导权（hegemony）；并且把马克思主义关于国家的界定扩展为包括所有制度和实践，通过这些制度和实践，统治阶级成功地维持了其统治对象的自愿服从。[②] 葛兰西的理论工具箱中最关键的是领导权概念。他指出，统治阶级为了维持其最高统治地位，必须成功地把其自身的道德、政治和文化价值拓展为社会规范，从而建构一种在意识形态层面形成的共识。然而，米利班德则认为，领导权不仅仅是关于把统治阶级的价值观注入市民社会，更多的是：

> 领导权也必须意味着统治阶级说服被统治阶级的能力，无论他们对社会秩序有什么想法，也无论他们与社会秩序有多疏远，但使他们相信没有其他更好的替代选择。领导权与其说取决于同意还不如说取决于顺从。[③]

---

① J. V. Femia, *Gramsci's Political Thought: Hegemony, Consciousness, and the Revolutionary Process* (Oxford: Clarendon Press, 1981), p. 1.

② Antonio Gramsci, *Selections form the Prison Notebooks*, Quentin Hoare and Geoffery Nowell - Smith, eds. (London: Lawrence & Wishart, 1971), pp. 244, 262.

③ R. Miliband, *Socialism for a Sceptical Age* (London: Verso, 1994), p. 11.

那么，对于葛兰西来说，阶级意识形成的障碍远大于列宁所设想的（并且，可以说从葛兰西时代以来，这种障碍变得越来越大）。当电视上播放足球比赛时，革命很可能被无限期推迟。作为葛兰西的传记作家，朱塞佩·费奥里（Giuseppe Fiori）评论道：

> （资本主义）制度的真正力量不在于统治阶级的暴力或者其国家的强制力，而在于被统治阶级对统治者的“世界观”的接受。统治阶级的哲学通过一整套世俗化的复杂过程进行传递，最终作为“共识”登场：即大众的哲学，他们接受生活于其中的社会道德、习俗以及制度化的行为方式。①

葛兰西的重要贡献在于，他坚持认为资产阶级的权力与其说来自作为资产阶级统治工具的国家压迫机器——尽管可能是粗暴和高效的——还不如说是资产阶级影响和塑造服从阶级观念的能力，资产阶级要么使他们相信这一制度本身的合法性，要么使他们认识到抵抗无济于事。因为，在那时，葛兰西被囚禁在墨索里尼的监狱内，对国家压迫武器的残忍和高效他太清楚不过了，因此，他的这一洞见格外令人印象深刻。这也使他得出一个十分重要的观点，这也正是他最著名的观点：

> 在东方（俄国），国家就是一切，市民社会处于原始状态，尚未开化；在西方，国家与市民社会关系得当，国家一旦动摇，一个强有力的市民社会结构就会立刻凸显出来。国家只是城墙外的护城河，在后面矗立着一道坚不可摧的城堡和城墙。②

这对于社会主义斗争策略来说含义十分深刻，因而，葛兰西毫不

---

① G. Fiore, *Antonio Gramsci*: *Life of a Revolutionary* (London: New Left Books, 1970).

② Antonio Gramsci, *Selections form the Prison Notebooks*, Quentin Hoare and Geoffery Nowell - Smith eds. (London: Lawrence & Wishart, 1971), p. 238.

迟疑地指出，在东方（俄国），市民社会处于原始状态，尚未开化，开展运动战——对国家开展“正面进攻”——的确是适合的，反之，在西方这种策略注定就会失败。因为，像他自己所处的社会，资产阶级的实力不在于它可以召集的压迫资源，而在于它能够合法化在市民社会的统治，从而获得消极的默许。所以，在无产阶级具备挑战国家的实力之前，首先必须发动一场成功的阵地战——市民社会内的“一场人心之战”。正如卡诺依指出的那样：“意识本身成为了无产阶级进攻国家及其生产方式的权力来源，正是无产阶级意识的缺乏成为资产阶级仍然占据统治地位的首要原因。”[①] 葛兰西的的确确成功地将作为一个能动的行为者的人的主体性再一次植入马克思主义历史哲学之中。

### 米利班德—普兰查斯争论中的结构主义与工具主义

如果说列宁关于国家问题的论述以及葛兰西的理论和策略预见所具有的历史意义（尽管有些不幸），可以确保他们在任何有关马克思主义国家理论的讨论中都占有一席之地的话，那么，著名（或名声并不好）的米利班德—普兰查斯之争便不能这么说了。[②] 实际上，这一争论本身的重要性既不在于理论交流的层次高低，也不在于其历史意义多么重要，而在于它在马克思主义国家概念中揭示出来的问题，以及它在为许多当代的理论发展奠定了出发点所具有的象征地位。这一争论并非争论的主角最有才华的理论展示。它彰显的是马克思主义国家理论学者有时会不可避免地采取的极端态度。

---

① M. Carnoy, *The States and Political Theory* (Princeton, NJ: Princeton University Press), 1984, p. 88.

② N. Poulantzas, “The Problems of the Capitalist State,” *New Left Review* 58, 1969, pp. 67 – 78; reprinted in R. Blackburn ed., *Ideology in Social Science* (London: Fontana, 1972); N. Poulantzas, “The Capitalist State: A Reply to Miliband and Laclau,” *New Left Review* 95, 1976, pp. 63 – 83; R. Miliband, *The State in Capitalist Society: An Analysis of the Western System of Power* (London: Weidenfeld & Nicolson, 1969); R. Miliband, “The Capitalist State—Reply to Poulantzas,” *New Left Review* 59, 1970, pp. 53 – 60, reprinted in R. Blackburn ed., *Ideology in Social Science* (London: Fontana, 1972); R. Miliband, “Poulantzas and the Capitalist State,” *New Left Review* 82, 1973, pp. 83 – 92; E. Laclau, “The Specificity of the Political,” *Economy & Society* 4 (1), 1975, pp. 87 – 110, reprinted in idem *Politics and Ideology in Marxist Theory: Capitalism, Fascism, Populism* (London: New Left Books, 1977).

这一争论的方式是来往频繁的理论交流，起初都很礼貌，但渐渐地变得脾气暴躁，争论的问题是关于当代资本主义社会的权力来源以及统治阶级与国家机器在决定国家政策的内容时二者之间的关系。现代国家是资本主义社会中的国家（a state in capitalist society）还是一个资本主义的国家（a capitalist state），它们之间究竟有什么差别？

普兰查斯首先采取的是一种详细的文本批判方式炮轰①米利班德的开山之作《资本主义社会中的国家》②。普兰查斯指出，理论界并没有系统地阐述马克思主义国家理论（除了葛兰西的著作），他表扬了米利班德在填补这一理论空白方面做出的努力，以及米利班德对资产阶级国家神话进行的猛烈批判。然而，普兰查斯先扬后抑：为了揭露国家的独立性和中立性这一主流的资产阶级意识形态，米利班德无意中落入他对手的理论阵地。③ 因而，他的理论反思受到资产阶级关于国家的理论假设的损害——主要指权力并不来自国家机器本身，而是来自国家官僚。鉴于此，他无法把握普兰查斯主张的权力是由社会阶级和国家的客观结构决定的这一现实。与此相反，米利班德的观点是积极行动者有自由意志这一类资产阶级神话。因此，他从生产关系中的主体间关系而非客观结构来关注阶级，从个体间的联盟、联合以及国家“精英”网络④而非这种（资本主义）制度的结构、形式和功能来关注国家。

这点是争论的核心，从此以后，围绕着工具主义（普兰查斯对米利班德立场的讽刺）和结构主义（米利班德对普兰查斯立场的讽刺），争论就变得有点粗糙和极端。讽刺的是，在这场争论本身（这场争论并不在他们更加深思熟虑的著作中），双方都接近于是彼此指责的粗糙而拙劣的模仿者。

---

① N. Poulantzas, “The Problems of the Capitalist State,” *New Left Review* 58, 1969, pp. 67 –78, reprinted in R. Blackburn ed., *Ideology in Social Science* (London: Fontana, 1972).

② R. Miliband, *The State in Capitalist Society: An Analysis of the Western System of Power* (London: Weidenfeld & Nicolson, 1969)

③ Ibid., pp. 241 –242.

④ Ibid., p. 242.

正如我们已经看到的，工具主义试图把国家看作是代表统治阶级或统治“精英”（米利班德发明的术语）的利益，受他们控制和掌握的一个中立工具。其基本主张是现代国家为资本主义社会中的资产阶级的利益服务，因为它是由那个阶级所统治的。这种立场声称在动因上“主体”（个体或社会力量的有意识的行为）优先于结构。因而，在决定国家政策方面，国家的官僚被赋予超越国家的形式和功能（作为资本主义机器）的优先地位。如肯尼斯·芬戈尔德（Kenneth Finegold）以及 西达·斯考切波（Theda Skocpol）指出：

> 工具没有自我意识，因此其行为只是作为有些有意识行动者的意志的延伸。把国家理解为资产阶级工具就是说国家行为肇始于作为一个阶级的资本家的有意识和有目的的努力。①

因而，工具主义（在多姆霍夫以及米利班德早期著作中的表达）可以被看作以人的能动为中心或以人事为中心（agency - or personnel - centre），表达的是一种国家机器和统治阶级之间的简单关系——前者是后者的工具。工具主义的观点可以通过对三个问题的回答进行总结：

> 问：统治阶级的本质是什么？
>
> 答：资产阶级进行统治，资产阶级是由所有制和对生产方式的控制来界定的。
>
> 问：把这一阶级和国家联系起来的机制是什么？
>
> 答：社会化，人际间联系和网络。资产阶级利用国家作为统治社会的工具。
>
> 问：国家政策与统治阶级利益之间的具体关系是什么？
>
> 答：资产阶级通过维持他们对社会的控制，制定国家政策促

① K. Finegold and T. Skocpol, “Marxist Approaches to Politics and the State,” in idem, *State and Party in America's New Deal* (Madison: University of Wisconsin Press, 1995), p. 176.

进资产阶级的普遍利益。①

因此，工具主义国家理论是一种与资本主义的国家理论（a theory of the capitalist state）相对的资本主义社会中的国家理论（the state in capitalist society，这也是米利班德著作的名称）。因为，即使一个资本主义社会中的国家确实是资本主义的，它也只是偶然如此。那种涉及资本主义社会和经济关系再生产的国家在任何意义上都是无法保证存在的。更有甚者，这种状况只有通过在资本主义社会内的资本主义“统治精英”的统治以及与国家机器成员之间的个人关系才能出现。

形成鲜明对比的是，一种结构主义的立场（例如国家来源论者和“争论”一方的普兰查斯概括的）主张，在原因上结构优先于人的能动作用及其动机。能动的个人被认为是客观结构的承担者，他们对结构只能施加极小的影响。在这种理论架构中，资本主义国家被看作是一种结构系统，其形式和功能很大程度上不受政治行动者或统治阶级成员的愿望、动机和意图的影响。这是一种资本主义国家的理论。正如结构主义这一术语所暗示的，它是以结构或国家为中心（structure - or state - centre）。它同样简明地表达了国家机器与统治阶级之间的关系——前者以后者的长远集体利益来行动（参见图表4）。

米利班德 - 普兰查斯之争对马克思主义理论事业的推动是有限的。但它指出了以结构为中心和以人的能动为中心的局限，为近来许多国家理论的发展提供了出发点。现在我们简单转向试图有效地驱除米利班德 - 普兰查斯之争的幽灵。

---

① 问题来自 D. A. Gold, et al. , “Recent Developments in Marxist Theories of the Capitalist State: Part I,” *Monthly Review* 27 (5), 1975, p. 32；答案改编自 C. W. Barrow, *Critical Theories of the State: Marxist, Neo - Marxist, Post - Marxist* (Madiscon: University of Wisconsin Press, 1993).

**图表 4　超越结构主义 VS 工具主义**

| | 人事为中心（人的能动为中心） | 国家为中心（结构为中心） |
|---|---|---|
| 国家机器与统治阶级之间的简单关系 | 工具主义（多姆霍夫，早期米利班德） | 结构主义（早期普兰查斯，国家来源论者） |
| 国家机器与统治阶级之间的辩证关系 | 国家作为资本主义的守护者（晚期米利班德，布洛克） | 与策略有关的路径（杰索普，晚期普兰查斯） |

超越结构主义 VS 工具主义：布洛克和杰索普

在思考马克思主义国家理论的“最新发展”之前，首先重要的是指出，米利班德和普兰查斯在他们理论争论的核心为自己的立场辩护时没有那么坚决和执着。在他们之后的著作中，他们对结构与人的能动之间关系的理解更加辩证，把政治行动者作为有策略的主体置于国家机器复杂密集的结构中，他们都把政治行动者定位为复杂和机构化的国家机器中的重要主体。因而，米利班德抱着一种悔悟的心情承认：“作为一种‘工具’的国家概念掩盖了国家的一个至关重要的属性，即国家总的来说是相对于‘统治阶级’和市民社会的相对自主性。”①他强调，必须思考“国家领导人的性格，经济上占主导地位的阶级的压力，以及生产方式施加的结构约束”。② 这些看法在布洛克的著作中有更加系统的阐发。③

布洛克旨在表明，尽管“国家管理者”与资产阶级之间存在不同

① R. Miliband, *Marxism and Politics* (Oxford: Oxford University Press, 1977), p. 74.

② Ibid., pp. 73 – 74; R. Miliband, *Socialism for a Sceptical Age* (London: Verso, 1994), pp. 17 – 18.

③ F. Block, “The Ruling Class Does Not Rule: Notes on the Marxist Theory of the State,” in Idem, *Revising State Theory: Essays in Politics and Postindustrialism* (Philadelphia: Temple University Press, 1987); F. Block, “Beyond Relative Autonomy: State Managers as Historical Subject,” in Idem, *Revising State Theory: Essays in Politics and Postindustrialism* (Philadelphia: Temple University Press, 1987).

分工，但国家是以代表资本长远的集体利益行动的。首先，他指出，资产阶级不但没有积极支持为了维护他们长远利益的重大改革，反而总是强烈反对这些措施。因而，资产阶级就被认为根本无法采取行动维护自身的长远的集体利益。然而，与此同时：

> 全身心致力于制定政策的统治阶级成员，由于他们被迫从国家管理者的视角来看待这个世界，所以，他们成为他们那个阶级的非典型代表。他们非常可能在意识形态上与不参与政治的统治阶级的意见有分歧。①

这为解开布洛克的难题创造了条件。实际上，国家管理者的利益比资产阶级自身更接近资产阶级的长远的集体利益。② 在这里，布洛克表明了国家与资本主义经济行为之间的“依赖”关系。如卡诺依所解释的那样，这种依赖之所以存在，是因为：

> 经济活动创造了国家收入，因为除非资本积累会持续下去，否则对一个政权的公共支持便会衰退。国家管理者乐意做他们知道必须做的事情来促进资本积累。由于经济活动水平很大程度上由私人投资决策所决定，因此，这些管理者对总体的“商业信心”特别敏锐。③

国家成为资本普遍利益的守护者。布洛克设法在一个单一的框架

---

① F. Block, “The Ruling Class Does Not Rule: Notes on the Marxist Theory of the State,” in Idem, *Revising State Theory: Essays in Politics and Post - industrialism* (Philadelphia: Temple University Press, 1987), p. 57.

② D. Marsh, “The Convergence between Theories of the State,” in D. Marsh and G. Stoker eds., *Theory and Methods of Political Science* (Basingstoke and New York: Palgrave Macmillan, 1995), p. 275.

③ M. Carnoy, *The States and Political Theory* (Princeton, NJ: Princeton University Press, 1984), p. 218.

内调和对国家官僚的意图、利益和策略的体察（以及他们相对于统治阶级的独立性）与在其中实施并展开这些政策的结构背景的分析。他的著作显示出国家机器与统治阶级之间的一种复杂的辩证关系，既避开了意向主义（intentionalism）和工具主义（instrumentalism）式论述的不确定，也避开了功能主义（functionalism）和结构主义（structuralism）式阐释的决定论。把国家管理者首先看成是追求功利最大化的理性主体，这仍是以人事或人的能动为中心（参见图表4）。

尽管比起前人更加工具主义的观点有了相当大的进步，但布洛克的理论最终还是让人感到有些沮丧。正如芬戈尔德以及斯考切波①指出的，关于国家管理者——和来自于工人和统治阶级共同政治压力的主体——发起的资本主义变革是否在开始总是有利于资本的，他仍旧是含糊不清的。② 若如此，那么，布洛克赞同在促进经济增长中国家管理者有其独立利益决不足以说明这种精确的（以及实用的）功能。若非如此，那么，被证明会威胁到资本主义稳定的功能失调的结果是如何恰好被避免了，与此同时，那些对制度造成微小损害（也许有人认为是非常容易避免的）的后果是如何被允许发生的？不管怎样，他似乎又回到了一种遗留的功能主义，这种功能主义与那种“理想的总资本家”的国家概念密切相关的观点大体相似。然而，他的贡献不应低估。这种贡献在于他认为有必要提出一种机制能确保国家官僚的行为总体上不会损害持续的资本积累，而不是他继续阐述的机制！

如果说布洛克的作为资本守护者的国家概念是辩证地继承了工具主义遗产，那么，杰索普的与策略相关的路径就是辩证地继承了结构

---

① K. Finegold and T. Skocpol, “Marxist Approaches to Politics and the State,” in idem, *State and Party in America's New Deal* (Madison: University of Wisconsin Press, 1995), p. 198.

② 这种含糊请比较 F. Block, “The Ruling Class Does Not Rule: Notes on the Marxist Theory of the State,” in Idem, *Revising State Theory: Essays in Politics and Post – industrialism* (Philadelphia: Temple University Press, 1987), pp. 62, 66.

主义遗产。[①] 与任何其他过去和现在的马克思主义理论者相比，更加令人信服的是，他成功地超越了结构与人的能动之间的人为二分法，使之转向一种对它们之间相互关系的真正辩证式的理解。结构与人的能动在逻辑上互相包含，因而没有一个行为分析本身不是结构分析。当各种策略与形成策略的环境的结构化领域相交汇或相互影响时，所有的社会和政治变迁通过这种策略互动得以实现。结果是（尽管是无意的，尽管是未曾料到的）改变了（尽管是部分改变）未来策略形成和展开的背景。

这种观点对于（资本主义）国家理论来说具有十分深远的意义。杰索普追随晚期普兰查斯的做法，把国家看成是阶级斗争所发生的一个战略要地，是“一个拥有众多边界，在制度上不固定，预先不存在形式或实质上统一的制度总体”。[②] 国家是一个逐渐发展的动态系统。在某个特定的时刻，在一个特殊的国家背景下，它的特定形式代表了一种“之前策略的展现”，它给予某些特定策略和行为者优先于其他的特权。正因为此，“国家是处于结构与策略之间的一种复杂的辩证

① 尤其见 B. Jessop, *State Theory: Putting Capitalist States in Their Place* (Cambridge: Polity Press, 1990); B. Jessop, *The Future of the Capitalist State* (Cambridge: Polity Press, 2002); 评论参见 C. W. Barrow, *Critical Theories of the State: Marxist, Neo – Marxist, Post – Marxist* (Madiscon: University of Wisconsin Press, 1993), pp. 153 – 156; W. Bonefeld, “Crisis of Theory: Bob Jessop's Theory of Capitalist Reproduction,” *Capital & Class* 50, 1993, pp. 25 – 48; C. Hay, “Environmental Security and State Legitimacy,” in M. O'Connor ed., *Is Capitalism Sustainable? Political Economy and the Politics of Ecology* (New York: Guilford Press, 1994); C. Hay, “Werner in Wunderland: Bob Jessop's Strategic – Relational Approach,” in F. Sebäi & C. Vercellone eds., *Ecole de la Regulation et Critiquede La Raison Economique* (Paris: L'Harmattan, 1994); C. Hay, “Re – Stating Politics, Re – Politicizing the State: Neoliberalism, Economic Imperatives and the Rise of the Competition State,” *Political Quarterly* 75 special issue, 2004, pp. 38 – 50; C. Hay, “Common trajectories, variable paces, divergent outcomes? Models of European capitalism under conditions of complex economic interdependence,” *Review of International Political Economy* 11 (2), 2004, pp. 231 – 262; C. Hay, “The Normalising Role of Rationalist Assumptions in the Institutional Embedding of Neo – Liberalism,” *Economy and Society* 33 (4), 2004, pp. 500 – 527; R. Mahon, “From Bringing to Putting: The State in Late Twentieth – Century Social Thought,” *Canadian Journal of Sociology* 16 (2), 1991, pp. 119 – 144.

② B. Jessop, *State Theory: Putting Capitalist States in Their Place* (Cambridge: Polity Press, 1990), p. 267; Nicos Poulantzas, *State, Power, Socialism* (London: New Left Books, 1978).

法之中”。[①] 这样便得出一个重要的观点：国家以及构成国家的制度是策略选择的结果。结构和国家的行为方式“相较其他策略更容易受某些政治策略的影响”。[②] 国家展现的是一个凸凹不平的运动场，其复杂的轮廓相对于其他策略更有利于某些策略（因而也是有利于某些行动者）。

在这样的一种视角下，无法保证国家（以及使用国家权力的政府）将会以资本的普遍利益来行动（不管这种利益可能是什么）。真正地，只要资本主义国家的功能被看作是资本的扩大再生产，那么，在资本主义国家历史发展的特定阶段，特定的资本主义国家形式很可能导致这一功能出现问题并最终违背这一功能。因此，国家只有在一系列政治和经济危机中才得以发展，因为在市民社会和经济中，国家干预的既定模式越来越无效。然而，这些危机的后果及其造成的斗争却是无法事先预测的。因为，如果我们要运用与策略相关的方法，这取决于阶级（和其他）力量的平衡，危机自身的本质以及（我们可以增加）大众对危机性质的看法[③]——简言之，取决于策略选择的环境以及在这一环境中动员的各种策略。

尽管杰索普的理论路径关注国家结构及其对策略的选择（参见图表4），尽管他的理论带有结构主义血统，但它还是成功地避开了各种形式的功能主义、还原论和决定论。与策略相关的路径既无法保证资本主义制度的持续复制，也无法保证资本主义制度即将到来的灭亡（从当前环境中的策略选择来说，后者发生的机会似乎非常小）。简而言之，这声明的是社会和政治变迁的偶然和不确定。[④] 所有这一切的受害者是明确（而又难以捉摸）的马克思主义国家理论。正如杰索普

① B. Jessop, *State Theory: Putting Capitalist States in Their Place* (Cambridge: Polity Press, 1990), p. 129.

② Ibid., p. 260.

③ C. Hay, “Narrating Crisis: The Discursive Construction of the Winter of Discontent,” *Sociology* 30 (2), 1996, pp. 253 - 277.

④ B. Jessop, *State Theory: Putting Capitalist States in Their Place* (Cambridge: Polity Press, 1990), pp. 12 - 13.

自己表明的那样，不存在普遍的或完全确定的资本主义国家理论，只有对资本主义国家的制度、历史以及策略特征进行的理论思考。①

我们似乎兜了一圈又回到了原点。我们在我们开始的地方以一个悖论结束：没有马克思主义国家理论——也不可能有马克思主义国家理论。

## 三、结　论

今天我们为什么需要一种关于国家的马克思主义理论路径？因为，在一个表面上看起来似乎已经全球化或者正处于全球化过程中，作为一种政治规划的马克思主义已经过时的世界里，把马克思主义试图对国家的理论阐释看成是落伍的和只具有历史价值而予以抛弃，非常有诱惑力。随着民族－国家的式微，我们到底是否真的需要一种国家理论？即使我们认为确实需要，那么随着马克思主义的历史退却，为什么需要的是马克思主义的国家理论？

第一个异议可以非常容易回答。是的，资本主义积累的当前的阶段与之前所有阶段相比有着本质的不同——就资本的全球流动以及与之密切相关的社会、政治和环境危机的真正的全球性质而言就是如此。然而，如果得出以下结论则是十分危险的：（1）这有可能加速民族－国家的终结；（2）如此，我们可以摒弃国家理论。因为，只要民族共同体、国家以及政府仍是提供政治社会化、政治动员、政治认同以及政治代议的首要中心，民族－国家就肯定会继续存在。而且，不单是这样，在处理全球生态危机时那种必要的国家间协调很可能被更加狭隘的国家利益和考量所阻挠和操纵。因而，这种国家形式本身（以及它的民族特点）可能会妨碍应对名副其实的全球危机时的一种真正的全球回应。国家的民族形式可能会使其全球化功能出现问题。环境保

① B. Jessop, *The Capitalist State* (Oxford: Martin Robertson, 1982), pp. 211－213, 258－259; B. Jessop, *State Theory: Putting Capitalist States in Their Place* (Cambridge: Polity Press, 1990), p. 44; 比较 B. Jessop, *The Future of the Capitalist State* (Cambridge: Polity Press, 2002).

护论可能担心的是全球问题，而环保主义者则要求一种国家理论。而且，正如杰索普指明的那样，虽然资本的国际化已经使得之前封闭的国家经济边界变得更松动，但它并没有降低国家差异的重要性，以及民族－国家在管理资本主义积累中的重要作用。国家形式可能已经改变，正如之前国家的许多功能和责任已经自下而上、自上而下、由内而外地被取代一样，国家可能已受制于“被掏空的趋势”，但是，国家仍保留它的独特之处。① 因而，全球化的过程（更确切地说，这一过程中的互动都会加强全球化的趋势）仅仅表明国家相对于动态的资本主义积累仍旧处于中心地位。

证明仍需要一种国家理论是一回事，证明需要的国家理论就是独特的马克思主义路径的国家理论则是另一回事。证明布丁的味道好不好只有尝试才能知道，需要谨记的是这种特殊的布丁是由许多种不同的味道搭配而成。虽然如此，关于一种复杂的马克思主义国家概念的两大综合观点（例如杰索普阐述的观点）可以被看成：一种是实质性的，另一种是分析性的。

首先，我们可以回到上面的例子。环境危机是工业发展必然带来的后果。这可以表明在工业社会中国家的理论与生态的政治经济之间的关联。但进一步思考一下就会明白，发展的迫切性成为了当代社会的特征——因而需要为我们目睹的环境恶化负责——这是资本主义发展的迫切性，由资本主义国家维持和管理。因此，环保主义者不仅需要一种国家理论，而且需要一种资本主义国家理论。至于这种理论，马克思主义确实可以提供很多。

第二个理由更加有些深奥难懂，并且与当代马克思主义路径的国家理论的老练分析有关。尽管在马克思主义国家理论很长的发展史上，表面上似乎难以解决的结构功能主义与工具主义之争，但是，近些年来，马克思主义国家理论已经做出了相当多的分析性理论进展。在这个方面，马克思主义国家理论可以为马克思主义者和非马克思主义者

① B. Jessop, *The Future of the Capitalist State* (Cambridge: Polity Press, 2002).

同样提供很多理论参考。因为，正如吉登斯①和尼科斯·穆泽利斯②等作者已经指出的那样，结构和人的能动的二分法（结构主义和功能主义之争只是一种表现形式）不仅仅是马克思主义内部的问题，自其开端以来已经成为社会学和政治科学的特征。与策略相关的路径最终以一种简单而又复杂的方式超越了这种二分法。尽管并非所有人都认同这种赋予当代马克思主义理论生命力的分析、批判和政治思考方式，但是，几乎没有谁能提供帮助，只是从这种分析的理论洞见中获益罢了。

杰索普的主要成就在于他把马克思主义国家理论超越了这个愚蠢的问题：现代国家是一个资本主义的国家还是一个资本主义社会中的国家？如果他的著作受到了应有的关注，那么，女性主义者就不需要通过问他们自己：当代国家本质上是父权的还是仅仅是一个父权制社会中的国家？来重复马克思主义的错误和偏离。也许，当代马克思主义理论可能不会有机会像亨利·希金斯一样转变他研究的对象。但是，那些马克思主义的离经叛道者一定可以从中学到点东西。

延伸阅读

C. W. Barrow, *Critical Theories of the State: Marxist, Neo - Marxist, Post - Marxist* (Madiscon: University of Wisconsin Press, 1993).

K. Finegold and T. Skocpol, "Marxist Approaches to Politics and the State," in idem, *State and Party in America's New Deal* (Madison: University of Wisconsin Press, 1995).

A. Gramsci, *Selections from Prison Notebooks* (London: Lawrence & Wishart, 1971).

B. Jessop, *The Future of the Capitalist State* (Cambridge: Polity Press,

① A. Giddens, *The Constitution of Society* (Cambridge: Policy Press, 1984).

② N. Mouzelis, *Back to Sociological Theory: The Construction of Social Orders* (Basingstoke and New York: Palgrave Macmillan, 1991); N. Mouzelis, *Sociological Theory: What Went Wrong?* (London: Routledge, 1995).

2002).

R. Miliband, *The State in Capitalist Society: An Analysis of the Western System of Power* (London: Weidenfeld & Nicolson, 1969).

N. Poulantzas, *State, Power, Socialism* (London: New Left Books, 1978).

# 国家理论：制度主义的视角*

薇文·施密特/文　茅根红/译

所谓“新制度主义”，是新近才加入国家理论殿堂的成员，正如这本书所探讨的其他理论派别一样，它绝不仅仅是一种国家理论。它的理论渊源可以追溯到试图把“国家带回来”的主流政治理论家，他们批判那些以行动者为中心、以行为主义为研究路径的主流国家理论模式。① 这些作者主张从制度层面使政治情境化，换言之，在一定程度上把参与政治的机会和条件看作是从制度层面上设定的。在他们看来，这样便可以对以输入为导向的主流政治理论有所矫正，以输入为导向的政治理论强调强加在国家之上的各种压力和影响因素，而不是强调国家的制度应对这些压力的能力。这种从制度层面使政治情境化的路径最初被界定为把国家带回政治分析的尝试，随着新国家主义（neo－statism）让位于一种更加具有影响力的新制度主义之后，这种尝试就被概括为制度主义。虽然从新国家主义演变而来的新制度主义在发展过程中对国家中心地位的强调越来越弱化，但是，国家仍然是新制度主义者从事学术研究的核心内容——尽管它没有总是打上国家的标签。

制度主义的特点是强调政治事件发生的制度环境及其产生的影响和结果，这一点也许并不明显。与当时流行的行为主义以及理性选择理论相比，它一方面强调，一种政治行为在多大程度上是由其发生的政治背景所塑造的，另一方面强调，从过去流传到现在的历史遗产的

---

* 本文选自 Colin Hay, Michael Lister and David Marsh, eds., *The State: Theories and Issues* (New York: Palgrave Micmillan, 2006), pp. 98－117.

① 例如，参见 P. B. Evans, D. Rueschemeyer and T. Skocpol, eds., *Bringing the State Back In* (Cambridge: Cambridge University Press, 1985).

重要性，以及各种各样的行动者因应对身处其中的制度环境而进行的各种策略定位。① 每一个方面都为其独特的国家观作出了贡献。

近年来，在有关把“制度带回来”的政治和社会解释中，“新制度主义”在政治科学中获得了日益广泛的传播。但是，政治学家所谓的新制度主义意味着什么，这取决于他们研究政治科学的首选方法论进路，及其独特的认识论和本体论预设。这反过来对于国家研究具有深远的意义。主要存在三种新制度主义——理性选择制度主义、历史制度主义和社会学制度主义——外加第四种更晚近的“新”制度主义——话语制度主义（discursive institutionalism）。每一种制度主义在研究国家时的对象、目标和解释标准都不尽相同，而且每一种制度主义在分析国家时都有不同的优点和缺点。

理性选择制度主义把国家要么描绘成是一个追求“利益逻辑”的理性行动者，要么把国家看作是理性行动者追求其偏好的激励结构。历史制度主义者反其道而行之，他们着重研究国家的根源、发展及其组成部分，以一种“路径依赖的逻辑”来解释有目的的选择带来的（常常是难以预料的）结果以及独一无二的原初历史条件。社会学制度主义把国家看作是社会层面上建构的和文化层面上形成的产物，其中，政治行动者根据特定的文化规则和规范，按照“适当性逻辑”（logic of appropriateness）而行动。最后，“话语”制度主义是一种最新的“新”制度主义，它从观念和话语的角度思考国家。它认为，行动者根据“交往逻辑”（logic of communication），利用观念和话语来解释、思考以及合法化制度环境中的政治行为。

本章从探讨“旧制度主义”开始，它很大程度上是描述国家的各种制度安排，提供了一种关于政治系统的“整体性”研究路径，抵制关注个体人类行为的行为主义。接着，本章重点探讨取代之前所有研究路径的“新制度主义”，逐一更详细地分析这三种主要的“新制度主义”，对它们各自的主要特征予以定论和思考，比较它们不同的认识

---

① C. Hay, *Political Analysis* (Basingstoke and New York: Palgrave Macmillan, 2002), pp. 14 – 15.

论和本体论差异、优点和缺点，以及它们之间是如何相互关联和相互交叉的。最后，思考第四种和最新的新制度主义——作为“旧的”新制度主义的某些问题的补救方案。

## 一、从“旧制度主义”到“新制度主义”

如果不先提到“旧”制度主义，那么，任何新制度主义的思考都是不全面的。最初的制度主义研究政府的正式制度，并把国家界定为其政治、行政和法律安排——如集中体现在伍德罗·威尔逊的作品。它主要运用描述性的方法来解释各级政府和政府机构之间的关系，运用传统政治哲学的国家概念，从主权、正义、权力、公民身份以及在国际法中的合法地位等方面来理解国家。旧制度主义尽管也运用比较的方法，但它主要是把不同形态的国家并置在一起，从而论证这些国家的政府运作的相同点和不同点。尽管一些政治理论家确实提出了某些理论，例如本特利（Bentley）的多元主义的利益集团理论，但它在很大程度上仍是非理论化的，然而，也有像查理·梅伦（Charles Merriam）一样的方法论反对者，他们支持“科学主义”。[①]

到20世纪五六十年代，政治学的系统研究已经广泛地取代了旧制度主义，不论它是结构功能主义还是其他“整体主义”的研究路径，后者如在20世纪六七十年代达到顶峰的马克思主义分析。在结构功能主义中，国家概念被政治系统所替代，被解释为通过利益表达和利益聚合而形成的各个结构组成部分之间的功能平衡。[②] 这本质上是一种维持现状的、保守的偏见。内在于这一研究路径的是一种不经批判的规范假设：只要系统结构发挥自我维持的功能，那么系统就会继续下

---

① A. Somit and J. Tanenhaus, *The Development of American Political Science from Burgess to Behavioralism* (New York: Irvington, 1982).

② G. A. Almond and G. B. Powell, *Comparative Politics Today: A World View* (London and New York: Harper Collins, 1966); D. Easton, *A Framework for Political Analysis* (Englewood Cliffs, NJ: Prentice - Hall, 1967).

去，而且，“这种功能完成得越完全的社会，迄今来说就是最好的社会”。① 而且，这种意义上的系统是静态的：革命是反常的事物，是系统所无法解释的，是系统所吸收的改变作为“自我平衡”的情形。这种研究路径与一种有关国家的政治理论联系在一起，它采取了传统利益集团的理论，假设国家的职责是在互相竞争的利益之间进行裁判，从而形成有利于公共利益的结果。② 与之相对的理论则是马克思主义的分析，尽管同样是系统分析，马克思主义把国家看成是为某个利益集团——资产阶级——服务的上层建筑，并把系统看成是通过阶级冲突达成的一种整体功能，而不是利益竞争的结果，他们所期待的结果不是自我维持，而是通过革命所导致的自我毁灭。③ 这一研究路径的假设很明显也是规范的，但它批判现状以及社会决定论。

同样开始于20世纪50年代的行为主义很大程度上终结了20世纪六七十年代之前的旧制度主义以及政治系统研究，行为主义研究路径在当时是政治学研究的流行方法，它着重研究个体及其行为。④ 与政治系统术语一样，国家作为一个术语完全消失了。“方法论个体主义”取代了结构功能主义和马克思主义路径等“方法论整体主义”，同时，旧制度主义被当作简单的描述而遭到抛弃。行为主义的“革命”试图从“被观察到的和可观察到的人类行为出发来解释政府现象”，⑤ 拒绝结构功能主义和马克思主义研究路径所热衷的“客观”经验观察中存在的规范偏见——因为政治学家所关注的是“他所说的是什么，而不是应该是什么”。⑥ 另外，大多数行为主义者认为，“人类行为和社会

① C. Taylor, “Neutrality in Political Science,” in Alan Ryan ed., *The Philosophy of Social Explanation* (London: Oxford University Press, 1967), p. 156.

② R. Dahl, *Who Governs?* (New Haven: Yale University Press, 1961).

③ R. Dahrendorf, *Class and Class Conflict in Industrial Society* (Stanford: Stanford University Press, 1959).

④ A. Somit and J. Tanenhaus, *The Development of American Political Science from Burgess to Behavioralism* (New York: Irvington, 1982).

⑤ D. Truman, *The Government Process* (New York: Alfred A. Knopf, 1951).

⑥ R. Dahl, “The Behavioral Approach in Political Science,” in Heinz Eulau, ed., *Behaviorism in Political Science* (New York: Atherton, 1969).

行为能够通过由观察建立起来的普遍法则得到解释”,① 并且，行为主义者试图通过测量数据和展现一般规律的理论效力来发展精准的技术。② 很自然，那些容易量化的研究（比如选举研究中的投票和民意）、调查研究以及民意测验等成为关注的焦点。尽管这更加困难，但是，理性选择（或者公共选择）的研究方法成为运用经济学数学模型的先驱——最明显地体现在安东尼·唐斯的著作中。③

20 世纪 70 年代末 80 年代初，在许多学者要求把国家制度带回政治行为分析的呼吁下，“新制度主义”应运而生。它不太关心如何拒绝“旧制度主义”，大多数旧制度主义的概念和信息被当成背景知识，而对如何反对行为主义更为上心。迄今为止，行为主义本身受到内外双重攻击，因为它被过度量化和理论化不足困扰，没有积累足够的知识以形成一个连贯的理论整体。④

“新制度主义”是对缺乏制度分析的一种回应，它从复合或制度化的行动者的角度思考集体和集体行为，而不是把政治行为还原成为方法论个人主义。存在于各种迥然不同的制度主义后面的统一的理论核心是：拒绝这样一种假设，即把可以观察到的行为看作是政治分析的基本资料，相反，不考虑这些行为所由发生的各种“制度”，就无法理解行为本身。⑤

然而，尽管新制度主义在认同制度很重要和拒绝行为主义的前提下可以团结在一起，但是，在许多其他维度上，它们却是非常分化的。

---

① A. Preworski and H. Teune, *The Logic of Comparative Social Inquiry* (New York: Wiley, 1970), p. 4.

② Evron Kirkpatrick, “The Impact of the Behavioral Approach on Traditional Political Science,” in Howard Ball and James A. Lauth, Jr. eds. , *Changing Perspectives in Contemporary Political Analysis* (Englewood Cliffs, NJ: Prentice - Hall, 1971), pp. 71 - 73.

③ A. Downs, *An Economic Theory of Democracy* (New York: Harper & Row, 1957).

④ 例如参见 E. Ostrom, “Beyond Positivism,” in E. Ostrom, *Strategies of Political Inquiry* (Beverly Hills: Sage, 1982); John C. Wahlke, “Pre - Behavioralism in Political Science,” *American Political Science Review* 73, 1979, p. 19.

⑤ E. Immergut, “The Theoretical Core of the New Institutionalism,” *Politics and Society* 26 (1), 1998, p. 6 - 8.

这些维度首先包括它们界定国家和政治行动逻辑的方式——国家现在被理解为一整套治理结构，在这一结构中和通过这一结构，政府和非政府的政治行动者进行互动。但是，沿着普遍概括与特殊概括、从实证主义到建构主义、从对政治行为的静态解释到更加动态的解释等分界线，新制度主义之间同样存在着分化。

## 二、理性选择制度主义

政治科学中的理性选择制度主义根源于理性选择分析所面对的问题，特别是那些对美国国会行为感兴趣的学者。因为常见的理性选择分析预测：由于多种多样的个体偏好和议题导致的不确定，国会的决策也是不稳定的，① 它如何能解释出乎意料的稳定的结果呢？答案在国家制度中，特别是国会执行的程序规则降低了达成协议的交易成本，从而解决了表面上不可解决的集体行动问题。②

简而言之，不考虑制度环境，一般的理性行动理论就无法解释各种结果，理性选择制度主义作为解释这些结果的一种方法，它把国家带回到政治分析之中。但是他们不是拷问环境本身，赋予国家以意义，而是笼统地把各种制度当成既定的事实，并拷问这些制度中的理性行为本质。因而，他们断定，拥有固定偏好的理性行为者——有策略地计算以便使那些利益偏好最大化，在缺乏通过合作来促成互补行动的制度的情况下，会面临如"囚徒困境"以及"公地悲剧"等集体行动的问题，而个体行动者的选择只能导致次优解。③

在美国政治学中，理性选择制度主义的分析出现在委托代理理论

---

① W. Riker, "Implications from the disequilibrium of majority rule for the study of institutions," *American Political Science Review* 62, 1980, pp. 25 -42.

② K. Shepsle, " Institutional Equilibrium and Equilibrium Institutions," in Herbert F. Weisburg ed., *Political Science: The Science of politics* (New York: Agathon, 1986).

③ J. Elster and A. Hylland, eds., *Foundations of Social Choice Theory* (Cambridge: Cambridge University Press, 1986); E. Ostrom, *Governing the Commons* (New York: Cambridge, 1990).

中，委托代理理论主要关注“委托者”——例如，国会、行政机构或政党——如何维持控制，或者如何从他们授权的“代理人”——官僚、管理机构以及法院——那里获得服从。① 在比较政治分析中，理性选择制度主义者分析了欧盟的制度行动者②、作为议程设定者的欧洲议会③与欧洲集体决策的陷阱④之间的关系；在国际关系中，他们则审视了国际组织的代表关系，⑤ 或者运用一种博弈理论路径来分析民主转型。⑥

理性选择制度主义最有效地论证了在既定的制度环境中，理性行动者行为背后的利益和动机。这种解释路径的演绎特征意味着，它非常有利于掌握行动者在一个既定的制度化动机结构中某一行为背后的各种原因，而且极其有利于预测可能的后果，即使预测未来几乎是不可能的。它同样有利于显示出反常的事物或行为，这些是一般理论所无法预测到的。但是，在很大程度上，如果这些反常彻底违背了利益驱动的行为，那么它就不能解释这些反常，因而运用社会学、历史学或者话语制度主义才能更好地进行解释。⑦ 而且，普遍化概括尽管是发展趋势，但是过度概括仍然会产生大量的问题。有意识避免这一问题的一个研究路径是夏帕夫（Scharpf）的“以行动者为中心的制度主义”。⑧ 通过一些案例论证，他对行动者制度建构的策略互动所产生的

---

① 例如参见 M. D. McCubbins and T. Sullivan, *Congress: Structure and Policy* (Cambridge and New York: Cambridge University Press, 1987).

② A. Moravcsik, *The Choice for Europe: Social Purpose and State Power from Messina to Maastricht* (Ithaca, NY: Cornell University Press, 1998); Mark Pollack, "Delegation, Agency, and Agenda Setting in the European Community," *International Organization* 51 (1), 1997, pp. 99 – 134.

③ G. Tsebelis, *Veto Players: How Political Institutions Work* (Princeton: Princeton University Press, 2002).

④ F. W. Scharpf, *Governing in Europe* (Oxford: Oxford University Press, 1999).

⑤ L. Martin, *Democratic Commitments* (Princeton: Princeton University Press, 2000).

⑥ A. Przeworski, *Democracy and the Market* (Cambridge: Cambridge University Press, 1991).

⑦ F. W. Scharpf, *Games Real Actors Play: Actor – Centered Institutionalism in Policy Research* (Boulder, CO: Westview Press, 1997).

⑧ F. W. Scharpf, *Crisis and Choice in Social Democracy* (Ithaca, NY: Cornell University Press, 1991).

后果进行了“有限的概括”。在这些案例中，各种不同的政策结果能够通过同样的因素集群（即问题、政策遗产、行为者的属性和制度互动）而得到解释。

但是，无论概括是多么“有限”，鉴于理性选择制度主义的演绎性，以及从普遍理性的主张出发进行理论概括，理性选择制度主义很难解释清楚在既定环境或任一真实政治事件中个体行为的真正动机。① 近来，通过“分析性叙事”（其中，个体事件被归入更加普遍的理论解释之中）进行“情境化”分析，这一尝试代表了对这一问题的某种矫正。② 但是，即便如此，个体并没有作为个体（individuals qua individuals）在这里真正得到呈现，理性选择制度主义的解释是高度抽象的，提供了一个非常“单薄的”理性定义，而对人类行为动机的理解有点简单，遗漏了人类行为理由的微妙之处。③

当然，理性选择制度主义的研究路径常常也是高度功能主义的（functionalist），因为它试图从制度的后果来解释这种制度的根源；它也是高度意图论的（intentionalist），因为它假定理性行动者不但意识到影响他们的制度的作用，而且也创造和控制这些制度；它还是高度意志论的（voluntarist），因为他们把制度创造看作是一种准契约的过程，而不认为制度是权力的不对称所导致的。④

另外，理性选择制度主义的解释是静态的。⑤ 因为它假定了固定的偏好，并注重均衡条件，很难解释制度为什么是随着时间的变化而

---

① D. Green, and I. Shapiro, *Pathologies of Rational Choice Theory* (New Heaven: Yale University Press, 1994).

② R. Bates, R. Grief, M. Levi, J. Rosenthal and B. Weingast, *Analytic Narratives* (Princeton, NJ: Princeton University Press, 1998).

③ J. Mansbidge, ed., *Beyond Self－interest* (Chicago: University of Chicago Press, 1990).

④ Robert Bates, "Contra Contractarianism: Some Reflections on the New Institutionalism," *Politics and Society* 16, 1987, pp. 387－401; P. A. Hall and R. C. R Taylor, "Political Science and the Three New Institutionalisms," *Political Studies* 44 (4), 1996, p. 952.

⑤ M. Blyth, "'Any More Bright Ideas?' The ideational Turn in Comparative Political Economy," *Comparative Politics* 29 (2), 1997, pp. 229－250; D Green and I. Shapiro, *Pathologies of Rational Choice Theory* (New Heaven: Yale University Press, 1994).

变化的，而不是单纯以功能主义的方式发生改变。而且，理性选择制度主义者对人类动机的自利本质，特别是那些假定经济上自私自利之本质的主张是价值负载的（value - laden），很可能导致一种经济决定论。理性选择制度主义的规范假设表现在，它把政治行为看成是单一工具理性驱动的，因此，很可能会冒着风险在已经建立的制度中把功利主义计算看成是正义的普遍裁判。[①] 再说，事实上，尽管理性选择制度主义者能够用制度规则的正义性或制度权力的实践方式来质疑理性行动者试图最大化其效用的制度规则，但是，他们大体上都没有这样去做。[②] 他们甚至不会从效率的角度进行质疑![③] 正如特里·莫（Terry Moe）所抱怨的那样，相反，他们试图把制度看作是“好东西，正是他们的善良最终把制度解释为：他们是存在的，那就用制度规定的形式好了，因为它们给人们带来福祉”。[④] 一个显著的例外是玛格利特·莱维（Margaret Levi），他根据国家的征税行为，对“掠夺”国家从马克思主义的角度进行理性主义分析。[⑤] 但是，最经常的情况是，制度——与国家一起——被假定为好东西，为理性行动者创造稳定的最大化收益。

## 三、历史制度主义

可以说，历史制度主义是所有制度主义中受旧制度主义、政治系统研究、结构功能主义，以及马克思主义研究影响最大的一种。它从

---

① J. Elster, and A. Hylland, ed. , *Foundations of Social Choice Theory* (Cambridge: Cambridge University Press, 1986), p. 22；相关批评请参阅 Ellen Immergut, “The Theoretical Core of the New Institutionalism,” *Politics and Society* 26 (1), 1998, p. 14.

② Ellen Immergut, “The Theoretical Core of the New Institutionalism,” *Politics and Society* 26 (1), 1998, p. 13.

③ 例如参见 Douglass C. North, *Institutions, Institutional Change and Economic Performance* (Cambridge: Cambridge University Press, 1990).

④ K. Thelen, *How Institutions Evolve: The Political Economy of Skills in Germany Britain, the United States and Japan* (New York: Cambridge University Press, 2004).

⑤ M. Levi, *Of Rule and Revenue* (Berkeley, CA: University of California Press, 1989).

旧制度主义者那里继承了对国家和政府正式制度的持续关注；从结构功能主义者那里继承了对结构（而不是功能）的重视；从马克思主义者那里继承了对权力的关注，以及把国家“不再看成是众多竞争利益之间的一个中立的协调者，而是能够构造集团冲突特征和结果的复杂制度”。[①] 因而，历史制度主义不像理性选择制度主义，它更加明确地关注国家及其制度发展——国家与发生于国家内部的行为一样存在问题。历史制度主义者不仅探索了国家结构，而且还研究了统治过程中的所有结构：在政治经济体系中，不但有国家行动者，而且有劳工组织、商业联合会以及金融制度等；在公共政策中，不但有国家立法者，而且有组织化的利益集团、选民和法官。[②]

历史制度主义从 20 世纪 70 年代晚期开始，以比较研究学者西达·斯考切波（Theda Skocpol）[③] 和彼得·卡赞斯坦（Peter Katzenstein）[④]、国际关系学者斯蒂芬·克拉斯纳（Stephen Krasner）[⑤]、美国问题研究学者斯蒂芬·斯科夫罗内克（Stephen Skowronek）[⑥] 等人的著作为标志，所有这些人抱定决心要把“国家带回来”。[⑦] 这些学者坚决主张，政治行为不能被简化为独立的个体行为或者甚至是集团活动，因为国家可以塑造行为，而且，国家能力与政策遗产可以构造结果。他们的努力形成了随后更加自觉的历史制度主义著作的基础。彼得·

① P. Hall, and R. Taylor, “Political Science and the Three New Institutionalisms,” *Political Studies* 44, 1996, p. 938.

② P. A. Hall and R. C. R. Taylor, “Political Science and the Three New Institutionalisms,” *Political Studies* 44 (4), 1996, pp. 936 – 957; S. Steinmo, K. Thelen and F. Longstreth, ed., *Structuring Politics: Historical Institutionalism in Comparative Analysis* (Cambridge: Cambridge University Press, 1992).

③ T. Skocpol, *States and Social Revolutions* (Cambridge: Cambridge University Press, 1979).

④ P. Katzenstein, ed., *Between Power and Plenty* (Madison, WI: University of Wisconsin Press, 1978).

⑤ S. Krasner, *Defending the National Interest* (Princeton: Princeton University Press, 1980).

⑥ S. Skowrenek, *The Politics Presidents Make: Leadership from John Adams to George Bush* (Cambridge, MA: Harvard University Press, 1995).

⑦ P, B. Evans, D. Rueschemeyer and T. Skocpol, eds., *Bringing the State Back In* (Cambridge: Cambridge University Press, 1985).

豪尔（Peter Hall）把英法政治经济发展的不同轨迹，解释为暗含在两国社会经济组织中的结构约束所导致的结果。① 彼得·卡赞斯坦宣称，经济开放的小型国家与强大的福利国家结合，可以通过历史上形成的法团主义的制度结构得到解释。② 保罗·皮尔逊（Paul Pierson）则通过比较美国和英国，指出过去的福利国家政策是如何为未来的政策设定条件的。③

历史制度主义非常成功地勾画出制度结构和过程在历史上的渊源和发展。它往往关注发展的先后顺序、事件发生的时间以及政治变化的阶段。它不仅强调了与制度运作和发展相关的不对称权力，而且强调了路径依赖以及这些历史发展所产生的意外后果。④ 路径依赖确信：从严格的理性选择意义而言，理性只在制度是行动者选择的可预期的结果这一意义上得到表现。但是，考虑到有目的的行为所带来的意外后果以及不可预见事件的介入，情况通常并不总是如此。

而且，利益的含义不是普遍的，根据情境的不同，它的含义也存在差别。⑤ 与理性选择制度主义相比，通过关注数量有限的几个国家——这些国家在空间或时间上一致——或者关注在同一时间或跨时间影响了一系列国家的某一特殊现象，历史制度主义在普遍性方面往

① P. Hall, *Governing the Economy*: *The Politics of State Intervention in Britain and France* (New York: Oxford University Press, 1986).

② P. J. Katzenstein, *Corporatism and Change* (Ithaca, NY: Cornell University Press, 1985).

③ Paul Pierson, *Dismantling the Welfare State*? (Cambridge: Cambridge University Press, 1994).

④ P. A. Hall and R. C. R. Taylor, "Political Science and the Three New Institutionalisms," *Political Studies* 44 (4), 1996, p. 938; S. Steinmo K. Thelen and F. Longstreth, ed., *Structuring Politics*: *Historical Institutionalism in Comparative Analysis* (Cambridge: Cambridge University Press, 1992); K. Thelen, "Historical Institutionalism in Comparative Politics," in *The Annual Review of Political Science* (Palo Alto, CA: Annual Reviews, Inc., 1999).

⑤ K. Thelen, "Historical Institutionalism in Comparative Politics," in *The Annual Review of Political Science* (Palo Alto, CA: Annual Reviews, Inc., 1999); J. Zysman, "How Institutions Create Historically Rooted Trajectories of Growth," *Industrial and Corporate Change* 3 (1), 1994, pp. 243 -283.

往更低，在理论建构方面也更加“中层”。[1] 尽管“新”历史制度主义在概括性方面更加“特殊”，但是，它很少停留在为理性选择制度主义所诟病的“简单讲故事”的阶段。与更加传统的旧制度主义的历史研究特征相比，新历史制度主义明显不关注“伟大人物”或“伟大时刻”。事实上，在流行的宏观历史研究方法中，大多数分析对结构和过程强调得更多，而对被它们建构出来的事件的强调更少，更不用说引发这些事件的个体行为和利益了。因此，在新历史制度主义的视域中，个体行动者再一次消失了。而且，理性主义者所提出的任何“微观基础逻辑”（micro - foundational logic）通常在这种宏观历史叙述中被遗漏掉了。相反，它所遵循的是一种路径依赖的逻辑。因此，历史制度主义呈现的不是一种经济决定论，而是历史决定论，或者说是尤其强调连续性和路径依赖的机制。考察“形成时刻”（configurative moments）[2] 或“间断平衡”（punctuated equilibrium）[3] 等“紧要关头”（critical junctures）的文献对这一问题进行了某种矫正。但是，它仍然无法解释是什么制造了促发变化的危机。而且，它假定变化只以突然的方式发生，两个突变之间是停滞的阶段，它无法解释渐进性的变化。相反，凯瑟琳·瑟伦（Kathleen Thelen）坚决主张，制度变迁可以通过特定的变化机制得到解释，例如，累加在稳定的制度框架之上的各种新因素，因为新目标的设定或新集团的加入而导致制度变迁。但是，即便如此，变化是如何激发的——要么通过叠加的方式，要么通过转换的方式——在不增加其他分析方法的要素的前提下，仍旧是

---

① K. Thelen, "Historical Institutionalism in Comparative Politics," in *The Annual Review of Political Science* (Palo Alto, CA: Annual Reviews, Inc., 1999).

② 例如参见 D. Collier, and R. Collier, *Shaping the Political Arena* (Princeton, NJ: Princeton University Press, 1991); P. A. Gourevitch, *Politics in Hard Times: Comparative Responses to International Economic Crises* (Ithaca, NY: Cornell University Press, 1986).

③ S. Krasner, "Sovereignty: An Institutional Perspective," *Comparative Political Studies* 21, 1988, pp. 66 - 94.

不清楚的。①

如果说历史制度主义强调的是结构，那么它的主要问题是如何解释人的能动性。就这一点而论，历史制度主义大部分要么转向——借用彼得·豪尔和罗斯玛丽·泰勒（Rosemary Taylor）② 的术语——一种“计算”的路径，使历史制度主义靠近理性选择制度主义，但仍旧重视构成行动者利益的历史结构；要么转向一种“文化”的路径，使历史制度主义贴近社会学制度主义，但在赋予行动者利益和世界观以意义的各种规范上增加了历史结构。然而，除了文化和计算的路径，还有一种可替代的本体论路径，就像科林·海和温考特所认为的那样，这种路径把能动性内嵌在历史制度主义的方法本身。③ 这一点下面将会讨论到，因为它关系到下面讨论的观念和话语。把历史制度主义与理性选择制度主义结合起来的例子大量存在。艾伦·伊玛格特有关卫生保健改革的比较研究解释了不同国家医生的利益计算，这种计算根据治理结构——作为否定性因素——影响他们未来成功的预期而阻碍（或者不阻碍）改革的努力。④ 瑟伦研究了英国、德国、日本、美国的技术领域的制度变迁，借助于对持续政治谈判——通过聚焦于政治联盟和政治冲突的方式——的理性主义分析，制度变迁以叠加和转换的方式进行。⑤ 彼得·豪尔与大卫·索斯吉斯的合作项目对以公司为中心的合作进行理性主义的分析，为了给历史制度主义提供微观的基础，

① K. Thelen, "How Institutions Evolve: Insights from Comparative Historical Analysis," in James Mahoney and Dietrich Ruschemeyer eds. , *Comparative Historical Analysis in the Social Sciences* (New York: Cambridge University Press, 2003); K. Thelen, *How Institutions Evolve: The Political Economy of Skills in Germany Britain, the United States and Japan* (New York: Cambridge University Press, 2004).

② P. A. Hall and R. C. R. Taylor, "Political Science and the Three New Institutionalisms," *Political Studies* 44 (4), 1996, pp. 940 –941.

③ C. Hay and D. Wincott, "Structure, Agency and Historical Institutionalism," *Political Studies* 46 (5), 1998, pp. 951 –957.

④ Ellen Immergut, *Health Politics: Interest and Institutions in Western Europe* (New York: Cambridge University Press, 1992).

⑤ K. Thelen, *How Institutions Evolve: The Political Economy of Skills in Germany Britain, the United States and Japan* (New York: Cambridge University Press, 2004).

他们对自由市场经济的资本主义（如英国）和协作市场经济的资本主义（如德国）的二元分化进行历史制度主义的分析。① 结合历史制度主义和理性计算，同时把国家带回到英国、法国和德国不断演进的政治经济比较中，以此为基础，我认为，至少存在着三种市场经济的变体，法国代表的是第三种，即国家强化的市场经济。② 最终，鲍尔·皮尔森在研究政治分析中的时间维度时，倾向于为理性选择制度主义提供一个临时的维度。③

## 四、社会学制度主义

社会学制度主义非常类似于历史制度主义，它也发端于 20 世纪 70 年代末，主要出现于社会学的分支——社会组织理论。社会学制度主义同样拒斥旧的方法论路径，包括行为主义、系统研究以及理性选择分析。社会学制度主义特别反对韦伯对组织效率和理性的假设，因而转向特定文化实践中的组织生活形式和程序研究。社会学制度主义者所谓的“制度”被解释为规范、认知模式和意义系统，指导人类行为、文化脚本（cultural scripts）以及弥漫于组织环境中的计划（schema），它服务于象征和礼仪目的，而不是单一的功利主义的目的。这里又一次与理性选择制度主义非常类似的地方是，国家理所当然被当作行为发生的环境，但是，社会学制度主义者眼中的国家看起来非常不同于理性主义者的国家，因为，在国家中，有意义的是文化实践，而不是理性行为。

对于社会学制度主义者来说，理性是社会建构的，从文化和历史层面上看，它又是偶然的。它通过设定想象限度的文化机制而得到界

---

① P. Hall and D. Soskice, “Introduction,” in idem ed. , *Varieties of Capitalism*: *The Institutional Foundations of Comparative Advantage* (Oxford: Oxford University Press, 2001).

② V. A. Schmidt, *The Future of European Capitalism*, part II (Oxford: Oxford University Press, 2002).

③ Paul Pierson, *Politics in Time*: *History*, *Institutions and Social Analysis* (Princeton: Princeton University Press, 2004).

定，并建立起基本的偏好和认同，同时，一种“适当性逻辑”（logic of appropriateness）为有目的的、以目标为导向的、成为可以接受的行为设定了背景。① 因而，与理性主义者所遵循“利益逻辑”——这种利益逻辑先于制度而存在——的人类行为观恰好相反，社会学制度主义认为，个体可能会受这种逻辑的影响，但个体的涵义不是通过这种逻辑而得到界定的。

社会学制度主义者的分析对于政治学来说意义特别深远，包括弗兰克·道宾关于十九世纪铁路政策的研究，在美国，这种类似的政策不被看作是国家行为，而在法国则被“表明”是国家的行为；② 尼尔·弗雷格斯坦对于公司控制转变的研究表明，这种转变不仅来自经济环境的改变，而且还来自公司领导者的认知视角的改变；③ 亚塞明·索伊萨尔对欧洲和美国的移民政策进行了比较，它表明，在不同公民身份模式的基础之上，采取不同的“吸纳体制”对于吸纳移民很重要。④ 在政治学本身，具有重要影响的学术著作来自于詹姆斯·马奇和乔治·奥尔森，他们认为文化和历史结构都至关重要，因此，他们既强调历史制度主义所宣称的历史结构，又强调社会学制度主义所宣

---

① P. Dimaggio and W. Powell, "The Iron Cage Revisited: Institutional Isomorphism and Collective Rationality in Organizational Fields," *American Sociological Review* 48, 1983, pp. 147 – 160; P. Dimaggio and W. Powell, "Introduction," in idem, *The New Institutionalism in Organizational Analysis* (Chicago: University of Chicago Press, 1991); J. G. March, and J. P. Olsen, *Rediscovering Institutions: The Organizational Basis of Politics* (New York: Free Press, 1989); John W. Meyer and Brian Rowan, "Institutionalized Organizations: formal Structure as Myth and Ceremony," *American Journal of Sociology* 83, 1977, pp. 340 – 363; John L. Campbell, *Institutional Change and Globalization* (Princeton, NJ: Princeton University Press, 2004); J. L. Campbell and O. K. Pederson, eds., *The Second Movement in Institutional Analysis* (Princeton, NJ: Princeton University Press, 2001); P. Hall and R. Taylor, "Political Science and the Three New Institutionalisms," *Political Studies* 44, 1996, pp. 936 – 957.

② F. Dobbin, *Forging Industrial Policy* (Cambridge: Cambridge University Press, 1994).

③ N. Fligstein, *The Transformation of Corporate Control* (Cambridge, MA: Harvard University Press, 1990).

④ Y. N. Soysal, *Limits of Citizenship: Migrants and Post – national Membership in Europe* (Chicago: University of Chicago Press, 1994).

称的文化结构。[1] 最近，许多政治学、尤其是国际关系领域的学者已经转向社会学制度主义[2]，他们常常把自己称作是“建构主义者”(constructivists)。最著名的要算彼得·卡赞斯坦所主编的著作，它关注的是利益如何从国家认同中发展出来，作为集体期望（collective expectations）的规范为每一种既定的认同建立起正当的行为方式，国家认同则建构出保卫国家和维护国家安全的民族意识。[3]

社会学制度主义非常成功地勾画了规范行动、形成认同、影响利益以及影响被认为是问题和解决办法的规范和共同理解。社会学制度主义假定，规范、认同和文化塑造了利益，由于它们嵌入在文化之中，因而是内生的，与之相反，理性选择制度主义把利益看作是外生的，文化、规范和认同是利益相伴的副现象，而不是先于利益的。就这一点而论，社会学制度主义与理性选择制度主义是完全对立的。[4]

但是，结果与其说是被指责为太普遍，毋宁说是太特殊，因为它提供的“文化知识”主要是作为普遍的理性选择的开端而发挥作用。但是，当社会学制度主义的目标被纳入理性选择的解释中时，其本质——规范、规则以及以独一无二或特异文化为基础的理性（因为它们并不适合于通常认为的利益驱动机制）——往往丧失了。因为这种解释是通过归纳而不是演绎得出来的，它们能够为解释个体行为的动机增添启发，而这是理性选择制度主义所无法做到的，无论它是符合还是违背规范的行为。而且，因为社会学制度主义的解释从背景的角度解释了个体行为的原因，因此，它能够对事件——历史制度主义的

---

① J. G. March and J. P. Olsen, *Rediscovering Institutions: The Organizational Basis of Politics* (New York: Free Press, 1989).

② M. Finnemore, "Norms, Culture, and World Politics: Insights from Sociology's Institutionalism," *International Organization* 50 (2), 1996, pp. 325 – 347.

③ P. J. Katzenstein, ed., *The Culture of National Security: Norms and Identity in World Politics* (New York: Columbia University Press, 1996).

④ J. Ruggie, "What Makes the World Hang Together? Neo – Utilitarianism and the Social Constructivist Challenge," *International Organization* 52 (4), 1998, pp. 855 – 885; Alexander Wendt, "The Agent – Structure Problem in International Relations Theory," *International Organization* 41 (3), 1987, pp. 335 – 370.

解释通过它们而得到建构——做出更好的解释。同时，因为社会学制度主义的解释强调了解释和合法性的集体进程在制度创设和发展中的重要作用，它们能够说明制度无效的原因，理性选择制度主义却做不到这一点。①

但是，由于社会学制度主义没有提出任何关于理性的普遍主张，并且总体上注重各种文化内部而不是跨文化的解释，因此，它隐含了相对主义的风险，使人怀疑社会学制度主义是否能做任何跨国家的概括。事实上，在社会学制度主义那里，这种概括也是可能的，只要归纳出不同文化规范和认同之间的相同和不同点，特别是利用历史制度主义来概括特定国家制度的结构和过程就可以做到。但是，由此形成的解释将会是一种比历史制度主义更低层次的概括和奢侈的“深度描述”，更不用说与理性选择制度主义相比。

最后，社会学制度主义表现出的与其说是经济决定论或者历史决定论，毋宁说是文化决定论，它强调了文化惯例和文化仪式而排斥那些打破文化规范的个体行为，即排斥相对于遵守规则而言的创造规则的行为。而且，它着重强调的是宏观范式，从而有可能使它像“没有行动者的行为”，② 或者说得更坏一点是“没有行动者的结构”。③ 而且，就像理性选择途径一样，它也可能是太静态的，或者说过分关注平衡状态，从而无法思考随着时间发生的变化——尽管在它增加了一种历史视角的地方，它也能表明规范是如何制度化的，就像战后日本和德国的警察和军队的例子所表明的那样，④ 或者表明国家认同是如

① John W. Meyer and Brian Rowan, “Institutionalized Organizations: formal Structure as Myth and Ceremony,” *American Journal of Sociology* 83, 1977, pp. 340 – 363; Peter Hall and Rosemary Taylor, “Political Science and the Three New Institutionalisms,” *Political Studies* 44, 1996, p. 953.

② Peter Hall and Rosemary Taylor, “Political Science and the Three New Institutionalisms,” *Political Studies* 1996, p. 954.

③ 相关批评请参见 Jeffrey Checkel, “The Constructivist Turn in International Relations Theory,” *World Politics* 50, 1998, p. 335.

④ P. J. Katzenstein, *Cultural Norms and National Security: Policy and Military in Postwar Japan* (Ithaca: Cornell University Press, 1996).

何被改变的，国家认同如何使利益如影随形，就如德国和日本发生的反军国主义的例子所表明的那样。①

## 五、话语制度主义

话语制度主义是我用来指代第四种和最新一种的“新制度主义”的术语，② 但使用观念制度主义③、建构制度主义④以及经济建构主义⑤等其他术语也很贴切。由于其他三种较老的新制度主义往往持一种静态的制度观，因而，他们貌似无法解释变化，话语制度主义的研究路径就是从对这一问题关注的众多新制度主义中脱颖而出的。现实事件彰显了其他研究路径的问题，特别是随着柏林墙倒塌和苏联共产主义国家崩溃以后，暴露了这三种研究路径的静态预设的问题，⑥ 而且，作为新自由主义的理性预设遭遇到民主转型的问题。⑦ 对于沉浸在这三种新制度主义之中的学者来说，转向观念和话语来解释国家内的变化以及对国家造成的变化是自然而然的下一步选择。这样，大多

---

① Thomas U. Berger, *Cultures of Antimilitarism: National Security in Germany and Japan* (Baltimore: Johns Hopkins University Press, 1998).

② V. A. Schmidt, *The Future of European Capitalism* (Oxford: Oxford University Press, 2002); J. L. Campbell, "Institutional Analysis and the Pole of Ideas in Political Economy," in J. L. Campbell and O. K. Pedersen eds., *The Second Movement in Institutional Analysis* (Princeton, NJ: Princeton University Press, 2001).

③ C. Hay, "The 'Crisis' of Keynesianism and the Rise of Neoliberalism in Britain: An Ideational Institutionalist Approach," in John L. Campbell and Ove Pedersen eds., *The Rise of Neoliberalism and Institutional Analysis* (Princeton: Princeton University Press, 2001).

④ C. Hay, "Constructivist Institutionalism," in R. A. W. Rhodes, Sarah Binder and Bert Rockman eds., *The Oxford Handbook of Political Institutions* (Oxford: Oxford University Press, 2006).

⑤ Rawi Abdelal, Mark Blyth and Craig Parsons, *Constructivist Political Economy* (Princeton: Princeton University Press, 2005).

⑥ M. Blyth, "Structures do not Come with an Instruction Sheet: Interests, Ideas, and Progress in Political Science," *Perspectives on Politics* 1 (4), 2003, pp. 695 – 706.

⑦ J. L. Campbell and O. K. Pederson, eds., *The Second Movement in Institutional Analysis* (Princeton, NJ: Princeton University Press, 2001), pp. 7 – 8; John L. Campbell, *Institutional Change and Globalization* (Princeton, NJ: Princeton University Press, 2004).

数学者都在他们各自偏好的研究路径之上增加了制度的背景。但是，对于某些学者来说，转向观念意味着停留在自己制度研究的初期建构阶段，而其他一些学者则走得更远，迈向了话语制度主义，它主要关注的是观念以及观念如何通过话语而得到沟通的问题。

在理性选择制度主义者看来，涉猎观念领域只是相对短暂的一种现象。在国际关系领域，最早转向观念领域的是朱迪斯·戈尔茨坦，[①]他认为，在不确定的条件下，观念发挥着转换器（或者“路线图”）一样的作用，它把利益注入特定的政策方向，充当为决策者提供策略的过滤器、焦点或透镜的功能。[②] 这里，观念远没有超出利益的范围，因为它们不过是在诸多利益之间进行选择的机制，或者说在各种平衡之间进行转换的焦点。[③] 道格拉斯·诺斯走得更远，他首先利用观念来解答如何解释制度建构的问题，然后把观念塑造成“共享的精神模式”。[④] 然而，就像马克·布莱思非常有见地认为的那样，内在于这些研究路径中的矛盾是，它们可能是一座“遥远得难以企及的桥梁”。[⑤]首先，如果观念创造了制度，那么制度是如何使观念变得“可以行动的”（actionable）？其次，如果观念是一种“精神模式”，那么，是什么使观念不能影响利益的内容，而不仅仅影响对利益的秩序？如果观念塑造了利益，而不是反过来，那么，理性主义者如何能够维持其

① J. Goldstein, *Ideals*, *Interest and American Trade Policy* (Ithaca, NY: Cornell University Press, 1993).

② R. Bates, A. Grief, M. Levi, J. – L. Rosenthal and B. Weingast, *Analytic Narratives* (Princeton, NJ: Princeton University Press, 1998); J. Goldstein and R. Keohane, *Ideas and Foreign Policy: Beliefs*, *Institutions and Political Change* (Ithaca: Cornell University Press, 1993); B. Weingast, “A Rational Choice Perspective on the Role of Ideas: Shared Belief Systems, State Sovereignty and International Cooperation,” *Politics and Society* 23 (4), 1995, pp. 449 – 464.

③ 相关批评请参见 J. Ruggie, “What Makes the World Hang Together? Neo – Utilitarianism and the Social Constructivist Challenge,” *International Organization* 52 (4), 1998, pp. 866 – 867.

④ Douglass C. North, *Institutions*, *Institutional Change and Economics Performance* (Cambridge: Cambridge University Press, 1990).

⑤ M. Blyth, “Structures do not Come with an Instruction Sheet: Interests, Ideas, and Progress in Political Science,” *Perspectives on Politics* 1 (4), 2003, pp. 696 – 697; M. Blyth, *Great Transformations: Economic Ideas and Institutional Change in the Twentieth Century* (New York: Cambridge University Press, 2002), chapter II.

“薄弱”的、以理性模式为基础的“固定”偏好概念？这有助于解释理性选择制度主义为什么很快抛弃了对观念的探求。

在历史制度主义传统中，转向观念是一件更加持久的事情。这里，历史制度主义与在历史制度主义传统内部最好被称作话语制度主义之间的分歧点在于，前者继续认为是制度建构了观念，决定哪种观念可以被接受；后者则认为，即使制度塑造了观念，观念对于制度来说也是建构性的。因而，彼得·豪尔的最早著作毫无疑问属于历史制度主义，他关注的是制度随时间而变得稳定的问题，[①] 其最新著作将资本主义的历史制度结构与理性选择制度主义所关注的公司策略性合作结合在一起，[②] 在这两者之间，它关注的是经济观念在解释制度变迁方面的作用。然而，在其观念研究的第一阶段，豪尔采取的是凯恩斯主义的观点，[③] 所以大体上属于历史制度主义的路径，因为历史结构先于观念，并影响到观念能否被采纳；在其研究的第二阶段，他引入英国撒切尔政府的货币主义观点，[④] 这表明他已经跨向话语制度主义的路线，因为观念对于变迁至关重要，并且建构出新的制度。有趣的是，在像彼得·豪尔、德斯蒙德·金（Desmond King）以及玛格丽特·韦尔（Margaret Weir）等以历史制度主义冠名的著作中，[⑤] 集中讨论观念的那少数章节带领我们超越了历史制度主义。德斯蒙德·金在其有关英美两国非自由主义的社会政策（illiberal social policy）的讨论中，这一点表现得非常明显，在书中，他关注观念和知识在制定政策过程

---

① P. Hall, *Governing the Economy*: *The Politics of State Intervention in Britain and France* (New York: Oxford University Press, 1986).

② P. Hall and D. Soskice, "Introduction," in P. Hall and D. Soskice eds., *Varieties of Capitalism*: *The Institutional Foundations of Comparative Advantage* (Oxford: Oxford University Press, 2001).

③ P. Hall, "Conclusion," in P. Hall, ed., *The Political Power of Economic Ideas*: *Keynesianism across Nations* (Princeton: Princeton University Press, 1989).

④ M. Hall, "Policy Paradigms, Social Learning and the State: The Case of Economic Policy - Making in Britain," *Comparative Politics* 25, 1993, pp. 275 - 296.

⑤ S. Steinmo, K. Thelen and F. Longstreth, eds., *Structuring Politics*: *Historical Institutionalism in Comparative Analysis* (Cambridge: Cambridge University Press, 1992).

中的重要作用。尽管德斯蒙德·金仍然保留了强烈的历史制度主义倾向，他强调，与美国相比，制度背景能够使英国政府更容易采纳观念并推行改革。①

事实上，在历史制度主义传统中，晚近很多有关观念的著作都属于我所说的话语制度主义范畴——尽管分界线无疑是非常模糊的。区分的界线在于是否聚焦于观念来解释变迁。经常出现的一种论证方式是：某些观念符合可以预期的“理性”利益，所以它们不是由结构因素所决定的，代表了与历史路径的断裂。② 主要例子包括谢里·伯曼在德国社会民主党和瑞典社会民主党之间所做的比较，德国社会民主党之所以向纳粹屈服，很大程度上是因为他们不能超越长期坚持的马克思主义观，而瑞典社会民主党之所以取得胜利，不仅因为他们反抗法西斯主义，而且还创造了一个社会民主国家，因为他们没有继承任何这样的观念遗产，因此能够彻底改造社会主义；③ 卡特·麦克那玛丽说明了欧洲货币联盟三个步骤的学习过程：第一是政策失败；第二是寻找新的思想，形成一种对货币主义的新自由主义共识；第三是采用德国的范例；④ 最后，马克·布莱思分析了经济危机时期基本经济观念的作用，这种经济观念首先在20世纪30年代深深地嵌入瑞典和美国的自由主义之中，然后，到70年代又脱离了自由主义。⑤ 我自己对英国、法国和德国的政治经济进行了分析，首先通过对这三个国家的经济实践的演变历史进行一种以计算为中心的历史制度主义审视，接着对经济调整的政治过程中各种思想和话语发生的变化进行话语制

① D. King, *In the Name of Liberalism: Illiberal Social Policy in the United States and Britain* (Oxford: Oxford University Press, 1999).

② M. Blyth, "Structures do not Come with an Instruction Sheet: Interests, Ideas, and Progress in Political Science," *Perspectives on Politics* 1 (4), 2003, pp. 695-706.

③ Sheri Berman, *The Social Democratic Moment: Ideas and Politics in the Making of Interwar Europe* (Cambridge: Cambridge University Press, 1998).

④ K. McNamara, *The Currency of Ideas: Monetary Politics in the European Union* (Ithaca, NY: Cornell University Press, 1998).

⑤ M. Blyth, *Great Transformations: Economic Ideas and Institutional Change in the Twentieth Century* (New York: Cambridge University Press, 2002).

度主义探讨，从而突出强调了历史制度主义和话语制度主义之间的差别。①

非常有趣的是，历史制度主义传统中的大部分观念研究与实证主义—建构主义（positivist - constructivist）统一体所怀有的实证主义目标非常接近，而且大部分见之于比较政治学领域。在这些研究中，观念被当作是一个国家内部集体行动的必要条件，它有利于重新界定经济利益和重构以利益为基础的联盟。研究的焦点倾向于观念的认知层面，即关于新观念是如何被接受的，如何决定变迁的类型、程度或者“秩序”，以及在重要、适用、连贯或者一致方面可以使用哪些成功的标准，这种观点大体上延续库恩的说法。②

相反，社会学制度主义传统中的大多数观念研究与建构主义的目标非常接近，并且大多出现在国际关系领域。在这些研究路径中，观念建构了规范、叙事、话语以及参照框架，它们有利于建构或重构行动者对利益的理解和重新引导在国家制度内的行为。这里关注的是话语的规范层面，也就是说，在适当性逻辑内，新观念是如何以及为什么与国家的价值观相“共鸣”，以及它们如何“重新评估”各种价值观。③

在社会学制度主义传统中，人们不能谈论转向观念研究等诸如此

① V. A. Schmidt, *The Future of European Capitalism* (Oxford: Oxford University Press, 2002), part II and III.

② M. Hall, “Policy Paradigms, Social Learning and the State: The Case of Economic Policy - Making in Britain,” *Comparative Politics* 25, 1993, pp. 275 - 296; C. Hay, “The ‘Crisis’ of Keynesianism and the Rise of Neoliberalism in Britain: An Ideational Institutionalist Approach,” in John L. Campbell and Ove Pedersen eds., *The Rise of Neoliberalism and Institutional Analysis* (Princeton: Princeton University Press, 2001); V. A. Schmidt, *The Future of European Capitalism* (Oxford: Oxford University Press, 2002), chapter 5.

③ J. G. March, and J. P. Olsen, *Rediscovering Institutions: The Organizational Basis of Politics* (New York: Free Press, 1989); M. Rein and D. A. Schön, ” Frame - Reflective Policy Discourse,” in P. Wagner et al. eds., *Social Sciences, Modern States, National Experiences and Theoretical Crossroads* (Cambridge: Cambridge University Press, 1991); V. A. Schmidt, “Values Discourse in the Politics of Adjustment,” in Fritz W. Scharpf and Vivien A. Schmidt eds., *Welfare and Work in the Open Economy*, Volume I: *From Vulnerability to Competitiveness* (Oxford: Oxford University Press, 2000).

类的东西，因为观念——作为规范、认知框架以及意义系统——往往已经成为这一研究路径的基础。但是，这里仍然有一个临界点。一方面，那些学者把观念视为由文化建构起来的规范和认同等更加静态的观念结构，因而它很大程度上仍然属于社会学制度主义的范畴，正如之前界定的那样。这些学者包括卡赞斯坦及其同事的“建构主义”，他们的研究仍属于社会学制度主义的范围，因为对于观念这一社会事实，他们从各种“集体呈现”（collective representations）的角度介入分析观念的因果关系，然后追踪这些呈现对行为所产生的影响。① 另一方面，再清楚不过的是，建构主义也可以被纳入话语制度主义的标题之下，因为他们使观念表现为更加动态的规范、框架和叙事，这不仅建构了行动者概念化世界的方式，而且增强了他们重新概念化世界的能力，作为促进变化的源泉。这些学者包括亚历山大·温特（Alexander Wendt），他认为社会结构与理性和自我理解是不可分割的，这种自我理解是行动者对于自身行为的理解，与此同时，行动者与结构之间“互相建构”，“在某种意义上其中一方是另一方的结果”，从这一意义而言，社会结构具有一种内在的话语维度。② 从更为动态的经验层面进行探索的学者包括玛莎·费丽莫，她审视了国际规范向发展中国家的扩散，③ 还有托马斯·里斯则考察了欧洲各国成功建构和重构各自的国家认同以及欧洲整合观念的方式。④

有些学者并不能完全地归入这个或那个阵营。特别是在比较政治学中，那些重点关注经济观念作用的学者可能看起来很实证主义，因为他们关心在合法化政策变迁过程中那些观念的认知作用。但是，从

① J. Ruggie, “What Makes the World Hang Together? Neo - Utilitarianism and the Social Constructivist Challenge,” *International Organization* 52 (4), 1998, pp. 884 - 885.

② Alexander Wendt, “The Agent - Structure Problem in International Relations Theory,” *International Organization*, 1987, pp. 359 - 360.

③ M. Finnemore, “Constructing Norms of Humanitarian Intervention,” in Peter Katzenstein ed., *The Culture of National Security* (Ithaca: Cornell University Press, 1996).

④ T. Risse, “Who Are We? A Europeanization of National Identities?” in Maria Green Cowles, James Caporaso and Thomas Risse eds., *Europeanization and Domestic Change* (Ithaca, NY: Cornell University Press, 2001).

他们对那些观念的规范的批判来看，他们往往又是建构主义的，特别是科林·海伊（Colin Hay）和本·罗莎蒙德（Ben Rosamund），他们都非常明确地研究了新自由主义观念的规范基础以及在全球化过程中这些规范基础的社会建构。① 同时，施密特和布莱斯也可以被看成是建构主义者，因为他们在分析观念的过程中将认知与规范分析结合在一起。②

刚刚讨论的大多数话语制度主义者——或者从历史制度主义，或者从社会学制度主义，或者二者兼有的传统出发——主要倾向于处理观念的问题，当他们讨论由许多行动者所产生的、所接受的和合法化的各种观念时，忽略了内隐的话语互动过程。当然，有些学者走得更远，他们使观念产生、接受和合法化的互动过程正规化（formalize），并且着手澄清它们被结构化的过程。他们倾向于把话语既看成是产生新规则、新价值和新实践的一系列观念，又看成是企业行动者生产和合法化那些观念的源泉。他们的研究路径可以分为两种：一种聚焦于政策行动者之间的“协作”（coordinative）话语；另一种则更聚焦于政治行动者与公众之间“交往”（communicative）话语。③

在协作话语领域，话语制度主义者往往主要强调处于政策建构中心的个体和团体，他们生产了形成集体行为和认同基础的各种观念。其中，一些学者关注国际领域由一整套共同观念所统一起来的松散个体，这种共同观念存在于各种“认识共同体”（epistemic communities）中。④

---

① C. Hay and B. Rosamond, "Globalization, European Integration and the Construction of Economic Imperatives," *Journal of European Public Policy* 9 (2), 2002, pp. 147－167; C. Hay, *Political Analysis* (Basingstoke and New York: Palgrave Macmillan, 2002); B. Rosamond, "Imaging the European Economic: Competitiveness and the Construction of Europe as an Economic Space," *New Political Economy* 7 (2), 2002, pp. 157－177.

② V. A. Schmidt, "Values Discourse in the Politics of Adjustment," in Fritz W. Scharpf and Vivien A. Schmidt eds., *Welfare and Work in the Open Economy*, Volume I: *From Vulnerability to Competitiveness* (Oxford: Oxford University Press, 2000); M. Blyth, *Great Transformations: Economic Ideas and Institutional Change in the Twentieth Century* (New York: Cambridge Press, 2002).

③ V. A. Schmidt, *The Futures of European Capitalism* (Oxford: Oxford University Press, 2002), chapter 5.

④ P. Haas, ed., "Knowledge, Power and International Policy Coordination," special issue of *International Organization*, 1992.

其他学者则关注地区政策语境下通过各种旨在使观念付诸实施的“倡议联盟”,[①] 或者通过国际政治领域中的行动者的“倡议网络”而统一起来的联系更加紧密的个体。[②] 同时，还有其他一些学者聚焦于国内或国际的特定政策领域，以作为“企业家”,[③] 或者作为“调停者”[④]的个体为研究对象，考察他们在话语共同体和话语联盟中的观念表达和观念吸收。

在交往话语领域，话语制度主义者强调政治领域中大量公共说服（public persuasion）过程所使用的各种观念。一些学者关注选举政治和大众意见,[⑤] 在那里，政治家们把政策精英们创造的观念介绍到政治舞台，通过投票和选举来检测这些观念。其他学者则更加关心形成全国政治理解的“交往行动”;[⑥] 然而，还有一些学者更加关心具有相关知识的公众（informed public）在“政策论坛”中就政府正在创议的政策进行更加具体的协商。[⑦]

话语制度主义通过关注新的或持续的观念和话语互动过程，最有

---

① P. Sabatier and H. C. Jenkins - Smith, eds. , *Policy Change and Learning: An Advocacy Coalition Approach* (Boulder, CO: Westview, 1993).

② M. E. Keck and K. Sikkink, *Activists Beyond Borders: Advocacy Networks in International Politics* (Ithaca: Cornell University Press, 1998).

③ N. Fligstein and I. Mara - Drita, "How to Make a Market: Reflections on the Attempt to Create a Single Market in the European Union," *American Journal of Sociology* 102, 1996, pp. 1 - 32; M. Finnemore, and K. Sikkink, "International Norm Dynamics and Political Change," *International Organization* 52, 1998, pp. 887 - 917.

④ B. Jobert, "Representations Sociales, Controverses et Debats dant la Conduite des Politiques," *Revue Francaise de Science Politique* 42, 1992, pp. 219 - 234; P. Muller, "Les Politiques publiques comme construction d'un rapport aumonde," In Alain Faure, Gielles Pollet and Philippe Warin eds. , *La Construction du sens dans les politiques publiques: Debats autour de la notion de referential* (Paris: L'Harmattan, 1995).

⑤ D. C. Mutz, P. M. Sniderman and R. Brody, eds. , *Political Persuasion and Attitude Change* (Ann Arbor: University of Michigan Press, 1996).

⑥ J. Habermas, *Between Facts and Norms: Contributions to a Discourse Theory of Law and Democracy* (Cambridge, MA: MIT Press, 1996).

⑦ M. Rein and D. A. Schnön, "Frame - Reflective Policy Discourse," in P. Wagner et al. eds. , *Social Sciences, Modern States, National Experiences, and Theoretical Crossroads* (Cambridge: Cambridge University Press, 1991).

效地解释了变化（或者延续）的动态过程，也因此，它还在很大程度上避免了其他三种“新制度主义”的经济、历史或文化决定论。但出于同样的原因，除非纳入考虑这三种较新制度主义所衍生的结构限制，否则它同样存在高度唯意志论的风险。然而，考虑到前面讨论的话语制度主义者的研究路径已经遵循了一种或几种制度主义传统相结合的事实，这或许不是一个什么大的问题。但是，如果观念与情境相脱离，就像后现代主义的那样，那么，这将产生巨大的风险。

但是，仍然存在其他一些问题。在遵循社会学制度主义传统的话语研究中，总是存在着社会建构走得太远的危险，在把一切都看作是特定文化中社会地建构的前提下，忽视了物质利益本身的重要。① 这使人怀疑是否真的存在各种文化都能认可的、存在于“那里”（out there）的东西。如果说遵循社会学制度主义传统的话语研究可能遭受太多的建构主义之苦，那么，遵循历史制度主义传统的话语研究则遭受更多的实证主义之苦，因为它假定，政治行为是由单一的工具理性所推动的（即使在某种历史和文化情境下也是如此），这样造成利益观念过度决定了观念选择的结果，从而驱逐了同样可以对利益观念产生影响的规范价值。

最后，因果关系的建立也是一个问题。像其他因素一样，话语因素在解释变化时，有时至关重要，有时则不然。当话语确实至关重要时，那就是它确实对政策变迁有因果影响，如从理性计算的角度来理解利益的反面来重新界定利益；② 当其他因素显得更加重要时，比如，历史或社会学制度主义能更好地捕捉到出现新的制度路径或文化规范，因为行动者并不清楚知道他们在行动时到底在做什么。许多政治学者极力回避与话语相关的解释，其部分原因在于把这种变量作为一种与其他变量相区别的独立变量很困难。但是，除了畏难而忽略话语解释

① 相关批评请参阅 J. K. Jacobsen，“Much Ado about Ideas：The Cognitive Factor in Economic Policy，” *World Politics* 47，1995，pp. 283－310.

② V. A. Schmidt，*The Futures of European Capitalism*（Oxford：Oxford University Press，2002）.

之外，其他的理由是它不能成为原因，它更适合于问，话语是什么时候成为原因的，比如，话语是什么时候发挥了重新界定利益的功能而不仅仅是反映它们，是什么时候描绘了新的制度路径而不仅仅是遵循旧的制度路径，以及是什么时候重构了文化规范而不是仅仅使之具体化。

## 六、结　论

正如我们已经看到的，根据不同的新制度主义，国家研究也会非常不同。每一种国家研究都有一个不同的解释对象——要么是理性行为、历史结构、规范和文化，或者观念和话语；一个不同的解释逻辑——要么是利益、路径依赖、适当性或者交往；一种对延续或变迁的不同强调方式——要么依据固定偏好、路径依赖，或者文化规范而来的延续，或者依据观念和话语互动而形成的变迁（参见图表5）。由此形成了各种非常不同的有关国家的制度主义研究，这些研究很少关注国家本身，而是关注国家内部的不同行为。

**图表5　四种新制度主义**

| | 理性选择制度主义 | 历史制度主义 | 社会学制度主义 | 话语制度主义 |
|---|---|---|---|---|
| 解释对象 | 理性行为 | 历史结构 | 规范和文化 | 观念和话语 |
| 解释逻辑 | 利益 | 路径依赖 | 适当性 | 交往 |
| 解释变迁的能力 | 静态：通过固定偏好来强调延续性 | 静态：通过路径依赖来强调延续性 | 静态：通过文化规范来强调延续性 | 动态：通过观念与话语的互动来强调变迁与延续 |
| 范例 | 委托－代理模型；博弈论 | 历史制度主义对于各种不同资本主义的过程追踪 | 建构主义；规范；文化分析 | 观念、话语、建构主义、叙事、架构、倡议联盟、知识共同体 |

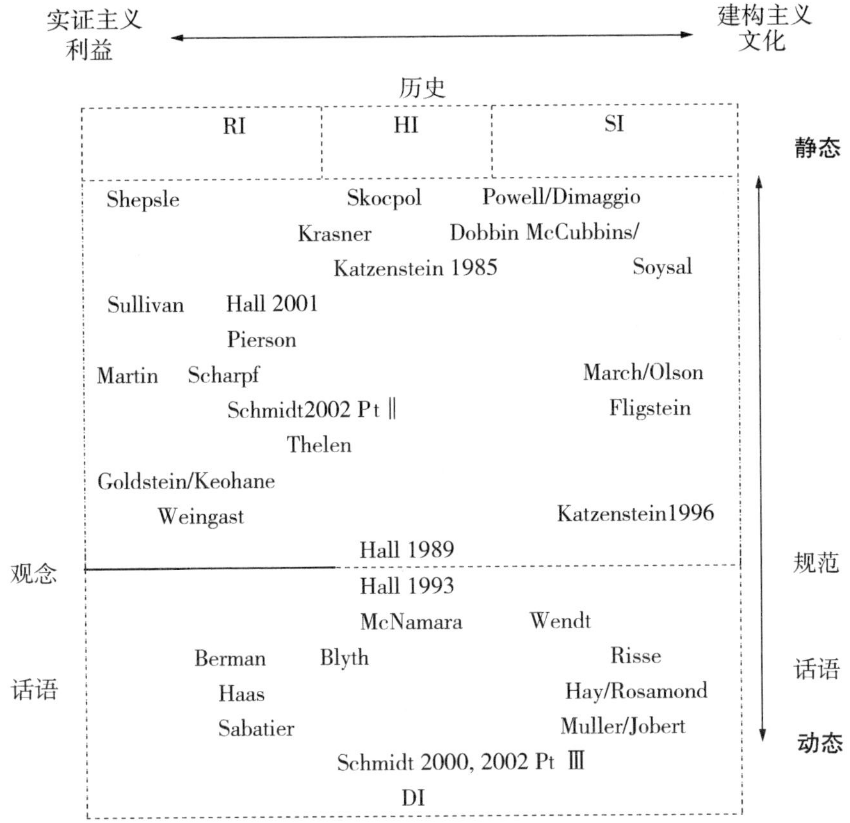


图表 5 学者使用的这四种新制度主义：理性选择制度主义（RI）、历史制度主义（HI）、社会学制度主义（SI）和话语制度主义（DI）

为了以一种普遍的方式理解所有部分是如何联系在一起，我用一个图表对前面在讨论这四种制度主义时所引用到的每一位作者的观点进行了定位，横向上是沿着从实证主义到建构主义的顺序表明从利益到文化的过渡，历史处于中间；纵向表明从静态向动态的过渡，利益、历史和文化在静态一端，观念和话语则在动态一端。我把历史制度主义放在理性选择和社会学制度主义之间，主要是因为理性选择和社会学制度主义在很大程度上是不相容的，但只要增加能动的（agency）要素，那么，历史制度主义就既能够走向实证主义，又能够走向建构主义。虽然话语制度主义与众不同，我却把它放在所有这三种制度主义的下面，这是因为，它能够建立在这三种制度主义中的任何一种的理论洞见基础上，而且还因为，即使学者们最适合于话语制度主义传统时，也常常认为自己继续适合于这三种制度主义传统中的这种或那种。我在理性选择制度主义之下划了加粗线，是想说明它无法以一种动态方式处理观念和话语问题。

仍然有待回答的一个至关重要的问题是：这四种新制度主义能否结合在一起？任何问题的经验研究都能混用这些研究路径吗？大多数以理论为取向的新制度主义者的回答是否定的，因为他们的目的是要证明其独特的研究方法是解释政治的最好方式。但更多的以问题为取向的学者向来都是混用这些研究方法，哪种研究方法最适合解释他们的研究对象，他们就运用哪种。最近，一些学者提出了在他们的经验研究中如何使用所有四种方法的洞见。以政策分析为例，大卫·马什和马丁·史密斯提出一种理解政策网络的辩证研究方法，利用所有这四种新制度主义来解释，随着时间的变化在特定制度环境和特定的约束下，拥有特殊学习经历和观念的政策行动者如何选择不同的行动方案。① 虽然这可能有助于回答如何把这些研究路径融入实证调查中的实践问题，但不能解决在理论上如何融合这些研究路径。的确，当所有人都回过头来辩护他们各自的研究方法之时，看看马什和史密斯所做出的回应也许可以受益良多。② 如果要从理论上回答这些研究路径如何结合，各新制度主义之间首先必须不再把自己与竞争研究路径之间的关系看成是方法论上的战争，为了争夺观念的领土。如果他们彼此宣示和平，并开始研究各自边界之间的互相兼容，它们就会做得更好。这样必将从理论上把所有四种新制度主义推向前进，同时也

---

① D. Marsh and M. Smith, "Understanding Policy Networks: Towards a Dialectical Approach," *Political Studies* 48, 2000, pp. 4 – 21.

② K. Dowing, "There Must Be An End to Confusion: Policy Networks, Intellectual Fatigue, and the Need for Political Science Methods Courses in British Universities," *Political Studies* 49 (1), 2001, pp. 89 – 105; C. Raab, "Understanding Policy Networks: A Comment on Marsh and Smith," *Political Studies* 49, 2001, pp. 551 – 556.

为经验研究提供最大的帮助。

延伸阅读

Peter Hall and Rosemary Taylor, "Political Science and the Three New Institutionalisms," *Political Studies*, 1996, pp. 952 -973.

James G. March and Johan P. Olsen, *Rediscovering Institutions: The Organizational Basis of Politics* (New York: Free Press, 1989).

Paul Pierson, *Politics in Time: History, Institutions, and Social Analysis* (Princeton, NJ: Princeton University Press, 2004).

Vivien A. Schmidt, *The Futures of European Capitalism* (Oxford: Oxford University Press, 2002).

Albert Somit and Joseph Tanenhaus, *The Development of American Political Science from Burgess to Behavioralism* (New York: Irvington, 1982).

Kathleen Thelen, "Historical Institutionalism in Comparative Politics," *The Annual Review of Political Science* (Palo Alto: Annual Reviews, Inc., 1999).

# 国家理论：公共选择的视角*

安德鲁·辛默/文　茅根红/译

罗纳德·里根在1980年1月就职美国第40届总统的演说中谈到："我们（美国人）遭受经济弊病已历数几十年。"他接着强调——这一段话即将成为他总统任期的标志："在当前这场危机中，政府不能解决问题，它本身就是问题。"在接下来的十年间，越来越多国家的民选政治家和非民选官僚都试图——用玛格丽特·撒切尔所喜欢的术语来说——"收缩国家的战线"。① 这个任务得到了当时政治学研究中的一项知识革命的支持，在当时，人们才刚刚认识到这项研究的革命性。

理性或公共选择理论（这里我会交替使用这两个词）是美国部分经济学家在20世纪60年代所提出的一种理论。起初，主流政治科学家完全忽视了这种政治研究的新路径。然而，到20世纪80年代早期，公共选择理论已在美国政治科学界以及英国和欧洲的一些前沿阵地产生了越来越重要的影响。1967年发表在美国最权威的政治科学杂志——《美国政治科学评论》——上的文章中大概有5%运用了公共选择理论。② 截至1982年，这一数字已大约上升至20%，而到1992年则几乎接近40%。

对于什么是国家这一问题，公共选择理论家并没有进行特别详细和深入的思考，但实践者们总是不断地谈论着国家、政府以及公共部门，却从不说明它们是否指不同的实体。的确，对于国家的所作所为

---

* 本文选自 Colin Hay, Michael Lister and David Marsh, eds., *The State: Theories and Issues* (New York: Palgrave Micmillan, 2006), pp. 81 –98.

① M. Thatcher, *The Downing Street Years* (London: Harper Collins, 1993), p. 745.

② D. Green and I. Shapiro, *Pathologies of Rational Choice Theory* (New Haven: Yale University Press, 1994), p. 3.

及其原因，他们在描述中有一种独特的以及特别充满敌意的态度。简单说来，公共选择理论家把国家看作是无效率的根源。实际上，詹姆斯·布坎南（1986 年因其在公共选择理论上的卓越贡献而获得诺贝尔奖）把公共选择定义为“政治失败的科学”。①

一旦公共选择理论开始建立其学术的品质，右翼智囊团如美国的加图研究所（Cato Institute）、英国的经济事务研究所（the Institute for Economic Affairs）② 就开始大力普及和宣传这种主张。曾几何时，当战后社会民主的共识开始崩溃，公共选择理论便与米尔顿·弗里德曼的货币主义③、弗里德里希·哈耶克的经济自由主义④以及埃尔文·克里斯托等的社会保守主义⑤一道，为新右翼政治家（如里根和撒切尔）提供智力的弹药以及初步的政策议程。⑥ 在这一点上，詹姆斯·布坎南的观点值得我们再一次加以引用：

> 公共选择理论的飞速和积聚式发展……已经影响到现代人看待政府和政治过程的方式……在各个层面上……限制政府权力的扩大。⑦

我将在这一章努力强调一点，那就是公共选择仍然是一种有争议

① J. Buchanan, "Market Failure and Political Failure," *Cato Journal* 8, 1988, p. 3.

② R. Cockett, *Thinking the Unthinkable: Think - Tanks and the Economic Counter - Revolution*, 1931 - 1983 (London: Fontana, 1995).

③ M. Friedman and A. Schwartz, *A Monetary History of the United States*, 1867 - 1960 (Princeton: Princeton University Press, 1963).

④ F. Hayek, *Law*, *Legislation and Liberty* (London: Routledge, 1978).

⑤ I. Kristol, *Reflections: Looking Back*, *Looking Ahead* (New York: Basic Books, 1983).

⑥ P. Dunleavy and B. O'Leary, *Theories of the State: The Politics of Liberal Democracy* (Basingstoke: Palgrave Macmillan, 1987); D. King, *The New Right* (Basingstoke: Palgrave Macmillan, 1987); P. Self, *Government by the Market* (Basingstoke: Palgrave Macmillan, 1993); H. Stretton and L. Orchard, *Public Goods*, *Public Enterprise*, *Public Choice* (Basingstoke and New York: Palgrave Macmillan, 1994).

⑦ J. Buchanan, "Politics without Romance," in J. Buchanan and R. Tollison eds., *The Theory of Public Chocie II* (Ann Arbor: University of Michigan Press, 1984), p. 21.

的政治学研究方法。当然，精英主义、多元主义以及其他国家理论会受到批评。但是，可能除了与之截然对立的政治对手——马克思主义——之外，几乎没有任何理论像公共选择理论这样遭到如此多的非议。随着20世纪90年代新民主党和新工党的当选，新右翼的命运衰微，公共选择理论也随之遭到日益猛烈的炮轰。在2001年1月的美国，痛斥公共选择理论在政治科学中的影响的请愿运动爆发，对公共选择理论的批判达到高潮。[①] 毋庸置疑，本章的大多数读者也会把公共选择理论关于国家的主张看作是对一个混乱政治现实的片面夸大。但是，即使是那些本能地希望否定公共选择理论的人也必须首先去理解它。尽管公共选择理论的春天可能已经过去，但它仍然是一种在知识和政治上有影响的研究路径，它的分析和诊断都值得严肃认真地加以对待，不管是否站得住脚。

我将按照下面的步骤来进行讨论。在接下来的部分，我把公共选择看作是把经济学方法应用于政治学研究，尤其是其自利行为的假设。然后，我把公共选择理论的发展放到战后经济理论的大语境中加以考察，尤其是20世纪50年代和60年代早期，很多经济学家用市场失灵的理论来论证需要政府干预。开头这两个部分泛泛而论。为弥补这一点，我进一步引入对国家失败的论述，因为这与政治家、公司和公务员的行为有关。最后，我将通过详细叙述一种显而易见但又仍然对公共选择理论具有强大批判力的观点来结束本章，即人们并不是或者至少不总是以一种自利的方式来行事。我的论述将表明，公共选择理论可以（尽管以出人意料的方式）用来解释人们的动机是如何达成一致结论，以及在这一洞见的基础上如何提出一种替代的公共选择研究的议程。

---

① K. Jacobsen, "Political Scientists Have Tured Guerrillas," *The Guardian* 3, *April*, 2001, p. 14.

## 一、公共选择

公共选择涉及把经济学的方法应用于政治学研究中。[①] 这一点包含两层意思：首先，公共选择理论家与经济学家一样，假设所有人都是理性的、自我利益最大化的人；其次，仍然像经济学家那样，公共选择理论家利用这一假设来建构理论模型，推导出关于人们行为的各种解释和预测。在分别讨论这两个问题之前，我想先澄清一点。迄今为止，我把公共选择理论既看作是一种方法，又看作是一种理论。之所以是一种方法，是因为它要求实践者运用特定的假设和技术，以一种独特的方式来研究政治。之所以是一种理论，是因为这种方法的运用促进了与国家相关的连贯知识的发展。作为一种方法，公共选择可以与解释学和制度主义相比较、对照。作为一种理论，公共选择可以与多元主义、精英主义和马克思主义相比较、对照。

按照公共选择理论家的解释，理性要求人们具有全面的、可传递的（transitive）偏好，并依照这些偏好进行行动。假定只存在三种可能的选择：A、B 和 C，如果一个人对其中某项比另一项更感兴趣或者对三个选项都不感兴趣，那么，这个人的偏好就是全面的。如果以如下方式来安排，相对于 B 来说，他们更愿意选择 A，相对于 C 来说，他们更愿意选择 B，那么相对于 C 来说，他们也更愿意选择 A，这样的话，这个人的偏好就是可传递的。当被给予选择的机会，他们选择自己最愿意选择的那个选项，我们可以说，他们是按照自己的偏好来行动的。因为偏好的满足是个体福利或者效用的来源，如果某人总是始终一贯地选择他们最愿意选择的选项，那么，这个人可以被看作是一个效用最大化者。虽然在这里我并不想继续这个主题，但是，利益最大化的假设却极具争议。阿马蒂亚·森认为，无论是出于一种义务、

① D. Muller, *Public Choice III* (Cambridge: Cambridge University Press, 2003), p. 1.

团结或者爱，人们经常做那些他们并不真正想做的事情。① 他们拜访年长的亲戚时宁可去酒吧，可以为自己做一顿健康的饭菜时他们宁可去吃垃圾食品。但是，对于公共选择理论的批评者来说，问题的症结在于自我利益的假设。效用最大化的假设暗示了行动者是自利的这本身没有表达太多东西。如果一个人更愿意花钱做慈善而不是把钱花在自己身上，是因为他认为前者可以把他的效用最大化，那么在这两个选择之间，他更愿意选择把钱捐给慈善机构。但是，公共选择理论家总是陈词滥调地认为，人们所拥有的偏好几乎总是自利的反映，或者是根源于自私。戈登·图洛克（他的“寻租”理论对此进行简单考察）的观点非常有代表，他认为人们所有的行为中有95%是自私自利的。② 正如我们接下来很快要看到的那样，正是这种自私自利的假设为公共选择理论敌视国家奠定了基础。

现在转向定义的第二个部分，公共选择理论家像经济学家那样运用自利行为的假设来建构政治过程的精致模型，从而预测和解释各种行为和结果。这些解释极为笼统，这是我现在想强调的。他们的着眼点是特定层级或者某种“类型”的行为者，而不是具体的个人。比如工党即将上任的大臣戈登·布朗的决策，在1997年5月他赋予英格兰银行独立的经营权。一位政治传记作家或者历史学家可能会从戈登·布朗的背景及其个性特征来解释这一决策。比如，他维护国内政策制定的权威的决心，或者他与美国经济学家和政治家的政治友谊，那些人早已向他颂扬过美联储独立后的各种好处。③ 或者他们也可能会重视戈登·布朗所处的特殊境遇，比如需要重新恢复新工党十八年在野之后在金融市场领域的审慎。对于许多国家赋予中央银行以独立经营权的做法，一系列研究很可能会揭示出一种普遍的模式。例如会发现

① Sen, *Rationality and Freedom* (Cambridge, MA: Harvard University Press, 2002), pp. 2 – 15.

② G. Tullock, *The Vote Motive* (London: Institute of Economic Affairs, 1976), p. 5.

③ Rawnsley, *Serants of the People* (Harmondsworth: Penguin, 1998), pp. 31 – 49; P. Routledge, *Gordon Brown* (London: Simon &Schuster, 1998), pp. 292 – 296.

各政治党派在经历了长时期在野之后，更有可能赋予中央银行独立权。但是，这种的比较解释必须建立在完全归纳的基础上。那么公共选择理论又怎样呢？对于中央银行独立权的解释，公共选择理论是以如下方式加以解释的：在金融市场看来，中央银行关于通胀的承诺比那些当选的政治家所做的承诺要可信得多。因此，他们会“回报”那些拥有保持低利率的独立银行的国家。① 争取最多选票的政治家明白选民更喜欢低利率，因而他们就有动机赋予央行独立权。当然，从这个普遍的结论中我们可以推导出为什么戈登·布朗会赋予英格兰银行独立权的解释。公共选择并不是唯一的政治科学理论尝试这样的自上而下的演绎解释，但结合这种方法与自利的行为假设却是公共选择的特色。

## 二、公共选择、市场失灵与国家失败

要理解为什么公共选择理论会对国家持这样一种敌视的态度，需要把它的发展放到更大的经济理论史背景中加以考察。在这一方面，一个显而易见的起点是那本经济理论上最为著名和最具影响力的著作——亚当·斯密的《国富论》。斯密主张“交往、物品交换和交易之偏好”乃人性中固有的特征，也是经济繁荣的最终来源。② 当个体相互贸易时，他们都会穷尽所能地捍卫自己的利益。这样，他们似乎被一只“看不见的手”所引导来促进公共善（common good）。这是因为，只要存在充分竞争，生产者将努力通过降低价格和提高产品质量来实现其利润最大化，这符合他们的利益。在斯密看来，国家干预虽然出于善意，但往往会威胁看不见的手的运作，并将破坏繁荣。尽管其他经济学家早已称颂过竞争市场的优点，③ 但只有《国富论》才是真正颠覆重商主义知识基础的里程碑式的著作。重商主义坚持国家繁

① Rogoff, “The Optimal Degree of Commitment to an Intermediate Target,” *Quarterly Journal of Economics* 100, 1985, pp. 1169 - 1190.

② A. Smith, *The Wealth of Nations* vol. 1 (Oxford: Oxford University Press, 1983), p. 12.

③ I. Rima, *Development of Economic Analysis* (London: Routledge, 1996), pp. 68 - 86.

荣必须维持积极的贸易平衡，一方面高筑进口壁垒，另一方面在政府指导下促进出口。

在接下来的几百年间，经济学的学术导向发生改变。斯密的古典经济学理论对国家财富的强调让位于“新古典”经济学对偏好满足的重视。政治经济学让位于微观经济学，与此同时，文字推理也为数学公式所取代。然而，斯密对于自由放任经济学的捍卫仍然被保留了下来。① 战后，经济学家如肯尼斯·阿罗和杰拉德·德布罗备受赞誉：只要存在完全的竞争，那么市场就会在利润最大化的公司与效用最大化的消费者之间达成福利最大化的平衡。② 尽管阿罗和德布罗等的一般平衡理论给人留下深刻的印象和论证严密，在很多方面他们只不过是重述了斯密二百多年前关于看不见的手的主张。

20 世纪 50 年代末 60 年代初，当一般均衡理论的总体参数确立以后，新一代经济学家开始质疑自由市场的正统学说。正如我们马上会看到的那样，他们远不是最早这么做的学者。但是，这些福利经济学家乐意利用与对手同样的基础方法，这样有助于确保他们的成功。阿罗和德布罗已经表明了完全竞争可以达到完美的效果。福利经济学家则认为几乎不可能达到完全竞争，因而市场经常失败。这里我不想牵涉具体的经济学理论。但是，接下来的论证将得益于探讨市场失灵的三个特殊原因：垄断、外部性和公共物品。③

### 1. 垄断

要达到完全竞争，必须有大量的买家和卖家，他们无法单独影响产品的价格。但是，许多行业都非常明显地受到为数不多的对产品价

① B. Ingaro and G. Israel, *The Invisble Hand: Economic Equilibrium in the History of Science* (Cambridge, MA: MIT Press, 1990).

② K. Arrow and G. Debreu, “*Existence of an Equilibrium for a Competitive Economy*,” *Econometrica* 22, 1954, pp. 265 – 290.

③ 对市场失灵其他形式的论述请参见 T. Sandler, *Economic Concepts for the Social Sciences* (Cambridge: Cambridge University Press, 2001), pp. 20 – 26; J. E. Stiglitz, *Economics*, 2nd edn (New York: W. W. Norton & Co, 1997), pp. 27 – 64.

格能够产生巨大影响公司的主宰。拥有这种垄断权力的公司能够通过提高产品价格、控制产品产量来增加他们的利润。这样势必削减消费者的福利，因为顾客购买他们产品需要支付上涨的价格。

### 2. 外部性

要达到完全竞争，生产和消费一件商品的成本和收益必须只由生产和购买这件商品的他或者他们来承担。但是，在许多情况下，生产或消费的成本和收益会落到第三方的头上。在某些情况下，这些“外部效应”是积极的。一座精心管理的园林既使园丁获益，又可以愉悦路人。但有时外部效应又是消极的。维持一家工厂的成本并不单单由必须支付劳动力工资、原材料价格的老板来承担，工厂附近的居民也不得不忍受工厂造成的污染和噪音。因为生产者和消费者都没有理由去考虑这些效应，因此产生消极外部性的产品生产了太多，而能够产生积极外部性的商品却很少。

### 3. 公共物品

要达到完全竞争，出于竞争和排他的考虑，产品必须是私有的。如果商品所有者能够控制该商品，那么这件商品就是排他的。如果一件商品被某人消费，减少了被其他人可能消费的机会，那么这件商品就是竞争的。然而，有些物品却是公共物品。我们考虑一下从一座灯塔里发射出来的光束。它是非独占的，因为只要航行经过的船只都能够看到。它不是排他的，因为一艘船接收到的灯光并没有减少其他船只可能接收到的灯光数量。只要消费者偏爱公共物品，那么市场就会失败，因为无法排他使用该物品，任何一个人都不会承担其成本。

在斯密、阿罗和德布罗看来，只要达到完全竞争，国家干预市场就没有必要。但是，如果达不到完全竞争，那么，国家要么阻止市场失灵，要么矫正市场失灵，似乎都是理所应当的。如果存在行业垄断，国家打破这一垄断或者管制其产品价格就具备充足的理由。只要存在外部性，国家就有充分理由对产品进行补贴或课税。如果存在公共物品，国家供给就势在必行。这是福利经济学的政治价值。

20 世纪 60 年代，公共选择理论出现在北美的几所大学中。① 一种解释认为，公共选择理论是对市场失灵理论的批判和反动。公共选择理论家们认为，福利经济学家已经指明了市场在某些时候为何会失败以及如何失败的，但他们只是简单断言而不是证明国家有能力和意愿矫正那些失败。通过比较国家和市场的优势，福利经济学家在现实中的不完美市场与虚构的完美国家之间做出一个误导的比较。实际上，公共选择理论家们坚持认为，国家与市场一样，也会因为很多相同的原因导致失败。因此，他们得出结论，应该把不完美的市场与同样的不完美的国家进行比较，这种比较削弱了国家干预的理由。

为什么国家会经常失败呢？接下来，我想表明，垄断、外部性和公共物品是如何妨碍国家供给。但是，在本章的最后，我想把关于国家失败的主张与自利行为的核心假设联系起来。就其本身来说，垄断、外部性和公共物品并不会导致市场失灵。导致市场失灵的原因是人。正是因为企业家都是自利的利润最大化者，所以他们利用垄断地位提高价格减少产出来谋利。正是因为工厂主都是自利的利润最大化者，所以他们根本不考虑自身行为给周边居民所带来的影响。正是因为每个人都是自利的效用最大化者，所以他们总是搭公共物品供给的便车。② 但是，福利经济学家显然认为，自利有其局限。他们为了倡导国家是有可能矫正市场失灵，假设为国家工作的人是公共利益的仁慈的守护者。心照不宣地假定政治家会设定合适的税收来纠正消极的外部性。管理者们也会制定合理的价格来控制垄断的影响等。公共选择理论家们正是抓住这种前后的不一致。他们认为，实践经验需要把自利行为的假设扩展到所有的行为者。就其本身来说，这并不意味着国家将会失败。因为国家很可能设计出以下的制度和政策：在追逐自我

① B. Grofman, "Introduction," in B. Grofman ed., *Information, Participation and Choice: An Economic Theory of Democracy in Perspective* (Michigan: University of Michigan Press, 1995).

② M. Olson, *The Logic of Collective Action* (Cambridge, MA: Harvard University Press, 1971).

利益的前提下，行动者被引导来促进公共善。但是，自私自利的假设意味着，国家干预的支持者并不能仅仅想当然地认为，国家会以福利最大化方式行事。正如自利会导致市场失灵一样，它也会导致国家失败。

## 三、国家失败的形式

到这里为止，我的论证都停留在最一般的层面。现在我想考察一下，在过去的四十年左右的时间里，公共选择理论家是如何归纳出国家失败的四种特殊理由。需要强调的是，这四种理由看到了国家活动的各个不同领域。首先，通过寻租审视了压力集团和国家之间的互动关系；其次，通过政治商业周期（political business circle）看到了竞争选举促使现任政治家为了获得选举优势而操控经济；第三，在一个更抽象的层面上，通过选举交换或交易展现了政客如何彼此勾结讨好选民但却损害国家的利益；第四，通过预算最大化可以说明，公共部门的工作人员或者官僚为何常常有一种冲动，试图从他们的政治主人那里获取越来越多的钱。

国家失败的这份清单远远不能对公共选择理论做一个详尽和彻底的回顾。理论家已经找出大量的理由来说明国家为什么会失败。这里所探讨的例子是最有代表性的。他们以存在常规选举和混合经济的“西方”自由民主为前提，并且都认为，从严格意义上来说，国家行动者都追寻和保卫他们自己的利益，而这样会导致经济效率低下。我还将进一步指出，在他们看来，这些低效率与国家和市场中存在的垄断、公共物品和外部性有关。

### 1. 寻租

国家干预经济——无论是以关税、配额、补贴、价格支持、进口许可、出口信贷、健康和安全规范、规划需求、监管定价协定等方式，或一百种其他方式中的某种——既创造了成功者，也创造了失败者。

让我们来考察一下共同农业政策（Common Agricultural Policy）发放给农民的补贴。这些补贴使欧洲农民获得了巨大而且高强度的农场，但却伤害了欧洲的消费者，他们平均每个星期花12英镑购买食物。同时也伤害了第三世界的农民，欧洲的剩余产品被倾销到他们的国内市场。我们如何能解释国家干预经济的某些领域而不是另一些？答案——公共选择理论家更愿意说是揭穿（debunk）——是，国家根据公共利益的判断来矫正市场的失灵。另一种完全不同的公共选择解释是，国家之所以干预经济是为了创造特别的经济特权，或者说租金，这有利于国家的政治支持者以及为各种运动做出贡献的人，同时损害了政治反对者的利益。① 不补贴农业是因为它不在公共利益的范围之列，补贴农业是因为农民是一个强有力的政治游说集团，政治家们必须尽力回避他们的批评，同时又必须争取他们的金钱支持。

公共选择理论家认为，寻租就是公司和压力集团为保住经济特权而投入很多资源，这在经济是有害的。确实，“对于那些关心国家财富增长的人，根除寻租就（几乎）和支持国旗、热爱母亲和喜欢吃苹果派一样没有争议”。② 寻租是有害的有两个原因：首先，因为国家干预，任何国家干预都扭曲了竞争，阻碍了看不见的手的运转。看看美国一家处境艰难的钢铁公司的鲜明实例。③ 这家美国公司为了恢复利润，投入资源争取通过禁令禁止竞争的韩国公司产品的进口，理由是这家韩国公司的产品在环境上有害。图洛克（Tullock）的例子是完全虚构的，但可能有人会注意到，2002年3月乔治·布什总统对钢铁进口征收了一系列关税。许多美国钢铁企业都坐落在像俄亥俄、宾夕法

---

① G. Tullock, *The Vote Motive* (London: Institute of Economic Affairs, 1976); G. Tullock, *The Economics of Special Privilege and Rent Seeking* (Boston: Kluwer Academic, 1989); R. Tollison, "Rent – Seeking," in D. Mueller ed., *Perspectives on Public Choice* (Cambridge: Cambridge University Press, 1997).

② C. Rowley and G. Tullock, "Introduction," in C. Rowley, R. Tollison and G. Tullock, eds., *The Political Economy of Rent Seeking* (Boston: Kluwer Academic, 1988), p. 3.

③ G. Tullock, *The Economics of Special Privilege and Rent Seeking* (Boston: Kluwer Academic, 1989), p. 55.

尼亚和西弗吉尼亚等关键的摇摆州。2003 年 12 月，当世贸组织宣布美国关税违法，欧盟威胁对美国进口货物进行制裁时，美国政府才最终解除了关税。

对于这些行为，我们能做些什么呢？图洛克认为，如果公司成功地保卫了禁令，那么竞争将被削弱，价格必将上涨。在这个问题上，乍看起来，研究寻租的理论家似乎可能过分夸大他们的例子。因为正如我们已经看到的那样，市场在某些时候的确是失灵的。这无疑意味着国家干预并不总是有害的。但是，市场失灵的其中一个原因是因为存在垄断。公共选择理论家在这个问题上的看法是：政府干预总是惯常地通过补贴和出口信贷来奖励一些公司，通过价格协定以及严厉的健康和安全裁定来惩罚其他公司，以这样的方式来创造和支持垄断。换句话说，垄断不会自然而然地出现，它们是被创造出来的。国家干预之所以有害，是因为它导致市场失灵。寻租也是有害的，因为资源都被投入追逐国家支持的特权，而不是有效地投入到有利于消费者的地方。无论它的游说是否成功，试图保卫对韩国进口禁令的美国公司所投入的资源不能用来购买新的机器，这些资源有利于降低产品生产成本和价格。

### 2. 赤字、选举和经济政治学

在前一节的开头我指出，20 世纪 50 年代末 60 年代初，福利经济学家提出的市场失灵理论对自由放任经济学的正统学说形成了挑战。但它们不是第一个这样的挑战。在 20 世纪 30 年代，约翰·凯恩斯就非常出色地指出，资本主义市场内在是不稳定的，很容易走向经济衰退，这种衰退是看不见的手无法帮助摆脱的。[①] 在那样一个时代，自由放任的经济学已经无法帮助英国和美国摆脱经济萧条，凯恩斯认为，国家能够而且应该成为经济增长和稳定的守护者。不难理解后来被称为凯恩斯经济学的基本逻辑。当国家面临经济衰退的威胁时，国家应

---

① R. Skidelsky, *John Maynard Keynez*: *The Economist as Saviour* (Basing - stoke: Macmillan, 1992), pp. 537 - 571.

当扩大支出并且削减税收以促进消费需求，即使这样做意味着使公共部门暂时陷入借贷赤字。相反，当经济过热、通货膨胀上升时，国家应该减少开支，增加税收以便抑制消费需求，从而消除过去的赤字。

针对这一主张，布坎南和瓦格纳的公共选择理论做出如下回应：凯恩斯是这样一位经济学家，他把自己看作是一个获取知识、同时又向一小群开明的政治家提供建议的人，在他看来，可以相信这些开明的政治家会做“正确的事情”。凯恩斯并没有停止思考，在一个各种政党极力争取并维护其通过选举而获得的公职的民主社会中，如何应用他所开出的政策处方。当经济衰退临近时，争取最多选票的政治家必将增加政府开支和削减税收，因为这么做符合他们的利益。政治家们很清楚，相对于较低的公共开支来说，选民们更愿意看到政府增加公共开支；相对于高税收而言，他们更希望政府减少税收。因此，这样做会增加他们再次当选的机会。然而，在经济繁荣时期，他们没有相应的冲动来削减开支和增加税收。大致说来，政治家们在选举开始前是不太可能增加税收的，就像火鸡不会为圣诞节投票一样。这种动机上的不对称意味着，久而久之，公共开支、税收以及借贷赤字都将上涨。最终，要么带来经济的缓慢增长，要么经济衰退以及高失业率。到那时，政治家们就开始名副其实地印刷钞票以便维持公共开支，偿还赤字，通胀也将随之上升。

> 凯恩斯的经济学嫁接到政治民主之上极大地改变了潜在的财政结构。只要将民主政治制度的运行考虑在内，那么结果必然会走向财政赤字，从而导致通货膨胀。①

从 1951 – 1955 年间，在后来成为 G7 成员国的七个国家（美国、加拿大、日本、法国、德国、意大利和英国），只有一个国家有财政

① J. Buchanan and R. Wagner, *The Consequence of Mr Keynes* (London: IEA, 1978).

赤字。但从 1961 - 1965 年间，每一个成员国都有财政赤字。① 这种不同就是凯恩斯主义导致的结果。正如 20 世纪 70 年代经济衰退所最终证明的那样，以争取最多选票为宗旨的凯恩斯主义的经济代价是非常严重的。但是，对于 20 世纪 60 年代寻求再次当选的政治家来说，这些代价远远超出了他们的政治视野。自利的政治家们有理由关心下一次选举会发生什么，也许再下次也是如此。但他们没有任何自私的理由来权衡，作为短期收益的更多选票与最终经济衰退所带来的长期代价之间孰优孰劣。

### 3. 猪肉桶政治（the politics of pork）

“一人一票”制的一个弊端是，它没有办法考虑集中的偏好表达。从原则上说，选举交易可以改善这个问题。例如，某人可能同意另一个人希望他在地方选举中所采取的投票方式，因为对他该次选举的议案不持太强烈的看法，他这样做的目的在于，在后来的大选当中他可以得到后者的帮助。实际上，秘密投票使这种安排很难实现。在立法机关，投票是公开的，选票的数量也相对较少，因而选举交易才有可能。在美国，政党纪律相对宽松，在公共选择理论家看来，国会委员会适合进行这样的交易，② 就像政治科学家通常承认的那样，选举交易在这里是极其普通的。③ 公共选择理论家想问的是这是否提高了效率，能否更好地立法？因为选举交易允许个人表达他们兴趣偏好的强度，因为促进相互有利的交换，或许可以得出这样的结论。④ 但是，它也能表明，选举交易导致美国政治最乏味和最无效的一点，那就是

---

① D. Mueller, *Public Choice* III (Cambridge: Cambrdge University Press, 2003), pp. 464 - 465.

② B. Weingest and W. Marshall, "The Industrial Organisation of Congress: or, Why Legislatures, Like Firms, are not Organised as Markets," *Journal of Political Economy* 96, 1988, pp. 132 - 163.

③ E. Schattschneider, *Politics, Pressures and the Tariff* (Englewood Cliffs, NJ: Prentice Hall, 1935).

④ J. M. Buchanan and G. Tullock, *The Calculus of Consent* (Ann Arbor: University of Michigan Press, 1962).

猪肉桶（pork barrel）政治。①

当一群议员同意支持一项法律修正案，这项修正案对提出该案的议员所在选区的选民特别有利，作为回报，该议员也会对其他议员提出的有利于他们自己选区选民利益的议案投赞成票。这样，猪肉桶政治就产生了。这种交易使得政治家可以证明，他们有能力促进他们选民的利益。然而，这种选举交易造成消极的外部代价强加在那些没有卷入这桩交易中的政治家所在选区的选民身上，并造成通过很多无效的立法。我们看看一个简单的情景，假设只有三位立法委员（1、2 和 3），三项支出提案（A、B 和 C），哪一项提案能够获得通过，其命运由简单多数的选票来决定。图表 6 表明，如果该提案获得通过，每位立法委员所在的选区选民平均可以获得的实惠。注意，A 项和 C 项提案的收益是相对集中于第一和第三个立法委员。假设每一个提案花费 30 英镑，那么，这个成本就会平均分摊到每一个选民身上。从最低限度上看，经济效益似乎要求赞成这样的提案，而且，只有那些总收益大于总成本的提案才能获得通过。在这个例子中，唯一达到这一标准的提案是 B 项。在 A 和 C 项提案中，总体收益是少于 30 英镑的。

只要没有选举交易，利用简单多数投票表决，效益就能得到保障。以争取最多选票为宗旨的立法委员将会投票赞成这样的提案：可以使他们选区的选民所获得的利益大于他们从总成本中分摊的 10 英镑成本。因而，三位立法委员都会投票赞成 B 项提案。第二和第三位立法委员将投票反对 A 项提案，而第一和第二位立法委员则会投票反对 C 项提案。但是，如果选举交易是可能的，那么，第一和第三位立法委员则会发现进行交易符合其利益，即第三位立法委员投票赞成 A 项提案，以换取第一位立法委员投票赞成 C 项提案作为回报。这项交易可以使双方互惠互利。虽然第一位立法委员因 C 项提案的通过而损失 4

① 所谓猪肉桶（pork barrel）政治，也称作政治分肥或者政治分赃，是美国政治学中的一个常见词汇，主要指国会议员为本州选民和利益集团的项目而争取联邦经费。为获得这些项目，议员们在投票的时候彼此勾结、相互支持。由于部分项目实际上并不为议员所在选区所必需，这样做造成了公共资源浪费。——译注

英镑，但是，他可以凭借A项提案的通过而获得10英镑的回报。第三位立法委员因A项提案可能会损失6英镑，不过，凭借C项提案他可以赚回7英镑。在这桩交易中，最大的输家是第二位立法委员。A项提案的通过使他损失了8英镑，而C项提案则损失4英镑。值得注意的是，这桩交易所带来的消极外部性远远大于第一和第三位立法委员所获得的总体收益。

**图表6　选举交易**

| 立法者 | 开支提案 | | |
|---|---|---|---|
| | A | B | C |
| 1 | 20英镑 | 15英镑 | 6英镑 |
| 2 | 2英镑 | 16英镑 | 6英镑 |
| 3 | 4英镑 | 11英镑 | 17英镑 |
| 总量 | 26英镑 | 38英镑 | 29英镑 |

### 4. 官僚制和预算最大化

过去的一个世纪里，无论是发达国家还是发展中国家，政府财政开支作为占国内生产总值（GDP）的一定比例在持续增长。在英国，以占GDP的比例而言，政府开支已经从1913年的12.7%上升到1996年的43%。在美国，同一时期政府开支从7.5%上升到45%。在德国和意大利，政府支出占GDP的比重早在20世纪90年代初就已经上升到50%。[①] 为什么会出现这种增长呢？不难联想到从公共利益方面的一种解释。当个人收入增加以后，更多基本需要得到满足，选民对于那些传统上由政府提供的如健康与教育等服务和物品的需求也增加了。[②] 政府财政开支的增长不但没有证明政府的失败，反而证明了政

① V. Tanzi and L. Schuknecht, *Public Spending in the Twentieth Century* (Cambridge: Cambridge University Press, 2000).

② D. Mueller and P. Murrel, "Interest Groups Size and the Size of Government," *Public Choice* 48, 1986, pp. 125 – 145.

府能够应对公民偏好的改变。布坎南和瓦格纳对凯恩斯主义的批评提供了一种从公共选择角度做出的另一种解释。政府开支之所以增长，是因为以争取最多选票为宗旨的政治家有巨大的冲动想要增加开支，减少税收，并扩大赤字。威廉·尼斯卡南提出了另一种不同的公共选择解释。①

新古典经济理论通常假定，公司总是试图最大化其利润。但是，国家官僚机构的公共拨款并不是在涉及盈利和损失的环境中运动，他们由政府提供资金，在拨款的时候他们的服务是免费的。对于尼斯卡南来说，这引出了下面的问题：自利的政府官员试图最大化的利益是什么？他的答案是他们将竭尽全力地使他们的预算最大化，因为预算的增加将确定无疑地与工资、权力、赞助、公共声望、服务和产出的前提等联系起来。② 官员，甚至所有官员都是预算最大化者，无论涉及的是国家政策的哪一项具体领域，他们都致力于增加其部门、科室或者具体的下属部门的财政预算。

然而，这仅仅是尼斯卡南观点的第一部分。他继续指出，这些官员增加预算的努力将会非常成功。这是因为，政府官僚体系的组织方式总是以赋予官员相当多的垄断权力。在国家和亚国家层面上，官员是根据他们在具体的政策领域所承担的责任来明确岗位的，如从事健康或外交事务。从直观进行判断，这似乎有着重要的意义。为什么两个教育部门必然会重复彼此的工作？但是，从公共选择的视角，这种功能的劳动分工比赋予一家公司汽车生产垄断权更加没有意义，因为建立两条生产线是一种浪费。国家分割成一个个独立的部门赋予了官员垄断政策的制定、成本核算及其实施。垄断是市场失灵的根源之一。正如尼斯卡南所主张的那样，它也是国家失败的原因之一。官员们将会利用他们的垄断地位从赞助商那里努力攫取巨额的财政预算，在相

① W. Niskanen, *Bureaucracy and Representaitive Government* (Chicago: Aldine, 1971); W. Niskanen, *Bureaucracy and Public Economics* (Aldershot: Edward Elgar, 1994).

② W. Niskanen, *Bureaucracy and Representaitive Government* (Chicago: Aldine, 1971), p. 38.

同的需求和成本的条件下，是竞争工业的两倍产出。①

## 四、对公共选择的批判

在各大学的经济学系，运用以自利行为假设为基础的演绎模型目前还未受到大规模的挑战。② 大学生攻读经济学学位不再能接触到其他可选择的方法。20 世纪 80 年代，实践者们信心十足地预测公共选择，很快将获得与政治科学同等的地位。③ 现在看来这极其不可能。虽然公共选择将继续获得支持，并将在多元主义以及其他形式的国家理论外提供一个有力的选择。但是，比起其他的国家理论，公共选择理论似乎不会有更大可能完全主导政治科学。更确切地说，公共选择理论不但不能成为一种毫无异议的正统学说，反而遭受的批评近来却与日俱增。多数批评（也许是必然的）都把炮火集中到了自利行为的假设上。④ 其中一个标准的批评观点如下：在决定如何行为的时候，人们往往根据规范告诉他们应该如何做。⑤ 这些规范的存在和激励力量并不意味着人们总是并且处处都是可爱的利他主义者。因为在许多情况下，规范是支持和鼓励自利行为的。与供应商进行谈判签约的企业家如果拼命地讨价还价以使利润最大化，这并不能视为做了任何值得社会谴责的行为。但是，在每一个社会中，规范都禁止那些在与朋友、家人以及年老体弱者交往中的自私行为。

这如何与国家理论联系起来呢？在许多国家，一系列规范共同构成了“公共服务精神”，要求政治家、官僚以及其他为国家工作的人在决策时考虑公共利益和避免利用权位来谋利。当然，这些规范并不

---

① W. Niskanen, *Bureaucracy and Public Economics* (Aldershot: Edward Elgar, 1994), p. 64.

② T. Lawson, *Economics and Reality* (London: Routledge, 1997).

③ D. Mueller, “The Future of Public Choice,” *Public Choice* 77, 1993, pp. 145 –150.

④ J. Mansbridge, eds., *Beyond Self – Interest* (Chicago: University of Chicago Press, 1990); E. Paul, F. Miller and J. Paul, eds., *Self – Interest* (Cambridge: Cambridge University Press, 1997).

⑤ J. Elster, *The Cement of Society* (Cambridge: Cambridge University Press, 1989).

总是能得到遵守。仅举一个例子来说，在20世纪90年代，英国一大批保守党议员通过国会质询以求现金回报。① 但是，这并不意味着不存在公共服务规范。这些议员竭尽全力地掩盖他们行为的动机，丑闻带来的轰动最终冲垮了他们，这也在一定意义上肯定了规范的存在。从某种程度上来说，这些规范的存在没有为公共选择造成解释上的难题。因为只要规范一旦建立，遵守这一规律就符合其自我利益。这样，公共选择理论家们就能证明，正是政治家的利己主义使其以公共利益作为自身的行动指南。但是，这恰好又是公共选择理论家不想证明的主张。相反，正如我们已经看到的，他们设法揭穿“浪漫的”迷思②——为国家工作的人是在公共利益指引下行动。

对自利行为假设的批评还有一个更深入的重要部分。实践者总是习惯把公共选择描述为：为研究政治学提供了一种科学的路径。③ 我们并不难发现其中的奥妙所在。因为自然科学获得了大量的解释权，科学标签是其中很值得关注的。但是，社会科学（如政治学）与自然科学（如物理学）的区别是，它们对世界的论证和解释不同。关于黑洞的理论不会而且明显不能改变黑洞的行为。例如，在理论上解释国家为何给予中央银行独立权对政治行为及其结果是有影响的。的确，在过去的几十年间，有观点认为，金融市场给予有独立银行的国家以更低利率的回报，这成为支持银行独立的核心论证之一。④ 从这一“反思”中我们可能得到的教训是，社会科学应该自觉地自我批评。他们不应该单纯地解释这个世界，而应该是改变这个世界。

---

① D. Leigh and E. Vulliamy, *Sleaze*: *The Corruption of Parliament* (London: Fourth Estate, 1997).

② J. Buchanan, "Politics without Romance," in J. Buchanan and R. Tollison, eds., *The Theory of Public Chocie* II (Ann Arbor: University of Michigan Press, 1984).

③ I. Lustick, "The Disciplines of Political Science: Studying the Culture of Rational Choice as a Case, in point," *Political Science and Politics* 30 (2), 1997, pp. 175 – 179.

④ S. Bell, *Australia's Money Mandarins*: *The Reserve Bank and the Politics of Money* (Cambridge: Cambridge University Press, 2004).

当然，在许多方面，这也恰恰是公共选择理论家已经做的事情。公共选择已经改变了“现代人看待政府的方式”。[①] 在美国，对凯恩斯主义的批评促进要求通过立法使政府通过平衡预算。与此同时，寻租理论也被用来证明改革现行金融法案的正当性。在英国和美国，尼斯卡南以预算最大化为宗旨的官僚理论，已经促进了内部竞争投标和私有化的发展。[②] 然而，从有意识的自我反思来看，公共选择的问题是，自利行为合法化和推动了“现实世界”中的这种行为。公共选择理论做到这一点是通过把完全自利的行为视作我们本性中完全正常、无可厚非和无法避免的一部分。[③] 所以，当自利行为曾经一度是大多数人行为的不精确的假设，公共选择理论的学术成功使之变得更真实。换句话说，公共选择理论家已经以他们自己的、毫无吸引力的方式重新创造了世界。从他们的出发点来看，公共选择理论家们把“建构一个把参与者的自利行为导向公共善的政治秩序”看作是他们的标准任务。[④] 追求最大的公共善需要公共关怀，而社会科学家要做的是大声清晰地把宣扬这种精神，公共选择理论家却忽视了这一点。

## 五、没有偏见的公共选择

公共选择的支持者与反对者之间的争论已经使政治学观点两极化。在最后的部分我想表明，术语在争论越来越激烈的过程中如何发生改变。首先要看的是国家与市场之间的关系。经济学家以消费者根据自利偏好选择产品来解释市场行为。公共选择理论家在传统上以类似的方式解释选举行为。[⑤] 选民就像消费者在选择不同品牌的洗衣粉一样，

---

① J. Buchanan, "Politics without Romance," in J. Buchanan and R. Tollison eds., *The Theory of Public Choice II* (Ann Arbor: University of Michigan Press, 1984), p. 21.

② K. Dowding, *The Civil Service* (London: Routledge, 1995), pp. 63－78.

③ G. Stephens, "On the Critique of Rational Choice," PS: *Political Science and Politics* 24, 1991, pp. 429－431.

④ J. Buchanan and R. Wagner, *The Consequence of Mr Keynes* (London: IEA, 1978), p. 18.

⑤ A. Downs, *An Economic Theory of Democracy* (New York: Harper & Row, 1957), p. 295.

以同样利己主义的方式选择候选人和政党。

两位公共选择理论家，杰弗里·布伦南和洛伦·洛马斯基已经认识到，在一个关键方面市场与选举决策之间的类比是一种误导。[①] 在市场环境中，消费者能决定他们的选择。当一个以效用最大化为宗旨的消费者选择了桔子，他就得到桔子，尽管他更喜欢苹果。而选民的情况完全不同。即使是最小的选区，任何单个个体的投票影响该次选举的可能性都是微乎其微的。一位选民可能希望 X 候选人当选，他可能在投票所投了候选人 X，但结果却是 Y 当选。传统上公共选择理论家从这个例子中得出结论这样的选举是非理性的。[②] 即使单单从走向投票所过程中皮鞋的磨损来衡量，选举的成本也大于收益，因为选举能产生决定影响的可能大打折扣。由此，理性、自利、效用最大化的个人不应该参加投票。另一个不同的推论是，如果从自我利益出发，那些参加选举的人没有任何理由这么做，但是选举赋予选民表达关于自我和世界的信念和价值的机会。

可以把早先的一个观点与之联系起来。表达性的投票（expressive voting）可能采取的一种形式是通过投票表达对政治家的支持，这些政治家通过他们的言行表明会追求公共利益；相反，通过不投票撤回他们的支持，例如，这些政治家被认为为了自己的利益操控经济或出卖政策好处。只要选民准备好以这种方式来表达他们的价值观，专心致志想再次获得当选的自利的政治家，就会有动机追求公共利益。这并不是什么新鲜事。我已经指出，只要有规范，它就给那些遵守规范的自利的理由。对于公共选择理论家来说，涵义仍然是很明显的。公共选择理论家们想证明，在市场与国家之间没有任何真正的区别。二者都容易导致效率失灵，都被自利的行为者占领，而且都容易有由垄断、

① Geoffrey Brennan and Loren Lomasky, *Democracy and Decision* (Cambridge: Cambridge University Press, 1993).

② A. Downs, *An Economic Theory of Democracy* (New York: Harper &Row, 1957), pp. 265–270; W. Riker and P. Ordeshook, "A Theory of the Calculus of Voting," *American Political Science Review* 62, 1968, pp. 25–42.

外部性和公共物品带来的问题。然而，如果布伦南和洛马斯基是对的，那么国家与市场之间就存在长久和重大的差别。在市场中的行为者有强烈动机以自利的方式行事，因此，不能必然地认为市场和国家总是以同样的方式，因同样的原因而失败。公共选择把经济学的方法应用到政治学的研究中，尤其是自利行为的假设。但是，把自利行为的经济学假设运用到政治领域可能完全不合适。

“传统主义”的公共选择理论家如何回应这一观点呢？如果我们接受这个关于表达性选举的观点的逻辑，公共选择理论家们可能仍然会说，所有一切都可以证明，冲动的政治家不得不为他们的自利行为披上一件公共利益的外衣。①表达式选举没有什么实质性的区别。自利的国家行为者仍将追逐自我利益，只不过他们会以一种更加微妙的方式来达到目的。政党可能会补贴农业，因为农民提供了最大的活动经费，但是，他们必须证明和解释说，他们的行为是为了保护一种田园生活方式。在选举前，政治家们可能会削减所得税，目的在于争取选票，但是他们需要证明和解释的是，他们的行为是为了刺激消费需求。官僚们可能想获得更多的财政预算，以便扩大他们的帝国，但是，他们还需要证明，他们的要求是为了维持前线的部队，并且达成政府目标。

然而，需要披上一件公共利益的“外衣”却显得与众不同。政治不仅仅是关于自我利益的表达，也是关于论证和说服。政治家和其他政府官员在追求自我利益的过程中，必须设法说服持怀疑态度的选民、记者和反对者，他们的行为自始至终都是为了公共利益。不难想象，另一项研究议程首先需要澄清的是私人利益与公共利益之间的互动。②这种研究路径在方法论上的问题并不是自利行为的假设，本章已经花费了如此多的精力在上面。相反，那种尝试提供自上而下的、演绎式

---

① G. Tullock, *The Economics of Special Priviledge and Rent Seeking* (Boston: Kluwer Academic, 1990).

② A. Hindmoor, *The Construction of Political Space: New Labour at the Centre* (Oxford: Oxford University Press, 2004).

的解释路径才是最大的问题。公共利益概念的内涵在不同的国家、不同的时期会发生变化。政治家以及其他国家行为者为了说服和证明他们的行为是为了公共利益，也不得不同样地改变他们的说辞。总体上，当我们说政治家和其他行为者竭尽所能地为其行为披上公共利益的外衣时，我们却不知道公共利益的外衣是什么形式的。也就是说，我们不能对行为者的行为建构一种“自上而下的”、普遍通用的一般解释。

## 六、结　论

哲学家只是用不同的方式解释世界，问题在于改变世界。（卡尔·马克思，出自《关于费尔巴哈的提纲》）

以自利行为的假设为基础，运用“由上而下”的、演绎式的模式已经改变了经济学的学术研究，并且被赋予了与自然科学相近的智力地位。[①] 因此，毫不令人惊奇的是，经济学家都尝试着把他们的研究方法出口到政治学的研究中。例如，安东尼·唐斯希望模仿经济学的意图很明显。《民主的经济理论》开篇就评述到：

> 为一个理性的政府总结出一个一般化但却真实的行动规则，类似于传统上用以描述理性消费者和生产者的规则，没有多少进展。结果是，在一般均衡理论中，政府还没有成功地与私人决策者整合起来。本文尝试为民主政府提供这样一种行动规则，并考查其内涵。[②]

然而，公共选择理论家并不单单解释世界。他们也致力于改变世界，并且成功地改变了它。在20世纪六七十年代，公共选择理论家挑战了被他们看作是战后关于国家的正统学说，即需要一个积极的国家

① T. Lawson, *Economics and Reality* (London: Routledge, 1997).

② A. Downs, *An Economic Theory of Democracy* (New York: Harper & Row, 1957).

以及积极国家的好处。他们成功地使科研工作者和政治家关注到了国家的失败。公共选择理论的影响范围不应该被夸大。无论公共选择理论是否已经形成，“新右翼”政治家，如里根和撒切尔夫人也会当选，并且也会探索如何收缩国家的战线。他们的做法并不是因为阅读了布坎南和图洛克而来的大转变。但是，公共选择理论确实为新右翼势力提供了一种特殊的语言，从中国家的失败是可以进行详细研究的，并且为如何处理国家的失败提供了一系列的政策建议。无论现在的世界是不是一个更好的地方，但确实因为公共选择理论的存在而变得不同。

延伸阅读

J. Buchanan, "Politics Without Romance," in J. Buchanan and R. Tollison, eds. , *The Theory of Public Choice II* (Ann Arbor: University of Michigan Press, 1984).

P. Dunleavy and B. O'Leary, *Theories of the State* (Basingstoke: Macmillan, 1987).

J. Elster, "Introduction," in J. Elster ed. , Rational Choice (Oxford: Blackwell, 1986).

M. Laver, *Private Desires*, *Political Action* (London: Sage, 1997).

D. Mueller, *Public Choice III* (Cambridge: Cambrdge University Press, 2003).

A. Rosenberg, *The Philosophy of Social Science* (Colorado: Westview Press, 1995).

H. Stretton and L. Orchard, *Public Goods*, *Public Enterprise*, *Public Choice* (Basingstoke and New York: Palgrave: Macmillan, 1994).

# 国家理论：后结构主义的视角*

阿兰·芬利森、詹姆斯·马丁/文　郭台辉/译

本章探讨和评估后结构主义的政治理论及其对国家的分析。文章首先把后结构主义置于宏大的哲学语境中，将其与西方社会与文化的历史变迁以及与政治科学的当前发展趋势联系起来。我们认为，后结构主义的明显特征在于反对把政治看作是隐性或者显性的非政治事物的派生物。后结构主义者认为，“政治”（the political）是社会的存在维度，社会关系在政治中被建构和被质疑，就本身而言“政治”不仅是社会现象的结果，而且是社会现象的原因。我们把国家看作是政治活动的一种结果，看作是政治活动的一项贡献。因为正如我们将要看到的那样，后结构主义不是把国家解释成某样“事物”，而是把其解释为某种实践，或者说实践的总体。为了分析这种观点，我们将批判性地思考某些后结构主义的理论和分析：拉克劳和墨菲所提出的话语理论、国际关系的批判理论以及福柯的“治理术”（governmentality）。

## 一、定位后结构主义

后结构主义没有某种单一的版本。根据不同的情境和学科发展需要，它已经被应用于包括历史学①、文学研究和地理学②等学科中。但

---

* 本文选自 Colin Hay, Michael Lister and David Marsh, eds., *The State: Theories and Issues* (New York: Palgrave Micmillan, 2006), pp. 155 – 171.

① K. Jenkins, *Re – thinking History* (London: Routledge, 1991); H. White, *The Content of the Form: Narrative Discourse and Historical Rpresentation* (Baltimore: Johns Hopkins University Press, 1987).

② M. Doel, *Poststructuralist Geographies: the Diabolical Art of Spatial Science* (Edinburgh: Edinburgh Univerity Press, 1999).

是，无论在何种学科，后结构主义都需要回应科学、自由和启蒙的西方世界独有的世界观所带来的问题。其中最重要的是对“西方传统”价值的高度不确定和丧失自信；这是一种焦虑感，即这些价值并不像以前想象的那样普遍正确，也不是在所有时间对所有人而言都是好的和正确的。为了有助于更好地理解这种焦虑，我们将从哲学和历史的层面加以勾画。

早在《纯粹理性批判》一书中，康德就把他所处的时代——欧洲启蒙时代——描述为一个“有成熟判断力”（ripened power of judgement）的时代。他说道，“我们的时代是名副其实的批判主义时代，在这种时代，一切都必须接受批判”，其中包括宗教、法律和君主政体。这些制度可能会逃避批判，如果它们真的这么做的话，它们就“不能被看作是真实的——那种只有理性才能赋予的真实，那种能够承受自由和公共审查的真实”。换句话说，各种公共制度必须自我证明自身符合人类的理性，这种证明不能求助于传统、教义或者迷信来实现。康德的哲学—政治学工程的目的是要建立和捍卫理性的地位，推动“建立一个使理性的正当主张可以得到捍卫的正义法庭……这种捍卫凭借的是自身永恒的和不可更改的律令，而不仅仅是命令（decree）”。对他来说，理性是哲学、道德和公共政治行为的核心，仅仅凭借理性就可以对权威和知识的主张做出评估。这曾经是而且现在还是一种富有激进意蕴的了不起的观点。因为自由主义观点就产生于此：国家不仅不能干涉个人的事务，而且应当确保每一个体能够实践公共理性，确保所有制度都接受批判性审查。

然而，后结构主义质疑理性拥有的这种至高无上的地位，正因为如此，后结构主义被指责为是非理性的。批判者想象，后结构主义既然拒绝康德式的启蒙，它们必定渴望回归前启蒙时代的迷信。但实际上，后结构主义并不拒绝启蒙：它们誓将启蒙进行到底。从严格批判的角度来说，后结构主义批评批判主义（cticicism），并且运用理性来反对理性，质疑“永恒的和不可改变的”立场（从这一立场中可以衍生出权威）。当然，这并不容易，一个人如何能够利用理性来反对自身而又不会陷入非理性（unreason），或者说不再有能力思考。然而，我们必须问的是，理性是否总是合理的，是否总是与它呈现出的那样一致和无法改变。后结构主义者远不是认为根本不存在像理性那样的东西，而是说理性（reason）和合理性（rationality）都种类繁复。①

对康德来说，推理行为包含证明一种普遍遵守的原则，“普遍”意味着独立于特殊情况之外，同时又可以适用于特殊情况的某些东西。一个普遍真理总是真实的，并且对所有人都是如此。康德道德格言的本质要求我们根据合理推断的原则来行动，这些原则对于其他每一个人都适用。康德的批评者们批评了这种主张的普遍性，他们认为，任何声称具有普遍有效的主张都总是有特殊的历史和政治情境的。还没有从哲学层面的批评，但在现实中历史上的社会运动从实践上隐约但是有力地批评了理性概念的局限。

当启蒙国家第一次把权利赋予“人民”，但并没有把权利赋予所有人。无产者、工人阶级、妇女、种族和宗教少数团体以及殖民地国家的人民通常是被排斥在外的。因为，理性的能力并不被认为平等地存在于所有人身上。现代欧洲的历史是这样一部历史：被视为拥有理性推理能力的人以及值得拥有公民权和其他权利的人的数量在不断增长。我们可能愿意把那种叙事以普遍的现实作为终结，如体现在《世界人权宣言》中。我们可能愿意设想，每一次接踵而来的扩展从一开始都是不明显的；我们已经不止一次地看到，在我们对于理性是什么的真实看法之上，已经附加了各种解释，但这些解释却不是改变我们的看法。但是，每一次接踵而来的调整都包括着对之前状态的批判。穷人、女性和被殖民者为什么不是完全理性的，为什么不能实践公民

① 本文涉及两个“理性”概念：reason 和 rationality。按照《西方哲学英汉对照辞典》的解释，Reason 是“一种从一些信念的真达到另一些信念的真的能力”。康德《逻辑学讲义》中所谓“理性是从全称命题或先验认识推导特称命题的能力”。两种解释差别不大。由此可见，Reason 所指的是一种属于人类物种的、因为大脑活动而获得的一种高级精神活动的能力。Rationality 侧重于经验层面，指合乎逻辑地做某事，始终按照成本最小化和收益最大化的原则来做事。在马克斯·韦伯那里，rationality 被定义为“工具理性”。本文在翻译过程中，将前者译作“理性”，后者译作“合理性”，请读者仔细区分。——译注

身份，或者说他们为什么不应拥有这些权利，对于这些问题，理性从不缺少它的理由。对理性局限的各种挑战提出了如下可能：先前的理性概念不但是有局限的，而且其本身就是错误的，理性之所以能够被明确界定和实践，取决于理性排除了其他可能的替代选择。

例如，在《共产党宣言》中，马克思对19世纪的自由主义进行了严厉的批评，但他并不单单从排除穷人和被剥夺者的视角来进行批判。马克思攻击自由主义有关生存、存在和思考方式是一种普遍主义观点。20世纪，女性主义对父权制的批评并不是单单主张妇女应该被包容进男性公民的世界中，而是表明对妇女的排斥是社会和政治结构所必需。讨论到这些批判，我们还必须加上另外一种指责，那就是其思维方式排除了非欧洲的视角，或者说它建立在一个对自然世界非常特殊的、越来越站不住脚的态度之上。在这些批评者眼里，传统的理性不能被看作是有助于解放，而是为了实现某些特定目标的工具和约束，① 是对恰当推理的排除和设限，而且，它把其他思维方式看作要么是可以忽视的胡言乱语，要么是需要提前压制。

然而，不清楚的是，这样一种统一的合理性（rationality）在西方世界是否仍旧占据主导地位。在西方，传统的男性与女性之间的劳动分工并没有消失，但它已经在很多方面发生了改变。我们的民族文化仍常常被想象成一致的和同质化的，但是，地区认同却日益得到伸张。多元文化和跨国社会的困难现实越来越明显。各种传统社群的封闭世界（从威尔士的农村到阿富汗的城市）向国际交往和贸易网络开放，联系也越来越紧密。通过卫星电视和网络等媒介所进行的交流使我们的时空概念完全发生改变。② 我们被过多的想象所包围：我们的精神

---

① T. W. Adorno and M. Horkheimer, *Dialectic of Enlightenment* (London, Allen Lane, 1944/1973); David Held, *Introduction to Critical Theory: Horkheimer to Habermas* (London: Hutchinson, 1980).

② A. Giddens, *The Consequences of Modernity* (Cambridge: Polity Press1991); A. Giddens, *Modernity and Self - Identity: Self and Society in the Late Modern Age* (Stanford: Stanford University Press, 1991); Ulrich Beck et al., *Reflexive Modernization* (Cambridge: Polity Press, 1994).

环境与一个世纪之前的已经完全不同。① 商品化无所不在的权力动摇了传统的道德和论证规则，取而代之的是市场选择的个体理性。我们生活在一个传统、现代和后现代相混杂的断裂和分裂时代，任何一种特殊推理都难以维系单一主导地位的时代。

作为回应，一些学者致力于保卫或者重新发现康德式的理性，使之适应一个多元化的社会世界，因为他们担心，如果没有单一的理性和真理作为我们选择的保证，那么社会将会陷入混乱和道德崩坏的境地。② 其他学者则欢呼非理性，整体拒绝西方的存在方式，并试图寻找一个新的时代，会更加自然、更崇高和更传统。但是，仍然存在着另一种可能：致力于某种既不拒绝理性，又探索超越其历史局限的批判和分析。这种对于理性的批判首先要证明：一种特殊的理性推理形式是如何依靠它所排斥的和为自身设定的限制，那些被置于限制以外的东西必然会被视为反理性和没有资格接受理性的“审判”。

后结构主义者并不试图取消理性，而是把它理解为形式多样的、有限的和部分有效的。对于特殊语境下什么可以被看作是理性的特别界定都会预先把范围划分好。后结构主义试图使这种思想接受各种批判性思考。这涉及阐明支撑不同政治制度和意识形态、理论和实践、运动和紧要关头的理性。为了更好地理解国家，后结构主义者主张，必须理解建构国家或者国家建构的特定推理形式，界定确立国家合法性的参数。

这种观点与政治学研究的主流——实证哲学——格格不入。例如，理性选择理论常常把个体看作是拥有或多或少确定偏好的独立个体，这是建立各种解释模型的基础。但是，我们的研究路径探寻选择背后的合理性，以及进行选择时的智力、协商、文化和意识形态过程。如

---

① Marshall McLuhan, *Understanding Media: The Exensions of Man* (London: Routledge & Kegan Paul, 1964).

② J. Habermas, *Between Facts and Norms: Contributions to a Discourse Theory of Law and Democracy* (Cambridge, MA: MIT Press, 1996); J. Rawls, *A Theory of Justice* (Oxford: Clarendon Press, 1973); J. Rawls, *Political Liberalism* (New York: Columbia University Press, 1996).

此，后结构主义就与诠释学、解释政治学联系在一起。鉴于这一点，自然科学与社会科学所追求的目标有根本差异：人类是有意识的、会反思的（reflective）和自反性（reflexive）的造物，生活在世界中，他们能体认什么是有意义的，因为他们用象征和符号，价值和意义来填充生活世界。通过研究意义系统，解释主义者希望，我们可以获得对特定团体所使用的理性形式或者模式的洞见。

对意义和话语越来越浓厚的兴趣已成为政治科学①、公共行政学②以及治理研究③的一种普遍现象。为了理解政府官僚以及政治家在政策协商过程中的互动过程，我们必须理解他们所来自的文化世界、这些文化世界之间的关系以及它们所产生的合理性。在政治学中，或者更笼统地说，在西方哲学中，再把政府或国家活动仅仅理解成一个单一政治传统、权力和理性的直接表达，现在已变得相当困难。国家和政府必须“自反性”地评估其在一个高度不确定的和全球政治、文化以及经济发生变迁的背景中的活动。④ 解释政治学家试图帮助我们理解国家是如何卷入多元的、持续的关系之中的，这些关系由共享的（或对立的）价值观和意义统合在一起。例如，某些新制度主义审视了塑造制度的非正式规范、价值观和象征形式，包括使行为成为制度化“模板”的意识流程。⑤ 贝维尔（Bevir）和罗茨（Rhodes）强调政治行动者（以及政治科学家）在理解治理时所使用的叙事方式，他们坚持认为，只有在我们能够理解推动治理行动的信念和价值观的前提

① V. A. Schmidt and C. Radaelli, “Policy Change and Discourse in Eourpe: Conceptual and Methodological Issue,” *West European Politics* 27 (2), 2004, pp. 183 – 210.

② C. J. Fox and H. T. Miler, *Postmodern Public Administration* (London: Sage, 1995).

③ Bevir, Mark and R. A. W. Rhodes, *Interpreting British Governance* (London: Routledge, 2003); Mark Bevir et al., “The Interpretive Approach in Political Science: A Symposium,” *British Journal of Politics and International Relations* 6 (2), 2004, pp. 129 – 164.

④ C. Hay, *Political Analysis* (Basingstoke and New York: Palgrave Macmillan, 2002), pp. 197 – 198.

⑤ V. Lowndes, “Varieties of New Institutionlism: A Critical Appraisal,” *Public Administration* 74, 1996, p. 182; V. Lowndes, “Institutionalism,” in David Marsh and Gerry Stoker eds., *Theory and Methods in Political Science* (Basingstoke and New York: Palgrave Macmillan, 2002).

下，我们才能够理解相应的行为，那意味着需要审视的是构成多样化传统的“内在信念和实践”。①

后结构主义与这些研究路径之间有很多共通的地方，它同样审视了作为行动者行动背景的框架。但后结构主义坚持认为，我们不能建立起关于思维或者语言、传统和社群的固定规则，这些规则构成了所有或者某些政治机构和团体的基础。政治决策和行为并不仅仅是传统的表现，因为那些传统和规则是过去政治胜利的表现：一种“沉淀”了的权力。他们是意义系统，是社会控制和社会抗争的机制和目标。对后结构主义者来说，所有的行为和目标都是有意义的，但这种意义来源于与其他行为和目标之间的联系：也就是说，意义既来源于传统和制度，也来自政治（或其他的）行动者使用或激活意义的方式。此外，对于后结构主义者而言，“行动者”并不是独立于这些“框架”或意义系统之外而存在的。“主体”，一个通过行为而形成某种身份的生命体（being），通过意义系统及其所实施的行为（支持或反对）而得以界定（如我们将要看到的那样，个人认同的问题可能导致国家认同出现问题）。

例如，一些政治学家想知道人们为什么参加选举。有些人认为，既然选举耗费时间和精力，相对于选举者个体所产生的微不足道的影响而言，这是非理性的行为。那么，选举活动有什么意义呢？对于新近获得选举权的人来说，选举是自由的更大彰显，投票行为创造和表达了“自由公民”的身份。但是，这并没有穷尽语境和认同所可能具有的含义（可能根本无法无尽）；在不同的情境、行为和话语中，选举总是具有其他可能的含义。一张选票在某种语境下可能意味着自由的表达，但在另一种语境中则可能意味着权力让渡给一个遥不可及的代表，从而创造出一种“合法主体”（lawful subject）的身份。一张选票也可能意味着对个体性的赞扬、肯定和表达，或者意味着对共同体的义务。无论何种意义和认同占据主导地位，它们都取决于或隐或现

① Mark Bevir, and R. A. W. Rhodes, *Interpreting British Governance* (London: Routledge, 2003).

的、过去或现在的权力斗争：试图把我们行为的意义系统整合起来的努力。后结构主义者把这看作是一种根本的政治活动，它远远超出了议会争论大厅、司法机构和军事总部等狭窄空间。个体之间并不会总是步调一致，因为他们的诉求、认识和利益已经完全形成，但是，在一个更加广泛的政治化的意义系统中，某种认同还是可以通过其共同的立场而形成。因而，许多行动者和制度在组织社会意义系统的过程中发挥了重要的作用，社会意义系统则使政治主张自然化和合法化，使那些让我们自然和规范地行动的“游戏规则”似乎变得必然和不可改变。这些规则是划分排斥与包容界线的“话语”或者“话语结构”，是划分政治游戏中行动是否合法的界限，或某种身份是否有效的界限，也就是划分“内部人”和“外界人”的政治界限，它排斥了特定的选择和结构关系。① 为了在特定被理解为政治的领域内行动，就不得不参与一种特殊的“语言游戏”，其规则塑造了可以实施的某类行为。例如，国家官僚机构是专业领域，各种各样的专业规则围绕这一领域建立起来，它宣布某些人、某些行为是合法或非法，为那些掌握这些规则的人提供准入，同时帮助排斥了那些没有准入的人或者行为。当政治行动者形成价值偏好、做出决策和开出政策良方等，他们会利用由话语制造的资源，这样会制约和影响思想和行为的结果。也就是说，他们根据一种暗含的、还未受到检验的社会理论来行动。后结构主义者研究这种政治话语，目的在于思考其结构、行为和制度化的规则。我们这样做的目的不是要揭示某种命题所暗含的逻辑结构，从而达到证实或证伪的目的。我们这样做的目的是要确定什么是被排除在外的和如何被排除在外的，从而努力发现新的东西以供思考。“话语”是一个开放的系统，往往产生新的可能。各种“权威”都试图在一个狭隘的、稳定的参数下控制语言、意义和认同，但是，意义总是超出这些控制范围之外。在社会中，没有作为统一体的话语结构，甚至在政

① David Howarth, Aletta J. Norval and Yannis Stavrakakis, eds., *Discourse Theory and Political Analysis: Identities, Hegemonies and Social Change* (Manchester: Manchester University Press, 2000), p. 4.

府领域内也不存在，存在的只是多样化的“语言游戏”① 以及各种相互矛盾和彼此冲突的多元合理性。开放与封闭之间的斗争是政治斗争的核心，正是从这一视角出发，我们才能研究国家现象。现在，我们转向其他尝试过的不同方式。

## 二、拉克劳和墨菲：国家的不可能

欧内斯特·拉克劳和查特尔·墨菲阐发的“话语理论”采取我们已经谈论到的理论视角，并将它应用到政治理论的分析中，他们的做法代表了一种有意义的尝试。② 拉克劳和墨菲把社会看作是一个重叠的、相互限定和调整的话语实践的复合体。这些话语不是封闭的，也不是来源于一个确定的核心或原初立场，或围绕这种确定的核心或原初立场组织起来的。事实上，拉克劳和墨菲主张，社会是围绕这种核心的缺席而组织起来的。他们自相矛盾地宣称，社会是“不可能的”。他们的意思是社会绝不是一个完成的、封闭的统一体，不可能凭借某种单一的控制原则来解释社会。③ 取而代之的是“社会的”（the social），它总是处于被创造的过程中，通过努力提供一个锚定点，一个无可争议的参照点，各种元素可以结合和整合起来，并明确地指出它们是什么，它们如何相互联系。因此，政治分析可以通过审视各种元素链接（articulated）（结合和再结合）和社会认同形成的方式来审视社会的构成。

例如，在美国和英国等发达经济体中，我们发现了资本主义生产和交换、自由主义的个人主义以及代议制民主之间的“链接”。它们不是这三种独特现象之间（生产方式、个人特质和认同的意识形态以及政治系统）的偶然结盟。“链接”理论认为，这些现象的结合时机

---

① L. Wittgenstein, *Philosophical Investigations* (Oxford: Blackwell, 1958).

② E. Laclcu and C. Mouffe, *Hegemony and Socialist Strategy: Towards a Radical Democratic Politics* (London: Verso, 1985).

③ Ibid., p. 111.

从根本上说是可以改变的。资本主义、个人主义或者代议制民主没有永恒的“本质”。它们的链接创造了一种独特形式：资本主义的自由主义民主。因此，不但研究我们想象成“自在之物”（the thing in themselves）的东西是重要的，而且研究它们之间的关系也是很重要的。例如，资本主义生产可以与种族民族主义以及一种以极权主义个人崇拜为核心的政治结构链接起来：纳粹法西斯主义。拉克劳和墨菲的话语分析十分关心这种链接在生产独特社会模式过程中发挥作用的途径。这些模式不能被看作是自然的或者必然的既定社会形式，而应该被看作是正在进行中的政治实践和政治斗争的暂时结果，这些政治实践和斗争致力于以特定的方式整合各种社会元素（这些元素包括经济、个体和政治体系）以界定社会。

拉克劳和墨菲借用葛兰西的“霸权”概念来界定各种元素和认同发生联系和走向确定的过程，这种过程通过强加一种主导的意义于社会实践之上以限定既定结构的可能范围。[①] 至关重要的是，话语理论与分析关注在维持统一体面貌的过程中那些被压制、被排斥或被视为“他者”或敌人的部分。最近，拉克劳开始研究霸权实践的过程，其中，一系列主体认同彼此联系，以至于它们似乎连结在一起而形成了某种普遍的类别。[②] 例如，乔治·布什总统宣布发动“反恐战争”，他以“邪恶轴心”为基础制定政策，并且探索“自愿联盟”的建构，即“你要么反对我们，要么支持我们”，这些国家是以一系列特殊认同和关系构成的。一方面，“朋友”是指那些尽管存在很大差异，但赞成自由和民主、统一在这些“普遍”类别之下的国家；另一方面，“敌人”是与独裁和邪恶等普遍类别联系起来的。在每一个方面，这些元素都显示为“等同关系”，都共同分享了某些“普遍”元素，它们在这种意义上是等同的。这构成了一种政治逻辑，以一种特别和有限的方式影响了国家之间的领域，而且这种精心的安排必定要求特定的政

---

① Antonio Gramsci, *Selections from the Prison Notebooks*, ed., Quentin Hoare and Geoffrey Nowell - Smith (London: Lawrence & Wishart, 1971).

② E. Laclau, *Emancipation* (*s*), (London and New York: Verso, 1996).

治行为。

拉克劳和墨菲没有提出一种作为分立或统一现象的国家理论。他们拒绝从一个特殊的“地区”或“中心”（如国家）的视角出发来理论化社会。正如托分（Torfing）指出的那样，国家应该被想象成一个由各种话语所建构成的合理性的复合体，包括法律、主权、各种“专业化”主张、信息和知识、交往形式或技巧，以及制度、部门、官僚机构、各种有关合法性的仪式、各种压迫和控制组织等。① 政治分析可以考察它们是如何结合和再结合在一起的，它们互相会产生什么样的影响。这可以让我们描述不同国家的“中心”是如何以不同的方式组织起来的。例如，在某些国家，法律体系、政府和军事可以直接与“人民”连接在一起，他们宣称自己代表人民的利益。这种形式我们称其为“极权主义”。自由民主政体与此相对，根本没有所谓的“人民”，有的只是一个个独立的个体，并不能直接与政府相连接。法西斯政党寻求连接政府和人民，并通过界定与其他人民相对立的人民来达到这一目的。其他类型的国家涉及到与宗教，或者说与上帝的连接，而且可以以宗教的术语来想象人民，从而产生一种与法律或军事相联系的一系列关系。例如，在伊朗伊斯兰共和国，国家是根据神圣主权的原则组织起来的。社会、法律、政治和军事在这种无所不包的统一原则的符号下被连接起来。

拉克劳和墨菲的理论是一种宏观层次的理论，主要致力于确定和研究特定的、形成社会结构的高级逻辑。对于他们来说，国家并不存在根本的一致元素，国家具有演化和不可预测的特点，其政策、大臣、官僚和工作人员总是面对冲突和潜在崩溃的可能。既然如此，国家就不是一种单一的“制度”（institution），也不是一系列连结在一起的“制度”，而是一系列来自“传统”和“习惯”的实践、行为和互动，这些传统和习惯又从这些实践、行为和互动中重新抽取出来——重新连接。对于领导权理论，国家既是政治实践的场所，又是政治实践的

---

① J. Torfing, “A Hegemony Approach to Capitalist Regulation,” in R. B. Berramsen, J. P. F. Thomsen and J. Torfing eds., *State, Economy and Society* (London: Unwin Hyman, 1991).

结果；国家是一个持续对自身机构和社会的多元性进行“领导权化”的工程。因而，国家不能解释政治，因为它是政治的结果；国家是各种合理性的集合，这种合理性通过国家结构而发生作用，并作用于国家结构。

对于这种普遍抽象的理论，无力分析特定制度是可以预期的。拉克劳和墨菲关注于找到某种普遍性“逻辑”，而不是提出某些特定的主张。他们关注国家自身在政治层面上变得充满争议的方式，而不是政治活动明确的先决条件。也就是说，这种“后马克思主义”理论典型地致力于发现存在于各个特殊领域中的领导权活动，并且认为民族－国家必然是领导权斗争的场所。① 利用这样一种理论来审视某个特定的国家、社会或者社会结构是一回事，但国家同样存在于与其他国家的关系之中。一位关注于建构国家的多元理性的后结构主义者能告诉我们关于国际政治方面的东西吗？

## 三、颠覆国家主权

领导权概念对于国际关系研究来说具有深远的意义，它已经被用来描述在“国家体系”中某些国家支配其他国家的方式。在这些理论中，国家或多或少被看作是一个既定的国家，被看作是拥有自身利益和战略计算能力的团体行动者。这种单一和统一的行动者的观念及这种观点的补充——在基本上是无政府状态的国际舞台上，一些这样的行动者互相争夺权力，这些观念受到很多国际关系批判理论的质疑。这些批判理论审视了主权国家的观念，揭露了其局限，并且探究了把国家预设为形式统一体的推理形式。

例如，理查德·阿什利（Richard Ashley）在批判现实主义和新现实主义的文章中认为，国家主权话语要求国际无政府状态。对内拥有权威的主权国家被看作是国际政治理论的根本元素，国家之外的世界

---

① K. Nash, “Thinking Politics Sociology: Beyond the Limits of Post－Marxism,” *History of the Human Sciences* 15 (4), 2002, pp. 97－104.

被想象成一种无规矩、无秩序的空间，各种力量在其中相互竞争或合作。通过这种方式，无政府成为主权的“他者”，主权在这一背景下得到界定。这就为我们一直困惑的问题——国际“秩序何以可能”、“秩序如何得以维持”、“政策如何得以调整”——提供了一个“合理”基础。理性和自利的“国家行动者”面对的是一个模棱两可的、不协调的环境，“权力平衡”理论以及维持“权力平衡”的需要相应成为国家政策的基础。但是，国家自身是毋庸置疑的，因为它是一个“已经在那里的理性存在（rational presence），是一个具有充分资源来证明自身具有国际历史意义的主权身份”。① 但是，他继续说道，这种主权与无政府状态的刻板二分正好创造了论证国家合理性试图描述的环境。② 因为，主权被看作是所有国际政治的客观基础，破坏主权国家观念——主权国家在一个不稳定的环境中作为稳定的支点而出现——的各种实践被低估或者忽视。在破坏主权国家观念方面，非国家行动者、与国家竞争的行动者以及国家官僚机器本身的特定分支机构都使统一国家行动者的观念陷入麻烦，甚至他们会反对这种观念。国家与跨国公司、政治运动和非政府组织同时存在，所有这些非国家组织常常超越和打破国家的边界，人口迁移或者难民问题则使国家对于公民的责任出现问题。所有这些都超越了统一主权的边界，对于国家边界的观念形成了挑战。但是，只要国家认同能够在国家“内部”与国际“外部”之间进行清晰地划界，围绕国家“主权利益”所建立起来的理性也就可以建立。③ 由此造成的结果是，国际关系被关于冲突和秩序的假设所主导，这种假设来源于一种合理性的预设，而不是对包含在复杂、多元世界政治中的各种可能的检验。

后结构主义批评者采取一种“建构主义”的路径来研究国际关

① Richard K. Ashley, “Untying the Sovereign State: A Double Reading of the Anarchy Problematique,” *Millennium* 17 (2), 1988, p. 231.

② Ibid., p. 243.

③ R. B. J. Walker, *Inside/Outside: International Relations as Politics Theory* (Cambridge: Cambridge University Press, 1993).

系。也就是说，他们感兴趣的是，研究主权实践与观念、内部与外部的划分是如何通过与其他国家互相承认国家身份、领土完整或者资本主义市场贸易主张如何在社会中创造出来。① 国家尽管声称其权威来自诸如民族纯洁性或经济成功等观念，但它的这些努力仍旧遭到抵制（常常是作为自身干涉的结果），这些抵制表明了其所声称的权威的片面和偶然。后结构主义者关注这一过程中权力和排斥的作用，强调它的政治属性。正如阿什利所言，主权国家的“形象”恰恰是一种专断（arbitrary）的政治表现，不会比这更多，但也不会比这更少。这种专断往往通过实践而体现于历史中，体现在面对各种必须排斥的对抗解释时——如果这种专断必须成为一种自明的现实的话。② 这并不意味着国家不是真实的存在，或者说国家只是一个谜；它仅仅意味着国际环境下作为主权实体的存在才是一种神话，这种神话取决于一种持续的过程，这一过程通过对作为排斥实践的“内部”与“外部”的界定和再界定来为国家创造行动的环境。

界定国家及其利益不是一个“纯粹”的类似于虚构小说的问题，它典型地涉及针对身体和身份的物质形态的暴力。后结构主义思想家（与其他思想家比较而言）关注国际环境的“变现”（securitization），通过这一变现过程，主体和身份在与其他身份、边界和“威胁”的比较中得以建构。例如，戴维·坎贝尔认为，外交政策不能被看作是国家既定利益和身份或多或少成功的表达，而应被理解为建立那种身份和利益的持续努力，通过建构敌人和危险者，国家行为得以安排，国家在这一过程中得到界定。③ 正如我们已经看到的那样，这意味着国家需要它谋求消灭的无政府状态、需要使其身份得以建立而又必须反对的敌人。如坎贝尔所言：“国家无力追求成功实现安全规划正是国

① T. J. Biersteker and Cynthia Weber, eds., *State Sovereignty as Social Construct* (Cambridge: Cambridge University Press, 1996).

② Richard K. Ashley, "Untying the Sovereign State: A Double Reading of the Anarchy Problematique," *Millennium* 17 (2), 1988, p. 252.

③ Campbell David, *Writing Security: United States Foreign Policy and the Politics of Identity* (Manchester: Manchester University Press, 1992).

家的成功和强有力身份的保证者。”① 通过现场电视直播对敌人目标的成功袭击，从这一点来看，国家似乎是在保护我们，但与此同时，我们也体验到一种发自内心深处的个体不安全感，这种不安全感削弱了我们超越这些限制的能力。② 的确，身份与暴力往往是紧密联系的。坎贝尔指出了处理种族冲突的政策为何具有破坏性，因为这些政策都建立在他们竭力挑战的相同假设的基础上（因为身份是固定的，是某种单一政治图景的体现）。③ 他认为，我们对于政治身份形成的变动和偶然没有投以足够的注意，他试图“解构”那种刻板的二分法，那种二分法支撑了外交政策或冲突解决的合理性。这为某种规范开辟了道路，这种规范形成于那种把“他者”不是看作界定我们自身的机会，而是看作某种复杂而又有差别的独特性（singularity），这种独特性不能屈从于某种先定而普遍的规范法则。④

这就会关注到合理性建构和界定国际环境的方式，国家必定在其中有所行动。在“地缘政治学”研究中，图阿塞尔和阿格纽等作者研究了话语呈现如何使国际领域富有意义和实践上能够治理的问题。它们具体表现在地图、公共“常识”以及各种知识推理等形式中，从而推动了有利于特定行为的国际秩序观的形成。⑤ 例如，冷战竭力利用一种二元化的空间划分把世界分成具有广泛同质而又互相对抗的阵营，从而模糊被认为是同一阵营内的国家之间的真正差别。“东西对抗”

---

① Campbell David, *Writing Security: United States Foreign Policy and the Politics of Identity* (Manchester: Manchester University Press, 1992), pp. 11 – 12.

② M. Dillon, *Politics of Security: Towards a Political Philosophy of Continental Thought* (London: Routledge, 1996); J. Edkins, *Postructuralism and International Relations: Bringing the Political Back In* (Boudler, CO: Lynne Rienner, 1999).

③ David Campbell, *National Deconstructiom: Violence Identity and Justice in Bodnia* (Minneapolis: University of Minnesota Press, 1998).

④ David Campbell and Shapiro Michael, *Moral Spaces: Rethinking Ethics and World Politics* (Minneapolis: Minnesota University Press, 1999).

⑤ John Agnew and Stuart Corbridge, *Mastering Space: Hegemony, Territory and International Political Economy* (London: Routledge, 1995); John Agnew and Gearóid ó Tuathail, "Geopolitics and discourse: practical geopolitical reasoning in American foreign policy," *Political Geography* 11, 1992, pp. 190 – 204.

的空间话语建立起某些特定的认同形式，以及一种对于其他国家的功能和目的的有选择性的理解。这就可以把美国想象为西方文明的“保卫者”，用一种无所不在的二分法来解释世界任何地方所发生的事件（中东或东南亚似乎仅仅是冷战表演的剧场）。在诸多事情都需要审视的今天——从气候和人口迁移到贸易和犯罪活动——我们能看到所有这些事情是如何被纳入恐怖主义安全威胁这一至高无上的轨道。

后结构主义有关国家主权的分析揭示了国家作为一种原则和秩序的守护者只是被误认为很稳定，其实其范围任意变动。主权合理性（the rationality of sovereignty）把复杂的决策和判断置于一个稳定的框架中，这种框架被预先假定具有其统一性，因此不能公开讨论和争论。国家形成其政治决策之时，也就是其去政治化之始。

## 四、福柯、权力和治理术

迄今为止，我们已经看到后结构主义者是如何通过审视构成国家的政治合理性（political rationalities）来“开启”国家讨论之门的。通过研究唤起作为社会生活核心的国家形象的话语合理性（discursive rationalities），他们使单一的政治权力观念去中心化（decentred）了，他们使国家，或者确切地说，主权应该是政治分析之核心的思想变得问题重重，政治分析的方法和目标被动摇了，此时此刻，我们也该转向对迈克尔·福柯的分析了。

福柯对于主权观念的猛烈攻击对政治理论和分析形成了有力的挑战。他说道：“政治理论总是与拥有主权的个人纠缠不清。”[①] 这种理论关注权力的单一定位和来源，以及权力如何可能被合法地利用、控制和引导等次要问题。更进一步地说，主权权力是通过设定限制来表现自身的，典型表现在通过法律表达什么是不能做的。正是由于这一点，福柯试图对主权概念进行讨论并呈现其问题，为了能更详细地审

---

① M. Foucault, "Truth and Power," in Colin Gordon ed., *Power/Knowledge: Selected Interviews and Other Writings* 1972 - 1977 (London: Harvester Wheat - sheaf, 1980), p. 121.

视构成当代权力的那些特殊策略和实践。[①] 将权力简化为国家，而又把国家视为理性计算的主体，这会掩盖国家和非国家行动者的组织连续性，这些行动者会在社会中实施“规训”和“正规化”的治理术。福柯寻求一种“政治哲学”，“一种不是围绕主权问题所建构起来的、因此也不是围绕法律和禁令而建构起来的政治哲学”。他宣称：“我们需要砍掉国王的脑袋：这一行动在政治理论中还有待继续。”[②]

从这一视角出发，我们分析的目标就不再是国家，而是一系列不同的行动者、机构和实践，它们产生不同的控制机制和不同形式的知识，从而为治理行动在社会生活中创造空间。统治通过权威、知识和专业领域（医疗、学术—知识、经济等）的整体得以运作。国家被看作是一个主权权威，它是被赋予现代性特色的权力神话的一部分：即起源某个单一和一致源泉的压迫工具。相反，福柯更感兴趣的是权力作为一种弥漫于社会中的积极力量的运作机制。也就是说，这种权力不是压制和限制行为，而是创造和鼓励特定形式的行为。国家和政府的活动不是自足的，而是来源于“一个整体的权力网络，这一网络渗透在身体、性别、家庭、亲属关系、知识、技术等之中”。[③]

福柯通过历史研究，追溯这一权力网络的起源与控制、监视和规训的技术联系在一起，表明了这些技术在18世纪的许多制度设定中是如何被采纳的，如监狱、学校、工厂和医院等。这些实践使关于人类行为的各种新知识成为可能，同时，这些知识反过来又进一步促进了程序汇编，这些程序旨在监视和观察国民，并且采访他们以获取信息，记录结果制成表格。这些知识提供了塑造行为的技巧和生产新型个人：有用的、顺从的以及自我监视的人。这种比暴力更加精妙的社会控制

---

① M. Foucault, “Truth and Power,” in Colin Gordon ed., *Power/Knowledge: Selected Interviews and Other Writings* 1972 – 1977 (London: Harvester Wheat – sheaf, 1980); M. Foucault, “Governmentality,” in Graham Burchell et al. eds., *The Foucault Effect: Studies in Governmentality* (Hemel Hempstead: Harvester Wheatsheaf, 1991).

② M. Foucault, “Truth and Power,” in Colin Gordon ed., *Power/Knowledge: Selected Interviews and Other Writings* 1972 – 1977 (London: Harvester Wheat – sheaf, 1980), p. 121.

③ Ibid., p. 122.

形式在当今社会已日益普遍化为一种“微观的权力物理学”，人的身体只是知识归类、发现问题、规训和规范化的对象。①

紧接着，福柯关注其所谓的“生命权力”（bio－power）的实践。君主在古典主权理论中的基本权力之一是对于生和死的处置权，即君主掌握着生杀大权。自由主义政治理论及其分析主要注重于监督那种权力的行使，对限制、阻止和最终杀头的权力进行管制。但是，在当代，正如福柯所言，统治权不但关注个体，而且从整体上关注“民族”“大众”以及“人民”，它已经使人口条件（规模、健康和环境）成为政策的目标。权力不再只关心死亡，它还控制生命本身的条件和过程。例如，研究出生与死亡的比率有利于人口管理的政策；人口统计学、流行病学以及保险统计等形成了各种知识和信息，它们为干预人口生存提供了可能。公共卫生成为一个不安的议题，公共卫生管理涉及权力的集中以及与之相关的知识和应用理性的发展。疾病成为一个社会问题，而不仅仅是个人的问题，需要一种社会解决办法，特别是老年人和体弱多病的人。这些疾病要求理性地组织保险或者养老金，这些都是国家应当承担的。也存在试图对环境进行系统的理性干预的情况：灌溉、排水以及河流改道等，以便利用排污系统来管理城市环境，或者使空气质量成为政策的目标。这形成了国家与社会或者与社会行为之间的一种关系，这种关系不仅仅是简单的压制或者规训，也不能简单地用权利来加以描述。它涉及对人口进行合法的控制，或者说使普遍干预成为可能。如果控制人口规模已成为政策的目标，对于性别繁殖自身的干预也就成为必然。

单一的君主权力中心是无法完成这项活动的，或者说是不可能由其指导。对福柯来说，随着众多代理人、机构和行为体持续创造出新的技术、发现需要检查和干预的新领域，社会也就越来越像宣布自己进入到一种普遍而持久的紧急状态。正如福柯所言：“安全机制必须围绕内在于生存人口中的任意因素进行设置，以便使生活状态最优

---

① M. Foucault, *Discipline and Punish* (Harmondsworth: Penguin, 1977), pp. 24－31.

化……必须利用全部机制并以达到完全平衡状态的方式行动；必须控制生命以及作为人类种群的生物过程，以确保他们不是被规训，而是被管理。”① 这种权力不能回溯到实施该权力的某个先在主体那里，由于这一主体同样是受到质疑的实践和知识的影响。② 对于这种情形的理解和分析要求审视特定干预背后的合理性，包括它们的历史起源、它们的反作用、它们的产生以及它们的重构。

因而福柯对于“治理术”的研究并不关注特定机构的规训实践，而是关注管理整个人口、塑造和指导国民行为的技术。在现代自由社会，这些国民形式上是自由的，但实际上却是社会政策的对象。③ 个体行为本身不是政策的对象，而是“行为的行为”，即塑造行使自由的方式。从这个角度出发，自由主义不单单是一种意识形态，它还是一种独特的“统治合理性”（rationality of government）：“一种关于统治实践和本质的思维体系……对于实践者和实践对象来说，自由主义是某种可以想象和可以实践的活动。”④ 统治合理性作为政府需要解决的问题或者需要改正的错误而成为政府的目标，它催生了“项目”和“创意”（initiatives），这些“项目”和“创意”论证了“技术”的使用，如财政措施、法律控制、谈判程序、刑事政策以及影响饮食和锻炼的努力等。所有这些都是把一种难以驾驭的现实转变成某些可以进行工具性计算的东西，⑤ 而且，政府是如此合法以致于它能够在这些领域维持其有效性。

---

① M. Foucault, *Society Must be Defended* (Harmondsworth: Penguin, 2003), pp. 246 – 247.

② M. Foucault, *Discipline and Punish* (Harmondsworth: Penguin, 1977), pp. 27 – 28.

③ M. Foucault, “Governmentality,” in Graham Burchell et al., eds., *The Foucault Effect: Studies in Governmentality* (Hemel Hempstead: Harveser Wheatsheaf, 1991); C. Gordon, “Governmental Rationality: An Introduction,” in Graham Burchell et al., eds., *The Foucault Effect: Studies in Governmentality* (Hemel Hempstead: Harvester Wheatsheaf, 1991).

④ C. Gordon, “Governmental Rationality: An Introduction,” in Graham Burchell et al., eds., *The Foucault Effect: Studies in Governmentality* (Hemel Hempstead: Harvester Wheatsheaf, 1991), p. 3.

⑤ N. Rose and P. Miller, “Political Power beyond the State: Problematics of Government,” *British Journal of Sociology* 43 (2), 1992, pp. 181 – 187.

福柯有关“治理术”的研究在自由主义和新自由主义的话语中已激起无数有关治理问题的探索。① 它们都集中对经济和社会政策的治理，关注家庭、贫穷、统计的使用以及福利和社会科学专业技术的性质。② 这些领域所引用的技术都旨在改变国民的行为，例如，战后规划中“专家”的使用，鼓励商业更具有竞争性的各种刺激，或者近年社会民主国家增强“社区”和市民社会组织在福利递送中的作用等。需要、利益，甚至公民的身体（比如住房重置计划或者卫生与防疫计划）都被纳入“改善”“效率”和“关怀”等话语中，由此重新界定它们。这些技术和政策并不是简单的命令和要求，而是积极地建构各种类型的国民。这些研究表明了国家如何成为诸多设定（settings）中的一项，政府运行围绕这些设定而具体展开。国家不具备一项我们能够使其行为复归本身的重大功能（如维持资本主义或代表公众）。相反，它把合理性看作是“一种暂时的制度延续”。诚如罗斯和米勒所说的那样，国家，或者更准确地说，塑造国家的话语是“一套概念化的、表达统治方式的、在历史上多变的语言工具”。③

治理术的分析强调了国家实践所具有的复杂、不可化约和多元本质：的确，国家在这一视角下看起来开始像一种能进行多孔渗透的微观权威，它利用知识来塑造分类国民，国家在治理活动中也并不只是

① Gordon Burchell et al. , eds. , *The Foucault Effect*: *Studies in Governmentality* (Chicago: University of Chicago Press, 1991); Andrew Barry, et al. , eds. , *Foucault and Political Reason*: *Liberalism*, *Neo – Liberalism and Rationalities of Government* (London: UCL Press, 1996); N. Rose, *Powers of Freedom*: *Reframing Political Thought* (Cambridge: Cambridge University Press, 1999).

② N. Rose and P. Miller, “Political Power beyond the State: Problematics of Government,” *British Journal of Sociology* 43 (2), 1992, pp. 172 – 205; N. Rose, “Governing ‘Advanced’ Liberal Democracies,” in Andrew Barry et al. eds. , *Foucault and Political Reason*: *Liberalism*, *Neo – Liberalism and Rationalities of Governent* (London: UCL Press, 1996); N. Rose, *Powers of Freedom*: *Reframing Political Thought* (Cambridge: Cambridge University Press, 1999); I. Hacking, “How Should We Do the History of Statitics?,” in Graham Burchell et al. eds. , *The Foucault Effect*: *Studies in Governmentality* (Hemel Hempstead: Harvester Wheatsheaf, 1991); J. Donzelot, *The policing of Families* (London: Hutchinson, 1980).

③ N. Rose and P. Miller, “Political Power beyond the State: Problematics of Government,” *British Journal of Sociology* 43 (2), 1992, p. 177.

孤单的一员。在形成一种合理的国家解释的过程中，注意到这种复杂性极为重要，马克思主义者和女权主义者都利用福柯的作品来避免一种纯粹的压制性国家概念。① 我们相信，以包含在国家研究中或者是超越了国家研究的合理性研究来取代国家研究，是政治分析向前迈出的勇敢的一步，它扩展了政治分析的范围和推进了国家研究的深度。

然而，各种社会和政治力量频繁地呼唤“国家”或“政府”，似乎它的的确确代表了一种统一的目标。尽管国家内部存在着各种各样的组织，但是，作为一种不可亵渎的象征统一体的国家，往往成为证明在国内外对“敌人”使用有组织的武力的合理性。② 在关键时刻，如战争时期或“社会紧急时期”，国家被特定团体赋予一致的目标，合法使用其独特的镇压功能，并且围绕着这个相对一致的计划来阐述其不同的组成要素。在这样一些时期，国家确实援引了“压迫性”的主权权力来决定谁能活和谁该死。我们可能需要把福柯的分析与“领导权”研究以及国际领域的身份形成结合起来。

## 五、结　论

我们并不如黑格尔一样，认为国家是理性（reason）的化身。但是，我们的确认为国家是通过或依靠各种形式的合理性（rationality）来进行统治的。后结构主义的国家研究路径并不致力于排除对秩序的诉求，而仅仅是把理性瓦解成使人眼花缭乱的多种语言游戏。世界能为我们做到这些。我们只想强调合理性被使用的方式及其不断超越自身限制的方式。这些需要从它们自身的角度（作为政治过程的动态因素）来理解，而不能把它们看作是某些隐含的决定性原则的表现。

后结构主义自身不能使任何特殊的政治取向合法化，但它代表了

---

① N. Poulantzas, *State*, *Power*, *Socialism* (London: New Left Books, 1978); B. Jessop, *State Theory*: *Putting Capitalist States in Their Place* (Cambridge: Polity Press, 1990); R. Pringle and S. Watson, “Women's Interests and the Post – Structuralist State,” in Michele Barrett and Anne Phillips eds., *Destabilizing Theory* (Cambridge: Polity Press, 1992).

② N. Poulantzas, *State*, *Power*, *Socialism* (London: New Left Books, 1978), pp. 76 – 86.

对世界、“政治”和典型语境的一种特定态度，在这种语境中，政治（狭义上）活动得以展开，政治通过各种形式的权力和排斥得到建构，这些权力和排斥常常隐藏在协商、交涉和对话中。对于后结构主义者来说，从这个意义来理解，国家某种程度上与政治（the political）的关系是非常模糊的，国家是政治的场所之一，但其功能却会导致政治参数的终结。

例如，我们已经在有关领导权和地缘政治的空间表现的讨论中发现了这种观点。这些理论表明，国家只能通过限制政治和使之屈从于某种预先决定了“政治游戏”之本质的推理形式，才能确保对更大环境的管理。由此导致的结果是，国家既是政治的场所之一，也是去政治化的源泉。不管国家是否是通过社会、经济政策或者行动来影响国际环境，国家都通过界定它们能够行动的领域来进行管理（以便使环境变得可以管理），这些做法都排斥了其他任何界定这种情况的替代选择。在我们看来，这种自相矛盾的去政治化现象，不仅是在一个不确定的世界中我们必须承受的缺点，它更是努力强加给世界某种秩序时不可或缺的条件，因此也是政治本身的条件。

延伸阅读


Graham Burchell, ed., *The Foucault Effect: Studies in Governmentality* (Chicago: University of Chicago Press, 1991).

Jenny Edkins, *Poststructuralism and International Relations: Bringing the Political Back In* (Boulder, CO: Lynne Rienner, 1999).

Alan Finlayson and Jeremy Valentine, ed., *Political and Poststructuralism* (Edinburgh: Edinburgh University Press, 2002).

David Howarth, *Discourse* (Milton Keynes: Open University Press, 2000).

David Howarth, Aletta Norval and Yannis Stavrakakis, *Discourse Theory and Political Analysis: Identities, Hegemonies and Social Change* (Manchester: Manchester University Press, 2000).

Nikolas Rose, *Power of Freedom* (Cambridge: Cambridge University Press, 1999).

Jacob Torfing, *New Theories of Discourse: Laclau, Mouffe and Zizek* (Oxford: Blackwell, 1998).

R. J. B. Walker, *Inside/Outside: International Relations as Political Theory* (Cambridge: Cambridge University Press, 1992).

# 国家理论：女性主义的视角*

约翰娜·坎图拉/文　茅根红/译

有关女性主义与政治的介绍文本经常以女性主义方法与政治科学之间的紧张关系（difficult relationship）作为起点。[①] 女性主义者在研究政治领域其中一个核心概念——国家——时遭遇的困境显而易见。女性主义者在是否需要对国家进行理论化这个问题上模棱两可。20 世纪 60 年代的所谓第二波女性主义运动主要从公民社会角度来寻找政治影响的另一条途径。此后，女性主义的国家理论在女性主义学者中引起深深的不安。一些学者认为这种理论以前并不存在，因此迫切需要这种理论，[②] 其他一些学者则认为根本没有那个必要。[③] 研究这一问题的女性主义者的看法通常介于两种对立的观点之间：一种认为国家可以给争取性别平等的斗争带来希望，另一种则担心会被拉拢和不得不妥协。

这种情形在盎格鲁—美利坚语境下尤其如此，在那里女性主义关于国家的争论被“介入国家”和“远离国家”这两种截然对立的观点所瘫痪（paralysed）。自由主义的女性主义者在女性主义国家理论中代表“介入”国家的立场，目标是要从“内部”改革国家。有人批评自

---

* 本文选自 Colin Hay, Michael Lister and David Marsh, eds., *The State: Theories and Issues* (New York: Palgrave Micmillan, 2006), pp. 118 - 134.

① Anne Phillips, "Introduction," in Anne Phillips ed., *Feminism and Politics* (Oxford: Oxford University Press, 1998); V. Randall, "Feminism," in David Marsh and Gerry Stoker eds., *Theories and Methods in Political Science*, 2nd edn (Basingstoke and New York: Palgrave Macmillan, 2002).

② C. A. Mackinnon, *Towards a Feminist Theory of the State* (Cambridge, MA: Harvard University Press, 1989).

③ J. Allen, "Does Feminism Need a Theory of the State?" in S. Watson ed., *Playing the State: Australian Feminist Interventions* (London: Verso, 1990).

由主义的女性主义会冒着被父权制国家结构拉拢的风险。相反，激进女性主义代表“远离”国家的立场。她们远离国家，另辟蹊径，旨在发展出一种超国家主义（extra - statist）的政治形式。女性主义的斗争策略由于对待国家问题的这种分野而简化为两类：要么融入（介入国家），要么自立（远离国家）。其后，许多女性主义学者致力解构这一仍然萦绕在女性主义国家研究之上的二元对立。

本章将超越盎格鲁 - 美利坚女性主义国家理论的主流观点，这种观点可以“介入”和“远离”国家的二元对立来概括。我将力图关注女性主义内部的多样性，聚焦于各种女性主义（feminisms）。① 女性主义围绕国家争论所形成的贡献各不相同，研究路径有时也彼此矛盾。尽管存在着这些分歧，女性主义的主要贡献在于揭露了国家制度、实践和政策的性别化（gendered）和父权制特征。在性别化的过程中，优势与劣势、剥削与控制、意义与认同都通过男性与女性、男性气质与女性气质的区分而模式化。② 女性主义者指出，国家通过特定的性别方式影响女性，推动建构性别关系，与此同时，不同妇女和女性运动也影响国家，反过来，国家也影响妇女和女性运动。③

本章的目的在于描绘女性主义关于国家的多维视角，包括自由主义、激进的、马克思主义和社会主义、北欧的（Nordic）以及后结构主义的女性主义。这些派别分别对国家进行了理论化，如：（1）中立国家，（2）父权制国家，（3）资本主义国家，（4）对妇女友好的福利国家（the women - friendly welfare state），（5）后结构主义国家。本章开篇清理每一个研究派别所做出的贡献，然后集中探讨这些研究视角所遭到的批评。最后，通过分析两条对立的研究路径来考察当前女性

---

① V. Randall, “Feminism,” in David Marsh and Gerry Stoker eds., *Theories and Methods in Political Science*, 2nd edn (Basingstoke and New York: Palgrave Macmillan, 2002).

② Joan Acker, “Gendering Organizational Theory,” in Albert J. Mills and Peta Tancred eds., *Gendering Organizational Analysis* (Newbury Park, London and New Delhi: Sage, 1992), pp. 251 - 255.

③ G. Waylen, “Gender, Feminism and the State: an Overview,” in Vicky Randall and Georgina Waylen eds., *Gender, Politics and the State* (London: Routledge, 1998), p. 1.

主义关于国家的争论。一方面，一些学者质疑女性主义和妇女运动变革国家的策略是否有效；另一方面，女性主义者无论从理论上还是实践层面都对国家的关注与日俱增。本章认为，要理解这两种倾向的利弊，需要对作为我们分析基础的国家概念有清晰的认识。

## 一、女性主义的贡献

### 1. 中立国家

自由主义的女性主义把国家概念界定为不同利益集团之间的中立裁决人，这一观点非常接近于多元主义国家理论。他们已经认识到男性主宰了国家体制，所采纳的都是反映男性利益的政策，尽管如此，他们坚信可以把国家从代表男性利益和男性的影响下“夺回来”。在这个观点中，国家代表的是控制政府体制的利益集团的意志。对于许多自由主义的女性主义者来说，更多的女性“介入”国家（作为国家工作人员）可以带来更多有利于女性的政策，包括立法和创造各种条件促进性别平等，而且可以表达女性的声音。[①] 自由主义的女性主义者强调法律面前一律平等的原则。在公共领域男女有别是不恰当的——无论谁都应该，而且能够作为公民受到国家的平等对待。

贝蒂·弗里丹（Betty Friedan）的《女性的奥秘》（*Feminine Mystique*，1962）阐明了自由主义的女性主义这一研究视角的一些内涵。弗里丹非常激愤地批评20世纪60年代美国妇女的悲惨地位，并主张女性必须进入公共领域和政府领域为立法而斗争。在她看来，妇女广泛参与社会应建立在没有性别差异的基础之上。她主张，强调男女有别是对女性平等地位的反动。对于弗里丹来说，女性主义首先意味着

① Sophie Waston, “The State of Play: An Introduction,” In Sophie Waston, ed., *Playing the State* (London: Verso, 1990); G. Waylen, “Gender, Feminism and the State: an Overview,” in Vicky Randall and Georgina Waylen eds., *Gender, Politics and the State* (London: Routledge, 1998).

改善和提高妇女的正式权利。

另一位自由主义的女性主义者苏珊·奥金（Susan Moller Okin）则认为，自由主义模式的正义需要从仁慈的国家扩展到家庭领域。奥金主张家庭是不平等关系产生的一个主要场所，也是机会不平等的其中一个来源。[①] 她批评国家间接推动了家庭中不平等关系的复制。尽管自由主义有抽象承诺强调禁止国家干预私人生活的重要，但在实践中，自由主义国家还是管理和控制着家庭。[②] 对于奥金来说，解决这些问题的关键在于自由主义国家的公共政策和家庭法的改革。她与主流自由主义者的区别在于：她接受国家扩张介入家庭，作为一种获得正义的方式，而这与自由主义最小国家的理念格格不入。

自由主义的女性主义思想已经影响到政策的制定。在西方国家，平等和普遍的观念——两者都是自由主义理论的表现——仍处于围绕平等待遇、平等配额和平等公民权的公共争论的中心，并且也是女性争取进入男性主导的国家体制的强有力工具。总之，自由主义的女性主义者已经提供了一系列关于正义的重要且影响深远的思想，并将继续在女性主义争论中得到引用。

### 2. 父权制国家

激进的、马克思主义以及社会主义的女性主义者从总体上对国家概念进行了根本批判，特别是对自由主义的女性主义的中立国家观点。这些研究标志着20世纪60年代对自由主义女性主义形成挑战的所谓第二波女性主义的兴起。第二波女性主义的激进特征是自由主义女性主义政治幻想破灭的症候。这一时期是重要的，这体现在改变了女性主义对于政治国家、父权制以及性别概念的理解。

激进女性主义者认为国家具有父权制的特征。凯特·米丽特

---

① S. M. Okin, *Justice*, *Gender and the Family* (New York: Basic Book, 1989), p. 170.

② J. Squires, "Politics Beyond Boundaries? A Feminist Perspective," in Adrian Leftwich ed., *What is Politics*? (Cambridge: Polity Press, 2004).

(Kate Millett)赋予父权制概念以新的内涵。① 在她的《性的政治》(*Sexual Politics*)发表之前，父权制意味着父亲的统治或者家长的统治。② 米丽特则认为父权制实际上是关于男性的统治——男性霸权。这样，父权制概念就获得了更深刻的理解：女性遭受的压迫不是随意的和零碎的，女性遭受各种不同形式的压迫是相互联系和彼此支撑的。这一女性主义分析的激进特征来自于下面的主张：国家的父权制特征不仅不是偶然的，其本质就是如此。甚至，父权制是全球化的。无论国家采取何种特殊的形式都无法像父权制国家那样产生深远的意义。③

自由主义的女性主义从政治体制的视角来理解国家，而激进的女性主义将其关注点扩展到更广的国家和社会结构上。他们的分析揭示了在制定政策的正式和非正式实践过程中所体现的父权制特征。父权制的概念指明了女性主义的策略和政治目标：如果女性要想得到解放，就必须废除男性主导的整个结构。④ 从激进女性主义的观点来看，国家本质上是父权制的，它的价值观和结构都是由男性建立和主导的，因而不利于解决其他方面的父权制问题。因此，寄希望于国家是毫无意义的，女性们应该集中精力挑战父权制的领域不是国家，而是公民社会。

凯瑟琳·麦金农清楚地表达了一种关于国家的激进女性主义立场。⑤ 她认为：

---

① K. Millett, *Sexual Politics* (Gardencity: Doubleday, 1970).

② D. Coole, *Women in Political Theory* (Brighton, Sussex: Wheatsheaf Books, 1988), p. 71.

③ D. Dahlerup, "Confusing Concepts, Confusing Reality: A Theoretical Discussion of the Patriarchal State," in Anne Showstack Sassoon ed., *Women and the State* (London: Routledge, 1987); J. Dale and Peggy Foster, *Feminist and State Welfare* (London: Routledge & Kegan Paul, 1986); J. B. Elshtain, *Public Man*, *Private Women*: *Women in Social and Political Thought* (Oxford: Martin Robertson, 1981).

④ Joan Acker, "The Problem with Patriarchy," *Sociology* 23 (2), 1989, p. 235.

⑤ C. A. Mackinnon, *Towards a Feminist Theory of the State* (Cambridge, MA: Harvard University Press, 1989); C. A. Mackinnon, "Feminist, Marxism, Method and the State," in Sandra Harding ed., *Feminism and Methodology* (Milton Keynes: Open University Press, 1987).

> 从女性主义的视角来看，国家是男性的：法律以男性看待和对待女性的方式来看待和对待女性。自由主义国家强制地、霸道地以男性的利益建构社会秩序——通过立法规范、形式、社会关系以及具体的政策。①

女性主义者不能寄希望于国家来解放女性，因为国家权力与男性权力根本无法区分。麦金农特别批评自由主义国家及其法律和政策。一方面，男性从男性的视角出发制定了法律，在很多场合，这些法律都是为男性服务的。另一方面，即使形式上存在关于禁止强奸、堕胎以及色情的各种法律，这些法律从来就没有充分和有效地得到实施。②

激进的女性主义引进性别（gender）与性（sexuality）的概念。麦金农坚称："性对于女性主义的意义就如劳动对于马克思主义：本属于自身，却最大程度地被拿走了（taken away）。"③ 国家强制（enforce）妇女和性划上等号。但是，随着妇女意识的觉醒，重新发现什么才是真正属于女性变为可能，恢复妇女在政治上发出自己的声音的能力。自由主义的女性主义把男女有别看成是不恰当的，而激进的女性主义却称赞并高度评价这种区分。当然，这种观点充其量只是创造了一种替代的、反等级的新视角。④

总而言之，激进的女性主义的主要贡献在于通过强调国家的父权制特征而为女性主义的国家理论提供了重要的分析工具。她们的批判分析有助于揭示国家在延续性别不平等上的影响。激进女性主义理论有益地强调了妇女的不同关注点，并为解决妇女遭受的不平等提供了可供选择的新视角。

---

① C. A. Mackinnon, *Towards a Feminist Theory of the State* (Cambridge, MA: Harvard University Press, 1989), pp. 161 - 162.

② C. A. Mackinnon, *Towards a Feminist Theory of the State* (Cambridge, MA: Harvard University Press, 1989).

③ C. Smart, *Feminism and the Power of Law* (London: Routledge, 1989), p. 76.

④ Kathy Ferguson, *The Feminist Case Against Bureaucracy* (Philadelphia: Temple University Press, 1984), p. 5.

### 3. 资本主义国家

马克思主义在20世纪70年代对女性主义形成的强大影响力也反映在女性主义对于国家的分析上。然而，对于激进女性主义者来说，国家是一个父权制的国家，对于马克思主义的女性主义者来说，国家则是一个资本主义的国家。[①] 国家不仅仅是一种制度，它也是社会关系的一种形式。[②] 通过家庭内劳动力的再生产，妇女的附属地位在维持资本主义的过程中发挥了重要的作用。马克思主义的影响可以从关于劳动和再生产等范畴的争论中看出来，即所谓的"家庭劳动争论"（domestic labour debate）。[③] 无论是在劳动中还是被排除在劳动之外，妇女都遭受着压迫，马克思主义的女性主义者认为需要归咎于家庭意识形态。在批判福利国家时，马克思主义的女性主义者认为，国家主要通过福利国家政策促进并维持了家庭意识形态。与激进的女性主义相比，马克思主义的女性主义者主张在反对资本主义的斗争中，妇女只有作为工人而非女性才能发挥重要的作用，[④] 只有在再生产的意义上妇女界定才被引用——妇女都是劳动力再生产的母亲。[⑤]

---

① M. McIntosh, "The State and the Oppression of Women," in A. Kuhn and A. Wolpe eds., *Feminism and Materialism: Women and Modes of Production* (London: Routledge & Kegan Paul, 1978), p. 259.

② Sophie Watson, "The State of Play: An Introduction," in Sophie Watson, ed., *Playing the State* (London: Verso, 1990), p. 4.

③ Michèle Barrett, *Women's Oppression Today: Problems in Marxist FeministAnalysis* (London: Verso, 1980); C. Delphy and D. Leonard, *Familiar Exploitation: A New Analysis of Marriage in Contemporary Western Society* (Cambridge: Polity Press, 1992); A. Kuhn and A. M. Wolpe, eds., Feminism and Materialism: Women and the Modes of Production (London: Routledge & Kegan Paul, 1978); M. Molyneux, "Beyond the Domestic Labour Debate," *New Left Review* 116, 1979, pp. 3 – 27.

④ M. McIntosh, "The Stateband the Oppression of Women," in A. Kuhn and A. Wolpe eds., *Feminism and Materialism: Women and Modes of Production* (London: Routledge & Kegan Paul, 1978).

⑤ Lydia Sargent, "New Left Women and Men: The Honeymoon is Over," in Lydia Sargent, ed., *Women and Revolution: The Unhappy Marriage of Marxism and Feminism* (London: Pluto Press, 1981), p. xxi.

社会主义的女性主义者试图把马克思主义的女性主义与激进的女性主义的洞见结合起来。从激进女性主义者那里，社会主义的女性主义者获得了对被称作父权制的压迫体制的理解，从马克思主义的女性主义者那里，他们获得了界定所有工人状况的阶级压迫的重要意义。① 他们在分析资本主义和父权制这种“双体制”时结合了这两条研究路径。齐娜·艾森斯坦认为，资本主义父权制概念抓住了“资本主义阶级结构与性别等级结构之间彼此强化的辩证关系”。② 接着，米歇尔·巴雷特从多个层面揭示了国家在加强对妇女的压迫：通过保护立法，妇女被排除在特定的工作之外；通过色情立法支配性的表达在性领域行使支配权的方式，而且国家的住房政策并不照顾非核心家庭的需求。③

争论围绕着这两个体系的自主性程度。一些理论家认为父权制比资本主义自主性更强，④ 其他理论家则认为资本主义占据优势。⑤ 对于艾森斯坦来说，资产阶级并没有直接统治国家或政府，相反，他们行使的是领导权（hegemony）。国家所扮演的大部分神秘角色只有通过区分男性利益与资产阶级利益才能辩明。⑥

---

① Lydia Sargent, "New Left Women and Men: The Honeymoon is Over," in Lydia Sargent, ed., *Women and Revolution: The Unhappy Marriage of Marxism and Feminism* (London: Pluto Press, 1981), p. xxi.

② Z. Eisenstein, "Developing a Theory of Capitalist Patriarchy and Socialist Feminism," in Z. Eisenstein, ed., *Capitalist Patriarchy and the Case for Socialist Feminism* (New York and London: Monthly Review Press, 1979), p. 17.

③ Michele Barrett, *Women's Oppression Today: Problems in Marxist Feminist Analysis* (London: Verso, 1980), pp. 231 - 237.

④ S. Harding, "What is the Real Material Base of Patriarchy and Capital?," in Lydia Sargent ed., *Women and Revolution: The Unhappy Marriage of Marxism and Feminism* (London: Pluto Press, 1981); H. Hartmann, "The Unhappy Marriage of Marxism and Feminism: Towards a more Progressive Union," in Lydia Sargent ed., *Women and Revolution: The Unhappy Marriage of Marxism and Feminism* (London: Pluto Press, 1981).

⑤ I. M. Young, "Beyond the Unhappy Marriage: A Critique of the Dual - Systems Theory," in Lydia Sargent ed., *Women and Revolution: The Unhappy Marriage of Marxism and Feminism* (London: Pluto Press, 1981).

⑥ Z. Eisenstein, *Feminism and Sexual Equality: Crisis in Liberal America* (New York: Monthly Review Press, 1984).

马克思主义的和社会主义的女性主义的贡献是把国家理解为一种社会关系，并强调在对国家进行理论化时需要理解资本主义关系的重要性。它集中关注妇女干家务活而没有报酬，从而在自由主义和激进女性主义关于国家的视角上增加了一个新的维度。社会主义的女性主义对于经济正义的强调对于女性主义者来说越发显得重要。①

### 4. 对妇女友好的福利国家

20 世纪 80 年代末，自由主义的、激进的、马克思主义的和社会主义的女性主义关于国家的观点受到了来自于盎格鲁 - 美利坚核心之外的国家的挑战。北欧女性主义者、澳大利亚的女性主义官员以及社会性别与发展研究学者突出强调了国家之间的差异。这些学者一致认为，需要超越前文列举的有关国家的盎格鲁 - 美利坚式的理解。

"女性主义官员"（femocrat）一词在澳大利亚被创造出来，用以分析在国家官僚机构中工作的女性主义者积极推动社会变革，② 接着，研究发展的学者揭示了国家在非西方国家的截然不同的意义。③ 与西方国家的有关讨论一样，这类文献旨在考察国家机构在涉及女性的公

① Jane S. Jaquette, "Feminism and the Challenges of the 'Post – Cold War' World," *International Journal of Feminist Politics* 5 (3), 2003, pp. 331 – 354.

② H. Eisenstein, "Speaking for Women? Voices from the Australian Femocrat Experiment," in *Australian Feminist Studies* 14, 1991, pp. 29 – 42; H. Eisenstein, *Inside Agitators: Australian Femocrats and the State* (Philadelphia: Temple University Press, 1996); M. Sawer, *Sisters in Suites: Women and Public Policy in Australian* (Sydney: Allen & Unwin, 1990); M. Sawer, "Why has the Australian Women's Movement Had More Influence on Government in Australia than Elsewhere?" in Francis Castles ed., *Australia Compared* (Sydney: Allen & Unwin, 1991); Sophie Watson, "Femocratic Feminism," in Mike Savage and Anne Witz eds., *Gender and Bureaucracy* (Oxford: Blackwell, 1992).

③ Haleh Afshar, ed., *Women and Politics in the Third World* (London: Routledge, 1996); Sonia E. Alvarez, *Engendering Democracy in Brazil: Women's Movements in Transition Politics* (Princeton, NJ: Princeton University Press, 1990); E. Dore and M. Molyneux, eds., *Hidden Stories of Gender and the State in Latin America* (Durham, NC and London: Duke University Press, 2002); S. Rai and G. Lievesley, eds., *Women and the State: International Perspectives* (London: Taylor & Francis, 1996); N. Vivanathan, L. Duggan, L. Nisonoff, and N. Wiegersma, eds., *The Women, Gender and Development Reader* (London: Zed Books, 1997).

共领域和私人生活的不同方面践行权力的过程和作用，以及妇女对权力入侵所进行的抵抗。但是，这里存在着某些重要的差异。第三世界国家的文献关注后殖民主义、民族主义、经济现代化以及国家能力等核心主题，而西方女性主义学者却把这些问题看作是理所当然，她们更加关注的是如何最佳地参与国家。①

北欧女性主义的国家分析与激进的和马克思主义女性主义的视角明显不同，比起以等级制阶级结构为主导的自上而下地实行精英民主制的英国，北欧社会民主福利国家的背景使得北欧女性主义很少与激进的和马克思主义的女性主义有共鸣之处。② 北欧女性主义的经验并不是基于一种普遍的父权制，③ 他们的分析强调了不同国家对于妇女的不同意义。不像激进的和马克思主义的女性主义理论，北欧女性主义者对国家的理解为在既定国家结构中的操作留下了余地。

赫恩斯（Helga Maria Hernes）把北欧国家界定为有可能对妇女友好的社会。④ 一个对妇女友好的福利国家意味着妇女的政治和社会权利由国家授予，并得到国家社会政策的支持。⑤ 社会民主公民身份的传统使得更多的人乐观地认为国家是社会变革的工具。赫恩斯主张：

> 世界上没有其他任何地方，国家能够始终如一地被所有团体，包括妇女和她们的组织用来共同解决发现的问题。⑥

---

① Louise Chappel, "Interacting with the State," in *International Feminist Journal of Politics* 2 (2), 2000, p. 246.

② N. Raaum, "The Political Representation of Women: A Bird's Eye View," in Lauri Karvonen and Per Selle eds., *Women in Nordic Politics* (Aldershot, Hants: Dartmouth Publishing Company, 1995), p. 25.

③ Anett Borchorst and Birte Siim, "Women and the Advanced Welfare State—A New Kind of Patriarchal Power," in Ann Showstack Sassoon ed., *Women and the State: The Shifting Boundaries of Public and Private* (London: Hutchinson, 1987); H. M. Hernes, *Welfare State and Woman Power* (Oslo: Norwegian University Press, 1987).

④ H. M. Hernes, *Welfare State and Woman Power* (Oslo: Norwegian University Press, 1987).

⑤ Anneli Anttonen, "Hyvinvointivaltion naisystävälliset kasvot," in Anneli Anttonen, Lea Henriksson and Ritva Nätkin eds., *Naisten hyvinvointivaltio* (Tempere: Vastapaino, 1994).

⑥ H. M. Hernes, "Scandinavian Citizenship," *Acta Sociologica* 31 (3), 1988, p. 208.

对赫恩斯来说，北欧妇女根据她们自身的文化来介入国家，甚至在她们希望建立一种替代制度的情况下也是如此。①

北欧对妇女友好的福利国家的研究主要关注作为政治行动者的妇女角色。在北欧女性主义者看来，通过制度来保障性别平等，妇女可以获得作为政治主体的权利。② 相反，对父权制的过分关注可能会冒着把妇女还原成父权制结构的受害者的风险，这恐怕会使她们在维持或改变性别关系上所做的努力会被忽视。③

然而，北欧女性主义在分析社会性别和国家的时候比起自由主义的女性主义显得更加悲观，同时也更不那么简化。在对妇女友好的福利国家，妇女对于男性个体的私人依赖被转化为对国家的公共依赖。④ 公共领域的扩展即使有益于妇女，也是在男性主导的体制下规划和实施的。分配与再分配政策越来越多地按照法团主义的体制的框架来执行，比起议会体制，妇女更被缘化。因此，妇女是政策的对象。⑤ 这种趋势越来越恶化，因为与男性相比较，妇女的生活越来越依赖和受制于国家的政策。⑥

这条研究路径对于女性主义关于国家争论的贡献在于，它指出了情境对于女性主义国家理论的重要意义，并且指出了知识的地域性。它认识到了国家的时空多样性，并避免做出如性别化国家（gendered states）的先验结论。它的主要功绩之一是挑战了关于妇女与福利国家之间关系的普遍性理论和结论，这种结论建立在英格鲁－美利坚学者

---

① H. M. Hernes, "Scandinavian Citizenship," *Acta Sociologica* 31 (3), 1988, p. 210.

② Anette Borchorst and Birte Siim, "The Women – friendly Welfare States Revisited," *NORA: Nordic Journal of Women's Studies*, 10 (2), 2002, p. 91.

③ B. Siim, "Towards a Feminism Rethinking of the Welfare State," in Kathleen Jones and Anna Jónasdótir eds., *The Political Interests of Gender* (Oxford: Sage, 1998).

④ D. Dahlerup, "Confusing Concepts, Confusing Reality: A Theoretical Discussion of the Patriarchal State," in Anne Showstack Sassoon ed., *Women and the State* (London: Routledge, 1987).

⑤ H. M. Hernes, "Scandinavian Citizenship," *Acta Sociologica* 31 (3), 1988, p. 83.

⑥ Ibid., p. 77.

所阐发的理论与研究的基础之上。① 它所做出的更大贡献在于，它使分析者在对性别与国家的关系进行理论阐释时，加强了对妇女主观能动性的认识。② 只有体认到妇女与国家互动的结构约束，才不会蒙蔽对妇女行动的可能性的分析。

### 5. 后结构主义国家

后结构主义已经对女性主义的国家理论产生了双重影响。第一，后结构主义对国家的解构导致对国家这一界定的拒绝。朱迪斯·艾伦（Judith Allen）认为：

> 女性主义没有详尽阐述一种独特的“国家”理论，这种疏忽或失败并不是他们的错。相反，女性主义理论家却优先考虑其他理论议程而不是国家，他们的选择有其合理的理由，值得我们严肃对待。“国家”是一个抽象的界定，由于其太过于笼统、单一和不明确，因此不能用来表示零碎的、多元的以及特殊的场合，这也是女性主义亟待关注的。③

她认为，与其浪费过多的精力在国家这个有问题的概念上，还不如优先考虑其他政治分析。

第二，对于那些没有把国家这个概念完全抛弃的人来说，后结构主义阐发了一个更加微观的国家概念。后结构主义的女性主义突出强调国家与国家之间以及国家内部的差异。他们挑战先前女性主义国家

---

① Anette Borchorst and Birte Siim, “The Women - friendly Welfare States Revisited,” *NORA*: *Nordic Journal of Women's Studies* 10 (2), 2002, p. 91; R. Lister, *Citizenship*: *Feminist Perspectives* (Basingstoke and New York: Palgrave Macmillan, 1997), p. 174.

② Christina Bergqvist et al., eds., *Equal Democracies*: *Gender and Politics in the Nordic Countries* (Oslo: Scandinavian University Press, 1999); B. Siim, *Gender and Citizenship*: *Politics and Agency in France*, *Britain and Denmark* (Cambridge: Cambridge University Press, 2000).

③ J. Allen, “Does Feminism Need a Theory of the State?” in S. Watson ed., *Playing the State*: *Australian Feminist Interventions* (London: Verso, 1990), p. 22.

理论的一致，主张国家包含一系列不统一的领域。① 换句话说，国家是由一系列有差别的制度、议程和话语构成的，并且只能如此。② 后结构主义的研究路径把研究的重点从国家体制转移到国家实践和话语。国家被描绘为一个话语过程，政治与国家的概念变得更加宽泛。③

国家本质上不是父权制的，而是在政治过程中（其结果是开放的）被历史地建构为父权制的。④ 既然如此，父权制国家就不能被看作是父权制本质的体现，而应该看作是各种权力关系和政治过程相互激荡的中心，父权制在其中既被建构，也会受挑战。⑤ 独特的话语和历史建构了国家的边界、认同和机构。⑥

用后结构主义的女性主义方法进行研究的女性主义者着重强调国家的微观实践。⑦ 例如，达维纳·库珀审视了狩猎、艺术、宗教学说、性、公共空间、中学教育以期掌握自由国家政府治理的本质。⑧ 她的分析是由一系列独特问题所激发的：国家是否走得太远？需要把它拉回来吗？公共生活与私人生活的边界在哪里？⑨ 其他女性主义者则强调不同的政策领域会展现国家的不同图景。由布瑞斯金·琳达和莫纳

---

① R. Pringle and S. Watson, "Women's Interests and the Post – Structuralist State," in Michele Barrett and Anne Phillips eds., *Destabilizing Theory* (Cambridge: Polity Press, 1992), p. 229.

② G. Waylen, "Gender, Feminism and the State: an Overview," in Vicky Randall and Georgina Waylen eds., *Gender, Politics and the State* (London: Routledge, 1998), p. 7.

③ Ibid., p. 6.

④ R. W. Connell, *Gender and Power* (Cambridge: Polity Press, 1987), p. 129.

⑤ Ibid, pp. 129 – 130.

⑥ D. Cooper, *Power in Struggle: Feminism, Sexuality and the State* (Buckingham: Open University Press, 1995), p. 61; R. Pringle and S. Watson, "Women's Interests and the Post – Structuralist State," in Michele Barrett and Anne Phillips eds., *Destabilizing Theory* (Cambridge: Polity Press, 1992), p. 54.

⑦ D. Cooper, *Governing out of Order: Space, Law and the Politics of Belonging* (London and New York: Rivers Oram Press, 1998); B. Gwinnett, "Policing Prostitution: Gender the State and Community Politics," in Vicky Randall and Georgina Waylen eds., *Gender, Politics and the State* (London: Routledge, 1998).

⑧ D. Cooper, *Governing out of Order: Space, Law and the Politics of Belonging* (London and New York: Rivers Oram Press, 1998).

⑨ Ibid., p. 4.

·埃利亚松主编的著作研究工会、移民、对妇女的暴力以及性别，它打破了加拿大和瑞典给人留下的传统形象。①

后结构主义研究路径通过强调国家的不同性质，通过质疑国家回应的一致而对女性主义关于国家的争论做出了非常重要的贡献。但后结构主义的女性主义的一个重要问题是，当妇女参与国家事务时，使妇女获得权力的最有效策略是什么?② 换句话说，女性主义的目标不仅仅是理解国家对社会性别的影响，还要掌握如何通过女性主义斗争来利用和改变国家。后结构主义的女性主义者瓦解了“介入”与“远离”国家的二分法，认为这种二元划分无法掌握国家的多面特征。他们的分析有利于认识国家与性别之间复杂、多维和不同的关系。国家对于女性主义者既可以是积极的，也可以是消极的，同时也加强了女性主义者对性别多样性、流动性以及妇女这一概念的建构本质等认识。

## 二、对于女性主义国家视角的批评

女性主义者显然已从多个不同的视角对国家概念进行了研究，并且对性别化国家形成重要洞见。但是，女性主义关于国家的看法是有问题的，原因有很多。本章所讨论的批评主要来自女性主义者他们自己内部的争论，因为主流国家理论文献仍然很少广泛采用女性主义研究方法，因此，女性主义争论主要发生在女性主义者之间，主流国家理论学者很少介入。

像多元主义者一样，自由主义的女性主义者有时没有区分他们国家理论中的规范的、规定的和描述性的要素（normative, prescriptive and descriptive elements）。问题在于，有时并不明确自由主义的女性主

① Linda Briskin and Mona Eliasson, “Preface: Collaboration and Comparison,” in Linda Briskin and Mona Eliasson, eds., *Women's Organizing and Public Policy in Canada and Sweden* (Montreal and Kingston: McGill - Queen's University Press, 1999).

② V. Randall, “Gender and Power: Women Engage the State,” in Vicky Randall and Georgina Waylen eds., *Gender, Politics and the State* (London: Routledge, 1998), p. 200.

义者是在分析抽象的国家概念还是实际的国家。而且，自由主义的女性主义主要从体制的层面来理解国家，因此，这种国家和政治概念是非常狭窄的，也是其他女性主义者所不能接受的。批评者认为，弗里丹等自由主义的女性主义者无法理解妇女在家庭、劳动的性别分工以及性－阶级压迫（sex－class oppression）等生活环境中的结构关系，这种结构关系是她们社会政治生活的一部分。[①] 因为自由主义的女性主义没有质疑男性主导的深层结构，这为一种新型的父权制创造了空间，这种父权制比以前的形式更精致，也可能更稳定和强大。[②] 立法保证了形式平等，但同时也分散了我们对造成不平等的强大经济、社会和心理基础的注意力。齐娜·艾森斯坦（Zillah Eisenstein）认为：

> 除了实践其权力体系，父权制的主要目的是要神秘化其权力基础，以便它不被受压迫者识破。[③]

同样，对于凯蒂·弗格森来说，自由主义的女性主义已经屈从于主流父权制话语。[④] 完全关注于如何将妇女整合进国家体制，这种做法只能维持主流的父权制话语和规范，而不是质疑它。没有提出重要的问题，没有阐明批评的意见，没有设想替代的方案。[⑤]

相反，激进女性主义者更愿意把国家的本质看成是父权制的。例如，文蒂·布朗认为麦金农的研究是有缺陷的，因为她接受了男性的

---

① Z. Eisenstein, *The Radical Future of Liberal Feminism* ( Boston: Northeastern University Press, 1986), p. 181.

② R. Pringle, and S. Waston, "Fathers, Brothers, Mates: The Fraternal State in Australia," in Sophie Watsoned. , *Playing the State* (London: Verso, 1990), p. 231.

③ Z. Eisenstein, *The Radical Future of Liberal Feminism* ( Boston: Northeastern University Press, 1986), p. 223.

④ Kathy Ferguson, *The Feminist Case Against Bureaucracy* (Philadelphia: Temple University Press, 1984), p. 193.

⑤ Ibid. , p. 29.

主导地位。① 同样有问题的是，激进的女性主义者孜孜以求的是要详细说明妇女遭受压迫的单一原因，即父权制的剥削结构。② 在这种模式中，国家成为父权制权力的主要来源，权力成为男人主宰女人的权力、权威和支配。③ 在批评者看来，无论是国家还是男性化，都不止一个单一的权力来源或权力领域④。卡罗·斯麦特（Carol Smart）认为：

> 法律能够得到贯彻，这种权力部分来源于我们赋予它的权威。通过强调女性主义在法律和司法手段面前的软弱无力，我们只是简单地强化了这种权力。⑤

根据这一论述脉络，激进的女性主义对国家的理解有可能因为不介入父权制国家而加强不平等的权力关系。

激进的女性主义对于妇女之间的差别并不敏感，并且冒险主张国家以同样的方式到处压迫妇女。⑥ 例如，麦金农把色情表演者毫不含糊地置于受害者的地位，否认受压迫者的主观能动性。因此，她无法体认女同性恋者和男同性恋者的色情活动并不是简单地复制受害者的结构，实际上，对于那些被禁止公开表达性取向的人来说，这种表演具有解放的意义。⑦

---

① Wendy Brown, *States of Injury: Power and Freedom in Late Modernity* (Princeton: Princeton University Press, 1995), p. 178.

② Michèle Barrett and Anne Phillips, eds., *Destabilizing Theory* (Cambridge: Polity Press, 1992), p. 3.

③ D. Dahlerup, "Confusing Concepts, Confusing Reality: A Theoretical Discussion of the Patriarchal State," in Anne Showstack Sassoon ed., *Women and the State* (London Routledge, 1987), p. 94.

④ Wendy Brown, *States of Injury: Power and Freedom in Late Modernity* (Princeton: Princeton University Press, 1995), p. 179.

⑤ C. Smart, *Feminism and the Power of Law* (London: Routledge, 1989), p. 25.

⑥ Joan Acker, "The Problem with Patriarchy," *Sociology* 23 (2), 1989, p. 235.

⑦ L. McNay, "Subject, Psyche and Agency: The Work of Judith Butler," in *Theory, Culture and Society* 16 (2), 1999, p. 180.

这些普遍化的倾向也受到黑人女性主义者的强烈抵制，她们指出，她们经常与黑人男性而不是与白人妇女团结在一起。黑人女性主义的批判锋芒直指激进的与自由主义的女性主义。因为后者无法理解工作、家庭等概念对于黑人妇女来说有着非同寻常的意义。工作对于黑人妇女来说从来不意味着“自由”，而是必需品，家庭不像白人女性主义者所断定的那样是压迫的场所。① 同样，美国的黑人妇女也不像西方女性主义理论所描述的那样：她们是软弱的、无所事事的、喜欢依赖的淑女。② 而且这种理论很大程度上也忽视了作为后殖民地国家的第三世界妇女的经历。他们所做的假设都是西方中心论的，但其理论却采取了普遍性的语言。③

马克思主义的和社会主义的女性主义对于资本主义国家的看法同样受到批判。索菲·沃森（Sophie Watson）认为，尽管马克思主义和社会主义的女性主义强调国家是一种社会关系形式，但是，国家仍然好像是一个限制并决定我们生活的实体，它为资本服务，界定我们是谁和我们需要什么，这种界定转移了阶级冲突和模糊阶级分化。④ 更为重要的是，马克思主义的女性主义借用了还原主义（reductionist）和功能主义的主张来解释性别划分以及父权制家庭形式的持久性，并把性别关系纳入所谓“资本的需要”这个无所不包的全能体系中。⑤

换句话说，马克思主义的女性主义者之所以受到批判，是因为它以牺牲女性主义的分析范畴为代价，赋予马克思主义分析范畴以优先

① Valerie Amos, and Pratibha Pamar, “Challenging Imperial Feminism,” *Feminist Revew* 17, 1984, pp. 3 - 19; Michele Barrett and Marry McIntosh, “Ethnocentrism and Socialist - Feminist Theory,” *Feminist Review* 20, 1985, pp. 22 - 47; P. Palmer, “White Women/Black Women: The Dualism of Female Identity and Experience in the United States,” *Feminist Studies* 9 (1), 1983.

② D. Coole, *Women in Political Theory* (Brighton, Sussex: Wheatsheaf Books, 1988), p. 250.

③ S. Rai and G. Lievesley, eds., *Women and the Stat*: *International Perspectives* (London: Taylor & Francis, 1996), p. 5.

④ Sophie Waston, “The State of Play: An Introduction,” in Sophie Waston, ed., *Playing the State* (London: Verso, 1990), p. 4.

⑤ Sophie Waston, “The State of Play: An Introduction,” in Sophie Waston, ed., *Playing the State* (London: Verso, 1990), p. 6.

权。海蒂·哈特曼（Heidi Hartmann）认为：

> 马克思主义与女性主义的“婚姻”就像英国普通法所描绘的丈夫与妻子之间的婚姻：马克思主义与女性主义是一个整体，那个整体就是马克思主义。对于我们女性主义者来说，把马克思主义与女性主义整合在一起的最近几次尝试都是不令人满意的，因为他们把女性主义的斗争纳入到反对资本的更大的斗争中。把我们的比喻再推进一步，问题是要么选择一桩幸福美满的婚姻，要么选择离婚。①

给予马克思主义范畴以优先权意味着，马克思主义的女性主义继续遭受着马克思主义所面临的问题：结构论、决定论以及对经济的过分强调。的确，社会主义的女性主义对这两个体系提供了更加细致入微的分析。然而，资本主义的和父权制的社会结构仍旧占主导地位，以致于没有任何空间来进行积极的社会变革。

批评者已经指出，如果女性主义者要从理论上阐述国家，那么比起一个分析上的一致起点，北欧女性主义对妇女友好的福利国家理论是一种更加具有共识的政治策略。② 人们可能认为，北欧女性主义者对行动者和权力的关注低估了国家与社会中存在的性别等级与性别隔离的连续模式。③ 其实真正的问题在于，对妇女友好的福利国家的价

---

① H. Hartmann, “The Unhappy Marriage of Marxism and Feminism: Towards a more Progressive Union,” in Lydia Sargent ed. , *Women and Revolution: The Unhappy Marriage of Marxism and Feminism* (Oxford: Pluto Press, 1981), p. 2.

② E. Kreisky, “Der Saat ohne Geschlecht? Ansätze feministischer Staatskritik und feministischer Staatserklärung,” in Eva Kreisky and Birgit Sauer eds. , *Feministische Standpunkte in der Politikwissenschaft: Eine Einführung* (Frankfurt am Main: Campus), 1995, p. 215.

③ Anette Borchorst and Birte Siim, “The Women – friendly Welfare States Revisited,” *NORA: Nordic Journal of Women's Studies* 10 (2), 2002, p. 92.

值是在北欧语境之外的其他欧洲国家得到彰显的。[1]

由于对妇女友好的福利国家这一术语是以存在妇女的普遍的和共同的利益这一观念为前提，妇女的界定非常同质。[2] 赫恩斯指出，只要引入任何形式的多元主义，平等主义价值观就表现出它的局限。[3] 例如，对女同性恋者和少数族群的关注仍有待进入北欧女性主义的议程中，很少会分析福利国家对少数族群的影响，或者反过来，少数族群对福利国家的影响。[4] 首先，在北欧语境中，性别平等意味着白人异性恋的工作母亲之间的平等。[5] 因而，在北欧对妇女友好的福利国家的女性主义分析之中，妇女概念的多样性和流动性以及妇女的认同（women's identity）问题统统消失了。

与自由主义的女性主义一样，北欧女性主义试图选择千篇一律的道路来实现平等，这意味着性别平等的思想只有一个条件，其中男女生活都一样。[6] 对妇女友好的福利国家的规范基础建立在双养家糊口（dual - breadwinner）的模式上，即男女双方都是拿工资的工人。换句话说，女性主义关于对妇女友好的话语建立在这样一个前提之上：妇

---

① Anette Borchorst and Birte Siim, "The Women - friendly Welfare States Revisited," *NORA: Nordic Journal of Women's Studies* 10 (2), 2002, pp. 90 - 98; A. Towns, "Paradoxes of (In) Equality: Something is Rotten in the Gender Equal State of Sweden," in *Cooperation and Conflict* 37 (2), 2002, pp. 157 - 179.

② Anette Borchorst and Birte Siim, "The Women - friendly Welfare States Revisited," *NORA: Nordic Journal of Women's Studies* 10 (2), 2002, p. 91.

③ H. M. Hernes, *Welfare State and Woman Power* (Oslo: Norwegian University Press, 1987), p. 17.

④ Ann - Dorte Christensen and Birte Siim, *Kϕn, Demokrati og Modernitet* (Copenhagen: Hans Reitzel, 2001).

⑤ J. Lindvert, "A World Apart: Swedish and Australian Gender Equality Policy," *NORA* 2 (10), 2002, pp. 99 - 107.

⑥ Ibid., p. 100.

女参与劳动力市场是性别平等的关键。① 与民事权利②而不是社会权利有关的措施及其重要性在对妇女友好的国家的研究文献中是受忽视的。③ 茱莉亚·奥康纳（Julia O'Connor）、安·奥洛夫（Ann Shola Orloff）和萧拉·夏芙（Shela Shaver）认为，自由主义国家——美国、加拿大、澳大利亚和英国——提供了某些区别于社会民主国家的实现性别平等的措施。④ 这些措施包括生育权或人身权、反歧视制度以及工作场所政策。这些措施与民事权利而不是社会权利联系在一起。

接着，南希·弗雷泽（Nancy Fraser）表明，无论是再分配政治（a politics of redistribution，修补社会不平等）还是承认的政治（a politics of recognition，重新评价不被尊重的身份），本身都是不充分的。⑤ 北欧女性主义者的问题表明了他们偏向于再分配政治，结果导致性别平等与文化政治分离。⑥ 如维护身体健全的权利（对女性施加暴力就违反这一权利）等基本的民事权利，被提上北欧国家议事日程的速度

---

① Anette Borchorst and Birte Siim, "The Women - friendly Welfare States Revisited," *NORA*: *Nordic Journal of Women's Studies* 10 (2), 2002, p. 92.

② Civil rights 是 citizenship rights 当中的重要组成部分，主要体现在公民的人身自由、信仰自由、生命权、言论自由等方面。在英国社会学家 T. H. Marshall 看来，citizenship rights 主要包含三种基本权利：民事权利、政治权利和社会权利。民事权利主要发展于 18 世纪，与之对应的国家机构是法院；政治权利主要发展于 19 世纪，与之对应的机构是议会；社会权利主要发展于 20 世纪，与之对应的机构体现在医院、学校等的发展上。参阅郭忠华、刘训练（编）：《公民身份与社会阶级》，江苏人民出版社，2007 年，第一章。——译注

③ J. Lindvert, "A World Apart: Swedish and Australian Gender Equality Policy," *NORA* 2 (10), 2002, p. 101.

④ J. O'Connor, A. S. Orloff and S. Shaver, *States*, *Markets*, *Families*: *Gender*, *Liberalism and Social Policy in Australia*, *Canada*, *Great Britain and the United States* (Cambridge: Cambridge University Press, 1999).

⑤ N. Fraser, "False Antitheses: A Response to Seyla Benhabib and Judith Buler," in Seyla Benhabib et al, eds. , *Feminist Contentions*: *A Philosophical Exchange* (London: Routledge, 1995); N. Fraser, *Justice Interrupts*: *Critical Reflections in the 'Post - Socialist' Condition* (London: Routledge, 1997).

⑥ B. Siim, *Gender and Citizenship*: *Politics and Agency in France*, *Britain and Denmark* (Cambridge: Cambridge University Press, 2000); Anette Borchorst and Birte Siim, "The Women - friendly Welfare States Revisited," *NORA*: *Nordic Journal of Women's Studies* 10 (2), 2002, pp. 95 -96.

是出了名的慢，这在一定程度上是由于性别研究中的性别区分所带来的微弱影响所致。

后结构主义的女性主义对国家的理解因关注话语过程而受批评，这转移了对体制和政策的关注。特别是福柯主义者，他们专注于统治关系与治理术，把制度看成是过程和实践的结果，而不是过程和实践的来源。① 由于后结构主义的女性主义不关注体制和制度机制，比起相对容易地复制现有的权力关系，这一路径低估了实现社会变革的困难。② 对国家体制的忽视还进一步表明了后结构主义的女性主义对国家机构之间关系的忽视，例如中央政府对地方政府所施加的影响。③ 换句话说，后结构主义的女性主义的主旨是不明确的。国家被视为斗争的领域，但这种理论很少会思考国家是如何与其他类似领域相区分的。④

对后结构主义的女性主义最持久的批评在其解构了女性主体性和女性认同。一旦女性获得力量和权力来反抗由女性的从属地位带来的压迫，后现代理论家出来解构主体的概念。⑤ 可以说，福柯对于主体性的批判是如此的彻底，以至于没有给任何思考主体的非支配形式留下任何可替代的理论空间。⑥ "男人"和"女人"的概念被分解成漂浮不定的、千变万化的、没有任何一致和不稳定的社会建构。⑦ 批评者认为，这一主张妨碍了女性反抗压迫的斗争。塞拉·本哈比（Seyla

---

① D. Cooper, *Governing out of Order: Space, Law and the Politics of Belonging* (London and New York: Rivers Oram Press, 1998), p. 10.

② D. Cooper, *Sexing the City* (London: Rivers Oram Press, 1994), p. 7.

③ D. Cooper, *Sexing the City* (London: Rivers Oram Press, 1994), p. 7; J. O'Connor, A. S. Orloff and S. Shaver, *States, Markets, Families: Gender, Liberalism and Social Policy in Australia, Canada, Great Britain and the United States* (Cambridge: Cambridge University Press, 1999), p. 11.

④ D. Cooper, *Sexing the City* (London: Rivers Oram Press, 1994), p. 7.

⑤ S. Walby, "Post – Post – Modernism? Theorizing Social Complexity," in Michele Barrett and Anne Phillips eds., *Destabilizing Theory* (Cambridge: Polity Press, 1992), p. 48.

⑥ L. McNay, *Foucault and Feminism: Power, Gender and the Self* (Cambridge: Polity Press, 1992), p. 12.

⑦ S. Walby, "Post – Post – Modernism? Theorizing Social Complexity," in Michele Barrett and Anne Phillips eds., *Destabilizing Theory* (Cambridge: Polity Press, 1992), p. 34.

Benhabib）认为：

> 后现代主义摧毁了女性主义对女性主体和个性意识的诉求，破坏了女性主义以争取一个解放的未来为名重新书写女性自己的历史，并且打破了女性主义者实践激进社会批判的承诺，即“在所有的无穷的变化和单调的相似中”揭示社会性别。①

正当女性似乎在西方世界获得发言权，后现代主义却解构了她们的行动以及共同认同的基础。

除前面讨论的具体批判之外，所有的研究路径都没有涉及有关全球化、多级治理以及制度变迁等讨论。因此，这些研究路径在多大程度上为研究晚近的制度变迁（如权力转移或欧盟）提供了分析工具是有争议的。这对于自由主义的和激进的女性主义者都不是关键问题，他们分别关心中立国家和父权制国家。人们可以问，这些新的制度是否与国家一样是中立的，抑或是父权制的。这些女性主义理论所提供的策略（如整合或自治）是否同样可以应用于新的治理形式？可以说，这些研究路径并没有抓住话语、行动者和制度对各个层级的治理和国家边界所造成的影响。

## 三、女性主义的当前争论

女性主义关于性别和国家的大多数当前争论都试图阐明发生在次国家、国家以及国际层面上的复杂制度变迁，并评价女性主义者关于国家讨论的意义。在这样的背景下，女性主义的政治和社会探讨表现出两种趋势：一方面，越来越多的学者认为国家的权力在改变，更具体地说，国家权力已经衰落；另一方面，持怀疑态度的认为，国家仍然非常重要，并且女性主义者越来越多地与国家打交道。但没有哪一

① Seyla Benhabib, “Feminism and Postmodernism: An Uneasy Alliance,” in Seyla Benhabib et al. eds., *Feminist Contentions* (London: Routledge, 1995), p. 29.

条研究路径对国家的分析性问题以详细的关注。

第一种理论立场频繁地出现在女性主义关于全球化①、多级治理②以及跨国网络③的文献中。这种理论立场也从变动的世界政治分析中得到支持。跨国卖淫、移民、全球治安、国际人权以及全球服务经济都在跨国家和超国家的层次上发生，完全不考虑国家的边界。女性主义者批评全球化及其相关趋势，并且指出它们可能带来的各种特定的性别后果。由于国家撤出或不能提供基础设施和社会支持，女性不得不在家庭或生育中寻求补偿。④ 相对于性别与国家——女性主义者关于国家、女性主义的行动主义（feminist activism）和女性主义运动的话语——这一话题来说，这些结论所引起的一个关注是：女性需要有组织地从对国家的关注和依赖上转移方向。⑤

一些女性主义者在整个 20 世纪八九十年代都面临着这种困境，他们认为，国家已经重新塑造、重新定位和重新表达其正式权力和政策

---

① S. Jacobs, "Globalisation, States and Women's Agency: Possibilities and Pitfalls," in Susie Jacobs, Ruth Jacobson and Jen Marchbank eds., *States of Conflict: Gender, Violence and Resistance* (London and New York: Zed Books2000); R. M. Kelly, J. H. Bayes, M. E. Hawkesworth, and Brigitte Young eds., *Gender, Globalisation and Democratization* (Oxford: Rowman & Littlefield, 2001); J. J. Pettman, "An International Political Economy of Sex?" in E. Kofman and G. Youngs eds., *Globalization: Theory and Practice* (London: Pinter, 1996); J. J. Pettman, "Globalization and the Gendered Politics of Citizenship," in Nira Yuval - Davis and Pnina Werbner eds., *Women, Citizenship and Difference* (London and New York: Zed Books, 1999).

② Lee Ann Banaszak, Karen Beckwith and Dieter Rucht, "When Power Relocates: Interactive Changes in Women's Movements and States," in idem eds., *Women's Movements Facing the Reconfigured State* (Cambridge: Cambridge University Press, 2003); Elisabeth Prügl and Mary K. Meyer, "Gender Politics in Global Governance," in idem eds., *Gender Politics in Global Governance* (Lanham, Md: Rowman & Littlefield, 1999).

③ M. E. Keck and K. Sikkink, *Activists Beyond Borders: Advocacy Networks in International Politics* (Ithaca: Cornell University Press, 1998).

④ J. J. Pettman, "Globalization and the Gendered Politics of Citizenship," in Nira Yuval - Davis and Pnina Werbner eds., *Women, Citizenship and Difference* (London and New York: Zed Books, 1999), p. 212.

⑤ Linda Briskin, "Mapping Women's Organizing in Sweden and Canada: Some Thematic Considerations," in Linda Briskin and Mona Eliasson eds., *Women's Organizing and Public Policy Canada and Sweden* (Montreal and Kingston: McGill - Queen's University Press, 1999), p. 29.

责任，妇女运动因此面对的是一个经过重构的国家，这既为她们推进女性主义运动的进程提供了机会，同时也威胁到女性主义运动的成功。① 这些学者认为，国家权威一方面上传（upload）至超国家组织，另一方面则下载（download）到次国家、省或地区政府。选举领域的国家权力不断减弱，越来越依赖其他权力和部分非选举的国家机构，这表明权力的横向加载（lateral loading）。② 因为政府越来越多地交织在权力的横向传递中，妇女运动在国家层面的政策制定中是去政治化和边缘的部分。③

如果说国家转型是部分女性主义者关注的重点，那么另一个重要的进步则体现在性别与国家的问题上。女性主义介入国家在增加，无论是以学术研究的方式还是以积极行动的方式。许多女性主义学者认为，对于特定话语的制度安顿和提供资源，国家并没有丧失其核心地位。④ 相反，国家在整个 20 世纪 90 年代重构国家对社会的供应上不可或缺，不研究（福利）国家，就不可能理解这些变化。

而且，近几年来，国家女性主义（state feminism）——政府机构的活动被正式要求必须促进妇女地位和权利的责任——以及研究这一现象的兴趣在日增。⑤ 这里使人感兴趣的地方是妇女运动已经挑战了

---

① Lee Ann Banaszak, Karen Beckwith and Dieter Rucht, "When Power Relocates: Interactive Changes in Women's Movements and States," in idem eds., *Women's Movements Facing the Reconfigured State* (Cambridge: Cambridge University Press, 2003), p. 3.

② Ibid., pp. 4－5.

③ Ibid., p. 6.

④ J. O'Connor, A. S. Orloff and S. Shaver, *States, Markets, Families: Gender, Liberalism and Social Policy in Australia, Canada, Great Britain and the United States* (Cambridge: Cambridge University Press, 1999), p. 11.

⑤ A. Mazur, ed., *State Feminism, Women's Movements and Job Training: Making Democracies Work in the Global Economy* (New York and London: Routledge, 2001); Joyce Outshoorn, "Introduction: Prostitution, Women's Movements and Democratic Politics," in Joyce Outshoorn, ed., *The Politics of Prostitution: Women's Movements, Democratic States and the Globalization of Sex Commerce* (Cambridge: Cambridge University Press, 2004); D. Stetson, *Abortion Politics, Women's Movements and the Democratic State: A Comparative Study of State Feminism* (Oxford: Oxford University Press, 2001); D. Stetson, and A. Mazur, "Introduction," in idem eds., *Comparative State Feminism* (London: Sage, 1995).

国家对待妇女地位的方式，并且促使国家把妇女作为政治行动者进行吸纳。这方面的核心研究课题包括国家如何回应女性主义的要求，国家机构在促进妇女运动的目标中起了什么作用。① 尽管国际变化吸引了一些关注，但国家仍然是这些争论的关键概念。

最近，女性主义政治分析的另一个发展是对性别主流化（gender mainstreaming）的关注。把性别平等问题纳入主流是指在各个领域和各个层面评估所有有计划的行动（包括立法、政策、方案）对男女双方的不同含义。② 性别主流化常常从国际层面获得动力，如欧盟或者联合国，但又把国家及其结构作为主流化实施的场所。因此，性别主流化瞄准国家，为了影响国家政策或国家进程。而且，性别配额（gender quotas）也在世界范围内扩散，几乎所有国家都承诺制定政策以促进性别平衡。③ 争取性别配额的运动受到国际行动者和各种观点的复杂影响，④ 但还是把国家当作运动的目标。

杨斯（Gillian Youngs）对这种趋势进行了总结，他认为国家在女性主义的理论和实践中必须被重新界定为一种政治领域。⑤ 如果国家边界不被界定为权力关系和斗争的动态表现，那么这种从社会和空间维度建构起来的边界（存在于国家内部和国家之间，影响种族、阶级

---

① Joyce Outshoorn, "Introduction: Prostitution, Women's Movements and Democratic Politics," in idem ed., *The Politics of Prostitution: Women's Movements, Democratic States and the Globalization of Sex Commerce* (Cambridge: Cambridge University Press, 2004), p. 1.

② S. Rai, "Institutional Mechanisms for the Advancement of Women: Mainstreaming Gender, Democratising the State?" in Shirin Rai ed., *Mainstreaming Gender: Democratising the State? Institutional Mechanisms for the Advancement of Women* (Manchester: Manchester University Press, 2003); Teresa Rees, *Mainstreaming Equality in the European Union* (London: Routledge, 1998).

③ D. Dahlerup, "Using Quotas to Increase Women's Political Representation," in Azza Karam ed., *Women in Parliament: Beyond Numbers*, 2nd edn (Stockholm: International IDEA, 2002); M. L. Krook, *Politicizing Representation: Campaigns for Candidate Gender Quotas Worldwide*, PhD Thesis, Columbia University, 2004.

④ M. L. Krook, *Politicizing Representation: Campaigns for Candidate Gender Quotas Worldwide*, PhD Thesis, Columbia University, 2004.

⑤ G. Youngs, "Breaking Patriarchal Bonds: Demythologizing the Public - Private," in Marianne Marchand and Anne Sisson Runyan eds., *Gender and Global Restructuring* (London and New York: Routledge, 2000).

和性别）就是去政治化的。[1] 因此，需要把国家看作是一种权力斗争持续发生的政治空间。[2]

女性主义有关国家争论的两种趋势——国家转型和女性主义的国家转向——看起来似乎是完全对立的，但二者也存在着一些重要的共同特征。关注国家转型[3]、国家女性主义和福利国家体制[4]的学者都试图通过对西方国家进行大规模和系统化的比较来捕捉最近的发展。他们试图保持对国家差别的敏锐，引用后结构女性主义研究国家的著作，因为这些著作影响了他们的研究。但他们强调概括一般结论——即使不企图界定全部的国家，至少也是“西方”或者“北方”的国家和女性主义。例如，奥康纳、奥洛夫和夏芙把他们的目标界定为“从单一的制度框架转向大规模的国家分析”。[5] 紧接着，乔伊斯·奥茨胡恩探讨了“国家女性主义的理论”主旨以及国家女性主义的成功条件。[6] 但她也认识到，这个规划导致“细节的丧失”，并且“有可能会遗漏一个国家政治的重要的文化面向”。[7]

由此导致的结果是形成了一种互相矛盾：这些研究路径实际上与后结构主义的女性主义有分歧，尽管都会认同后结构主义的女性主义

① G. Youngs, “Breaking Patriarchal Bonds: Demythologizing the Public - Private,” in Marianne Marchand and Anne Sisson Runyan eds., *Gender and Global Restructuring* (London and New York: Routledge, 2000), p. 47.

② Ibid., p. 46.

③ A. Mazur, ed., *State Feminism, Women's Movements and Job Traning: Making Democracies Work in the Global Economy* (New York and London: Routledge, 2001); D. Stetson, *Abortion Politics, Women's Movements and the Democratic State: A Comparative Study of State Feminism* (Oxford: Oxford University Press, 2001).

④ J. O'Connor, A. S. Orloff and S. Shaver, *States, Markets, Families: Gender, Liberalism and Social Policy in Australia, Canada, Great Britain and the United States* (Cambridge: Cambridge University Press, 1999).

⑤ Ibid., p. 12.

⑥ Joyce Outshoorn, “Introduction: Prostitution, Women's Movements and Democratic Politics,” in Joyce Outshoorn, ed., *The Politics of Prostitution: Women's Movements, Democratic States and the Globalization of Sex Commerce* (Cambridge: Cambridge University Press, 2004), pp. 290 - 291.

⑦ Ibid.

关于差异化国家（differentiated state）论述的重要性。本章的第一部分表明，北欧国家的和后结构主义的女性主义者都有效地质疑了普遍地确立国家是什么的可能。鉴于此，我认为，与其论证什么是国家，还不如研究分析国家的批判工具。对于女性主义者来说，可以考虑把早先的女性主义国家理论的启发和关于转型国家的最近讨论联系在一起。

北欧的和后结构主义的女性主义认为，有必要关注国家间以及国家内部的差异。北欧女性主义者强调比较研究，而后结构主义的女性主义者则重视国家之间和国家内部的话语建构研究。如果把话语和比较研究方法结合起来，那么研究的重点就是具体语境下的话语、制度和人的能动，而不是抽象的理论。这种对于国家的情境化分析对盎格鲁－美利坚的话语霸权，包括女性主义的概念和研究形成了挑战。①

从一定程度上说，当前的争论仍处于本章前言中所指出的“介入”和“远离”国家的二分法状态，因此可以探讨这场争论的益处。尽管如此，争论本身仍然非常重要，因为它指明了国家研究不能独立于目前发生的、导致多级治理框架的多元化制度变迁。由此导致的结果是，女性主义的国家理论无法脱离新的制度和治理层级来概念化国家。最近的争论使学者们意识到话语和不同层级的治理模式之间的流动性，例如从欧盟到各成员国，以及与之相关的问题。

## 四、结　论

在女性主义的各种争论中，是否存在着一种女性主义的国家理论以及这种理论是否有存在的必要受到质疑。本文建立在这样一种理解之上：我们的确需要批判的女性主义工具来分析国家。最初，女性主义花费了大量的精力来回答国家的本质问题，即什么是国家？从自由主义、父权制或资本主义国家到对妇女友好的或后结构主义国家，都对这一问题做出了回答。前面部分的讨论表明要提出的问题不是关于

① B. Siim, *Gender and Citizenship*: *Politics and Agency in France*, *Britain and Denmark* (Cambridge: Cambridge University Press, 2000), p. 9.

国家的本质，而是应当如何最好地分析国家。上面探讨的关于国家的晚近争论清晰显示需要这些分析工具。本章提出了一种可能的分析方式，即把之前女性主义国家理论的比较研究和话语元素结合起来。女性主义的比较话语分析使女性主义者对语境的重要性更敏锐。这种方法论框架使我们认识到不可能建立一种普遍的国家概念。它同样使对国家内部差异的分析成为可能：这种内部差异体现在制度内与制度之间、话语与行动者之间以及把国家置于变动的制度背景下。

### 延伸阅读

Lee Ann Banaszak, Karen Beckwith and Dieter Rucht, eds., *Women's Movements Facing the Reconfigured State* (Cambridge: Cambridge University Press, 2003).

Christina Bergqvist, et al., eds., *Equal Democracies: Gender and Politics in the Nordic Countries* (Olso: Scandinavian University Press, 1999).

Catharine MacKinnon, *Towards a Feminist Theory of the State* (Cambridge, MA: Harvard University Press, 1989).

Julia O'Connor, Ann Shola Orloff and Shelia Shaver, *State, Markets, Families: Gender, Liberalism and Social Policy in Australia, Canada, Great Britain and United States* (Cambridge: Cambridge University Press, 1999).

Shirin Rai and Geraldine Lievesley, eds., *Women and the State: International Perspectives* (London: Taylor & Francis, 1996).

Vicky Randall and Georgina Waylen, eds., *Gender, Politics and the State* (London: Routledge, 1998).

Sophie Watson, ed., *Playing the State* (London: Verso, 1990).

# 国家理论：全球化的视角*

大卫·马什、尼克拉·J. 史密斯、尼克拉·弘特/文　郭台辉/译

关于全球化的学术研究仿佛已成为一种名副其实的产业，这表现在这一术语已成为媒体甚至是公共对话的通用话语上。全球化、尤其是全球化进程限制了民族－国家的自治能力，它使得追求新自由主义经济学的解决方案和社会生活的全面市场化不可避免，这一议题出于两方面的原因而变得至关重要：首先和最重要的一点是，这一问题相对于社会民主主义的未来而言至关重要，如果全球化支持者的许多观点是正确的，那么，社会民主主义将变得前景堪忧；其次，所有有关这一问题的思考都对社会科学领域中两个至关重要的元理论问题提供了启示，它们是结构与行动和物质与意识之间关系的问题。就这一点而论，我们的旨趣主要在于从观念层面（当然也从经验层面）审视全球化严重损害了国家自主性这一观点。我们认为国家与全球化之间的关系既有待挖掘，又比大多数对策所认为的更加复杂。

## 一、有关全球化的争论

全球化作为一个概念既高度时髦又极富争议。有关这一主题的文献在过去的十年间可谓汗牛充栋，要对这一巨大又不断扩展的学术文献作总体概览几乎是一项不可能的任务，但尽管如此，区分五种有关全球化的不同“思想派别”仍然是可能的。它们分别是：超级全球主义论（hyperglobalist thesis）、怀疑论、复杂全球化论、新制度主义论以及观念论（ideational thesis）。接下来我们将进行逐一分析。

---

* 本文选自 Colin Hay, Michael Lister and David Marsh, eds. , *The State: Theories and Issues* (New York: Palgrave Micmillan, 2006), pp. 172－199.

### 1. 超级全球主义论

超级全球主义论是全球化争论中最初和最著名的立场，这一立场与一系列具有广泛影响的学者联系在一起，比如罗伯特·里奇①、大前研一②等。在这些学者看来，我们今天生活于其中的世界与二三十年前迥然相异。尽管民族-国家一度主导了全球的经济地图，但今天的世界本质上是“没有边界”的，这尤其体现在经济维度上。商品、资本、劳动力和信息等轻而易举就可以跨越国家的边界而高速流动。例如，外商直接投资（即来自其他国家公司的投资）的流入量近年来得到极大的增长（从1982年的590亿美元增长到2002年的6510亿美元）。③ 此类发展“收紧”（shrink）了世界，以至世界在地理距离意义上已成为一个小得多的空间。例如，完全可以在几秒钟之内在世界范围内发一封电邮或者几小时之内亲身旅行到世界的其他地方。这意味着投资者只要轻点鼠标就可以把巨额金钱转移到其他国家。的确，诚如奥布赖恩所言，我们已经见证了“地理终结”时代的到来。④

在超级全球主义者看来，这对于民族-国家的角色来说具有深刻的含义。⑤ 商品、资本和劳动力的跨国流动破坏了国家治理的作用。例如，在一个“没有国界的世界”里，公司可以轻易地选择在哪里投资，因为它们不再受制于地理位置。既然公司的主要目的是为了赚钱，那么，它们就会被吸引到低成本的地区。这就迫使各国政府尽可能降

---

① R. B. Reich, *The Work of Nations*: *Preparing Ourselves for 21st - Century Capitalism* (New York: Knopf, 1991).

② K. Ohmae, *The End of the Nation - State*: *The Rise of Regional Economics* (London: Harper Collins, 1996).

③ UNCTAD, *World Investment Report* 2003: *Transnational Corporations and Integrated International Production* (New York: United Nations, 2003).

④ R. O'Brien, *Global Financial Integration*: *The End of Geography* (New York: Council on Foreign Relations Press, 1992).

⑤ J. Gray, *False Dawn*: *The Delusions of Global Capitalism* (London: Granta, 1998); W. Greider, *One World*, *Ready Or Not* (New York: Simon & Schuster, 1997); K. Ohmae, *The End of the Nation - State*: *The Rise of Regional Economics* (London: Harper Collins, 1996).

低关税水平，这样公司就不会尝试转移到其他地方去，一起带走就业和金钱。这些反过来也变得具有重大的社会和政治含意。如果政府面对减税的压力，这必将严重削弱他们发展诸如健康、教育等“公共产品”的能力。全球化因此与一个真正自由市场的成长息息相关。各国政府不应试图干预经济，因为市场在较量中总是能最后胜出。的确，在大前研一看来，全球化已经导致“民族－国家的终结”。[①]

### 2. 怀疑论

尽管超级全球主义者的观点影响极为广泛，但还是受到许多怀疑论者的挑战，例如赫斯特和汤普森[②]、拉格曼[③]、韦德[④]以及齐斯曼[⑤]等。在这些作者看来，今天的世界甚至与一个世纪之前没有多大的差别。与一战前比较，在某些方面——比如贸易和投资水平——世界经济实际上并没有那么开放和整合。怀疑主义者也质疑今天的世界是“没有国界的”这一主张。正如赫斯特和汤普森所指出的那样，今天的贸易和投资流动远不是“全球性的”。[⑥] 确切地说，它们高度集中于北美、欧洲、日本这三个区域。与此相对照，发展中国家得到的仅仅是投资和贸易中的一小部分。他们估计，世界上有三分之二的人口在20世纪90年代早期只获得16%的外商直接投资。资本也不像超级全球主义者所认为的那样轻易就可以跨越国家的边界。实际上，如果一个公司把大部分时间和金钱投资在一个特殊的领域（如通过培训职

---

① K. Ohmae, *The End of the Nation State: The Rise of Regional Economics* (London: HarperCollins, 1996).

② P. Hirst and G. Thompson, *Globalization in Question: The International Economy and the Possibilities of Governance* (Cambridge: Polity Press, 1999).

③ A. Rugman, *The End of Globalzsation* (London: Random House, 2000).

④ R. Wade, "Globalization and its Limits: Reports of the Death of the National Economy are Greatly Exaggerated," in S. Berger and R. P. Dore eds., *National Diversity and Global Capitalism* (London: Cornell University Press, 1996).

⑤ J. Zysman, "How Institutions Create Historically Rooted Trajectories of Growth," *Industrial and Corporate Change* 3 (1), 1994, pp. 243 – 283.

⑥ P. Hirst and G. Thompson, *Globalisation in Question: The International Economy and the Possibilities of Governance* (Cambridge: Polity Press, 1999).

员），“退出”的成本相当大——确实，它可能比支付高额的关税还要大。实际上，大多数公司并没有真正实现“全球化”，母国仍然是大部分公司运作的基地。①

因而，在怀疑论者看来，世界经济远没有全球化，相反，它仍然是：“一个开放的国际经济，基本上仍以相对独特的国家经济之间的交易作为特征，发生在国家层面的各种进程决定了例如各个公司和部门之间的竞争行为的结果。”② 因而，民族-国家正在衰退的观点“往好处说是不成熟的，而往坏处说则是站不住脚的”。③ 的确，怀疑论者指出了战后各国政府的扩张。例如，与二战前政府支出平均占GDP21%相比，在90年代中期各国的支出已经上升到47%。④ 因此，在怀疑论者看来，全球化并没有摧毁民族-国家，因为各国政府能够而且确实在经济上起重要作用。

### 3. 复杂全球化论

然而，在赫尔德和迪肯等作者看来，我们应当以一种完全不同的方式来界定全球化。⑤ 与其把全球化看作是一个终结的状态（即事情已经发生），我们应该把它看作是一个过程（即事情正在发生）。尽管贸易和投资的流动还远未实现全球化（主要集中于美欧日这三个区

---

① R. Wade, “Globalization and its Limits: Reports of the Death of the National Economy are Greatly Exaggerated,” in S. Berger and R. P. Dore eds., *National Diversity and Global Capitalism* (London: Cornell University Press, 1996).

② P. Hirst and G. Thompson, *Globalization in Question: The International Economy and the Possibilities of Governance* (Cambridge: Polity Press, 1999), p. 7.

③ M. Gertler, “Flexibility Revisited: Districts, Nation-States, and the Forces of Production,” *Transactions of the Institute of British Geographers* 17, 1999, pp. 259-278.

④ D. Rodrik, *Has Globalization Gone Too Far?* (Washington DC: Institute of International Economics, 1997), p. 49.

⑤ D. Held, A. McGrew, D. Goldblatt, J. Perraton, *Global Transformations: Politics, Economics and Culture* (Cambridge: Cambridge University Press, 1999); P. Dicken, *Global Shift: Transforming the Global Economic map in the 21st Century* (London: Sage, 2003).

域），但地区贸易集团的兴起本身就是一个更广泛的全球化过程的一部分。[1] 例如，那些希望加入欧盟的国家必须采取自由主义的政策，相应地作为整体对世界开放其经济。

在这些作者看来，今天的世界迥异于一个世纪之前。虽然其整合的程度类似，但整合的性质却不一样。这是因为这种整合比以前要更加深刻，不但包括国家之间商品和服务的贸易，而且包括在其他国家进行商品和服务的生产。例如，过去有四分之三的福特汽车在美国境内生产，但现在这一份额已少于四分之一。实际上，“蒙迪欧”（Mondeo）名字意味着“世界汽车”。但是，这并不意味着现在的世界是“没有国界的”，如迪肯等作者所强调的那样，世界经济地图严重不均衡，与之相关的每一项活动都“立基”于特定的场所。[2] 但是，这本身就被看作是全球化过程的重要组成部分，这一过程体现在“在所有层面重构权力，并创造出新的空间”。

正是从这一意义而言，复杂全球化论者主张世界正经历着一次根本变革。然而，这与超级全球主义者所设想的完全不同，尤其因为这种变化主要不是经济上的。例如，赫尔德等作者从政治、社会和文化等层面指出了广泛的变化。如罗伯森认为，我们已经见证了“全球意识”的崛起——一种我们都是一个更大社群的一部分的意识。[3] 全球化因此是一个高度复杂的过程，而不是一种终结的状态——世界也许还没有全球化，但是，它正处在全球化的过程中。

在复杂全球化理论家看来，这一过程对于民族－国家的职责具有非常重要的含意。尽管他们反对全球化已使民族－国家变得多余的说

① S. Breslin and R. Higgott, “Studying Regions: Learning from the Old, Constructing the New,” *New Political Economy* 5 (3), 2000, pp. 333－353.

② P. Dicken, *Global Shift: Reshaping the Global Economic Map in the 21st Century* (London: Sage, 2003).

③ R. Robertson, *Globalisation: Social Theory and Global Culture* (London: Sage, 1992).

法，但他们确实相信全球化已经改变了国家的职责。① 例如，迪肯写道："国家的位置在一个多中心的政治经济体系中正在得到重新界定，国家的边界在这一体系中变得比过去更加容易渗透。"② 国家权力不但向上（国际组织和运动）和向下（例如地方压力集团）转移，而且在横向上转向市场参与者（如跨国公司）。权力从国家向市场的这种转移加剧了国家间竞争，以致于各国政府必须更多偏向于经济竞争的各种需要，而不是财富分配等社会问题。③ 作为证据，复杂全球化理论家指出了许多新自由主义的（或市场导向的）措施，比如，在欧洲内外实行的私有化政策。各国政府也不能像怀疑论者所暗示的那样慷慨大方。罗兹认为，不断增加的福利开支很大程度上可以从诸如人口压力或低经济增长率等角度做出解释，一旦这些因素得到了解释，精简福利的过程将在事实上变得不可避免。④ 在这一意义而言，尽管还不存在"新自由主义的胜利"，但已经存在向世界范围内的新自由主义转向的趋势。

### 4. 新制度主义论

当复杂论在现象上表明自身在全球化文献中具有重要影响力的时候，另一种自命为"新制度主义者"的立场也很有影响。正如这一名

---

① P. G. Cerny, "Paradoxes of the Competition State: The Dynamics of Political Globalization," *Government and Oppostition* 32 (2), 1997, pp. 251－274; A. Giddens, *Runaway world: The Reith Lectures Revisited*, Lecture 1, 1999; J. A. Scholte, *Globalization: A Critical Introduction* (Basingstoke and New York: Palgrave Macmillan, 2000).

② P. Dicken, *Global Shift: Reshaping the Global Economic Map in the 21st Century* (London: Sage, 2003).

③ P. G. Cerny, "Paradoxes of the Competition State: The Dynamics of Political Globalization," *Government and Oppostition* 32 (2), 1997, pp. 251－274.

④ R. A. W. Rhodes, *Understanding Governance* (Milton Keynes: Open University Press, 1997).

字所表明的那样，豪尔和索斯基[1]、加勒特[2]、维斯[3]、夏帕夫[4]等作者的目的在于“把制度带回”到全球化研究中来，或者更概括地说，带回到资本主义研究中来。他们认为，国家可能会体验到共同的压力，不同制度和文化环境的存在意味着，它们可以以不同的方式来应对这些压力，并取得不同的结果。在这一意义而言，他们认为：“国内制度（取决于它们的特性）可以阻碍或者增强国家应对新挑战和完成新任务的能力，因而可以软化、中立化或扩大全球市场所具有潜在的约束效力。”[5]

新制度主义者因此坚决主张，全球化实际上可以强化民族－国家，而不仅仅是限制它们。的确，在加勒特看来，全球化不仅不妨碍社会民主主义国家的持续存在，而且正是因为它，社会民主主义国家才能变得持续繁荣。[6] 这是因为，全球化褒扬“一致”的策略——不论是市场自由主义的策略还是社会民主法团主义（social democratic corporatist）的策略——而惩罚“不一致”的策略。社会民主法团主义体制（如雇主与雇员或者技术娴熟者之间的合作）可以为商业提供大量的利润，它给投资带来的回报比低关税环境带来的回报要大得多。以这些论点作为基础，制度主义者完全同意怀疑论者的观点，即全球化为政府干预经济和社会事务留下了巨大的空间。但与怀疑论者不同，这并没有导致新制度主义者把全球化看作是一种“谜”（myth）而加以拒绝。在他们看来，就自由市场体制与社会民主体制之间持续和不断

---

① P. Hall and D. Soskice, “Introduction,” in P. Hall and D. Soskice, eds., *Varieties of Capitalism: The Institutional Foundations of Comparative Advantage* (Oxford: Oxford University Press, 2001).

② G. Garrett, *Partisan Politics in the Global Economy* (Cambridge: Cambridge University Press, 1998).

③ L. Weiss, *States in the Global Economy: Bringing Domestic Institutions Back In* (Cambridge: Cambridge University Press, 2003).

④ F. W. Scharpf, *Governing in Europe* (Oxford: Oxford University Press, 2000).

⑤ L. Weiss, *States in the Global Economy: Bringing Domestic Institutions Back In* (Cambridge: Cambridge University Press, 2003), pp. 27－28.

⑥ G. Garrett, *Partisan Politics in the Global Economy* (Cambridge: Cambridge University Press, 1998).

扩大的背离关系而言，全球化与之不无关联。[①] 从这一角度来看，全球化仍然是变化的关键驱动力。

#### 5. 观念全球化论

与复杂全球化理论家重申全球化概念所作的努力一样，另一组学者则试图质疑（或去魅化）全球化概念。[②] 他们采取了一条与超级全球主义者、怀疑论者、复杂理论家以及新制度主义者截然不同的研究路径。这些作者尤其坚决主张，我们不应只考察全球化是否存在，同样应从观念的角度加以考量（即与“物质现实”相对的全球化观念）。他们的路径反映了社会科学中的一个更广泛的转变，即更加强调观念在塑造社会政治变迁过程中的作用。

那么，我们为什么要审视观念的作用呢？思考这一问题的另一种方式是问：我们总是能对我们生活于其中的世界具有完整的认知吗？答案显然是否定的。这意味着我们不得不解释这个世界——我们关于世界的观念塑造了我们的行为。例如，关于苏联的崛起，事实上是诸如列宁等领导人对于马克思主义观念的信仰塑造了他们的行为，无论在事实上马克思主义是否正确。换句话说，观念在形成结果的过程中可以扮演一种独立的原因，观念可以带来“物质效果”（material effects）。

这对于全球化与国家的争论具有非常重要的意义。在科林·海伊看来，在欧洲内部和外部确实存在一种向新自由主义政策的转变，但这不意味着全球化就如复杂全球化理论家所认为的那样实际存在。[③]

---

① G. Garrett, *Partisan Politics in the Global Economy* (Cambridge: Cambridge University Press, 1998); P. Hall and D. Soskice, "Introduction," in P. Hall and D. Soskice eds., *Varieties of Capitalism: The Institutional Foundations of Comparative Advantage* (Oxford: Oxford University Press, 2001); L. Weiss, *States in the Global Economy: Bringing Domestic Institutions Back In* (Cambridge: Cambridge University Press, 2003).

② C. Hay and D. Marsh, *Demystifying Globalization* (London: Macmillan, 2000).

③ C. Hay, "Contemporary Capitalism, Globalization, Regionalization and the Persistence of National Variation," *Review of International Studies* 26, 2000, pp. 509 - 531.

他赞成怀疑论者的观点：没有充分的经验证据证明世界已经全球化了。[1] 他发现，欧洲国家实际上在近些年都被去全球化（de－globalized）了，因为地理上的距离在贸易和投资的流动上变得更重要了，而不是相反。然而，全球化可以发挥一种强大的观念作用。如果决策者相信全球化，他们很可能以全球化的方式行动而无论全球化是否真实存在。换句话说，新自由主义的观念可能创造新自由的政策。作为结果，这可能足以削弱民族－国家的破坏，即政府可能真会采取反过来影响他们权力和主权的政策。例如，各国在加入欧洲货币联盟时已经签署了《稳定与增长公约》（*the Stability and Growth Pact*），这反过来又影响了它们的开支的大小。

在这种意义上说，全球化就像某种自我实现的预言。在假设全球化是事实的前提下进行实践，决策者们实际上把它变成了既成的事实。在科林·海伊看来，最好把全球化看成是一种（政治）结果而不是（经济）动因。这非常关键，因为它开启了变化的可能。把全球化看成是一个偶然的结果而非外在的逻辑，这样，全球化最终也许被塑造，但也许被整个拒绝。正如海伊和马什所写的那样，我们必须“重新发掘塑造、驾驭和转化这个被我们全球化了的、而且必须栖身于其中的全球化世界的能力，全球化修辞经常使我们无力发现这种能力”。[2]

尽管“观念的”路径不是没有问题，但它强调了观念的作用，因而极为重要。毋庸置疑，在现有文献中，观念、物质关系和政策结果之间的关系并没有得到充分揭示。正如我们所看到的那样，超全球主义者主张，全球化很大程度上以一种没有中介的方式导致了各种政策结果。怀疑论者和复杂全球化理论家都认为，外在的经济过程是由特定国家的制度因素调节的，这种调节影响了国家的政策结果。但是，他们并不承认大家公认的全球化话语所具有的独立影响。与之相反，

---

① C. Hay, “Re－Stating Politics, Re－Politicizing the State: Neoliberalism, Economic Imperatives and the Rise of the Competition State,” *Political Quarterly*, 75 special issue, 2004, pp. 38－50.

② C. Hay and D. Marsh, *Demystifying Globalization* (London: Macmillan, 2000), p. 14.

观念理论家则把全球化的话语结构看作是解释政策结果的一个非常关键的解释变量。但是，正如我们接下来将要讨论到的那样，他们的研究路径也遇到了问题，那就是这些观念是如何与产生这些观念的更广泛的经济和政治语境联系在一起的。我们的观点是，无论国家具有哪些政策选择或者追求何种政策选择，它们都必须思考：国家置身于其中的外部经济环境；既有制度和文化环境尤其在国家层面以某些独特方式所带来的压力；那些压力的话语构成；以及最后，更广泛语境对那些话语的调节方式。在接下来的篇幅里，我们将逐一讨论这些问题。

## 二、解析经济过程、话语与政治结果之间的关系

在这一部分，我们的目的是要审视经济过程、全球化话语与政策结果之间的关系。我们的目的在于表明这些关系是高度复杂的，因而需要揭示出来。

### 1. 全球化：对测量的迷恋

尽管这一问题已经得到广泛的关注，但我们仍将花费少部分精力在这一点上。正如我们已经指出的那样，关于全球化的程度、本质及其影响是一个颇富争议的问题。然而，在我们看来，争论所产生的热度远大于启发。怀疑论者极为正确地批判了超全球主义者的观点，赫斯特和汤普森提供了充实的经验证据表明世界既未“全球化”，也不是“没有国界”。① 但是，赫尔德等人的著作本身就是对怀疑论者的回应，毕竟超全球主义者的观点已经在经验层面上被打垮——如果不是话语层面的话。② 科林·海伊支持赫斯特和汤普森的观点，特别强调区域化，并利用引力模式（gravity model）来表明欧洲内部的贸易和投

① P. Hirst and G. Thompson, *Globalization in Question: The International Economy and the Possibilities of Governance* (Cambridge: Polity Press, 1999).

② D. Held, A. MaGrew, D. Glodblatt, J. Perraton, *Global Transformations: Politics, Economics and Culture* (Cambridge: Cambridge University Press, 1999).

资实际上已经变得“去全球化”了。①

这些问题当然都极为重要，但它们不应分散我们对三个主要问题的注意力。首先，所有国家都史无前例地更加暴露在国际而非国内经济压力之下，这一点前面谈到的所有作者都不会怀疑。其次，所有国家都以不同的方式和不同的程度暴露在外部经济压力之下；因此审视各个国家的立场（position）比审视总体性“全球”图景更加重要。第三，这些变化所带来的政策结果并不会自动产生，赫斯特和汤普森、赫尔德等人以及科林·海伊都会同意这一点。在任何既定的国家，外部经济压力的影响部分是由该国的经济和政治制度结构造成的，部分是由政策制定者的观念造成的，这种观念体现在决策者对该国暴露在各种国际力量的程度的认识上，体现在其对经济、政治的结构束缚的认识上。

我们的主要观点是要重申：不要再迷恋有关测量全球化程度的各种主张，因为它会使我们忽视其他重要的问题。

### 2. 认真对待各种中介变量

这里，把赫尔德等人的结论作为探讨的起点是有意义的，在这一点上，我们相信，赫斯特和汤普森、维斯以及科林·海伊等也会赞成这种做法。外部经济压力（无论是全球的、国际的还是地区的）是：

> 通过下述因素得到有效的调节：国家在全球政治、军事和经济等级结构中的地位；国内经济、政治结构；国内政治的制度模式；以及抵制、管制和改善全球化规则的特定政府和社会策略。

很难用这种观点来处理问题，部分原因是它采取了一种散弹枪式的广撒网的做法，提出了如此多的变量。当然，这也是一种需要挖掘

---

① C. Hay, “Common trajectories, variable paces, divergent outcomes? Models of European capitalism under conditions of complex economic interdependence,” *Review of International Political Economy* 11 (2), 2004, pp. 231 - 266.

的观点，也许这么做的最好方法是分别考察每一种因素。

（a）国际政治、军事和经济地位

这里至少存在着三个变量，虽然它们明显相关。我们将以英国例子来简单分析这三者。虽然我们前面已经讨论过国家经济状况的重要性，但这一问题在文献中有点被忽视了，正如我们看到的那样，这些文献过于关注探讨总体层次上的全球化或区域化问题。很明显，并非所有国家都以相同的方式和同样的程度置于国际经济之中，这些差异很可能对国家的政策决策产生某种影响。作为一个明显的例子，英国是一个比其他欧洲国家（实际上，比大部分经济合作与发展组织中的国家）更加融入国际经济、更有可能向国际经济开放和受国际经济影响的国家。的确，2003 年科尔尼公司的数据显示，在 2001 年的 62 个国家中，英国的商品和服务总贸易排名第四、国际直接投资流入和流出的总量排名第四、转移支付和收入的总量排名第三、收支排名第二、证券投资的流入流出总量第四。① 当然，这并不意味着英国政府必然受到更多的束缚，但这是需要深思熟虑的一个因素。

英国由于其政治和军事历史而比其他国家更加融入国际经济，英帝国、尤其是其霸权强烈反映在其海外投资中。② 这里尽管不是深入探讨这一问题的地方，但却很显然涉及了路径依赖，即英国过去的国际政治和经济地位可以部分解释今天英国很高程度地融入国际经济的问题。与此同时，在 20 世纪 80 年金融市场自由化之后，考虑到金融市场在国际经济中关键作用，伦敦在金融领域的历史地位赋予了英国巨大的优势。当然，英国在过去一个世纪中的世界地位下降了。在最近一段时期，英国在经济政治上更加融合进欧洲了，尽管政治上有点不情愿。其中涉及的问题显然超越了本章的范围，但强调这一点非常

---

① A. T. Kearney, *Globalisation Index* (Foreign Policy, 2003).

② D. Held, A. MaGrew, D. Glodblatt, J. Perraton, *Global Transformations: Politics, Economics and Culture* (Cambridge: Cambridge University Press, 1999); P. Hirst and G. Thompson, *Globalization in Question: The International Economy and the Possibilities of Governance* (Cambridge: Polity Press, 1999).

重要。经济关系的国际化和全球化已经影响了政府政策，任何旨在对这种影响方式进行全面了解的人同时还必须认识到，变动中的英国政治和军事角色反过来又是如何调节那种关系的。

（b）国内经济环境

经济结构

一个国家的国内经济状况对于其应对国际经济压力具有明显的影响。赫尔德等人强调了经济结构，这显然是一个非常重要的因素。确实，赫斯特和汤普森对瑞典和丹麦进行了一个非常有趣的比较。他们认为，瑞典特殊的经济结构对该国的福利国家危机形成了显著的影响。瑞典经济是强烈出口导向型的，瑞典公司出口的产品有一半以上是在国外生产的，瑞典经济主要由几个巨型多国公司所控制。同时，公共就业率一直呈高水平态势。但是，瑞典社会的政策共识在20世纪80年代崩溃了，到90年代早期，主要雇主利用其经济地位拒绝法团主义的交易和治理协议，协议过去是政策共识的制度表现形式。瑞典雇主联合会1990年放弃中央工资谈判，1991年他们又从经济治理的三方制度中撤出。正如赫斯特和汤普森所总结的那样：

> 瑞典的问题很明显是由于经济结构、政治失误和权宜因素等混合在一起导致的，但一方面其经济过于依赖巨型多国出口制造商，另一方面对于公共就业的过度依赖都严重限制了可能的选择。①

同一时期（即20世纪80年代末和90年代）丹麦的经验则非常不同，这本身表明，在国际化与削减福利供给之间形成任何关系都是有问题的。与瑞典相比，丹麦经济的集中化程度要低得多；数量庞大的小型和中型公司在丹麦经济发展中起关键作用。丹麦缺乏高度集权的

---

① P. Hirst and G. Thompson, *Globalization in Question: The International Economy and the Possibilities of Governance* (Cambridge: Polity Press, 1999), p. 169.

法团主义结构，但其对于失业的救济也是慷慨的，救济体系表现出高度普遍化的特征。这种救济体系与积极的劳动力市场政策相结合意味着失业者不会被边缘化。在赫斯特和汤普森看来：

> 丹麦公民与有组织的利益集团之间似乎已愿意为危机做出调整，在经济困难时期愿意做出牺牲。无疑，平等和包容有效地促进了这种团结和热心公益的行为：公民和有组织的利益集团对政治过程具有很大的影响，他们也有理由期待政府和其他政治行动者的行为能够公正。①

当然，这里提出了我们接下来将要讨论的问题，即国内政治环境。但是，在赫斯特和汤普森看来，丹麦的经济结构与其福利国家的制度结构、政治环境和政治文化一起共同塑造了其面对国际经济压力时的应对策略。

法团主义结构

赫斯特和汤普森在做这种比较的时候提出了各种法团主义结构（corporatist structures）的作用问题，把这一结构理解为政治－经济结构或许更加合适。这些结构的存在明显能够调节国际化对政策结果所造成的影响。这一点在赫斯特和汤普森简要考察的另一个案例中表现得非常明显——荷兰。荷兰的经济极为国际化，从贸易的角度来看，它堪称世界上最国际化的经济体。但是，它拥有一个高密度的法团主义制度网络，从1982年开始，一项工资调节的政策就处于谈判之中，这项政策1993年在工会和雇主之间重新被提上日程。的确，赫斯特和汤普森引用维萨（Visser）和黑姆耶克（Hemerijck）的《荷兰的奇迹》（*a Dutch Miracle*）一书，其目的是要强调许多观察者所认为的观

① P. Hirst and G. Thompson, *Globalization in Question: The International Economy and the Possibilities of Governance* (Cambridge: Polity Press, 1999), p. 175.

点：制度化的工资管制措施已经成为荷兰应对国际竞争的唯一重要武器。[①] 在他们看来，这些合作主义谈判与荷兰政治结构的联盟特征结合在一起，已成为荷兰应对不断增长的国际压力，同时又保持高福利支出的关键因素。类似的结论同样适用于德国和奥地利。[②]

赫斯特和汤普森还指出，在欧洲，回应国际竞争压力的一种方法是转向而不是试图脱离社会协约或法团主义结构。[③] 此类发展主要局限于一些小型国家，如芬兰、爱尔兰、葡萄牙、挪威和西班牙，这一点是事实。但是，意大利的情况也非常有趣。在那里，改革是从上层发动的，但是在工资政策、工业关系以及福利国家改革等问题上涉及工会与雇主之间的合作。改革的大部分压力是外源性的，特别是来自作为欧洲汇率机制成员国（ERM）所附加的各种条件。然而，集中化的趋势也受国内公共财政状况、意大利养老金制度结构以及 1992 年旧政治体系崩溃的影响。由此造成的结果是：废除浮动关税制（根据通胀水平而对工资进行百分之一百的浮动），启动 1992 年的工资冻结政策；一种收入政策和集体谈判的新架构于 1993 年得以建立；1995 年，公民投票通过一项新的养老金制度。情况再一次表明全球化、法团主义结构与政策结果之间不是一种简单的关系。

这里有两个独立但彼此关联的要点。第一是法团主义结构的存在与否；第二是它们的作用；第三是它们的影响。正如前面我们简要考察的案例所表明的那样，不断增长的国际压力可能导致对法团主义结构的创建或持续依赖；但另一方面，一个国家也可能撤出关于价格与收入的谈判来应对这些压力，就像 1979 年之后的英国那样。特定政府

---

① P. Hirst and G. Thompson, *Globalization in Question: The International Economy and the Possibilities of Governance* (Cambridge: Polity Press, 1999), p. 177.

② B. Ebbinhaus and A. Hassel, "The role of tripartite concentration in the reform of the welfare state," in *State Intervention and Industrial Relations at the End of the 1990s* (Brussels: ETUI, 1999); P. C. Schmitter and J. R. Grote, *The Corporate Sisyphus: Past, Present and Future* (Florence: European University Institute, 1997); S. Vitols and S. Casper, "The German model in the 1990s: problems and prospects," *Industry and Innovation* 4 (1), 1997, pp. 1 – 14.

③ P. Hirst and G. Thompson, *Globalization in Question: The International Economy and the Possibilities of Governance* (Cambridge: Polity Press, 1999), pp. 180 – 185.

所求诸的策略很可能受该国国内经济和政治环境的影响。

当然，即使政府已经创造或者继续使用既有的法团主义结构，也不意味着那些结构在20世纪八九十年代所发挥的功能会与六七十年代相同。所以，马丁·罗茨认为，八九十年代竞争的法团主义设置目的在于增强国际竞争力，而不是继承老法团主义的平等和再分配目标。① 在他看来，当代法团主义中的交换关系是全然不同的，因为工会得到的不是权利和资格，而是表达（voice）和影响劳动力市场以及福利政策的机会。

从某种意义而言，这里的关键问题是，这种合作主义结构的存在是否会影响政府的行为。赫斯特和汤普森十分肯定地认为它们会带来影响，尤其是有助于保证持续增长的高额福利供给。② 澳大利亚的情况表明了类似的情形，一些观察者认为，法团主义和由与澳洲工会理事会（ACTU）在1983－1996年间达成的八项协议对那一时期的劳动力市场和工业政策产生了重要的影响。③ 确实，卡普林（Capling）和伽利亘（Galligan）都坚持认为，澳大利亚只是在建立了诸多法团主义类型的工业计划更加高效地应对国际竞争之后，才解放了自己的贸易体制。④ 重要的一点是，这些协议的存在与我们下面将要讨论到的政治或选举因素共同构成影响国际竞争压力和政策结构方式的重要因素，这一点在80年代尤其如此。

---

① M. Rhodes, "The Welfare State: Inernal Challenges, Exernal Constraints," in M. Rhodes, P. Heywood and V. Wright eds., *Developments in West European Politics* (Basingstoke and New York: Palgrave Macmillan, 1997).

② P. Hirst and G. Thompson, *Globalization in Question: The International Economy and the Possibilities of Governance* (Cambridge: Polity Press, 1999).

③ A. Capling and B. Galligan, *Beyond the Protective State: The Political Economy of Australia's Manufacturing Industry* (Cambridge: Cambridge University Press, 1992); S. Goldfinch, *Remaking New Zealand and Australian Economic Policy: Ideas, Institutions and Policy Communities* (Wellington: Victoria University Press, 2000); G. Singleton, *The Accord and the Australian Labour Movement* (Melbourne: Melbourne University Press, 1990).

④ A. Capling and B. Galligan, *Beyond the Protective State: The Political Economy of Australia's Manufacturing Industry* (Cambridge: Cambridge University Press, 1992).

之前的经济政策

当然，不仅仅是经济结构或者法团主义结构的存在与否关系重大，即使我们不相信罗斯观点的全部解释力，即制度遗产（inheritance）在政策制定和政策传递方面比政策选择更加重要，今天的政策很显然是由过去的政策所塑造的。① 我们再以英国作为例子，新自由主义经济政策的转向，特别是英国在私有化和积极劳动力市场方面的转变速度，在很大程度上是由于社会民主主义在早期很有限所决定的。有太多的文献质疑英国是否曾存在过凯恩斯主义、社会民主主义或者说战后共识。这一主张的重点是要强调英国的经济政策在战前阶段、所谓的战后共识时期和撒切尔主义时期存在着很大的延续，所有这些时期的关键政策都旨在保卫英镑。多数观察者不会赞成克尔和马什的观点，即撒切尔主义尽管与过去存在诸多断裂，但它是对过去的体现。② 但大多数人都会承认，英国的社会民主主义是一种独特而有限的类型，它使英国在欧洲更早转向新自由主义。

（c）国内社会 - 政治环境

正如我们讨论过的那样，很多有关全球化的文献所讨论的问题之一是经济主义。它注重经济发展，把经济发展看作是决定或者有力限制政府政治决策的因素。但是，政治和社会结构同样成为政府的制约或者推动因素。

政治结构

政治结构明显可以作为激进变革的制约因素，同时也可以调节全球经济压力。当然，如果政府具有较强的执行力，那么，改变政策的方向相对容易。因此，赫斯特和汤普森认为：

---

① R. Rose, "Inheritance Before Choice in Public Policy," *Journal of TheoreticalPolitics* 2 (3), 1990, pp. 263 - 291.

② P. Kerr and D. Marsh, "Explaining Thatcherism: Towards a Multidimensional Approach," in D. Marsh, J. Buller, C. Hay *et al.*, *Post - war British Politics in Perspective* (Cambridge: Polity Press, 1999).

> 丹麦……不缺少精英的意见，这些意见先是把英国、然后是把新西兰转变为反福利的方向上非常成功的。它所缺失的是政治能力。大多数丹麦政府都是没有获得多数支持的联合政府。面对对于福利的强大公众支持，政党对于执行激进改革的意见很犹豫。①

的确，新西兰的例子在这里特别有趣。1984 年当选的工党政府启动了一项影响深远的经济自由主义计划。在议会多数的稳固支持下，政府有能力推动这些变革，尽管事实上是它没有参与发起这项经济改革计划。② 但是，在 1996 年，在经历了 150 年的多数选举规则之后，新西兰引入了一项混合成员比例制度（mixed member proportional system），很大程度上是为防止未来某个政府在没有真正被授权或者没有与社会利益集团协商的条件下启动这种激进的新改革。很难设想有更好的证据能够证明政治结构能起这样的作用。

联邦制结构同样能影响一国政府回应全球竞争加剧的能力。在联邦制结构中，特别是在像澳大利亚这样的国家，强大的参议院代表州的利益，中央政府不得不顾及这些利益。的确，戈尔得芬奇认为，与新西兰相比，澳大利亚的联邦制结构是解释其经济理性主义政策的发展的不同和能成功的重要因素。③

社会和政治价值观的变迁

虽然 20 世纪八九十年代以不断增长的国际经济竞争作为标志，但在政治领域，环境议题、性别议题以及在国家和国际层面围绕这些议题形成的各种社会运动的重要性也在不断增强。另外，在澳大利亚、新西兰、加拿大等国，对待土著居民的议题也日益变得重要。这里有

---

① P. Hirst, and G. Thompson, *Globalization in Question: The International Economy and the Possibilities of Governance* (Cambridge: Polity Press, 1999), p. 174.

② S. Goldfinch, *Remaking New Zealand and Australian Economic Policy: Ideas, Institutions and Policy Communities* (Wellington: Victoria University Press, 2000).

③ Ibid.

两点非常重要：首先，这些议题已影响到选民和政府的行为①；其次，这些议题与不断增长的经济竞争之间的关系很复杂，常常充满对抗。环保主义者和争取原住民权力的运动者尤其把跨国公司看作是问题的重要组成部分。出于意识形态或者选举方面的原因，各国政府在回应这些议题时可能违背国际金融市场中的跨国公司的利益。

与此相对照，柯廷展示了一副这一时期澳大利亚的变动的社会和政治价值观的不同图景。② 在他看来，教育的提升和更加开放的社会导致大多数人财富的增长。与此同时，经济变迁也带来更多的不安全感、对权威更大的怀疑、政治上更大的不满、可能尤其更多的个人主义和更不愿意支持更高税收。他认为，这些变化影响了政府政策，澳大利亚政府已经竭力通过针对性的服务以及制定和传递更加有效的政策来回应这些变化，但不在税收问题上挑战选民。

我们这里的关注点不是要评判这一争论，或者把澳大利亚看作是一个特例。更具体地说，我们想要强调的几点是：第一，把经济变迁置于其他社会变迁背景之中进行考察，而不是仅仅在概念上赋予其优先地位，这一点至关重要；第二，接下来的一点也很重要，那就是要考察经济变迁、经济价值、社会变迁和社会政治价值之间如何相互联系；第三，这又使我们重新回到本章的主题，我们显然不可能直接对不断加剧的国际竞争的理解来解读政策后果或当前或者未来的政策轨迹。③

选举约束

政党存在的理由很大程度上是为了赢得权力。这样，政府的行为就不可避免地受其谋求重新当选的意愿的影响。显然，政府的经济表现对于其重新当选的机会有重要影响。我们尽管将会在下面讨论到，

① 关于这些议题在澳大利亚和新西兰的影响请参见 S. Goldfinch, *Remaking New Zealand and Australian Economic Policy: Ideas, Institutions and Policy Communities* (Wellington: Victoria University Press, 2000).

② M. Keating, "The pressures for change," in M. Keating and G. Davis, *The Future of Governance* (Sydney: Allen & Unwin, 2000).

③ P. Kelly, *The End of Certainty* (Sydney: Allen & Unwin, 1992).

经济绩效的话语建构以及选民如何看待政府的经济绩效这一点同样极为重要。但是，其他像已经在上一节讨论过的因素也会影响选民的选举行为和政府对哪项政策会赢得或失去选票的判断。另外，政府可能与特殊利益集团之间存在结构性的、历史的或者意识形态方面的联系，这些联系也会影响政府的政策选策。在这一方面，澳大利亚的例子再一次发人深思。当霍克（Hawke）和基廷（Keating）政府追求经济理性主义的政策时，他们很大程度上是受国际经济竞争压力的驱使，但他们同样也面临其他社会发展方面的压力，后者能够引起选民的共鸣，并且运作于与工会运动有着重要的历史联系的政治背景中。

（d）话语

最后需要讨论的问题是话语在形成政治结果中的作用。在科林·海伊看来，全球化的真正威力不是存在于其物质“现实”中，而是存在于其话语建构中。① 他认为，全球化的程度尤其充满争议（在这一方面，他的立场与赫斯特和汤普森存在着诸多相似之处）；福利开支与国际竞争之间的关系是复杂的，所以有一种强有力的主张认为福利支出可以导致更加激烈的竞争，而不是相反；而且有关全球化的话语同样充满竞争，那些话语根据时空不同而搅和在一起。与洛萨孟德（Rosamond）一样，科林·海伊也提出数个用全球化来取代欧洲整合的条件，反之亦然。例如，他们认为，在那些欧洲整合不流行也不具争议的地方，在政府不能对整合过程产生影响的那些地方，在整合方式一直保持距离的那些地方以及在全球化得到积极对待的地方，全球化更有可能被激发。②

当科林·海伊似乎很合理地指出有关全球化的观念在塑造政治结果的过程中的重要作用时，他的著作（海伊自己也承认）同时也提出

① C. Hay, “Common trajectories, variable paces, divergent outcomes? Models of European capitalism under conditions of complex economic interdependence,” *Review of International Political Economy* 11 (2), 2004, pp. 231 – 266.

② C. Hay and B. Rosamond, “Globalisation, European Integration and the Discursive Construction of Economic Imperatives,” *Journal of European Public Policy* 9 (2), 2000, pp. 147 – 167.

了另一个重要的问题，即这些话语是如何与置身其中的更广阔的经济、政治和文化背景联系在一起的。因为，想要全面理解就需要探讨：约束国家的实际经济过程；这种约束的话语建构；这些话语被其所处的语境所建构的方式。引用赫芬南的观点来说，观念“必须与社会、政治和经济利益集团合作（而不是对抗）；不论是在国内还是在国外，都必须与经济的要求保持一致”①。这意味着不仅需要探讨政治精英所使用的主流话语，而且需要研究这些话语所由来的广泛背景。正如布赖斯指出的那样：“精英游戏可以告诉我们观念是如何从学校的黑板走向政党的，但不能告诉我们特定观念而不是另一些观念如何和为什么被其他人所接受”。② 所以，如果我们需要严肃地对待观念，那么就必须考虑特定话语（在我们讨论中就是全球化话语）走向主导地位的原因。

让我们再次以英国为例。正如我们已经看到的那样，尽管英国比其他经合组织国家向外部经济压力开放的程度更大，但全球化的实际程度却是有限的。但是，工党政府非常强硬地主张，全球化意味着必须采取新自由主义的政策，除此之外别无选择。③ 所以，政府不是受制于全球化的“现实”，而是受限于有关全球化的支配话语。

由此提出的一个明显问题是：如果采取这一政策的经济压力小于某些人所声称的压力，工党政府为什么还要追求新自由主义政策？如果我们探讨这一问题所传递出来的各种含意，那么我们将会发现，现实与话语之间的关系的确非常复杂。

某些人可能会认为新工党的确不明真相，这一主张可能存在某些合理性。正如科林·海伊正确地指出的那样，行动者并不占有自身置

---

① R. Heffernan, “The possible as the art of politics: understanding consensus politics,” *Political Studies* 50 (4), 2002, p. 749.

② M. Blyth, “Any More Bright Ideas? The Ideational Turn in Comparative Political Economy,” *Comparative Politics* 29 (2), 1997, p. 238.

③ M. Watson, and C. Hay, “The Discourse of Globalisation and the Logic of No Alternative: Rendering the Contingent Necessary in the Political Economy of New Labour,” *Policy & Politics* 31 (3), 2003, pp. 289 – 305.

身于其中的环境的全部信息，但却不得不对这一环境做出解释——他们的解释可能是错的。① 但是，如果这些观念要被采纳，那么它们就必须与人们的经验能有共鸣。② 正如我们已经指出的那样，许多国家的确比他们之前更加向国际压力开放。全球化概念因而可能是强有力的，因为它似乎捕捉到了“真实”的过程。正如沃尔什所写的那样：“观念通过为决策者提供简化的真实模式而减少了关于社会运行的不确定。”③ 当然，这种真实可能是被严重扭曲了的。但这里的关键问题是，新工党的全球化话语并不是没有来源，相反，它至少部分地与“真实”的经济过程联系在一起。

人们可能也会认为，新工党之所以实行新自由主义政策是因为它认为它们是最好的政策，全球化只是一个用来支撑他们观点的有用武器。这里的全球化变成了一种机遇而不是制约因素（欧洲也可以以同样的方式作为一种机会，而不仅仅是一种约束，特别是对于保守党来说）。特别是当新工党利用全球化的理由宣告，除了选择新自由主义的经济政策他们别无选择，所以削减福利和加剧不平等就不应该责怪他们了。对于新工党来说，这当然是一个用来削弱“旧工党”对经济政策批评的效率和程度的有用工具。

但是，即使我们采取这一立场，也会马上引出另一问题：为什么新工党会认为新自由主义政策是最好的？这里我们可以看看外部经济环境的作用（英国对世界市场的开放程度大于欧洲其他地方）。相比之下，有人可能会认为，新工党的政策偏好是由政治、特别是选举考虑所驱动的。所以，他们可能通过采取这些政策来创造一幅在选举和政党制度安排中有能力调控经济的景象。这一主张引起了其他有趣的问题：如果政府很大程度上是以赢得选举作为目的，如果选举是由调

---

① C. Hay, *Political Analysis* (Basingstoke and New York: Palgrave Macmillan, 2002).

② D. Marsh, ed., *Comparing Policy Networks* (Milton Keynes: Open University Press, 1999).

③ J. I. Walsh, “When do Ideas Matter? Explaining the Success and Failures of Thatcherite Ideas,” *Comparative Political Studies* 33 (4), 2000, p. 485.

控经济的能力所决定的，那么，关键的问题是，什么会塑造有能力管理经济的形象？这又把我们带回到“真实的”经济行为以及它如何被话语建构的问题上来。

这又涉及一个更加深入的问题，因为话语不仅仅由物质的因素而且还由现有的话语来调节。关于全球化的观念可能这样申说，部分原因是他们只是重新表述现有的话语，特别是新自由主义话语的一种方法。正如赫斯特和汤普森所主张的那样，全球化的修辞是右翼政党的天赐之物，“在20世纪80年代个人主义和货币主义政策实验灾难性失败之后”，全球化为他们提供了一套支持放松管制、自由贸易和削减公共部门的新主张。①

反过来说，如果观念要获得成功，就必须与广泛的社会和文化话语相协调。例如，在爱尔兰，关于全球化的观念已经注入到现有民族认同的话语中。② 从20世纪60年代开始，爱尔兰民族主义已经“从这样一种假设出发，这种假设的主要目标是要通过完全参与世界经济来获取利润”。③ 全球化已经被表述为这样一种途径，通过它，爱尔兰能够在政治和经济方面成为国际舞台上的平等主体。正如一位爱尔兰政治家宣称的那样，全球化意味着“我们现在都是强国”。④

但由此看来，现有话语并不必然有利于特定的观念，反而同样能够限制它们。例如在澳大利亚，主流的全球化话语已经受到挑战，这一挑战来自现有反移民情绪的诉求，这种情绪表达为“一个民族”。这种话语斗争发生在广泛的社会和政治变迁背景下，例如，白人定居者文化的挑战、捍卫原住民权利的各种运动等。约翰森写道：“社会

① P. Hirst and G. Thompson, *Globalization in Question: The International Economy and the Possibilities of Governance* (Cambridge: Polity Press, 1999), p. 262.

② N. J. - A. Smith, *Showing Globalization? The Political Economy of the Irish Republic* (Manchester: Manchester University Press, 2005).

③ U. Breen, D. Hannan, et al., *Understanding Contemporary Ireland: State, Class and Development in the Republic of Ireland* (Dublin: Gill & Macmillan, 1990), p. 38.

④ L. O'Donnell, "Opening address by the Minister of State at the Department of Foreign Affairs with Special Responsibility for Overseas Aid and Human Rights," paper presented to 19th Annual Conference, Royal Irish Academy, 20 November, 1997.

性别、性、种族和族群等问题挑战了原有的权力关系和自由公民身份的观念……关键的经济问题包括国家与经济之间不断变化的关系，在澳大利亚，经济的话语与新自由意识形态的发展联系在一起。”这种争论可能是一种世界性现象——通过反全球化运动的国际特征而得到彰显。的确，即使在全球化话语已经成为主导话语的国家，它都是充满争议的。例如，在爱尔兰，全体选民拒绝关于欧盟扩张的《尼斯条约》（*Nice Treaty*），这部分反映了一种反全球化的情绪，同时也是一种对主导政策范式越来越不满的表现（*Irish Times*, 9th June 2001）。这再一次突显了全球化话语使用过程中的高度复杂和颇具偶然的特征。

## 三、结　论

本章的目的有两个：首先，概述有关全球化文献中的各种理论立场，特别是关于全球化对民族 - 国家的影响；第二，详细审视了经济过程、话语与政治结果之间的复杂关系的更多细节。基于这两大目的，我们有三个核心观点：第一，与许多传统看法相反，我们主张，不能把全球化理解成“掏空”了国家的根基。这不仅是因为调节外部经济压力是在各不相同的国家背景下，而且如科林·海伊所表明的那样，还因为这些经济压力绝对不是“全球性的”；第二，再一次与传统看法相反，包括与复杂全球化的论点相反，我们强调，必须认真对待话语的作用。当外部经济因素确实会影响一国可有的政策选择时，该国的话语结构同样至关重要地调节了政府所作出的回应；第三，那些话语并不是毫无来源，这是我们与科林·海伊的研究路径关联在一起的地方。更确切地说，它们受各自所处的广泛经济、政治和文化背景的决定性调节。从这一意义而言，最好把物质与观念之间的关系理解为一种辩证的关系，即互动（interactive）和重叠（iterative）的关系。因此，与其说经济压力、政治因素、观念因素等至关重要，不如说如何分析它们以便研究它们在特定背景下的复杂互动方式。通过研究一系列不同的案例和国家，我们试图就这一问题给出可能的答案。

延伸阅读

P. Dicken, *Global Shift: Reshaping the Global Economic Map in the 21st Century* (London: Sage, 2003).

C. Hay and D. Marsh, *Demystifying Globalization* (Basingstoke and New York: Polity, 2000).

P. Hirst and G. Thompson, *Globalization in Question: The International Economy and the Possibilities of Governance* (Cambridge: Polity Press, 1999).

L. Weiss, *State in the Global Economy: Bringing Domestic Institutions Back In* (Cambridge: Cambridge University Press, 2003).